양심은 힘이 없다는 착각

양심은 힘이 없다는 착각

양심을 키우는 법은 어떻게
좋은 사회를 만드는가

린 스타우트 지음
왕수민 옮김

원더박스

양심에 거는 기대

과거부터 사람들은 인간 본성에 대해 궁금해하며, 저마다 다양한 관점을 제시해왔다. 익숙한 성선설이나 성악설이 대표적이다. 이런 인간관은 단지 호기심의 산물이 아니며, 실제적인 필요에 의한 것이기도 했다. 많은 사람이 모여 사는 사회에서 각종 정책이나 제도는 국민 또는 시민이라는 이름의 인간을 대상으로 삼는다. 이런 정책과 제도의 목적은 인간의 삶을 편하고 풍요롭게 만드는 것이다. 상황에 따라 인간의 사고와 행동을 변화시켜야 하며, 구체적으로 집행하는 특정 정책에 대상인 인간이 반응해야 효과를 기대할 수 있다. 그러니 인간의 행동 양태나 심리 과정에 관심을 가지지 않을 수 없다.

물론 현실의 인간은 다양한 행동 양식을 보이는 복합적인 생명체다. 미시적으로 따지면 개별 인간은 저마다 다르다. 개별성을 정체성으로 여길 정도로 다르다. 그렇다고 한 사람마다 맞춤형의 이론과 정책을 대응시킬 수도 없다. 이론과 정책의 대상을 특정해야만 하는데, 그 필요에 따라 보편적인 인간형을 가정해야 한다. 예를 들면 보통사람이나 평범한 인간 같은 개념인데, 가장 일반적이고 많은 유형의 인간을 모델로 삼게 된다. 보편적인 인간을 '착한 사람'으로 본다면 그런 인간형에 걸맞게 사회 제도와 정책이 만들어져야 하고, 반대로 '나쁜 사람'으로 볼 때는 사회 제도와 정책 역시 달라져야 한다.

이 책이 비판 대상으로 삼는 호모 에코노미쿠스 모델도 그런 인간형 모델의 하나이다. 여기서는 인간을 합리적으로 자기 이익만을 추구하는 존재로 바라본다. 즉 이기적 인간형이다. 이는 고전경제학에서 부동의 모델로 채택한 인간형으로, 수많은 현실적 난점에도 불구하고 이기적 행동은 인간 본성의 하나가 분명해 보이며 이를 전제하면 경제학 이론이 논리적으로 잘 설명이 되기에 오늘날까지 강력한 영향을 발휘하고 있다. 지금은 경제학뿐만 아니라 정치학, 법학, 사회학 등 여러 영역에서 호모 에코노미쿠스 모델을 받아들이고 있다.

그런데 바로 그 지점에서 이타적인 요소는 왜 배제하는가라는 의문을 쉽게 떠올릴 수 있다. 사람은 실제로 때때로 양심적인 행동을 하지 않던가. 이 책의 저자는 그런 기본적인 의문에서 시작하여 자신의 구상을 전개한다. 법학자인 만큼 법과 제도를 주안점으로 삼고 이기적 인간형을 모델로 하는 이론과 제도의 변환을 꾀한다.

이기적 인간형이 아니라면, 이타적 인간형이다. 이타적 행동의 발현 기제를 저자는 알기 쉽게 양심으로 표현한다. 저자는 자신이 의도하는 양심의 의미를 명확히 하기 위하여 "비이기적인 친사회적 행동"으로 요약한다. 이기적이지 않으면서 사회친화적인 행동이란 자신의 이익을 적극적으로 추구하지 않음으로써 타인 또는 나아가 공동체 전체의 이익이 되도록 기여하는 것이라고 설명한다. 그런 점에서 공익 활동과 유사한 개념이다.

제1부에서는 이기적 인간형에 대응하는 양심적 인간형을 모델로 다듬기 위한 정지 작업으로 양심이란 무엇인가를 살펴 저자의 의도에 따라 정의하고, 현실의 여러 이론과 정책이 어떻게 양심이라는 요소를 간과하고 있는가를 지적하며, 양심을 빼놓은 이론과 정책은 불완전할 수밖에 없음을 설파한다. 제2부의 내용은 인간의 본성에서 상당한 부분을 차지하고 있는 양심을 실험 결과를 동원하여 실증한다. 실제로 인간의 행동 양식에서 비이기적인 친사회적 행동이 얼마나 빈번하게 나타나는가를 다방면으로 보여주고 있다. 그리고 실험에서 얻은 통찰을 바탕으로 양심을 잘 작동시킬 수 있는 모델을 제시한다. 마지막으로 제3부에서는 양심적 인간형을 현실에 적용하여 구체적 대안을 모색한다. 양심 작동 모델을 기초로 불법행위법, 계약법, 형법의 실상과 문제를 검토한다. 여기서 전개되는 논의의 바탕은 미국의 법과 판례이다. 결론은 양심을 키워야 한다는 것이다. 양심은 막강한 힘을 지녔기 때문이다. 양심을 키워 사회적 에너지를 증강시키는 과정에 법이 중요한 역할을 할 수 있다는 기대가 저술의 동기라는 사실을 확인한다.

법을 이용해 인간 사회를 유지하는 데 꼭 필요한 비이기적인 친사회적 행동을 유도하고 장려할 수 있어야 한다는 목표로 진지하게 펼치는 저자의 주장은 독자의 관심을 끌기에 충분하다. 그러나 그 논리와 부분적 결말에 아쉬운 부분도 있는 게 사실이다. 우선 현존하는 모든 이론이나 제도가 대부분 이기적 인간형을 모델로 삼는 것은 아니다. 당연히 저자도 그렇게 극단적으로 상황을 전제하고 있지는 않지만, 그런 느낌을 준다. 설사 그런 면이 농후하다 하더라도, 기존의 이론과 제도에서도 이타적 인간성을 고려한다고 볼 여지는 많다. 이기적 인간형을 모델로 하는 이론이나 제도는 언제나 이타적 인간성을 변수로 감안한다. 그 관계에서 양자의 차이가 클 경우에만 저자의 주장이 설득력을 가진다. 또 저자는 미국법과 미국 사회를 분석의 대상으로 하고 있기에, 우리의 관념이나 현실과는 동떨어진 고민들도 다루고 있다. 우리의 위자료에 대응하는 징벌적 배상의 과도한 비합리성을 개탄하는 경우가 하나의 예다. 또한 저자는 형벌에 관해서 독일을 비롯한 대륙법계의 사상적이고 체계적인 이론은 전혀 검토나 고려 대상으로 반영하지 않아 뭔가 부족한 느낌을 갖게 만든다. 이기심과 이익을 중심으로 체계를 구성하는 법경제학파나 그 약점을 지적하고 나선 법사회학파 모두 실용성 있는 대안을 제시하지 못한다는 것이 저자의 결론 중의 한 부분이다. 하지만 이 책에서 이익 대신 양심을 내세운 새로운 대안의 가능성은 보여주지만, 구체적으로 뚜렷한 실용적 해결책까지 이르진 못한다.

그럼에도 불구하고 이 책의 장점은 뚜렷하다. 양심의 힘을 이용해 사람들을 착하게, 사회를 좋게 만들 수 있다는 건 매력적인 제안이다. 이 책은 법과 제도를 주된 대상으로 삼으면서 정치·경제·사회복지·공동선 등을 두루 포섭하여 심리적이고 자기계발적인 측면에서 양심의 힘을 새롭게 이해하고 설명한다. 그리고 그것을 국가와 사회라는 공동체의 이익과 행복을 증가시키는 정책과 제도 개발에 응용할 비전을 제시한다. 그런 장점은 법과 제도에 국한하여 탐구할 때 두드러지는 것은 분명하다. 저자의 말대로 "법을 연구하고, 만들고, 집행하는 사람이라면 양심의 이런 가능성에 당연히 관심을 갖지 않을 수 없을 것이다".

인간의 본성이나 심리를 파악하는 일은 가능한가? 가능하다면, 정책이나 제도로 거기에 효과적으로 대응하는 일은 또 가능한가? 이런 의문을 화두로 이마 위에 놓고 읽으면 저자와의 대화나 토론이 지면 위에서 이루어질 것이다. 인간의 양심을 법과 잘 결합하여 구체적 행동의 변화를 이끌어내고, 그리하여 마침내 정치공동체 전체의 번영과 구성원의 행복에 기여할 기회의 포착에 관심이 있는 사람은 책장을 마지막까지 넘기게 될 것이다. 사건마다 대증적 요법처럼 특별법을 양산하는 우리 입법 현실에서는 양심을 활용하여 효율적 입법의 새로운 영역을 기획해 볼 수도 있을 것이다. 실정법의 틈을 메우는 데 필수적인 인권 활동의 현장에서도 조금 더 심층적으로 양심의 작용을 정책에 활성화시킬 방안을 궁리해볼 수 있을 것이다.

차병직(변호사)

1부

2부

3부

결론 : 태양의 전차

1장
착하게 살기로 선택하다

날씨를 예측할 때처럼,
우리는 인간에 대해서도 최선과 최악을 모두 상정해봐야 한다.

— 보브나르그 후작Marquis De Vauvenargues

2002년 8월의 어느 고즈넉한 저녁, 프랑코 곤살레스(Franco Gonzales)는 로스앤젤레스 시내 한복판 그랜드애비뉴와 7번가가 교차하는 길모퉁이에서 버스를 기다리고 있었다. 로스앤젤레스는 교외 통근자들의 도시여서, 밤 9시 무렵 그곳은 사람들이 쏙 빠져나가 휑했다. 그런데 별안간 군용트럭 한 대가 길가를 지나쳐 갔다. 어떤 영문인지 그트럭의 뒷문이 홱 열리더니 비닐 하나가 곤살레스의 발치로 툭 떨어졌다. 그 안에는 20만3000달러의 돈다발이 들어 있었다.

프랑코 곤살레스는 그 돈을 집어 들고 집으로 왔다. 식당에서 설거지로 밥벌이하는, 통통한 몸집에 앳된 얼굴의 이십 대 초반 청년 프랑코 곤살레스는, 이 돈을 어쩌나 깊은 고민에 빠져 밤을 지새웠다. 자신도 그렇지만 멕시코의 농촌에 사는 엄마를 생각하면 그 돈을 그냥 갖고 싶었다. 하지만 남의 걸 훔치면 안 된다고 어릴 때부터 엄마한테 배우지 않았던가. 그 돈을 챙겼다가 괜히 나쁜 일에 얽힐지 모른다는 걱정도 들었다. 더군다나 미국에서 불법체류자로 일하고 있는 마당에, 곤살레스에게 갑자기 거금이 생겼다는 걸 만에 하나 경찰이 알기라도 하면 어쩌나 걱정스럽기도 했다. 마지막으로, 어려서부터 가톨릭 신자로 자란 곤살레스로서는 죽은 뒤 그의 영혼이 겪을 일이 두려울 법했다.

동이 텄을 때 곤살레스는 마음의 갈피를 잡은 터였다. 그는 911에 전화해 자신이 돈을 주운 사실을 알리고 원래 임자에게 돈을 돌려달라고 경찰에게 부탁했다.[1]

호모 에코노미쿠스 개념 입문

경제학에 입문한 1970년대 말만 해도, 나는 수업에서 일반적으로 사람들은 프랑코 곤살레스처럼 행동하지 않는다고 배웠다. (내 교수님들 말인즉) 대부분 사람은 호모 에코노미쿠스(homo economicus) 종(種)의 일원으로서 행동한다는, 즉 이기적이고 합리적으로 행동한다는 것이었다. 이 '경제적 인간'은 도덕, 윤리, 타인의 사정은 염두에 두지 않는다. 그가 염두에 두는 것은 오로지 자기뿐이며, 자기에게 가장 커다란 물질적 이득을 가져다주는 행동이 무엇일지를 계산적으로 따져 호시탐탐 그것만 쫓는다.

물론 호모 사피엔스가 항상 호모 에코노미쿠스처럼 행동하지 않는다는 사실은 교수님들도 나도 모르지 않았다. 단적으로 프랑코 곤살레스만 해도 그렇다. 설령 곤살레스가 '이기적'이라고도 할 이런저런 주관적 동기들(예를 들면, 죄책감이나 강박적 걱정에서 벗어나고픈 욕구, 혹은 칭찬을 듣거나 사후에 구원받고 싶다는 생각) 때문에 돈을 돌려줘야겠다고 결심한 것이라도, 돈다발을 돌려주면 당장 가진 돈이 20만 3000달러가 줄어드는 것은 분명 사실이다. 객관적으로 봤을 때, 곤살레스의 행동은 이타적이었단 이야기이다. 하지만 나를 가르친 교수님들은 프랑코 곤살레스 같은 이들은 예외라며, 그런 사람들 때문에 법칙이 깨지지는 않는다고 주장했다. 사람들 대부분은 자기가 가진 부를 최대한 늘리려 한다. 자기를 희생하는 행동은 예측을 벗어난 좀처럼 없는 일로 진지하게 연구할 가치가 없었다.

학부생으로 익명의 시장에서 이루어지는 재화 및 서비스 교환을 연구하던 시절에는 호모 에코노미쿠스라는 이 접근틀이 현실의 인간 행동을 무척 그럴싸하게 설명해 준다고 여겼다. 그런데 요즘 보면 인간은 자기 이익만 챙기기 마련이라는 이 가정이 경제학의 경계를 훌쩍 뛰어넘어 사방으로 퍼져나간 형국이다. 정치학에서는 정치인과 관료를 합리적이되 자기 이익을 챙기는 행위자들로 분석하는 박사 논문들이 나와 있다. 공공정책학과와 경영학과에서는 경제 이론을 기본 교과 과정에 통합하고는, 호모 에코노미쿠스의 틀에 맞춘 설명을 학생들에게 기본 메뉴로 내놓고 있다. 미국의 로스쿨에서도 '법경제학(law and economics)'을 정례적으로 가르치는데, 법경제학에서는 법을 일종의 가격책정 시스템으로 취급해 부주의로 인한 손해 발생이나 계약 위반 시 반드시 돈을 물게 하는 식으로 나쁜 행동의 '가격'을 올리려 한다.

학계의 이런 발전이 낳은 결과를 우리는 오늘날 두 눈으로 똑똑히 확인할 수 있다. 지난 사반세기 동안 이런 경제학의 교조를 주입받으며 공부한 대학생과 대학원생은 이루 헤아릴 수 없이 많았다. 합리적 이기심이라는 사상을 모유 삼아 자라난 이 세대는 이제 미국의 대학을 졸업하고 속속 법, 경제, 행정, 고등교육 세계의 리더로 자리잡은 참이다. 이들은 물질적 '유인책(incentive)'의 힘을 무작정 믿으며 자라온 세대인 만큼, 정책 논의에는 거의 어김없이 물질적 '유인책'이 빠지지 않는다. 사람들이 세금을 떼먹는가? 그렇다면 탈세에 대한 형벌을 늘려라. CEO(최고경영자)들이 회사를 각종 리스크에 빠뜨리며 위험천만하게 운영하는가? 그렇다면 스톡그랜트*를 유예하라. 미국 어린이들이 ABC를 영 못 배우는가? 그렇다면 학생들의 성적을 교사의 봉급과 연계하라.

양심의 표시들

그런데 이런 '유인책'과 '책무성(accountability)' 논의에서 하나같이 쑥 빠져 있는 게 있다. 이기심 대신 양심의 힘에 호소해서도 특정 행동

---

* stock grant. 주식을 부여한다는 의미로, 주식매입선택권인 스톡옵션(stock option) 대신 무상으로 회사 주식을 주는 유인책 방식을 말한다.

을 권하거나 혹은 억제할 수 있는데도 이에 대해선 어떤 식으로든 진지한 논의가 이루어지지 않고 있는 것이다. 오늘날 전문가 중에는 양심에 호소한다고 하면 픽하며 웃어넘길 이들이 적지 않을 것이다. 종교 지도자나 포퓰리스트 정치인이라면 모를까, 양심은 변호사, 법률가, 규제기관의 영역은 아니라고 여겨진다.

그러나 양심을 한쪽 구석으로 밀어놓기 전에, 우리는 잠시 멈춰 윤리 및 도덕을 중시하는 일이 실은 우리 대부분의 일상 곳곳에서 일어난다는 걸 인식할 필요가 있다. 정말 그럴까 의구심이 든다면, 평범한 날에 여러분이 머릿속으로 어떤 상념을 줄줄 떠올리는지 한번 생각해보자. 그 내면의 독백 가운데에는 규범적 판단에 속하는 것들이, 수백까지는 아니어도, 최소 수십 개는 들어 있을 가능성이 높다.("저 사람 운전 참 험하게 하네. 옆집 사람은 빈 쓰레기통을 저렇게 바깥에 두면 어쩌나. 저 계산원은 참 친절한걸. 맞다, 마사 이모한테 전화해야 하는데.") 우리가 도덕적 평가를 내리기에 여념이 없다는 사실은 우리의 언어에도 마찬가지로 잘 드러난다. 이누이트족에게는 눈(雪)을 가리키는 명사가 한둘이 아니라고 하는데, 영어에는 이타적이고 양심에 따르는 행동을 묘사하는 말들이 이렇게나 많다.

virtuous 고상한	kind 친절한
fair 공평한	agreeable 상냥한
honest 정직한	ethical 윤리적인
trustworthy 믿음직한	decent 품격 있는
upright 올곧은	praiseworthy 훌륭한

faithful 충직한	altruistic 이타적인
thoughtful 사려 깊은	humane 인정 어린
loyal 충성스러운	charitable 자비로운
unselfish 이기적이지 않은	principled 원칙을 지키는
conscientious 양심적인	cooperative 협동적인
generous 너그러운	considerate 세심한
caring 배려하는	compassionate 온정 어린

가장 단적으로는, 비이기적인 행동을 묘사할 때 곧잘 쓰는 아주 간단한 말로 'good(착한)'이라는 단어도 있다.

아니 땐 굴뚝에서 연기가 나지는 않는 법이다. 이 책에서는 이제 우리가 양심이라는 개념 — 비이기적이고 친사회적 행동을 하려는 생각을 품게 만드는 힘을 뜻하는 —을 훨씬 더 진지하게 받아들일 때가 왔다고 주장하고자 한다. 프랑코 곤살레스의 일화는 전국 단위로 발행되는 신문에 실릴 정도로 특별난 일이지만(누군가의 발치에 거금이 떨어지는 일이 매일 일어나지는 않으니까 말이다), 이 정직한 접시닦이의 놀라운 이야기는 사실 여러모로 봤을 때 그렇게 놀랄 일만은 아니다. 살다 보면 비록 그보다는 소소할지언정 그와 비슷하게 예의를 갖추고, 사람들을 배려하고, 관용을 베푸는 일들을 어디서나 마주친다. 사람들은 누군가 깜박 두고 간 지갑과 보석을 분실물 센터에 갖다주는가 하면, 길을 걷다 낯선 이에게 스스럼없이 길을 알려주기도 한다. 계산원들은 손님들이 실수로 더 많은 금액을 내면 바로잡아주고, 덩치 우람한 젊은이들이 연약한 노인들 뒤에 얌전히 줄을 서서 기다리고, 운전자들은 경찰이 주변에 눈 씻고 봐도 없더라도 빨간불이 초록색으로 바뀌기를 기다린다.

비이기적이고 친사회적인 행동은 삶이라는 직물에 너무 올올이 얽혀 있는 까닭에, 우리는 이런 행동을 알아채지 못하고 그냥 지나칠 때가 많다. 우리는 우리 주변의 낯선 이들이 얼마나 우리의 평안과 무탈을 위해 일상적으로 행동하는지를 좀처럼 인식하지 못한다. 사람들은, 그것이 꼭 자신들이 '해야 할 일' 1순위까지는 아니어도, 다른 사람을 많이 염려하는 듯 행동한다. 마치 중력이 우리 몸이 우주 공간을 떠돌지 않게 붙잡아주는 것을 당연시하듯, 우리는 우리를 시민사회와 한데 엮어주는 숱한 소소한 비이기적 행동을 당연하게 여기고 있는 것이다.

하지만 당연하게 여겨지는 중력도 때로는 누군가를 깊은 생각에 빠지게 할 만큼 극적인 일들을 발생시킨다. 머리 위로 사과 한 알이 떨어졌을 때, 뉴턴이 문득 생각에 잠겼던 것처럼 말이다. 한 접시닭이 청년이 20만3000달러의 돈다발을 이름 모를 주인에게 돌려주기 위해 길을 나선 순간을 마주치며, 우리도 뉴턴처럼 어떻게 이런 일이 일어나는지 곰곰이 생각해봐야 하지 않을까.

친사회적 행동이라는 수수께끼

내가 애초 비이기적인 친사회적 행동에 관심을 갖게 된 것은 기업과 법인법을 연구하면서였다.[2] 이렇게 말하면 많은 독자들이 뭔가 좀 이상하다고 생각할지도 모르겠다. 비즈니스 세계는 이기적으로 물질적 이득을 취해도 아무 제지를 안 받는 곳으로 그려지니 말이다. 하지만 기업 연구에 거의 20년을 보내고 난 후, 나는 호모 에코노미쿠스 모델은 내가 기업 안에서 본 행동을 예측하기엔 턱도 없이 부족하다는 확신을 갖게 됐다. 기업 안의 사람들은 가차 없이 사리사욕만 좇기에 바쁘기는커녕, 오히려 벌집의 꿀벌들처럼 집단의 목표를 위해 서로 협동하고 희생할 때가 많았다. 개인의 야망은 기업 집단에 봉사하는 수단일 뿐이었다. 또한 기업의 관리자와 직원도, 역시 꿀벌들처럼 외부인에게는 무자비하게 굴지 몰라도, 회사 안에서만큼은 팀워크가 보통 기본원칙으로 통했다. 아울러 팀워크야말로 비즈니스를 더욱 큰 성공으로 이끄는 기본원칙으로 보였다. 강도 높은 내부 신뢰, 정직성, 협동이 특징인 기업들은 보통 쑥쑥 성장해나갔다. 하지만 내분과 기회주의로 사분오열된 기업들은 망하는 경우가 많았다.

기업 환경 안의 비이기적 협동이라는 현상에 주목하고 나자, 이제는 기업 밖에서 일어나는 협동까지 하나둘 눈에 들어오기 시작했다. 로스앤젤레스—아무래도 도덕심과 공공의식이 높다고 하기 힘든 도시이다—에서 내가 매일 같이 낯선 이들을 만나 겪는 일들도, 스트레스나 충돌이 전혀 없진 않았지만, 생각해보면 상당한 협동과 상호 배려가 있어야만 이루어질 수 있는 것들이었다. 통근자들은 하품하면서도 커피 가게에서 아침 라떼를 살 때 다른 이를 떠밀거나 꼼수를 써서 앞으로 가기보다 참을성 있게 줄을 서 자기 차례를 기다렸다. 뜨내기 관광객들은 다시 찾지 않을 것임에도 식당과 호텔의 종업원들을 위해 팁을 남겼다. 길가에 놓인 조간신문은 저녁나절이 될 때까지도 누가 집어 가는 일 없이 얌전히 그 자리에 놓여 있었다. 사람들은 시간, 돈, 심지어는 피까지 기부했다.

호모 에코노미쿠스 모델로는 오늘날의 삶 많은 부분의 본질을 놓친다는 의구심이 점점 커지자 나는 그와 관련해 더 많은 걸 알아내지 않고는 참을 수 없게 됐다. 그렇게 해서 사회학 및 생명과학 문헌들을 뒤적여 친사회적인 행동의 여러 원인 및 결과들과 관련해 뭔가 배울 게 있을지 살펴보게 되었다. 거기엔 깜짝 놀랄 만큼 배울 것이 많았다.

'착한' 행동을 설명하는 과학이 나타나다

2005년 6월, 과학 저널《네이처(Nature)》에 주목할 만한 연구 실험 결과가 실렸다.[3] 실험에서는 인간 피험자를 둘씩 짝지어, 각 쌍에게 '신뢰 게임'을 해달라고 부탁했다. 이 게임에 들어가면 두 사람 중 한 명은 '투자자'가 되어 일정액의 돈을 받았다. 그런 다음 투자자는 둘 중 하나를 선택하는 갈림길에 선다. 그 돈을 몽땅 혼자 갖든지 아니면 '수탁자'로 지명된 게임 파트너에게 돈의 일부 혹은 전부를 나눠줄 것인지 결정해야 했다. 만일 투자자가 자기 돈을 얼마라도 수탁자와 나누겠다고 결정하면, 연구자는 투자자가 나누기로 한 금액을 3배로 불려주었다. 그 다음에는 수탁자가 선택의 갈림길에 선다. 수탁자는 3배로 불어난 자금을 자기가 독차지하든지, 아니면 돈의 전부 혹은 일부를 투자자에게 돌려줄지 결정해야 했다. 신뢰 게임의 피험자들은 게임에 익명으로 참여해 자신의 내린 결정을 서면 양식으로 기록했고, 게임은 1회로 끝난다는 사실도 전달받았다.

만일 호모 에코노미쿠스 종(種) 두 명이 이런 식으로 신뢰 게임을 진행하면, 투자자는 절대 수탁자와 돈을 나누려 하지 않을 것이다. 호모 에코노미쿠스로서는 3배로 불어난 돈을 다른 이와 나누지 않고 모조리 챙기는 게 당연하므로, 바보가 아니고야 투자자가 수탁자와 돈을 나눌 리는 없을 것이기 때문이다. 하지만《네이처》연구에서 피험자들은 호모 에코노미쿠스처럼 행동하지 않았다. 대체로 투자자는 자신의 자금 3분의 2 내지 4분의 3을 수탁자와 나누었고, 수탁자도 대체로 투자자가 처음에 맘먹고 나눠준 돈보다 약간 많은 돈을 돌려주는 것으로 투자자의 후의(厚意)에 보답했다.4

여기까지의 결과는 그렇게 색다를 게 없었다. 신뢰 게임은, 사람들이 실험실의 갖가지 조건 속에서 항상 이기적으로 행동하는지 궁금해하던 사회과학자들이 이미 한참 전에 고안해낸 실험이었다. 이런 신뢰 게임 연구들에서 거의 백이면 백 도출된 결론은 사람들은 이기적으로 행동하지 않는다는 것이었다. 투자자들은 곧잘 돈을 나누었고, 수탁인들도 곧잘 투자자의 호의에 보답했다. 지금껏 전 세계에서 치밀한 대조군 실험들이 숱하게 이루어졌지만, 이 같은 연구 결과는 판에 박은 듯 똑같았다.

그런데 2005년의 《네이처》 연구는 단순한 신뢰 게임에만 그치지 않았다. 이 실험에서는 연구자들이 피험자들을 두 집단으로 나눠, 그중 한 집단의 쌍에게는 신뢰 게임에서 각자의 역할을 하기 전에 옥시토신이라는 호르몬이 든 스프레이를 코로 들이마시게 했다.(옥시토신은 포유류의 짝짓기를 비롯해 어미의 새끼 돌봄과 연관이 있는 호르몬이다. 여자들이 아기에게 젖을 물릴 때도 옥시토신 분비가 급격히 증가한다.) 나머지 한 집단은 가짜 스프레이를 들이마셨다. 두 집단의 행동을 비교한 결과, 양쪽 집단 모두 투자자들이 자기 자금을 보통 수탁자와 최소 얼마쯤 나누기는 마찬가지였지만, 옥시토신을 들이마신 투자자들이 자금을 더 많이 나누는 것으로 나타났다.

이《네이처》연구만 봐도 인간 행동을 연구하는 오늘날의 방식에 극적인 변화가 있음을 여실히 알 수 있다. 인류학자도 심리학자도, 과거 지그문트 프로이트(Sigmund Freud)나 마거릿 미드(Margaret Mead)가 했던 식으로 내면의 성찰이나 사례 연구에 기대 인간 본성 연구를 진행하는 식으로는 더 이상 성에 차지 않는다. 이제는 갖가지 설문조사, 통계분석, 대규모의 인구통계학적 자료, 인간 피험자를 동원한 치밀한 대조군 실험으로 자기들의 생각을 검증하는 시대인 것이다. 의학 및 생물학 분야 과학자들은 인간의 행동과 감정을—여기에는 친사회적인 행동 및 감정도 포함된다—연구할 때도 심장병이나 암을 연구할 때와 똑같이 혈액 분석, 조직 샘플, 두뇌 영상 기술을 활용한다. 진화생태학자와 진화심리학자는 유기체들이 어떤 조건 속에서 비이기적 협동 능력을 발달시키는지 그 구조를 수학적으로 모형화한다. 현장 생물학자들은 이런 모형을 다양한 종들의 실제 행동에 비추어 검증하고 있다.

여기서 비롯된 결과로 사람들이(때로는 다른 종種이) 언제, 어떻게, 왜 비이기적으로 행동하는가와 관련한 자료들이 빠르게 상당량 쌓일 수 있었다. 그리고 이 자료들을 밑바탕으로 획기적이고 새로운 학문이 차차 그 모습을 드러내고 있다. 이 새로운 학문은—비이기적이고 친사회적인 행동을 연구하는 학문—기상학과 약간 비슷한 데가 있다. 기상학자들이 날씨를 연구할 때 그러듯, 친사회성을 탐구하는 학자들도 복잡한 현상을 대상으로 연구를 진행한다. 그래서 기상학자들과 마찬가지로, 이들 학자가 내놓는 예측도 어딘가 불완전하다. 예보에서 날이 맑을 거라고 했는데도 막상 보면 비가 내릴 때가 있듯, 사람들이 특정 상황에 비이기적으로 행동한다는 증거가 분명히 있는데도 정작 현실에서는 사람들이 남에게 폐를 끼치면서까지 무자비하게 자신의 이익을 좇는 때가 있다. 하지만 기상학자들이 내일 날씨를 어림잡아 맞추는 것과 마찬가지로, 우리도 사람들이 순전히 이기적인 선택을 할 가능성이 높은 때와 그렇지 않은 때를 대략적으로나마 맞출 수 있다. 아니 사실 우리는 그 이상의 것을 할 수 있다. 기상학자들은 날씨를 예측할 수는 있어도 날씨를 바꾸지는 못한다. 하지만 사회과학자들은 특정 변수만 잘 조작하면 실험실의 설정 속에서 사람들이 타인에게 덜 이기적으로—혹은 더 이기적으로—행동하도록 유도할 수 있다.

다른 인간들 사이에 섞여 살며 그들을 배려하고 상대해야 하는 사람이라면 누구나 이런 일이 가능하다는 데 귀가 솔깃하지 않을 수 없을 것이다. 하지만 그중에서도 특히 이 내용이 흥미롭게 느껴지는 이들은 아마 법, 규제, 공공정책, 사업 경영을 연구하거나 거기 관심이 많은 사람들일 것이다. 그런 분야는 하나같이 어떻게 하면 사람들이 '양심적으로' 규칙을 따르게 할까를—즉 어떻게 하면 사람들이 더 열심히 그리고 정직하게 일하게 하고, 세금을 성실히 내도록 하며, 매사에 성심성의를 다하고, 타인의 권리와 재산을 존중하며, 폭력, 절도, 신체상해를 저지르지 않게 할지를—핵심 화두로 삼기 때문이다.

이와 관련해 오늘날 전문가들은, 서커스 조련사가 달콤한 간식과 채찍을 써서 동물 묘기를 부리듯, 사람들이 규칙을 잘 따르게 하는 데는 물질적 유인책(incentive)과 억제책(disincentive)을 쓰는 게 최선이라고 가정할 때가 많다. 하지만 오로지 이런 유인책들만 중요하게 생각해서는 인간 행동을 변화시킬 비장의 레시피에 반드시 들어가야 할 성분이 빠져 버릴 수 있다. 그 필수 성분이란 바로 양심이다.

용어와 관련하여

안타깝게도 양심은 모호하고 비과학적인 용어다. 그래서 이 책에서 나도 '양심'이라는 단어를 사용하면서도, 이와 함께 정확성을 더욱 기한 '비이기적인 친사회적 행동(unselfish prosocial behavior)'이라는 구절도 자주 사용하게 될 것이다. 양심을 이런 식으로 부르는 것은 아마 학자들이나 좋아할 테지만, 이 구절의 세 단어는 나름대로 다 중요성을 지닌다.

우선 '비이기적인(unselfish)'과 '친사회적(prosocial)'이라는 수식어를 통해 우리가 논의하는 행동 속에 이 두 가지 중요한 특징들이 모두 들어 있다는 사실이 강조된다. 첫째, 그 행동은 자신의 물질적 이익을 추구하지 않는다.(즉 그 행동은 '이기적이지' 않다.) 둘째, 그 행동은 다른 이에게, 특히 더욱 폭넓은 사회에 실질적으로 이익을 가져다준다.(즉 그 행동은 '비사회적'이거나 '반사회적'이지 않고, '친사회적'이다.) 이 두 수식어는 둘 다 나름의 중요성이 있는데, 친사회적인 행동이라고 모두 비이기적이지는 않기 때문이다. 가령 어떤 외과의가 염증이 생긴 맹장을 환자에게서 떼어낼 때 수술비를 받으려는 이기적 욕구가 유일한 동기일 수도 있지만, 환자의 고통을 덜어주었다는 점에서 친사회적인 행동을 했다고 할 수 있다. 비슷한 맥락에서, 비이기적인 행동이라고 모두 친사회적이지도 않다. 가령 자살 폭탄테러도 비이기적인 행동에 속하지만, 거의 모든 사람이 자살 폭탄테러는 사회에 해를 끼치는 행동으로 여길 것이다.

우리가 사용하게 될 세 마디 구절의 세 번째 단어인 '행동 (behavior)'은, 앞의 두 단어보다 훨씬 더 중요하다. 이 단어야말로 양심과 관련해 우리가 실제로 가리키는 것이 감정이 아니라, 행동임을 명확히 드러내기 때문이다. 한마디로 우리의 이야기에서 중요한 것은 **느낌**이 아니라, **행동**이라는 이야기이다. 이 둘을 구분하는 것은 무엇보다 중요한데, 내가 이 책에 담긴 생각들을 화제로 친구나 동료와 이야기를 나눠볼 때 언어의 한계로 말미암아 대화 초반부터 혼선과 오해가 빚어지는 경우가 많았다. 이런 일이 발생하는 건 영어에 비이기적인 친사회성을 가리키는 말들이 부족하기 때문은 아니다. 앞에서 언급했듯, 영어에는 그런 말들이 수두룩하다. 문제는 이들 단어 가운데 **행동**과 **감정**을 명확하게 구분하는 것들이 없다는 데 있다. 예를 들어보자. 내가 샐리 할머니는 "인정이 많다"라고 할 때 그게 샐리 할머니의 행동(실제로 돈을 선사하는 것)을 가리키는 것인지, 아니면 할머니의 태도(돈을 주려는 진심 어린 욕구가 조금이라도 정말 있는 것)

를 가리키는지는 분명하지 않다.

그렇다 보니, 사람들이 자주 타인의 이익을 위해 비이기적으로 행동하기도 한다는 주장과 사람들은 자주 비이기적인 **느낌**을 경험하기도 한다는 주장을 혼동하기 쉽다. 이런 혼동이 일어나면, 남을 돕는 행동은 우리 주변에 흔한 만큼 우리는 비이기적인 행동의 사례나 중요성을 하찮은 것으로 치부해 버리기 쉬운 한편, 이타주의적 느낌은 좀처럼 갖기 힘든 것이라고 생각하기 쉽다. 가령 프랑코 곤살레스가 자기 발치에 떨어진 20만3000달러의 돈다발을 돌려주기로 한 것과 관련해 우리는 주관적인 면에서의 '이기적' 관심사들을 얼마든 생각해낼 수 있다. 곤살레스는 가슴속의 뜨끔한 죄책감을 떨쳐버리고 싶었을 수도 있고, 자신이 훌륭한 사람이 된 듯한 뿌듯함을 느끼고 싶었을 수도 있으며, 아니면 단순히 죽어서 지옥불에 떨어지는 걸 면하고 싶었을 수도 있다.

그도 아니면 곤살레스는 뭔가 생각을 잘못하는 바람에 그런 결정을 내린 것일지도 모른다. 객관적으로 봤을 때, 곤살레스가 조금만 조심해 그 돈을 보관하고 사용하며 앞일에 주의를 기울인다면, 잃어버린 그 20만3000달러의 돈다발의 행방을 찾아 누군가가 곤살레스까지 추적해올 가능성은 지극히 낮았다. 그런데도 곤살레스는 비합리적이라고 할 만큼 자신이 돈을 집어 간 사실이 어떻게든 들통나 벌을 피할 수 없을 거라는 걱정을 떨칠 수 없었을 것이다. 20세기의 언론인 H. L. 멘켄(H. L. Mencken)은 이런 종류의 비합리적인 두려움이 양심이라고 설명하면서, "누군가가 너를 지켜보고 있다고 일러주는 내면의 목소리"를 양심이라고 정의한 바 있다.

자부심, 죄책감, 합리적이지 않은 우려는 주관적인 면에서 '이기적'인 감정이라고 느낄 수 있다. 하지만 이런 감정이 불러일으키는 **행동**은 그렇지 않다. 그 사람이 얼마나 자기중심적 동기를 가졌건, 자신의 시간이나 부(富)를 희생해 다른 누군가를 돕거나 혹은 다른 누군가에게 해를 끼치지 않는 사람은, 객관적인 면에서 비이기적으로 행동한 것이다. 자신이 주운 돈다발을 이름도 모르는 원래 주인에게 돌려주기로 결심했을 때, 프랑코 곤살레스는 나름의 희생을 감수한 것이다. 반드시 비이기적인 감정들이 있어야만, 이런 식의 비이기적인 행동이 가치 있고 중요하게 되는 것은 아니다.

실제로 고용주가 직원의 절도를 막으려 애쓰는 경우나, 정부 기관에서 납세자가 탈루하지 않도록 유도하는 경우, 혹은 환경운동가가 쓰레기를 재활용하도록 시민들을 설득해야 하는 경우를 봐도, 동기는 핵심적인 부분이라고 하기 어렵다. 정말 중요한 것은 비이기적인 감정들을 가졌다고 과연 사람들이 절도, 세금 탈루, 쓰레기 투기를 안 하게 될까 하는 점이다. 다시 말해, 중요한 것은 사람들이 절도, 세금 탈루, 쓰레기 투기를 실제로 **하지 않는 것**이라는 이야기이다. 그런 행동들을 하는 것이 물질적으로는 자신에게 더 이득인 상황에서도 말이다.

따라서 이 책에서는 다른 이를 돕거나, 다른 이에게 해를 끼치지 않기 위해 행위자가 시간이나 돈 등의 귀중한 자원을 희생해야 할 때 그것을 비이기적인 친사회적 행동이라고 볼 것이다. 이와 같은 비이기성 개념에는 '적극적' 이타주의의 행동, 즉 개인이 자선단체에 돈을 기부하거나, 불길에 갇힌 누군가를 구하려 화재가 일어난 건물 안으로 황급히 뛰어 들어가는 행동이 당연히 포함된다. 하지만 여기에는, 우리가 '소극적' 이타주의라고 이름 붙일 만한, 보통 사람들이 눈여겨 보지 못하고 그냥 지나치는 비이기성도 포함된다. 이 소극적 이타주 의는, 일반인들이 일명 '도리'라고 부르는 것과 제일 흡사할 텐데, 규 칙을 깨거나 남을 이용하는 것이 개인적으로는 이득임에도 그런 행 동을 되도록 자제하는 것을 말한다. 소극적 이타주의의 흔한 예로는, 납세자가 납세신고를 하며 탈루하지 않는 것, 손님이 계산원이 자신 에게 등을 돌리고 있는 틈을 타 자그만 물건들을 훔치지 않는 것, 눈 을 씻고 봐도 주변에 경찰이 없어도 운전자가 규정 속도를 성실히 준 수하는 것 등을 들 수 있다. 이런 소극적인 친사회적 행동은 낯선 이 를 구하려 자기 목숨까지 내던지는 사람보다야 이목을 끌지는 못하 지만, 경제 성장과 문명사회를 이루는 데 무엇보다 필수적이다.

따라서 이 책에서 내가 "비이기적인 친사회적 행동"이라는 구절 을 쓸 때 그 안에는 적극적 형태와 소극적 형태의 이타적 행위라는 두 가지 뜻이 다 담겨 있을 것이다. 이 말과 함께 나는 때로 사회과학의 다른 용어들도 가져다 쓰게 될 텐데, 이를테면 누군가를 염두에 두고 하는 행동 혹은 나 자신의 이익을 넘어서는 무언가를 위한 행동을 묘 사하는 말로 "타인중심 행동(other-regarding behavior)"이라는 용어도 있 다. 마지막으로, 다채롭게 표현하고자 이 책에서는 "협동(cooperation)", "이타주의(altruism)", "양심(conscience)", 더해서 "도덕(morality)"이라는 흔한 용어도 함께 사용했음을 밝힌다. 이 말들은 저마다 약간씩 다 른 나름의 의미를 지닌다. 예를 들어, '협동'에는 신중하고 의도적으 로 행해지는 일이라는 뜻이 밑바탕에 깔려 있다. 하지만 협동적 행동

중에도 무의식적이고 자동으로 일어나는 듯 보이는 것들이 많다.(최근 오하이오에서는 창구직원에게서 돈을 강탈하려 한 어떤 은행털이범이 복면을 쓴 채 은행에 가서 얌전히 줄을 서서 자기 차례를 기다리다 체포당하기도 했다.)5 '이타주의' 역시 혼동의 여지가 있는데, 바로 앞에서 지적했듯, 우리는 대체로 적극적으로 선의를 베푸는 행위만 이타주의와 연관시키는 경향이 있다. 알고 보면 소극적 이타주의가 우리 주변에 더 흔하고 더 중요할 수도 있는데 말이다. 마지막으로, '도덕'의 개념은 특정 종교의 경전이나 사람들의 복장 및 행동(특히 성생활과 관련된)을 단속하는 문화적 규제와 연관되는 경우가 많다. 실제로도, 대부분의 생각에 남에게 확실히 해가 되는 행동(간통자에게 돌팔매를 던지는 일 따위)을 정당화할 때 억지로 동원되는 것이 '도덕'이기도 하다. 이 책에서는 '도덕'을 교회에서 사용하는 방식, 즉 우리 곁에서 더불어 살아가는 이들의 권리와 행복을 염두에 두는 행동을 가리키는 말로 사용하고 있다. 이 방식에 따른다면, '도덕'은 단순히 자신의 물질적 이익을 좇기보다는 정직하고 사려 깊게 '올바른 일을 행한다'는 뜻을 담고 있다.

왜 양심 연구인가?

양심—즉 비이기적인 친사회적 행동—은 매우 현실적이고, 매우 흔하고, 매우 막강하며, 나아가 매우 중요한 현상이라는 게 이 책의 제일 중요한 주제이다. 우리 인간은, 우리가 보통 생각하는 것보다 훨씬 멋진 존재다. 물론 다르푸르의 집단 강간 사태, 아덴만의 해적질,

허리케인 카트리나가 뉴올리언스를 휩쓴 뒤의 약탈 이야기를 신문에서 접하면 우리 인간이 정말 멋진 종인가 의구심을 갖기 쉽다. 하지만 그런 이야기들이 왜 신문에 날까? 그것은 그 이야기들이 기삿거리이기 때문이고, 그 이야기들이 기삿거리가 되는 것은 좀처럼 일어나지 않는 일이기 때문이다. 강간, 해적질, 약탈은 인간 사이에 예외적으로 벌어지는 일들이지, 일반적으로 벌어지는 일은 아니다.

그렇게 생각하면 왠지 우리 마음이 한결 가벼워지는 것 같다. 범죄 횡행, 정치 부패, 전쟁, 기근, 집단학살 같은 것들을 생각만 해도 괴로워하는 이들이 많다.(그런 생각만으로도 마음이 불편해진다는 사실 자체가 우리의 이타주의적 성향을 말해주는 증거이다. 사실 생각해보면 나한테까지 일어나지 않을 일인 한에야, 남들에게 끔찍한 일이 벌어진다고 걱정을 해야 할 이유는 없지 않은가?) 사람들이 얼마든 이기적이고 악독한 짓을 저지를 수 있다고 생각하면 우울한 생각이 들기도 한다. 그런데 반대로 양심에 대해 생각하면 거기서 또 위안이 온다. 사람들은 정말이지 얼마든 악독한 짓을 할 수 있다. 하지만 동시에 사람들은 얼마든 착한 일도 할 수 있으며, 그런 성향은 놀라울 만큼 자주 나타난다.

사람 대부분에게 양심이 있다는 이런 생각은, 단순히 힘겨울 때 우리 마음에 위안을 주는 데서 그치지 않으며, 실제 현실에서도 엄청나게 큰 중요성을 지닌다. 속속 등장하는 과학적 증거를 통해 사람들이 정확히 무슨 이유로, 그리고 어떤 순간에 친사회적 방식으로 행동하게 되는지가 차츰 명확히 드러나고 있기 때문이다. 사람들을 '자기의 양심에 따라' 행동하게 유도하려면, 혹은 사람들을 비사회적이고 반사회적으로 행동하게 하려면 과연 어떤 종류의 상황이

어야 하는지를 우리는 차츰 이해해나가기 시작한 참이다. 이는 우리가 친사회적 행동을 유도하고자 항상 불완전한 보상이나 형벌에만 의지하지 않아도 된다는 뜻이기도 하다. 우리는 양심의 힘도 얼마든 동원할 수 있다. 양심이야말로 가장 값은 싸면서 효과는 가장 큰, 아주 바람직한 형태의 치안력이 될 수도 있는 것이다.

법을 연구하고, 만들고, 집행하는 사람이라면 양심의 이런 가능성에 당연히 관심을 갖지 않을 수 없을 것이다. 결국 따지고 보면 법도 대체로 비이기적인 친사회적 행동을 하도록 장려하는 것이 주된 내용이기 때문이다. 사람들이 세금을 탈루하지 않고 잘 내도록 하고, 한번 맺은 계약은 깨지 말고 지키도록 하며, 교통 법규를 아무렇지 않게 어기는 대신 잘 지키도록 하는 것 등 말이다. 그 결과 법과 양심은 서로 깊이 얽혀 있을 수밖에 없다. 많은 전문가가 법을 오로지 일련의 물질적 유인책 및 억제책의 체계로만 보지만, 과학적 증거들을 통해 우리는 법과 행동과의 관계는 그보다 훨씬 복잡하다는 사실을 알 수 있다. 법은 사람들에게 벌을 주거나 보상을 줄 수도 있지만, 법이 할 수 있는 일은 그것 말고도 많다. 법이 양심의 힘을 어떤 식으로 작동시키는지 — 혹은 약화시키는지 — 우리가 더 잘 이해하게 된다면, 우리는 단지 법을 더 잘 이해하게 될 뿐만 아니라 법을 더 효과적으로 활용하기까지 할 수 있다.

그렇다고 양심이라는 현상이 꼭 법률 전문가들에게만 중요한 것은 아니다. 양심을 고려하면 왜 사람들이 법적 규칙을 따르는지 더욱 잘 설명되는 것처럼, 다른 종류의 규칙들, 즉 고용주가 정한 회사의 규칙이나 부모가 정한 아이들의 규칙, 학교와 대학이 정한 학생들의 규칙 같은 것을 왜 사람들이 따르게 되는지도 더 잘 설명된다. 또한 사람들이 왜 법 집행이 어려운 윤리적 규칙들이나 공공 생활을 무난히 하게 해주는 갖가지 문화적 규칙들(이른바 '사회적 규범들')을—이를테면 줄이 있으면 억지로 앞으로 밀치고 나가지 않고 자기 차례를 기다린다거나, 공공 도로에 쓰레기를 버리지 않고 쓰레기통에 집어넣는 등의 일을—애써 지키려 하는지도 어쩌면 양심이 설명해줄지 모른다.

따라서 양심이라는 현상은, 학문적 관점에서 보든(사회학자, 심리학자, 정치학자, 경영 전문가처럼) 그보다는 더 현실적인 입장에서 보든(교사, 부모, 교도관, 종교 지도자, 공무 기획자, 사업체 간부처럼), 인간성을 연구하거나 염두에 둔 이라면 누구나 관심을 가질 수밖에 없는 주제일 것이다. 미국인들은 21세기에 들어서도 여전히 유달리 협동적이고 법을 잘 준수하는 문화 속에서 살아가고 있다. 대도시에서조차도 대부분 사람이 법을 준수하고, 약속을 지키고, 세금을 내고, 낯선 이에게도 예의를 지키지만, 그러면서도 자신이 지금 얼마나 비이기적으로 행동하고 있는지는 미처 생각하지 못한다. 위법, 부패, 폭력, 사기는 미국에서는 아직 원칙보다 예외에 해당하는 일이다.

그런데 우리의 이런 협동적이고 윤리적인 문화가 지금 포위공격을 당하는 동시에, 미국인의 집단 양심도 함께 퇴락의 길을 걷고 있다고 믿는 이들이 적지 않다.[6] 뉴스만 봐도 이를 입증하는 사건들이 차고 넘친다. 대규모 은행과 기업에서는 끝없이 금융 스캔들이 터지는 듯하고, 정치가 부패했다는 인식이 널리 퍼져 있으며, 미국에서 제일 명망 높다는 대학들이 연구 조작과 학술논문 표절 때문에 세간에서 초미의 관심사로 떠오르곤 한다. 사회학자 로버트 퍼트넘(Robert Putnam)은 이런 식의 사회적 병폐를 『나 홀로 볼링: 미국 공동체의 붕괴와 부활(Bowling Alone: The Collapse and Revival of American Community)』이라는 책에서 명백한 증거를 통해 보여주고 있다.7 퍼트넘이 제시하는 자료만 봐도, 미국인의 정치, 공동체 활동, 자선 및 봉사활동 참여 비율이 최근 몇십 년 새 얼마나 급감했는지가 여실히 드러난다. 그런데 퍼트넘이 전하는 바에 따르면, 이보다 훨씬 우려스러운 사실이 있다. 이제는 미국인이 전만큼 서로를 정직하거나 신뢰할 만한 사람으로 여기지 못한다는 점이다. 경제적 스트레스를 받고, 공동체에서 소외되고, 미국의 기업, 대학, 정부의 꼴사나운 추문에 신물이 나면서, 우리는 집단적인 도덕의 나침반을 잃은 채 점점 헤매고 있다. 날이 갈수록 우리는 점점 더 이기적인 소비자처럼 행동하게 되고, 그와 함께 양심적인 시민으로서의 모습은 점차 잃어가고 있다.

이런 전망을 접하면 우리는 심히 걱정스러울 수밖에 없다. 인류가 이 물리적 세계를 완벽히 정복한다는 것은 멀기만 한 일이다. 아직은 통제 불능의 혜성 하나로도 우리 인간 종족이 바로 멸종해버릴 수도 있다. 하지만 지금 우리가 마주친 테러, 범죄, 금융 스캔들, 세계적 유행병, 환경파괴 같은 화급한 정책 문제들은 애초에 인간의 행동에서 그 발단을 찾을 수 있다. 만화 주인공 포고*의 유명한 대사처럼, 우리는 이미 적을 만났고 그 적은 바로 우리이다.

이런 문제들을 우리는 과연 어떻게 해결할 수 있을까? 물질적 유

• 미국의 만화가 월트 켈리가 그린 풍자 만화 〈포고〉의 주인공.

인책을 활용해 착한 행위에는 보상을 주고 나쁜 행위에는 벌을 주는 식으로, 탐욕의 힘을 활용하는 것이 인간의 행동을 변화시키는 최선책이라고 오늘날 전문가들은 곧잘 가정한다. 이 접근법엔 이기심을 긍정하고 심지어 찬미하는, 경제 이론의 오랜 전통이 깔려 있다고 하겠다. 적어도 애덤 스미스가 활동했던 시대 이후로, 경제학자들은 줄곧 사리 추구는 훌륭한 일이며 욕심은 좋은 것이라는 주장을 펼쳐왔다.

하지만 오늘날 속속 드러나는 증거에 의하면, 비이기적인 친사회적 행동은 — 이 현상은 정치학자들이 때로 '사회적 자본(social capital)'이라 일컫는 것과도 연관이 있다 — 사회 안정과 경제 성장을 이끄는 강력한 엔진이다.[8] 신뢰, 정직, 협동은 개인의 행복뿐만이 아니라, 경제적 번영과도 연관을 맺고 있다는 사실이 통계로 입증되고 있다. 오로지 당근과 채찍에만 의지해서는 건강하고 생산적인 사회가 될 수 없다. 사회는 반드시 양심도 함께 키워, 비이기적으로 남을 돕는 인간의 잠재력도 충분히 발휘하게 해야 하고, 더욱 중요하게는 되도록 남에게 피해를 주지 않으려는 윤리도 정착시켜야 한다. 이는 다른 데보다도 특히 대규모의 다양한 인구군, 자유로운 이주, 복잡한 생산, 익명의 교환이 특징인 사회들 — 다시 말해 우리 미국 같은 사회 — 에서 더없이 중요한 의미를 지닌다.

비이기적인 친사회적 행동을 유도하고 뒷받침하는 데는 학교, 교회, 공동체 조직을 비롯해 갖가지 사회 기관들도 일정 역할을 담당할 수 있을 것이다. 하지만 이 면에서 법이 특히 중차대한 역할을 할 수 있을 것이다. 이 책이 바로 그런 방법을 탐구하고 있다.

이 책의 범위와 구성

이 책이 양심과 법의 관계에 초점을 맞추고는 있지만, 나는 일반 독자와 더불어 다른 분야, 예를 들면 기업경영, 행정, 비영리 조직, 교육, 도시 계획 및 개발 전문가도 얼마든 활용할 수 있는 양심의 작동 가이드를 만들려 노력했다. 문체는 비전문가도 무리 없이 읽을 수 있는 수준으로 맞추었고, 다양한 배경의 독자들이 저마다 제일 흥미롭거나 제일 유용하다고 느끼는 내용을 장(章)별로 혹은 테마별로 골라 읽을 수 있게 장과 구성을 맞추었다.

1부(1, 2, 3장)는 양심의 개념을 독자들에게 소개하는 동시에, 오늘날의 법률 및 정책 토론에서 왜 그리고 어떻게 양심을 간과하는 일이 그렇게나 많아졌는지를 살핀다. 이번 1장에서는 비이기적인 친사회적 행동('양심')의 기본 개념에 대해 함께 살펴보았다. 2장에서는 오늘날 대부분 법률 및 정책 토론에서 양심이 어떻게 그리고 왜 우리 시야에서 홀연히 사라지게 됐는지를 자세히 살피는데, 경제적 사고가 점차 맹위를 떨치게 된 것과 함께 물질적 '유인책'이 인간 행동의 틀을 잡는 최선이자 아마도 유일한 방법이라는 생각이 강조된 결과로 양심이 시나브로 사라지게 된 과정을 추적한다. 이어서 3장에서는 그보다 훨씬 궁금한, 우리가 더는 양심을 안중에 두지 않게 된 여러 이유를 살핀다. 우리의 심리적 편향, 언어와 사회 구조, 법률·경제·사업 전문가 선발 및 양성 방식 같은 다양한 이유로 인해 우리는 양심이 바로 코앞에 있을 때도 잘 '알아보지' 못하곤 하는데, 그 이유를 알아본다.

2부(4~6장)에서는 사람들이 어떻게 그리고 왜 비이기적인 친사회적 행동을 하게 되는가와 관련해 최근 수십 년에 걸쳐 나온 어마어마한 과학적 증거들을 점검하면서, 양심이라는 것을 실제로 작동시키는 방법을 찾아보려 노력한다. 양심이 정말로 존재하는지 회의적인 독자들을 위해 4장에서는 이른바 '실험실 게임(experimental gaming)'이라는 연구기법을 소개하고, 전 세계 연구자들이 치밀하게 설계한 수많은 실험 및 대조군 실험을 통해서 비이기적인 친사회적 행동이 실제로 흔히 일어나는 강력한 현상이라는 점을 어떻게 일관되게 입증하고 있는지 보여준다. 5장에서는, 이 부분이 아마 이 책의 가장 핵심일 텐데, 그 같은 증거를 바탕으로 단순하게나마 양심의 작동 모델을 만들어본다. 특히 이 5장에서는 비이기적인 친사회적 행동이 다음과 같은 특정 패턴들을 따른다고 주장한다. 즉 사람들 태반은 희생을 감수해서라도 윤리적 규칙을 따르고 남을 도울 의향을 갖지만, 이런 의향은 오로지 몇 가지 사회적 조건이 제대로 갖추어질 때만 생긴다는 것이다. 그 결과 나타나는 것이 '지킬/하이드 증후군'으로, 이에 따라 대부분 사람은 특정한 사회적 신호들에 반응하며 예측 가능한 범위에서 이기적 행동 모드와 비이기적 행동 모드 사이를 오간다. 5장에서는 이 통찰을 활용해, 특히나 강력한 세 가지 사회적 신호를 주로 써서 양심을 자극하는 이른바 3-요인 모델을 만들어낸다. 이 3개의 요인이란 권위자로부터의 지시, 타인의 비이기성에 대한 믿음, 다른 이들에게 돌아가는 혜택에 대한 인식을 말한다. 5장에서도 잘 드러나지만, 이 세 가지 요인은 제각기 인간 본성 안에 굳건히 뿌리내린 근본적 특성(복종, 동조, 공감)과 연관돼 있다. 6

장은 지킬/하이드 증후군의 개념 및 세 가지 요인 모델이 단순히 실험실 게임의 증거만이 아니라 어떻게 발달 심리학 및 진화이론을 통해서도 어떻게 뒷받침되는지를 살피며 마무리된다.

3부(7~9장)는 법조계에서 일하는 이들을 염두에 두고 쓴 내용으로, 다른 데 관심사를 둔 독자라면 건너뛰어도 무방하지 않을까 한다. 특히 7~9장은 세 가지 요인 모델을 통해 알게 된 내용을 바탕으로 불법행위법(tort law: 부주의과실로 인한 사고를 방지하는 법), 계약법(contract law: 계약 준수를 강제하는 법), 형법(criminal law: 절도, 사기, 폭력, 신체 상해를 억제하는 법)을 이해해본다. 법률 소양을 갖춘 독자라면 아마 알 테지만, 불법행위법, 계약법, 형법의 분야는 현대 사회가 택하는 법적 원칙의 세 가지 기본 유형(손해배상의 원칙, 물권 원칙, '양도불가능'의 원칙)을 전형적으로 보여준다.9 따라서 양심의 세 가지 요인 모델이 불법행위법, 계약법, 형법에서 얼마나 유용하게 적용될 수 있는지를 보여줌으로써, 이 모델이 법의 다른 거의 모든 분야에도 통찰력을 제시한다는 점을 더욱 폭넓게 입증할 수 있을 것이다. 아울러 양심과 특히 세 가지 요인 모델에 관심을 기울임으로써, 우리가 어떻게 하면 법을 잘 이해하고, 더 나아가 법을 더 효과적으로 활용할 수 있는지 그 실례들을 제시한다.

'결론' 부분에서는 더욱 광범위한 질문, 오늘날 법률 및 정책 전문가들이 왜 자신들의 분석에 양심의 개념을 통합시키려 좀 더 많은 노력을 기울일 필요가 있는가 하는 점으로 돌아간다. 그 답은 간단하다. 그러지 않고는 다른 방도가 없기 때문이다. 경제적 성장과 심리적 행복(well-being) 모두에 비이기적인 친사회적 행동이라는 문화적 습관이 무엇보다 필수적이라는 사실은 점차 늘어나는 경험적 증거들이 증명하고 있다. 이와 함께 미국 안에서 비이기적인 친사회적 행동이 감소 추세에 있다는 증거도 점차 쌓여가고 있다. 지구 온난화의 가능성을 알리는 숱한 과학적 근거들에 환경 과학자들이 점점 우려를 표하게 된 것과 마찬가지로, '양심 냉각화'의 가능성에 대해 일각의 사회과학자들은 점점 우려를 표하고 있다. 미국인들이 정말로 더 이기적이고, 더 비윤리적이며, 더 비사회적인 집단이 된다면 —즉 자신의 공동체, 나라, 혹은 미래 세대의 운명은 아랑곳없이 오로지 자기 일신의 물질적 행복만 염두에 둔다면—우리의 행복과 번영 모두는 위협받을 수밖에 없다. 이제는 양심을 키울 때다. 그 과정에서 중요한 역할을 할 수 있는 것이 바로 법이다.

2장
양심을 버리다:
'호모 에코노미쿠스' 모델의 어리석음

도덕적 함의를 가진 말은 법률에서 모조리 빼버리는 편이 차라리
더 이득이 아닐까 하는 생각이 나는 종종 든다.

— 올리버 웬들 홈스 2세(Oliver Wendell Holmes, Jr).

현대의 법적 사고가 어떤 식으로 양심의 개념을 더는 염두에 두지 않게 됐는지 그 과정이 궁금하다면, 이야기의 실마리를 풀어가기 좋은 장소로는 아마 1897년 1월의 보스턴만 한 데도 없을 것이다. 그날 찰스강에 자리한 이 도시의 날씨는 을씨년스러웠다. 하늘엔 구름이 잔뜩 끼고 거리엔 눈까지 쌓여 있었다. 하지만 이런 궂은 날씨에도 아무렇지 않다는 듯 보스턴대학의 아이작 리치 홀(Issac Rich Hall)에는 변호사, 판사, 교수, 학생들이 500명도 넘게 몰려들어 북새통을 이루었다. 아이작 리치 홀이 보스턴대학의 법대 건물로 헌정되는 이날, 기념식 연사를 맡은 이가 매사추세츠주 대법관 올리버 웬들 홈스 2세였다.[1]

찰스강의 냉소주의자

홈스는 미국 법조계에서 우러러보는 대단한 인물이다. 1902년 미국 대법관으로 임명돼 근 30년을 봉직하기 전에도, 홈스는 매사추세츠 주 대법원장이자 하버드대학 법대 교수, 1881년 출간된 저명한 연구서 『보통법(The Common Law)』의 저자로 명망이 높았다. 홈스가 단연 눈에 띈 건 이런 면에서만은 아니었다. 그는 훤칠한 키와 꼿꼿한 등, 양 끝이 말려 올라간 풍성한 콧수염으로도 유명했다. 남북전쟁에 참전해 몸소 전장에서 싸우다 3차례 부상을 입은 전력도 있었다. 홈스는 1861년도 하버드대학 졸업생의 대표 시인으로 뽑히기도 했다.[2]

그 모든 홈스의 업적 중 제일 오랜 유산이 바로 그 으스스한 날에 그가 보스턴에서 행했던 연설이었다. 홈스의 연설은 얼마 뒤 『법의 길(The Path of the Law)』이라는 제목으로 『하버드 로 리뷰(Harvard Law Riview)』에 실렸고, 이 글은 법조계의 정전 중에서도 가장 막강한 영향력을 행사한 글로 자리매김했다.[3] 그 이유는 바로 이 『법의 길』에 현대 법학의 주요 고갱이를 이루는 생각이 일찍부터 일관되게 표명되었기 때문이다. 법은 형벌과 보상으로 행동 '비용'을 변화시키고, 그렇게 함으로써 사회 질서를 더욱 다잡아나간다는 생각 말이다.

홈스의 『법의 길』을 시종일관 관통하는 주제는, 법을 도덕과 연관 짓는 건 어리석은 일이라는 것이었다. 그랬다간 "사고의 혼란만 빚어질 뿐이다"라고 홈스는 주장했다.[4] 이 주제를 펼쳐나가면서 홈스는 "나쁜 사람" 법 이론으로도 알려진 내용을 이렇게 설명했다.

법에 대해 알고자 한다면 (…) 우리는 그것을 반드시 나쁜 사람의 눈으로 바라봐야 한다. 얼마간은 모호한 양심의 용인 속에서 (…) 행위의 근거를 찾는 그런 선한 사람이 아니라, 오로지 물질적 결과만 염두에 둔 채 그에 관한 지식을 밑바탕으로 이런저런 예측을 하는 나쁜 사람 말이다. (…) 여기서 다시 법적 의무라는 개념을, 앞에서 이미 언급했지만 (…) 생각해보기로 하자. 법적 의무라 할 때 우리는 도덕에서 끌어온 온갖 내용으로 그 안을 채우곤 한다. 하지만 나쁜 사람에게 법적 의무는 어떤 뜻일까? 그것은 주로, 아울러 가장 먼저, 그가 어떤 일을 할 경우 향후 투옥 혹은 강제적 금전 지불 따위의 달갑지 않은 결과를 맞을 수밖에 없다는 예언이나 다름 아니다.5

홈스가 말하는 나쁜 사람이 보기에 법은 갖가지 도덕적 명령이 모여 이루어진 체계가 아니다. 그의 눈에 법은 가능한 형벌의 집행 수단으로 보일 뿐이다. 이런 나쁜 사람의 관점에서 봤을 때 "보통법에 근거한 계약 이행 의무가 있다는 것은, 향후 계약을 이행하지 않을 시 거기서 발생하는 손해를 반드시 배상해야 하리라는 점을 예상한다는 뜻이다. 그 외에 다른 의미는 일절 없다".6 마찬가지로, 나쁜 사람의 눈에는 적법한 행동에 붙는 세금과 불법적 범죄 행위를 저질렀을 때 내는 벌금 사이에도 차이가 없다. "나쁜 사람의 관점에서는, 어떤 일을 하고 일정액을 벌금으로 내는 것과 세금으로 내는 게 무엇이 다르겠는가?"7

그렇다고 나쁜 사람이 제시 제임스(Jesse James)*나 클라이드 배로(Clyde Barrow)**처럼 소설에나 등장할 법한 악한은 아니다. 나쁜 사람은 특별히 반항심이 있지도 않다. 외려 그 반대로 나쁜 사람은 "달갑지 않은 결과"만 피할 수 있다면, 정해진 규칙을 고분고분 잘 따를 것이다. 또한 그는 무자비하지도 가학적이지도 않다. 나쁜 사람은 타인에게 악의가 있는 게 아니라, 그저 **무관심**할 뿐이다. 나쁜 사람은 자신의 물질적 상황과 얽혀 있지 않은 한 그 누구도 그 무엇도 신경쓰지 않는다. 홈스가 말하는 나쁜 사람에게는 우리가 이른바 '양심'이라고 부르는, 자꾸만 거슬리고, 불편하며, 잔소리하는 듯한 내면의 그 조그만 목소리가 없다.

물론 홈스도 모든 이를 나쁜 사람이라고 볼 만큼 냉소적이지는 않았다. 전장에서의 경험이 깊이 각인되기도 한 까닭에, 그는 다른 분야 행사에 참석해 연설할 때는 군 복무의 의무와 자기희생을 열정적으로 강조하기도 했다.8 하지만 『법의 길』에서는 법을 나쁜 사람 관점에서 분석하는 일이 중요하다는 자신의 신념을 분명히 밝혔다. "공권력을 피하고 싶은 이유가 좋은 사람 못지않게 나쁜 사람에게도 숱하게 많을 건 누가 봐도 명백한바, 따라서 현실적으로는 도덕과 법을 구분하는 것이 중요함을 잘 알 수 있을 것이다."9 도덕은 분명 좋은 것이지만, 법과는 별 상관이 없는 별개의 것으로 다뤄져야 옳다는 이야기였다.

- 서부 시대에 갱단을 조직하고 강도 행위를 벌인 무법자.
- 미국 대공황 시기의 연쇄 강도 살인범. 애인인 보니 파커와 함께 범죄를 저질렀다. 이 둘은 '보니와 클라이드'로 잘 알려졌으며 둘의 이야기가 여러 차례 영화화됐다.

경제주의자 홈스

홈스가 자신의 나쁜 사람 이론을 펼친 당시만 해도, 그의 관점은 다소 충격적인 것으로 여겨졌다. 법과 도덕은 깊이 얽히고설킨 관계라고 본 지가 이미 수 세기에 이르렀던 데에다, 양심도 행동을 제어하는 수단으로써 진지하게 받아들여지고 있었기 때문이다. 1740년 개교한 펜실베이니아대학이 택한 교훈(校訓)도 다음과 같은 고대의 라틴어 경구였다. Leges Sine Moribus Vanae(도덕이 없는 법은 쓸모가 없다).

하지만 오늘날에는 홈스의 이 나쁜 사람 논리가 어떻게 법에 따라 행동이 바뀌는지를 설명하는 지배적 관점으로 자리 잡았다. 왜 그렇게 됐는지 이해하려면, 우리는 여기서 법은 잠시 밀어두고 다른 분야를 붙잡고 생각해봐야 한다. 바로 경제학이다.

홈스가 『법의 길』을 세상에 내놓았을 때만 해도 경제학과 법학은 각기 다른 목표, 주제, 방법론을 가진 전혀 별개의 학문으로 인식됐다. 경제학이 물질적 재화의 생산과 유통을 다룬다면, 법학은 갖가지 권리와 원칙들을 다루는 학문이라고 여겨졌다. 경제학자들이 익명의 시장 안에서의 자발적 교환을 연구한다면, 법학자들은 국가가 강제하는 의무들에 초점을 맞추었다. 경제학자들이 부의 창출을 모색했다면, 법학자들은 정의의 증진을 모색했다.

이 두 분야를 처음으로 하나로 통합하고, 나아가 경제학의 갖가지 도구로 법률 체제를 이해하려 노력한 위대한 사상가 중 하나로 손꼽힌 이가 홈스였다. 이후 수많은 학자가 지적해왔듯, 홈스의 나쁜 사람은 19세기의 법학자가 그려낸 호모 에코노미쿠스라 할 수 있다. 홉스가 그랬듯, 보통 경제학자들은 사람이란 자기 이익(self interest)에 따라 움직인다는 가정 속에서 자신들의 모든 분석을 시작했다. 토머스 홉스는 시대를 앞서 1651년에 이미 이런 접근을 택했으니, 『리바이어던(Leviathan)』에서 그는 사람이란 "원칙적으로 자기 일신의 보존을 추구하고, 오로지 자신의 희열[즐거움]을 이따금 추구한다"[10]고 밝혔다. 애덤 스미스는 『국부론(The Wealth of Nations)』에서 다음과 같은 유명한 주장을 펼쳤는데, 정육업자, 양조업자, 제빵사가 각각 우리 식탁에 올릴 저녁거리를 마련해주지만, 그건 자비심에서가 아니라 "자기애"와 "자신의 이익을 염두에 두고" 이루어지는 일이라는 것이다.[11] 존 스튜어트 밀은 "정치경제학(political economy)"은 오로지 "재물 소유를 열망하는 존재로서의" 인간하고만 관련이 있다고 보았다.[12] 19세기의 이론가 프랜시스 에지워스(Francis Edgeworth)는 이 점을 훨씬 노골적으로 이렇게 표현했다. "경제학의 제1원리는, 모든 경제주체는 오로지 자기 이익에 의해서만 움직인다는 것이다."[13]

경제학 입문 수업을 듣는 학생은 누구라도 금방 알게 되듯, 이런 접근을 택하면 가격과 생산, 공급과 수요 사이 관계, 부족과 과잉을 일으키는 원인을 비롯해 갖가지 다른 중대한 문제들을 설명해줄 엄청난 통찰력을 얻는다. 하지만 그런 자기 이익이 과연 우리의 가족, 친구, 동료, 이웃을 대하는 방식도 함께 설명해줄까? 경제학의 도구들은 시장에서야 잘 작동할지 모르나, 그것들이 과연 투표소, 고속도로, 결혼식장에서의 행동도 잘 설명해줄 수 있을까?

호모 에코노미쿠스, 경계를 뛰어넘다

홈스 시절에는 경제학자들이 이런 문제로 고민할 틈이 거의 없었다. 경제적 인간이 공공도로에서도 주식거래소에서 하듯 이기적으로 행동할까 하는 점은 경제학자가 화두로 삼을 문제가 아니었다. 19세기와 20세기 초의 위대한 경제학 사상가들 — 프랜시스 에지워스(Francis Edgeworth), 빌프레도 파레토(Vilfredo Pareto), 데이비드 리카도(David Ricardo), 앨프리드 마셜(Alfred Marshall) — 은 개개인이 드러나지 않는 시장에서 구매자와 판매자 사이에 이루어지는 상품 교환에만 관심을 쏟으면 그만이었다.

이런 상황이 일거에 뒤바뀐 것은 1960년대 들면서였다. 이 시기에 경제학은 기세등등해진 것은 물론, 심지어 (여타 학과 학자들이 투덜댔듯) 남의 영역을 넘보는 제국주의적 면모까지 띠었다. 시카고대학의 게리 베커(Gary Becker) — 이혼, 자녀 양육, 약물 중독, 복권, 교육, 인종차별 같은 주제에 중점적으로 경제학의 분석을 적용했다 — 를 필두로, 이제 경제학자들은 단순히 시장 분석만이 아니라, 가정, 회사, 정치, 법률 체계 분석에도 합리적 선택의 도구들을 활용하기 시작했다. 호모 에코노미쿠스가 경계를 뛰어넘어 새로운 곳에서까지 자기 영역을 주장하고 나선 것이다.[14]

이에 인류학자, 사회학자, 심리학자 등 여타 학과 학자 몇몇이 여태 자신들 뒷마당으로 여겨온 영역을 경제학자들이 급작스레 비집고 들어왔다며 불평을 쏟아냈다. 호모 에코노미쿠스 모델은 인간 본성을 단순 무식하게 희화화할 뿐이라며 폄훼하는 이들도 있었다.

하지만 경제학의 테두리 밖에 있는 그 외 학자들에게는, 사람은 자기 이익을 합리적으로 최대화하려는 존재라는 생각이 제법 그럴듯하게 와닿았다. 정치학자, 범죄학자, 경영학 교수, 정책 분석가들도 합리적 선택의 도구들을 적극 수용했다. 이런 분위기 속에서 게리 베커가 "미시경제학의 분석을 인간 행동과 상호작용에까지 폭넓게 확대한" 공로를 인정받아 1992년 노벨경제학상을 수상했다.

'법경제학'의 부상

느닷없이 경제학에 열광하는 이런 분위기가 가장 뚜렷했던 곳은 다름 아닌 미국의 로스쿨들이었다. 이 '법경제학' 학파의 토대는 1960년대와 1970년대를 거치며 착착 쌓여갔는데, 로널드 코스(Ronald Coase), 귀도 칼라브레시(Guido Calabresi), 해럴드 뎀세츠(Harold Demsetz), 조지 프리스트(George Priest), 리처드 포스너(Richard Posner) 등 발군의 재능을 가진 경제학자들이 그 작업을 해나갔다.(코스는 이후 노벨상까지 수상하기에 이르고, 칼라브레시는 예일대 법과대학 총장으로 부임했으며, 포스너는 시카고 법과대학에서 법경제학 운동을 이끌며 명성을 쌓은 뒤 제7순회 연방항소법원의 법원장을 역임했다.) 이 인물들은 홈스를 본받아 법은 물질적 유인책의 체계로 봐야 가장 잘 이해할 수 있다고 주장했다.[15]

법경제학 운동은 그 범위나 영향력 면에서 놀랄 만큼 막강한 위력을 가진 것으로 드러났다. 법학계의 지적 변화를 다룬 연구에서, 스티븐 텔레스(Steven Teles)는 "법경제학이야말로 지난 30년간 법학계에서 가장 성공한 지적 운동으로, 일개 반란 세력에서 순식간에 패자(霸者)로 급부상했다"라고 결론내렸다.[16] 아울러 텔레스는 쓰길, "오늘날 법경제학은 민법을 지배할 뿐만 아니라, 법률 교육의 나머지 상당 부분에서도 중대한 역할을 수행하고 있다. 하버드, 예일, 시카고, 스탠퍼드 법대는 저마다 십수 명의 법경제학 전문가를 배출해내는 것을 자랑으로 여기며, 이들을 기반으로 자금이 넉넉한 연구센터를 발족하기도 했다".[17] 이 운동의 위세가 얼마나 대단한지는, 법경제학을 주제로 삼은 책이 얼마나 많은지만 봐도 실감할 수 있다. 우선 법경제학의 접근법을 취한 법률 리뷰 기사만 해도 일일이 다 헤아릴 수 없을 만큼 많다. 법경제학을 하나부터 열까지 세세히 다룬 저서도 시중에 수백 권은 출간돼 있으며, 제목에 아예 '법경제학'을 넣은 책만도 수십 권이다.

이들 책과 기사를 쓴 교수들이 법에 경제학의 추론 방식을 적용하는 게 얼마나 중요한지를 학생들에게 가르쳐온 지가 어느덧 수십 년이다. 이런 가르침을 받고 공부한 학생 상당수가 이제는 성공한 변호사, 사업체의 수장, 정치인, 규제감독관, 판사로 자리 잡았다. 그 결과 갖가지 호모 에코노미쿠스식 가르침에 익숙한 법조 전문가 세대가 탄생하기에 이르렀다. (법경제학 학자 헨리 마네Henry Manne는 대단한 추진력을 가진 이로, 간혹 있던 경제학 훈련을 받지 못한 판사를 위해 호화로운 휴양지에서 "연방법원 판사를 위한 경제학 연구소Economics Institute for Federal Judges"를 열고 유명한 2~3주짜리 법경제학 '집중 코스' 강의를 20년 넘게 진행하기도 했다. 1990년 무렵에는 마네의 이 연구소를 거쳐 간 연방법원 판사가 전체의 40%에 달했고, 여기에는 루스 베이더 긴즈버그Ruth Bader Ginsberg와 클래런스 토머스Clarence

Thomas도 끼어 있었다.")[18]

"(오로지) 유인책으로서의 법"

이렇듯 학계에서 법경제학이 지배적 위세를 떨치고 있음에도, 법이 명시적까진 아니라도 최소한 은연중에 어떤 식으로 양심의 가능성에 의지하고 있는지를 앞으로 우리는 이 책의 7, 8, 9장에서 함께 살필 것이다. 그럼에도 법경제학 운동이 오늘날 전문가가 법을 바라보는 방식에 일대 변화를 일으킨 것만은 엄연한 사실이다. 그것이 어떤 변화인지 이해하려면, 우리는 이 운동에 담긴 뜻이 정확히 무엇인지를 잠시 시간을 들여 고심해봐야 한다. 법경제학 운동이 어떤 수칙을 내걸고 있는지는 포스너가 법경제학 운동을 주제로 쓴 책(굉장한 영향력을 미쳤으며 자주 인용되는 이 책은 현재 6판까지 나왔다)의 서두에 다음과 같이 간결히 정리돼 있다.

경제학이야말로 광범위한 법률문제를 분석하는 막강한 도구라는 확신 속에서 이 책은 쓰였다. (…) 경제학은 인플레이션, 경기 순환 등 법률 체제의 일상적 관심사와는 동떨어진 여타 거시적 경제 현상을 연구하는 학문이라고 여전히 많은 법률가는 생각한다. 그러나 알고 보면 경

• 루스 베이더 긴즈버그는 대표적인 진보 성향 연방대법원 판사(현재는 작고)이며, 반대로 클래런스 토머스는 대표적인 보수 성향 연방대법원 판사다.

제학의 영역은 훨씬 광범위하다. 이 책의 밑바탕에도 깔려 있지만, 인간 욕구에 비해 재화는 한정된 세상 — 우리 인간의 세상 — 에서 경제학이란 결국 합리적 선택을 다루는 학문이라 하겠다. 경제학의 과업도, 그에 따라 정의하면, 인간이란 자기 삶 속의 갖가지 목적을, 즉 자신의 만족을 — 우리는 이를 '자기 이익'이라 불러야 할 것이다 — 합리적으로 최대화하는 존재라고 가정하고 거기 담긴 함의를 탐구하는 것이다. (…) 사람을 자기 일신의 이익을 합리적으로 최대화하려는 존재로 본다는 이 개념에는, 사람들은 유인책에 반응하게 마련이라는 뜻이 함축돼 있다.[19]

이 '유인책으로서의 법'이라는 생각을 우리는 더욱 꼼꼼히 뜯어볼 필요가 있다. 포스너도 밝히고 있듯, 법경제학 학파에서 내거는 핵심 신조도 바로 "사람들은 유인책에 반응"한다는 것이다. 경제학자 스티븐 랜즈버그(Steven Landsburg)도 비슷한 맥락에서 이렇게 쓴 바 있다. "경제학의 대체적 내용은 다음의 세 마디로 요약할 수 있다. '사람들은 유인책에 반응한다.'"[20]

하지만 사람들은 유인책에 반응한다는 이 생각엔 그다지 기발할 것도 논쟁거리도 없다는 사실은 우리가 잠시만 곱씹어봐도 바로 알 수 있다.(물론, 8장에서 함께 살피겠지만, 사람들은 때로 희한한 방식으로 유인책에 반응하기도 한다.) "사람들은 유인책에 반응한다"라는 주장 하나만 놓고 보면 지극히 뻔한 내용이라는 이야기이다. 대부분의 사람이 벌과 보상에 반응하는 건 사실이다. 그렇지 않다면야 벌과 보상을 굳이 누가 사용하려 들겠는가. "사람들은 유인책에 반응한다"가 법경제학이 내거는 전부라면, 그것만으론 별 흥밋거리도 아닐뿐더러 별 영향력도 갖지 못할 것이다.

하지만 법경제학이 뜻하는 바는 이게 다가 아니다. 법경제학파 학자들의 가정은 단순히 벌과 보상이 중요하다는 데 머물지 않는다. 법경제학파 학자들은 올리버 웬들 홈스의 관점을 그대로 취해, 중요한 것은 **오직 하나** 물질적 유인책뿐이라고 주장한다. 다시 말해, 최소한 물질적 유인책만이 논의의 가치를 지닌다고 본다. 『법의 길』에서 홈스는 이 점을 아주 명확히 밝히고 있다. 책 서두에 포석을 깔듯 그는 이렇게 쓰지 않았던가. "법에 대해 알고 싶다면 (…) 우리는 법을 반드시 나쁜 사람, 즉 오로지 물질적 결과만을 염두에 두는 사람의 관점에서 바라봐야 한다."[21]

오늘날 법경제학 전문가 중에는 이 점을 홈스만큼 단도직입적으로 표명하는 이를 찾아보기 힘들다. 그렇기는 하나 대부분 전문가가 홈스를 따라서 법이 유인책으로서 가지는 효과에만 예리하게 집중하고, 법으로 행동에 영향을 미칠 만한 다른 방법은 애초부터 논외로 치부한다. 다음과 같은 포스너의 의견을 듣고 있으면 홈스의 목소리가 그대로 되울리는 것만 같다. "적어도 범죄자의 입장에서 봤을 때, 벌은 (…) 사회가 범죄에 매기는 가격인 셈이다."[22] (포스너는 평소 홈스를 존경해 마지않아서, 자신의 사무실 벽면에 콧수염이 덥수룩한 그 법관의 초상화를 걸어두기까지 했다.)[23]

그런데 여기서 잠깐 호모 에코노미쿠스가 오직 물질적 유인책만 염두에 둔다는 가정이 과연 무슨 뜻일지 곰곰이 생각해보기로 하자. 호모 에코노미쿠스가 정말 물질적 유인책만 염두에 둔다면,

경제적 인간은 곧 양심이 없는 사람이리란 뜻이 된다. 자기의 물질적 이익을 늘릴 수 있다면 그는 언제든 기꺼이 거짓말을 하고, 사기를 치고, 물건을 훔치고, 약속을 뒤집고, 심지어 살인까지 불사할 것이기 때문이다. 경제학자 폴 밀그럼(Paul Milgrom)과 존 로버츠(John Roberts)의 말을 빌리면, 이 같은 관점을 취하면 우리는 사람을 "근본적으로 비도덕적인 존재, 개인적 득이 있으리라 여겨지면 규칙을 무시하고, 합의를 깨고, 갖가지 꼼수, 수작, 협잡을 일삼는 존재"로 보게 된다.[24]

이렇게 그려지는 인간 본성의 초상은 절대 자랑스레 내세울 만한 게 못 된다. 그렇기는커녕, 다음 장에서 살펴보게 되듯, 이런 초상은 우리가 사이코패스일 수 있음을 함축하고 있다. 바로 이 점 때문에 합리적 이기심이라는 가정에 의지하는 전문가는 다소 불편한 입장에 놓일 수밖에 없다. 호모 에코노미쿠스 모델에 뻔히 함축된 그 의미를 무난히 설명해내지 못할 경우, 이들은 합리적 인간은 진리, 정의, 숭고한 가치관, 고래를 구하는 일 따위는 전혀 안중에 없다고 주장하는 꼴밖에는 안 되기 때문이다. 누군가가 이런 주장을 펼친다면 그 **자신의** 인성은 과연 어떻다는 이야기이겠는가?

자신들 주장의 이 난처한 함의를 해결코자 전문가들은 보통 호모 에코노미쿠스를 옹호하며 크게 세 가지의 논변을 내놓곤 한다. 그 셋에 대해 하나씩 살펴보기로 하자.

날을 무디게 하기

호모 에코노미쿠스가 저런 존재라면 그를 사위 삼고 싶어 할 사람이 누가 있겠느냐는 반론에 부딪힐 때 전문가들이 가장 흔히 내놓는 대답은 아마 경제 이론이라고 해서 사람들을 반드시 이기적 존재로만 가정하지는 않는다는 이야기일 것이다. 따지고 보면 대부분 논의에서 경제적 인간이 합리적으로 최대화하려는 것은 자기 돈이나 재물 자체라기보다 자신의 효용이라고 그들은 주장한다. 여기서 '효용(utility)'이라는 말이 정확히 어떤 의미인가는 지금도 열띤 논쟁 중이다. 그렇기는 하나 효용이라는 말이, 물질적 재물 축적을 넘어서는 갖가지 욕구까지 담아낼 만큼 충분히 폭넓은 개념인 것은 사실이다.

그 덕에 호모 에코노미쿠스의 열혈 옹호자들은 흥미로운 전략을 손에 넣게 된다. 이 효용이라는 개념을 이용해 경제 이론도 사실 윤리적 행동이나 친절한 행동과 전혀 모순될 게 없다는 걸 보여줌으로써, 경제적 인간 모델의 그 뾰족한 칼날을 뭉툭하게 갈아보려 한다. (그들 설명에 의하면) 그러기 위해 필요한 건 그저 호모 에코노미쿠스는 단지 이기적인 행동만이 아니라 윤리적으로 행동하고 남을 돕는 것으로부터도 '효용'을 얻는다고 가정하는 것이다. 그렇게 하면 겉보기에는 비이기적인 행동도 — 자선단체에 기부하고, 기독교 청년회에서 봉사활동을 하고, 누가 보지 않아도 법을 지키는 등 — '넓은 의미의' 자기 이익과 일맥상통하게 된다.(여기까지 오면 이제 경제학자는 손을 탁탁 털고 안도의 한숨을 내쉬며 이렇게 말한다. "자, 이제 문제는 다 해결된 겁니다!")

하지만 이 전략은 교활할 뿐 아니라 진부하기까지 하다.[25] 경제적 인간 옹호자들에겐 안타까운 일이지만, 저명한 경제학자 해럴드 뎀세츠도 지적했듯, 이 전략을 택하면 인간이 합리적인 최대주의자라는 개념은 동어반복에 불과한 것으로 되고 만다.[26] 효용의 틀에서 바라보면 자선사업도, 파괴 행위도, 기괴하기 짝이 없는 행동도—살인부터, 자살, 헌혈, 뱀을 만지며 영문 모를 말을 하는 것에 이르기까지—종류를 막론하고 원칙적으로는 모두 똑같이 '자기 이익을 추구하는' 행동이 되기 때문이다. 이 순환논법에 따르는 문제는 단순히 지적 엄격성을 갖지 못한다는 데만 그치지 않는다. 가장 큰 문제는 이 순환논법을 따를 경우 경제학이 예측 도구로서 갖는 가치가 훼손된다는 것이다.

이 점은 꽤 중요해서 사례와 함께 살펴볼 가치가 있다. 경제학의 가장 기본적 원칙으로 꼽히는 수요의 법칙에 대해 한번 생각해보자. 수요의 법칙에서는, 어떤 상품의 가격이 떨어지면 그 상품에 대한 소비자의 수요는 늘어난다고 예측한다. 반대로, 가격이 올라가면 수요는 떨어진다. 가령 석유 가격이 쌀 때는, 우유를 사러 가게에 갈 때도 다들 기름을 잔뜩 잡아먹는 SUV를 몰고 집을 나선다. 반면에 석유 가격이 비싸지면, 커다란 덩치의 SUV는 줄어들고 기름을 조금씩 쓰는 하이브리드카가 늘어난다.

그런데 사람들이 단지 자기 재산을 늘리는 것에서만이 아니라, 타인의 부를 늘리는 것으로부터도 효용을 얻는다고 가정하면 어떨까? 그 결과는, 단도직입적으로 말해 수요의 법칙이 거꾸로 뒤집힐 수도 있다는 것이다. 가령 이타주의적 소비자가 자기들 재산을 지키기보다 석유회사 엑슨(Exxon) 주주들을 부자로 만드는 일에 더 신경을 쓴다고 해보자. 그렇다고 하면 엑슨이 자사의 석유 책정가를 올리더라도 소비자는 외려 엑슨에서 석유를 **더 많이** 살지도 모른다. 석유가가 오른다는 것은 곧 엑슨 주주들이 돈을 더 많이 번다는 뜻이며, 그래서 이타주의적 소비자의 효용이 커지기 때문이다.

결국 경제학이 예측의 힘을 잃지 않으려면, 사람들은 무엇보다 자신의 물질적 여건을 나아지게 하는 데서 제1차적인 효용을 얻는다고 가정해야만 한다는 이야기이다. 한 번 더 뎀세츠의 말을 빌리면, 우리 인간은 자기 몫의 재물을 덜 갖기보다 더 갖고 싶어 하는 "소유욕의 종(種)"이라고 반드시 가정해야 한다.[27] 이런 가정이 없으면 우리는 석유 가격 상승이 수요를 떨어뜨릴지, 혹은 늘려줄지조차도 예상할 수 없다. 호모 에코노미쿠스가 이타적 행동에서 효용을 얻을 수 있다고 인정하면 이론가들이 확실히 덜 냉혈한으로 비치기는 한다. 하지만 이런 식으로 한발 물러서면 호모 에코노미쿠스 모델의 효용성이 심각하게 훼손당한다. 칼집에 든 칼은 덜 살기등등하긴 하지만, 동시에 훨씬 쓸모없어진다.

．．．．．．．．．．．．．．．．．．．．．．

법규범학파

이른바 '경제적 인간'에게도 윤리와 이타주의를 실천할 '소양'이 있다는 이런 주장과 더불어, 최근 법경제학파 학자 일각에는 또 다른 식으로 호모 에코노미쿠스의 초상을 보다 볼 만하게 매만져보려 애쓰는 이들이 있다. 그들의 주장에 따르면 아무리 이기적인 개인이라도 단순히 법의 분노만이 아니라 이웃들의 분노까지 두려워해서 개인보다 자신들 집단을 위해 행동할 수 있다는 것이다. 이 생각의 밑바탕에는 점차 그 저변을 넓혀가는 '법과 규범(law and norms)'에 관련된 문헌들이 자리하고 있다.

규범이라는 개념이 애초 법학계의 이목을 끈 것은 법학자 로버트 엘릭슨(Robert Ellickson)의 저작을 통해서였다. 엘릭슨은 1980년대 초 샌프란시스코 북쪽에 자리한 캘리포니아주의 시골 지역 샤스타카운티(Shasta County)를 찾아, 이곳의 농부와 목장주들이 소 떼의 무단출입 분쟁을 어떻게 해결하는지 지켜볼 수 있었다. 당시 샤스타카운티에는 소 떼가 남의 농장을 무단침입할 때와 관련한 법률들이 마련돼 있었지만, 정작 농부와 농장주들은 관련 법률을 모르고 있을 때가 많았고, 설령 안다 해도 **그 법률들엔 거의 신경도 쓰지 않았다.** 대신 "샤스타카운티의 시골 주민들은 이웃 간의 비공식 규범을 적용해 분쟁을 곧잘 해결하곤 했으며, 심지어 자신들이 아는 규범이 법과 상충할 때도 비공식 규범을 따랐다".28

엘릭슨은 자신의 저명한 연구저작 『법 없이 이루는 질서: 이웃끼리 분쟁을 해결하는 법(Order Without Law: How Neighbors Settle Disputes)』(1991년)에서 이 패턴을 설명하며, 사회적 질서는 종종 그가 "규범(norms)"이라 이름 붙인 비공식적 사회적 규약들을 통해 작동한다고 주장했다. 그런 규범들의 구체적 사례로, 사람들이 자기가 한 약속은 꼭 지키려 하는 것, 샤스타카운티에서처럼 이웃 간 도리를 따르려는 것, 그리고 (이 책의 취지에 비춰볼 때 특히 중요한 부분으로) 규범 위반이 발각되거나 처벌받지 않는 상황에서조차 사람들이 규칙을 잘 따르는 것 등을 들 수 있다. 엘리슨은 이런 규범들이 사회 질서에 어떻게 이바지하는지 설명하며, 사회 질서가 이런 식으로 유지되는 것은 어쩌면 사람들이 단순히 자신의 명성을 염두에 두거나 보복을 두려워해서만이 아니라, **그러는 게 마땅히 옳다고 생각하기** 때문일 수 있다고 제안한다. 엘릭슨의 표현을 빌리자면, 사회 질서의 갖가지 현실들을 고려할 경우, "합리적 행위자 관점의 분석가들도 양심의 힘에 관심을 기울이지 않을 수 없다".[29]

『법 없이 이루는 질서』는 출간되고 거의 20년 만에 법학계의 고전 격으로 자리 잡으며, 법경제학파 법적 사고의 한 변형, 곧 이른바 '법규범학파'에 나름의 토대를 마련했다. 이 학파는 엘릭슨이 설명한 비공식적 사회 규약이 어떻게 공식적 법률과 상호작용해 인간 행동에 영향을 미치는지 탐구한다.[30] 그런데 희한한 것은, 대부분의 법규범학파 학자가 엘릭슨의 견해를 본보기로 삼으면서도 정작 양심이 행동에 어떻게 영향을 끼칠 수 있는지 고려해볼 가치가 있다는 엘릭슨의 견해에는 좀처럼 귀를 기울이지 않았다는 것이다. 대신 이들은 사람들이 보복에 대한 이기적 두려움("내가 이웃에게 친절하게 굴지 않으면, 이웃도 나한테 친절하게 안 굴겠지"), 명성을 잃지 않으려는 이기적 열망("내가 이웃에게 친절하게 굴지 않으면, 다른 사람들이 나와는 거래를 하려 하지 않을 거야"), '제3자의 사회적 제재'라고 할 가혹한 사회적 지탄을 피하려는 이기적 욕망("내가 이웃에게 친절하게 굴지 않으면, 다른 이웃들도 날 냉대하고 파티에도 안 부르겠지")을 통해 어떻게 사회적 규범을 따르게 되는지를 강조한다. 규범파 학자들도 때로 사람들이 사회적 규범을 '내면화해' 굳이 자기 이익을 따지지 않고도 사회 규범을 따를 수 있다는 점은 인정하지만,[31] 대부분의 학자는 호모 에코노미쿠스 모델을 철저히 신봉하는 모습을 보인다. 법학자 래리 미첼(Larry Mitchell)의 말마따나, "이 새로운 규범파 법학자들은, 경제학의 기본 전제 즉 사람들은 전적으로 (혹은 대체로) 자기 이익을 최대화하기 위해 행동한다는 사실을 다들 군말 없이 받아들이는 듯하다".[32]

그런데 이런 식으로 자기 이익을 강조한 탓에 규범-기반 모델로는 인간 행동 상당수가 잘 설명되지 않는 한계가 생겼다.(왜 많은 사람이 곁에 지켜보는 이가 없을 때조차 묵묵히 규범을 지킬까? 나이 들고 죽을병에 걸린 이들은 왜 제멋대로 날뛰지 않을까?) 규범학파 문헌에 나와 있는 호모 에코노미쿠스식 설명에서 이렇듯 끝까지 의아하게 남은 부분을 설명해준 것은, 리처드 포스너의 아들이자 그 자신도 법학자인 에릭 포스너(Eric Posner)였다. 그가 주장하는 바에 따르면, "사람들은 타인이 가하는 제재('수치심')를 피하기 위해서도 그렇지만 자기 양심이 가하는 제재('죄책감')를 피하기 위해서도 규범에 복종하는 것처럼 보인다"는 것이다. 하지만 이어 포스너는 다음을 짚고 넘어가는 것을 잊지 않았다.

죄책감과 관련한 제반 가정은, 어떤 규범을 사람들이 내면화하고 어떤 것은 그렇지 않은지 예측하기엔 엄격성을 충분히 갖추고 있지 못하다. 어떤 사회적 규범 이론을 내면화의 심리적 이론과 통합시켜야 옳을지(그렇게 해서 엄격성을 잃게 할지), 아니면 안전하게 이 문제는 무시하고 넘어가는 게 옳을지는(그렇게 해서 현실성을 잃게 할지) 생각해봐야 할 문제이다. [33]

에릭 포스너의 이런 고심만 보더라도, 현대 법학자들이 한편으론 엘릭슨의 규범 개념을 적극 수용하면서도, 사람들이 규범을 따르는 이유와 관련해 양심이 막중한 역할을 할 수 있다는 그의 견해는 정작 별반 받아들이지 않고 있다는 사실이 잘 드러난다. 결국 학자들 대부분은 이 문제를 간단히 무시하고 넘어간다. 양심을 별나고, 이해가 잘 안 되고, 예측이 어려운 어떤 것으로 치부해버리는 것이다. 법규범학자들이 이런 태도를 취하기로 선택한 데서 우리는 경제적 인간의 세 번째 논변, 즉 합리적 이기심의 제반 가정들을 옹호하는 데 일반적으로 활용되는 내용을 엿볼 수 있다. 즉 호모 에코노미쿠스 모델은 완벽하지 않을 수 있으나, 이것이 지금껏 나온 인간 행동 모델 중에서는 최선이라는 것이다.

"모델을 부수려면 모델이 필요하다"

법경제학파가 오늘날 법학계를 주름잡고 있는 것은 사실이나, 이들에게도 경쟁자가 없지는 않다. 특히 1970년대와 1980년대 초에 한쪽엔 법경제학파, 다른 한쪽에 '법사회학파'라 불린 대안 법학파가 자리 잡고 각축을 벌였다. 법사회학파 학자들은 법에 접근할 때 법경제학파 학자들과는 사뭇 다른 관점을 취하는데, 경제 이론이 아닌 역사, 인류학, 사회학처럼 '더 유연한' 사회과학에서 빌려온 방법들을 활용한다. 이들은 이기적 합리성을 가정한 뒤 연역법을 적용해 인간 행동을 예측하려 노력하기보다, 현장 속에서 실제 인간이 취하는 행동을 면밀하게 관찰하는 식의 귀납적 접근법을 더 선호한다. 아닌 게 아니라, 법사회학파 학자 중에는 인간 행동을 '예측하는' 데는 그야말로 일절 관심이 없다고 할 만한 이들이 많다. 이들이 관심을 갖는 부분은 관찰이고, 따라서 특정 상황 속에서 특정 개인들이 따르는 특정 관습들을 일화를 곁들여 상세히 설명하는 데 자신들의 노력을 집중한다.

그런데 이런 접근법으로 인해 법사회학 운동은 비판을 받게 된다. 호모 에코노미쿠스 모델의 약점을 짚어낸 점은 아주 훌륭하나 정작 실용성 있는 대안은 내놓지 못했다는 것이다.[34] 지금껏 법사회학 운동을 밑바탕으로 나온 것 중 가장 설득력 있는 인간 행동 모델로 꼽힐 만한 것은 이른바 호모 소시올로기쿠스(homo sociologicus)로, 인간 본성은 '빈 서판'과 다름없고 다양한 사회와 문화가 저마다 다양한 가치관과 목적을 거기에 써넣을 수 있다고 본다.[35] 인간 본성을 호모 에코노미쿠스로 설명하는 관점에서는 개개인이 엄마의 자궁을 나올 때부터 각자 자기 목표("개인의 부를 최대화하라")를 회로처럼 완전히 장착하고 있다고 본다면, 호모 소시올로기쿠스는 그의 모든 신념, 선호, 욕구를 주변 사회로부터 얻는다고 여겨진다. 즉 호모 소시올로기쿠스는 후천적 배움에 따라서 경쟁적이 되기도 하고 협동하기도 하며, 다른 문화를 배경으로 가진 이들을 포용하기도 하고 배척하기도 하며, 엄격한 젠더 역할을 고수하거나 쿠키 굽기와 변기 수리 사이를 자유자재로 오가기도 하고, 훌륭한 성품을 보이는가 하면 고약한 성미를 가지기도 한다는 것이다.

심리학자 스티븐 핑커(Steven Pinker)는 자신이 쓴 『빈 서판(The

Blank Slate)』이라는 베스트셀러 책을 통해, 호모 에코노미쿠스 모델이 오늘날 경제학, 정치, 법률, 경영 분야를 지배하고 있듯, 사회학, 인류학, 심리학, 인문학계의 지성인 사이에서는 호모 소시올로기쿠스 모델이 어떻게 힘을 떨치고 있는지를 무척 설득력 있게 들려준다.[36] 물론 법사회학파 학자들이 호모 소시올리기쿠스 모델을 보란 듯 수용하는 경우는 매우 드물지만, 그들도 이와 비슷한 접근법을 취해 인간 행동을 각별히 유연하며 대체로 역사와 환경에 따라 결정되는 무언가로 보는 경향이 있다.

그런데 이는 곧 대개 법사회학파 학자들은 사람들이 미래에 어떻게 행동할지는 별반 예측하지 못하고 "사람들은 뭐든 문화가 시키는 대로 하게 마련이다"라는 식의 이야기밖에 못 해준다는 뜻이기도 하다. 이런 식의 접근이어서는 현실적 문제를 풀어갈 현실적 방안을 찾는 정책 입안자들에게 거의 아무런 지침도 제공해주지 못한다. 또한 이를 기반으로 해서는 종신 재직권이 절실한 학자들 역시 법과 행동 사이의 상호작용을 기막히게 아름다운 방정식으로 정리할 방도가 없다. 그렇다 보니 법사회학은 뭔가 불확실한 것이라는 분위기가 형성되었고, 내용이 모호하고 임의적으로 비치게 되면서 이 학파의 영향력에 그만큼 한계가 생길 수밖에 없었다. 그에 반해, 법경제학은 — 수학과 견고한 예측을 강조하는 것이 특징인 만큼 — 정확하고 과학적인 학문인 것처럼 비치고 있다.

과학자들은 "모델을 부수려면 모델이 필요하다"라는 말을 입버릇처럼 입에 올리곤 한다. 법률가, 판사, 혹은 정책 입안자 가운데 — 심지어는 아마 법경제학의 열성파조차도 — 호모 에코노미쿠스 모델이 백 퍼센트 정확하다고 주장할 이는 아마 거의 없을 것이다. 하지만 호모 에코노미쿠스는 적어도 한 가지에서만은 확실한 강점을 지닌다. 호모 에코노미쿠스는 전적으로 예측이 가능하다. 호모 에코노미쿠스는 항상 자신의 물질적 이익을 염두에 두고 그것을 위해 움직인다고 보아도 무방하다. 문제가 어떤 것이건, 더 나은 유인책을 내놓으면 그 문제가 해결될 것이라고 그 모델은 예측한다. 그 결과 20세기 막바지에 이르러서는 법률, 정책, 경제계의 전문가 대부분이 다소 석연찮아 보이는 부분은 외면하고, 인간 행동을 설명하는 최선의 접근법으로 기꺼이 합리적 선택을 택하는 일이 일어나게 된 것이다.

결론: 홈스의 승리

100년 전 올리버 웬들 홈스가 연단에서 목소리 높여 『법의 길』을 말했을 때만 해도, 법은 양심과는 상관없다는 그의 생각은 청중석의 많은 이들에게 다소 충격적으로 들렸다. 하지만 오늘날에는 홈스의 이 '나쁜 사람' 논제가 학자, 법률가, 정책 입안자, 규제감독관, 판사들 사이에서 일상적으로 받아들여지고 있다. 홈스가 『법의 길』에서 명백하게 펼치고 있는 주장은—법은 오로지 물질적 결과를 통해서만 행동을 변화시킨다—흔히 추가 검증이 더는 필요 없는 진리인 것처럼 암묵적으로 받아들여진다. 많은 전문가가 이제는 법이라고 하면 보상을 통해 어떤 행동은 독려하고 벌을 통해 어떤 행동은 억제하는 모종의 유인책 체계라고 자동으로 떠올린다. 그리고 홈스와 마찬가지로, 이들 역시 양심이라는 현상은 그냥 무시하고 넘어가도 좋은 어떤 것으로 치부하는 경향이 있다.

이 책의 7, 8, 9장에서는 현대의 법률 전문가들이 이로 말미암아 어떻게 법의 유인책 효과에만 강박적으로 집중하고, 법적 규칙들이 행동에 영향을 미치는 더 미묘한 방식들은 무시하게 됐는지 더욱 상세하게 다룰 것이다. 하지만 유인책의 힘에 매료된 게 비단 법률 전문가들만은 아니다. 경제적 사고는 우리 미국의 법학계뿐 아니라 어느덧 정치학자, 공공정책 분석가, 경제 및 경영 전문가들의 사고에까지 알게 모르게 스며들어 있다. 물질적 보상과 처벌이야말로 인간 행동을 변화시키는 최선이자 아마도 유일한 방법이리라는 믿음이 현재 공공정책은 물론 수많은 민간 기관에서까지 지배적 위세를 떨치고 있다. 당면한 문제가 범죄든, 정치적 부패이든, 학교 개혁이든, 아니면 장기 이식에 사용할 인간 신장을 늘리는 일이든, 이런 문제들과 관련된 논의는 으레 '책무성'과 '더 나은 유인책'을 요란하게 떠드는 것에서 시작하고 끝을 맺는 경우가 많다.

그 결과 물질적 벌과 보상에만 집단적으로 매달려, 전혀 생뚱맞고 역효과를 낳을 수 있는 상황에서조차 물질적 벌과 보상을 활용하려는 일들이 빚어지고 있다. 예를 들어, 미국 공립학교 실태를 둘러싸고 불안감이 널리 팽배해졌을 때 어떻게 대응했는지 한번 생각해 보자. 2001년, 미국 의회는 공교육의 맡은바 '책무성'을 더욱 강화한다는 차원에서 아동낙오방지법(No Child Left Behind Act)을 통과시켰다.[37] 이 법으로 인해 학생들이 충분한 학업성취를 이루지 못하는 학교는 연방정부의 자금지원이 끊기는 상황에 내몰리게 됐는데, (이론에서 말하는 대로) 그 같은 '유인책을 써서' 학업 성취가 저조한 학교들을 더욱 분발하게 만든다는 취지였다.[38] 자기 이익 추구 성향을 자극해야만 비로소 성과가 난다고 강조하는 이런 접근은 개별 교사 차원에도 비슷하게 적용되어, 미국 곳곳의 지역에서 '성적 기반' 봉급 제도를 택해 표준시험에서 더 좋은 성적을 낸 학생의 교사들이 보상을 받도록 했다.[39] 플로리다에서 교사의 봉급과 학생들의 성적을 일부 연계하는 성과급 제도를 택한 것이 그 실례이다.[40]

하지만 돈이 교사에게 최선이자 아마도 유일한 동기부여 방법이라는 이런 생각은 전문 교육자 귀에는 가당찮게 들릴 뿐이다.(돈이 일차적 관심사라면, 우리 대부분이 애초 교육자의 길에 발을 들이지도 않았을 것이다.) 당연한 얘기지만, 그런 방책을 써서 교육이 나아졌다는 증거도 거의 없다. NCLB(아동낙오방지법) 통과 이후 많은 주(州)에서 학생들의 수학 및 국어 평균 점수가 오르긴 했으나[41], 비평가들에 따르면 이 같은 성적 향상의 주원인은 교사가 "시험 위주로 학생들을 가르치고" 학교에서는 시스템을 바꿔 성적이 낮은 학생은 아예 수업에 들어오지 못하게 수를 쓴 데 있었다고 한다.[42] 개인적 차원에서도 "미국 교육계에서 교사의 성과급 활용을 늘린다고 그 잠재적 효과가 현실에서 일어난다는 증거는 거의 찾아볼 수 없다. (…) 교사의 개인별 성과급 제도와 학생의 학업 성취도 사이에 양의 상관관계가 존재함을 뒷받침하는 미국 내 증거는 존재하지 않는다".[43] 이런 상황임에도 전문가들은 "더 나은 성과를 내려면 시장의 각종 유인책을 주(州)가 똑같이 모방하는 수밖에는 없다"[44]라고 주장하며, 교사와 학교가 맡은바 "책무성"을 위해 더욱 많은 노력을 기울이라며 압박을 멈추지 않고 있다. 이런 와중에 조지아주에서는 학생의 학업 성취도 시험 성적 향상에 대한 보상으로 2000달러를 지급하기로 했는데, 그러자 일부 학교의 교사들이 학생들 답안지에 손을 댄 정황이 곳곳에서 발견되면서 조사를 받는 일이 벌어지기도 했다.[45]

이런 식으로 오로지 물질적 유인책만 염두에 두고 거기에 초점을 맞추는 경향은 최근 몇 년 동안 기업 간부들의 급료 문제를 둘러싼 논쟁에서도 뚜렷이 드러난 바 있다.(지금은 많은 전문가들이 이들의 급료 문제가 재앙과도 같은 사태를 불러왔다고 믿고 있다.) 20세기 대부분 동안, 미국의 CEO들은 제아무리 헌신적으로 일하더라도 상대적으로 박봉을 받고 이따금 회사 전용기를 타는 정도의 보상만 받았다. 하지만 1976년, 경제학자 마이클 젠슨(Michael Jensen)과 로체스터대학의 경영대 학장 윌리엄 메클링(William Meckling)이 향후 엄청난 영향을 끼친 논문을 한 편 쓰게 된다. 여기 담긴 주장에 따르면 기업의 관리자는 "대리인"으로서, 이들은 오로지 자기 이익이라는 동기에 따라 움직일 뿐이지 자기 회사는 별로 안중에 없다.[46] 1990년대 초에 이르렀을 때는 기업 전문 학자와 보상 전문가 사이에 젠슨과 메클링의 "대리인 비용"식 접근을 적극 옹호하는 세대가 형성돼 있었으니, 이들 주장에 의하면 기업의 경영진과 이사로 하여금 열심히 일하고 좋은 성과를 내게 하려면 그들의 급료를 기업 실적과 연계하는 방법밖에는 없었다.[47] 1993년에는 미국 의회도 이 성과별 지급 이념을 노골적으로 채택하는데, 이때 연방 세법을 개정해 명백한 실적표와 연계되지 않은 경영진의 봉급에 대해서는 기업 공제를 제한했다.[48]

일반적으로 1993년의 이 세제 변화를 계기로 대부분의 미국 대

기업이 스톡옵션과 성과별 지급 체계를 널리 채택했다는 것이 중론으로 통한다.[49] 아울러 이 스톡옵션과 성과별 봉급이 1993년 이후 하늘 높은 줄 모르고 치솟아 경영진들을 흐뭇하게 했던 고액 연봉의 주원인이 됐다고 여겨진다. 여기 더해, 스톡옵션과 성과별 봉급의 광범위한 채택은 월드콤(Worldcom)과 엔론(Enron) 같은 회사들에서 분식회계가 일어난 제일차적인 동기였을 뿐 아니라, 거대 보험회사 AIG 등의 수많은 은행과 기업이 단기 수익을 추구하다 과도한 리스크를 떠안게 된 이유였고, 급기야 2008년의 신용위기를 비롯해 미국 경제가 붕괴 직전까지 내몰리는 사태로까지 이어졌다.[50] 기업 경영진들을 '유인책으로 독려하려던' 노력이 결국 주식회사 미국을 더 깊은 구덩이로 몰아넣은 꼴이다. 그런데도 여전히 개혁을 외치는 많은 이들은 미국이 더 나락으로 떨어지길 원하는지, 더는 경영진들에게 물질적 보상을 주는 데 집중하지 말아야 한다고 하기는커녕 오히려 더 나은 물질적 보상을 찾아내는 것이 미국을 구하는 길이라고 주장한다.[51] 자동반사처럼 튀어나오는 이런 반응은 시간을 갖고 곱씹어 생각하면 더욱 이상하게만 느껴지는데, 경영진의 금전적 유인책을 더욱 개선해야 한다고 목소리를 가장 높이는 이들은 다름 아닌 종신 재직을 보장받은 학자들이나 정부 관료들, 즉 정작 자신은 상대적으로 적은 급료를 받는 데다 그 액수가 딱히 어딘가에 연계돼 있지 않은 사람들이기 때문이다.

이런 사례들만 봐도 처음엔 신고전파 경제학의 특징이었던 시종일관 물질적 유인책을 강조하는 태도가, 나중엔 법경제학파 운동으로 확장되었다가, 지금은 그 경계를 훌쩍 넘어 공공정책과 관련한 일상적 논의에서까지 흘러넘치도록 퍼져 나갔다는 걸 잘 알 수 있다. 아닌 게 아니라, 이런 상황은『뉴욕타임즈』베스트셀러 목록만 봐도 실감할 수 있다. 그중 가장 단적인 예가 아마도 스티븐 레빗과 스티븐 더브너 공저의 베스트셀러『괴짜경제학: 일상의 숨은 면을 탐험하는 불량 경제학자(Freakonomics: A Rogue Economist Explores the Hidden Side of Everything)』(2005년)가 아닐까 한다.[52] 그렇지만 이『괴짜경제학』과 어깨를 겨루는 책만도 한두 권이 아니다. 스티븐 랜즈버그의『안락의자의 경제학자: 경제학과 일상 생활(The Armchair Economist: Economics and Everyday Life)』(1995년)[53], 팀 하포드의『잠입한 경제학자: 부자는 왜 부유하고, 가난뱅이는 왜 가난하며, 당신은 왜 괜찮은 중고차를 사지 못하는지 밝히다(The Undercover Economist: Exposing Why the Rich Are Rich, The Poor Are Poor, and Why You Can Never Buy a Decent Used Car)』(2005년)[54], 데이비드 프리드먼의『숨겨진 질서: 일상 생활의 경제학(Hidden Order: The Economics of Everyday Life)』(1996년)[55], 영문 책명이 참 마침맞다 싶은 타일러 코웬의『당신 안의 경제학자를 발견하기: 사랑에 빠지고, 다음 약속을 잡고, 치과의사를 동기부여하기 위해 유인책을 사용하기(Discover Your Inner Economist: Use Incentives to Fall in Love, Survive Your Next Meeting, Motivate Your Dentist)』(2007년)[56] 같은 책들이 그렇다.*

어떻게 해서 '경제적 인간'은 이런 특권의 반열까지 오르게 된

---

* 이 책들은 모두 번역 출간되었지만 저자가 이 책들을 언급한 의도를 살리기 위해 원제를 그대로 번역해 실었다.

것일까? 앞에서도 이미 지적했듯, 합리적 이기심이라는 생각이 널리 받아들여진 데는 경제학자들이 영리하게 대처해서 실질적으로는 이타심을 중시하지 않으면서 이타심의 가능성만큼은 인정한 것이 일부 주효했다. 이와 함께 겉보기에 이타적으로 보이는 행동은, 명성을 잃는 데 대한 이기적인 두려움의 산물이라고 설명하는 규범파의 이론도 도움이 됐다. 여기에 호모 소시올로기쿠스의 두루뭉술한 설명에 비해 합리적 선택이라는 개념은 과학적인 색채가 농후해 충분한 설득력을 갖는 것도 영향을 주었다. 하지만 이렇게 호모 에코노미쿠스가 위세를 떨치게 된 이면에는 사람들이 미처 알아차리지 못하지만, 그보다 훨씬 중요한 어떤 현상이 하나 더 자리 잡고 있을 수 있다.

내가 이 현상을 염두에 두게 된 건, 이 책에 담긴 생각들을 화제로 친구들이나 동료들과 논의하다 보면 이 현상을 거듭 마주치지 않을 수 없었기 때문이다. 간단히 말해서 대체로 오늘날 미국인, 특히 법률이나 경제학 쪽에서 훈련을 쌓은 전문가는—압도적인 과학적 증거에도 불구하고—비이기적인 친사회적 행동을 알아차리지 못하는 경향이 있다. 희한하게도 우리는 우리 자신의 착함은 잘 보지 못한다. 다음 장에서 다루겠지만, 이 집단적인 '착함 감지 불능'이야말로 왜 많은 이가—실제로는 그 정반대일 수 있는데도—이기적 행동은 흔하고 비이기적 행동은 드물다고 여기는지와 관련해 그 무엇보다 많은 것을 설명해줄지 모른다.

3장
착함 감지 불능: 우리는 왜 양심을 못 보나

*우리는 어떤 사람이든 이기심이 부족하리라고는
추호도 의심하려 하지 않는다.*

— 애덤 스미스

이따금 사람들이 자기보다 남을 더 염두에 두고 행동한다는—다시
말해, 이따금 양심을 가진 것처럼 행동한다는—점은 아마도 많은 이
가 얼마간은 당연하게 여길 것이다. 하지만 법조계, 경제계, 공공정
책 등 광범위한 분야의 전문가들에겐 애초부터 사람을 '합리적 최대
주의자'로, 즉 집요하게 물질적 이익만을 쫓는 존재로 대하는 것이
인간 행동을 예측하고 조정하는 최선책이라고 가정하는 게 이제는
일종의 표준운영절차*처럼 굳어졌다. 하지만 이렇게 되면 우리는 난

---

* standard operating procedure. 업무를 효율적으로 처리하기 위하여 만든, 표준화된
  업무 절차와 세부 규칙.

관에 봉착하고 마는데, 호모 에코노미쿠스는 — 툭 까놓고 말하면 — 결국 사이코패스이기 때문이다.

호모 에코노미쿠스는 사이코패스다

사이코패스를 정식 정신의학 용어로 하면 반사회적 인격장애(Antisocial Personality Disorder: APD)이다. 이 반사회적 인격장애의 가장 뚜렷한 특징으로는 극단적 이기심 및 타인에 대한 배려 부족과 함께, "거짓말, 사기, 편승, 착취"를 일삼는 경향을 들 수 있다.[1] 미국정신의학협회 정신질환 진단 및 통계편람-IV(American Psychiatric Association DSM-IV)에 의하면, 다음의 7가지 특징 중 세 가지가 나타나는 사람은 반사회성 인격장애(APD) 진단을 받을 수 있다고 한다.

1. 체포의 소지가 있는 행위들을 반복적으로 행하는 등, 합법적 행동들을 존중하는 사회적 규범을 준수하지 못함.
2. 반복적으로 거짓말을 하고, 가명을 사용하고, 남을 속여 개인적 이득이나 쾌락을 얻는 등, 사기를 일삼음.
3. 충동성, 혹은 사전 계획을 세우지 못함.
4. 반복적으로 몸싸움과 신체 공격을 하는 등, 과도한 흥분과 공격성을 보임.
5. 자신 혹은 남의 안전을 가차 없이 무시함.
6. 꾸준히 일을 못 하거나 금전적 의무를 성실히 이행하지 못하는 일이

반복되는 등, 무책임으로 일관함.

7. 남에게 해를 입히거나, 남을 학대하거나, 남의 것을 훔치고도 태연
하거나 그 행위를 합리화하는 등, 가책을 느끼지 못함.[2]

그렇다면 이 리스트에서 우리의 친구 호모 에코노미쿠스는 과연 어
디 어디에 해당할까? 우선 호모 에코노미쿠스가 가책을 느끼지 못
하는 건 분명하다(7번). 자신의 물질적 행복만 증진할 수 있다면, 단
순히 남에게 해를 입히거나 남을 학대했다는 이유로 그의 마음이 상
할 이유가 어디 있겠는가? 다음으로 5번과 6번 항목, "무책임"과 "남
의 (…) 안전을 가차 없이 무시함"에 대해서도 한번 생각해보자. 호모
에코노미쿠스는 자신 외에는 그 누구에게도 책임을 느끼거나 신경
을 쓰지 않는다. "사기를 일삼음" 항목은 어떨까? 호모 에코노미쿠
스는 자기의 이익을 위하는 일이라면 언제건 일말의 죄책감도 없이
거짓말을 늘어놓는다. "합법적 행동을 존중하는 사회적 규범을 준수
하지 못함"(1번)은 어떨까? 발각될 리 없다고만 생각되면 그는 언제
든 그럴 것이다.

'경제적 인간'이 충동적이거나 발끈하는(3번 및 4번) 일은 비록 없
다 하더라도, 반사회적 인격장애 목록의 다른 5가지 특징은 그에게
서 모두 나타난다고 할 수 있다.(이 중 세 가지 특징만 나타나도 반사회적 인
격장애 진단을 받는다.) 죄책감, 안타까움, 자책에 짓눌리지 않기에, 그
는 인생을 계획할 때 자신이 벌이는 일이 어떤 여파를 미칠지는 안
중에 없고, 자신이 남에게 입히는 상처에도, 누군가 그에게 베푸는
호의에도 아랑곳하지 않는다. 남들의 행복이나 법의 명령에도 별 관

심 없이, 그저 일어날 확률이 높은 결과를 냉철하게 계산한 결과 그렇게 해서 자신이 더 잘 살 수만 있다면, 서슴없이 거짓말을 하고, 사기를 치고, 물건을 훔치고, 갖가지 의무를 소홀히 하고, 약속을 깨고, 심지어 살인까지 불사한다.

사이코패스는 드물다

이런 사람들이 정말 있기는 하다. 예를 들어 최근 살인 혐의로 체포된 로스앤젤레스의 두 70대 노인 헬렌 골레이(Helen Golay)와 올가 루터슈미트(Olga Rutterschmidt)의 경우를 보자. 골레이와 루터슈미트는 여러 차례의 좀도둑질 혐의, 신용카드 다단계, 소송 사기를 포함한 추잡한 범죄 전력을 이미 가지고 있었다. 그런데 노령에 접어들수록 이들의 수법은 더욱 대담해져, 노숙자 남성들과 허물없는 사이가 된 뒤 그들 명의로 생명보험을 들고 보험금을 타내려 일을 꾸몄다. 경찰에 따르면, 골레이와 루터슈미트는 최소 두 명의 노숙인 남성을 총 280만 달러의 보험에 가입시킨 뒤 이들의 '사고사'를 계획했다고 한다.(희생자 하나는 두 여자가 가명으로 구매한 1999년도 머큐리 세이블*에 깔려 목숨을 잃었다. 이 차량은 차체 아래에 피해자의 혈흔이 남은 채 어느 골목길에서 발견되었다.) 골레이와 루터슈미트는 체포 당시에도 인근 교회에서 만난 다른 노숙인 몇 명도 추가로 보험에 가입시키려 하고 있었다.[3]

• 1985년~2009년에 생산된 포드의 중형 및 대형 자동차 모델.

다행스러운 점은, 실제로 이런 짓을 벌이는 사람은 극히 적다는 것이다. 미국정신의학협회의 추산에 따르면, 미국 인구 중 반사회성 인격장애(APD)를 앓는 이들은 1~3%에 불과하며,[4] 현재 골레이와 루터슈미트가 그렇듯, 그중 상당수는 감옥 안에 안전하게 감금돼 있다. 사이코패스가 드물다는 사실은 정신건강 통계를 통해서만이 아니라 일상적 관찰을 통해서도 알 수 있다. 내가 사는 로스앤젤레스는 약 1204제곱킬로미터 면적에 자그마치 380만 명, 평균으로 따지면 1제곱킬로미터당 대략 3160명이 바글대며 살아간다.[5] 그런데 로스앤젤레스에 — 도덕성 높은 도시라고 하기는 어렵다 — 배치된 경찰관은 총 9700명으로, 그마저도 동시간에 근무를 서는 경찰관의 인원은 그 3분의 1에 불과하다.[6] 이는 시민 1173명당 근무 경찰관 1명으로 도시의 질서를 유지하고 있으며, 1제곱킬로미터당 경찰관 수는 5명도 채 되지 않는다는 이야기이다.

만일 로스앤젤레스의 모든 시민이 헬렌 골레이나 올가 루터슈미트처럼 행동한다면, 아마도 상어 떼 수조에서의 식사 시간 같은 참상이 벌어질 것이다. 하지만 LA에서조차도 어디를 가든 — 도심의 빌딩 숲 사이에서도, 중산층 거주지인 교외에서도, 분주한 쇼핑몰에서도, 심지어는 치안이 안 좋기로 유명한 와츠나 콤프턴 같은 말썽 많은 동네에서도 — 되도록 쓰레기를 안 버리고, 빨간불에서는 멈추며, 남들이 파는 먹거리를 믿고 구매하고, 편의점에서 계산원이 보고 있지 않아도 손에 들린 커피나 도넛을 훔치는 대신 제값을 치르고 나오는 시민들이 대부분이다. 살인은 신문에 기삿거리로 날 정도로 웬만해선 일어나지 않는다.

이런 현실을 보면 합리적 이기성이 과연 익명의 시장 밖에서의 인간 행동까지도 제대로 설명하는지 의문이 들지 않을 수 없다. 그런데도 많은 분야의 — 그저 경제학만이 아니라, 경영학, 정치학, 정책, 특히 법조계에서 — 전문가들은 계속 호모 에코노미쿠스 모델을 적용한다. 왜 그런 것일까?

2장에서는 왜 합리적 선택이 크게 위세를 떨치게 되었는지와 관련한 더욱 명백한 이유 몇 가지를 자세히 살펴보았다. 이번 3장에서는 왜 그토록 많은 전문가가 합리적 이기심이라는 개념을 적극적으로 수용하는지와 관련해 대체로 잘 인지하지는 못하지만 아마도 중요성은 훨씬 더 클, 또 다른 이유가 있을 수 있다는 주장을 하려 한다. 이 두 번째 이유란 세상과 타인을 보는 우리의 인식이 기이하게 왜곡돼 있다는 것이다. 합리적 이기심이 인간 행동을 실제보다 더 정확하게 설명하는 것으로 여겨지는 이유는 다름 아니라, **사람들은 대부분 비이기적 행동의 흔한 형태를 인지하지 못하는 경향**이 있기 때문이다.

착함 감지 불능

우리에게 이런 경향이 있다는 건 간단한 사고실험을 통해서도 나타난다. 가령 여러분이 어느 날 자그만 카페에서 여유롭게 모닝커피를 즐기고 있는데, 창밖으로 텁수룩한 수염에 누더기를 걸친 웬 남자가 보도 위에 널브러져 곯아떨어져 있는 게 보인다고 하자. 남자 옆에는 "참전용사 노숙자입니다. 도와주시면 정말 감사하겠습니다"라는 푯말이 덩그러니 놓여 있다. 푯말 옆 종이컵에는 달러 지폐 몇 장과 우수리 동전들이 담겨 있다. 커피가 식어가는 동안, 당신은 세상모른 채 잠든 그 노숙자 곁을 사람들이 하나둘 지나치는 걸 본다. 하지만 그중에는 남자를 도와주려 손을 내밀기는커녕, 종이컵에 돈을 넣는 사람조차 하나 없다. 이럴 때 당신 머릿속에는 어떤 생각들이 스치고 지나갈까?

우선 저 노숙자는 알코올 중독자이거나 정신적으로 아픈 사람일지 모른다는 생각이 들 것이다. 또 우리와 같은 시민을 저 지경으로 내몬 사회에 절레절레 고개를 흔들지도 모른다. 혹은 혼자 속으로 이렇게 생각할지도 모르겠다. "사람들은 정말 야박하고 이기적이야. 호모 에코노미쿠스라는 말이 딱 맞네." 이런 상황에서 여러분이 다음과 같은 생각을 할 리는 백이면 백 거의 없을 것이다. "사람들이 어떻게 저렇게 이기적이지 않을 수 있지! 저 앞을 지나가면서 **누구도 컵 안의 돈에는 한 푼 손을 안 대잖아.**"

따지고 보면 행인들이 노숙자의 종이컵에 손대지 않고 지나가는 그 광경 속에는 소극적 이타주의의 행위들이 계속해서 펼쳐지고 있다고 할 수 있다. 우선 돈이 집어 가기 좋게 떡하니 길바닥에 놓여 있다. 노숙인 남자는 자기 재산을 지킬 의향은 물론 능력도 없다. 거기에다 눈을 씻고 봐도 주변에 경찰은 없다. 따라서 누구든 그 돈을 집어 가지 않는 사람은 비이기적인 행위를 실천하고 있는 셈이다. 남의 것을 가져다 자신이 물질적 면에서 더 잘 살 기회를 포기하고 있으니 말이다.

이 대목에서 이렇게 주장할 회의주의자도 있을지 모른다. 그 상황에서 행인이 돈을 집어 가지 않는 건 이타심 때문이 아니라, 괜히 돈을 집어 갔다간 목격자에게 한 소리 듣지 않을까 하는 이기적 두려움 때문이라고 말이다. 하지만 이런 생각은 문제를 뒤로 미루는 것에 지나지 않는다. 그럼 왜 목격자는 그런 일을 보면 굳이 나서서 말리려 할까? 그 노숙자가 강도를 당하지 않도록 누군가 나서서 막는 것 역시 이타적인 행위다. 사람들이 호모 에코노미쿠스라면 애초 그런 일에 말려들지 않는 편을 택할 것이다.

시민 사회의 삶은, 곳곳에 파고들어 있지만 눈에는 안 보이는 이런 이타성 없이는 잘 돌아가지 않는 면이 많다. 주변에 보는 이가 없어도 현관 앞에 신문이 그냥 놓여 있는 것도, 무장 안전요원을 따로 고용해 지키지 않아도 노약자들이 얼마든 ATM기(현금자동입출금기)를 이용할 수 있는 것도, 상점들에서 선반에 값비싼 물건들을 쟁여놓고 팔면서도 고작 몇 사람의 점원에게 지키게 하면 충분한 것도 다 그런 맥락에서다. 알고 보면 우리 주변의 이 흔한 상황들은 하나같이, 남의 것을 가져와서라도 자기는 어떻게든 더 잘 살겠다는 욕망을 대다수 사람이 억눌러야만 일어날 수 있는 일들이다. 즉 사회학의 무미건조한 용어를 빌리면, 대다수의 사람이 생활 대부분에서 어느 정도의 비이기적이고 친사회적 방식으로 행동을 해줘야만 이런 일들이 일어날 수 있다. 그런데도 매일 마주치는 이루 헤아릴 수 없이 많은 소극적 이타주의의 행위들을 우리가 제대로 알아차리는 경우는 거의 없다. 우리는 어쩌다 비이기심을 **마주쳐도**, 정작 그걸 **보지**는 못한다.

그런데 이런 비이기적인 행동이 보다 '잘 보이는' 곳이 한 군데 있다. 바로 실험실 안이다. 어쩌면 사회학에서 제일 아이러니한 사실은, 이 발견을 해낸 것이 다름 아닌 양심에는 요만큼도 관심 없던 일단의 수학자와 경제학자들이라는 점이다.

실험실의 비이기적 친사회성

캘리포니아주 산타모니카의 메인스트리트에 가면, 일반인 출입이 가능한 해변과 형형색색의 화려한 회전목마가 설치된 산타모니카 부두에서 몇 블록 떨어지지 않은 곳에 강철과 유리로 조성된 건물 하나가 떡하니 서 있다. 바로 여기에 베일에 싸인 미국의 싱크탱크 랜드연구소(RAND Corporation)의 본부가 자리잡고 있다. 랜드(RAND: '연구개발research and development'을 뜻하는 군사 약어)는 냉전이 한창일 때 미국 국방성의 지원을 받아 창설되었다. 세계에서 제일 영민한 인재 몇몇을 한자리에 모아놓고, 랜드 소속 과학자 허먼 칸(Herman Kahn)의 말마따나, "불가능한 생각까지 생각하도록" 독려한다는 것이 애초 이 연구소의 설립 취지였다.7

당시에는 소련의 미사일이 하늘에서 우박처럼 떨어질 때를 대비해 미국 전역의 학교에서 학생들에게 책상 밑으로 몸을 숨겨 목숨을 건지는 연습을 시키던 때였다. 그 와중에 랜드에서는 수학자, 경제학자, 정치학자들이 머리를 맞대고 앉아 대참사를 염두에 두고 어떻게 해야 승리할 수 있을지 그 해법을 찾고자 노력하고 있었다. 핵전쟁은 참으로 골치 아픈 일이다. 이 주제를 연구하기 위해 랜드의 과학자들은 처음부터 소련과 미국은 각자 자국 국민의 운명만 염두에 둘 것이라 가정하고 시작했다. 한마디로, 이들은 순전히 이기적으로 행동하는 호모 에코노미쿠스 모델을 국민국가 차원에 적용한 셈이었다.

이런 가정을 출발점으로 삼았기에, 랜드의 과학자들이 눈길은 자연스레 게임이론, 즉 서로가 최대한 많은 것을 따려 애쓰는 '게임'에서 합리적이고 이기적인 행위자들이 제각기 어떻게 행동하게 되는지를 연구하는 경제학 분과에 쏠리게 되었다. 이때 랜드의 연구자들이 특히나 흥미로워했던 것이 바로 게임이론의 가장 유명한 난제로 통하는, 이른바 '죄수의 딜레마(Prisoner's Dilemma)' 게임이었다.

죄수의 딜레마로 본 냉전

죄수의 딜레마라는 이름은 빈집에 무단침입했다 체포된 절도 용의자 둘의 이야기를 기반으로 하기에 지어졌다. 체포된 두 용의자는 이후 따로 감방에 갇혀 더는 자기들끼리 소통을 할 수 없다. 그런 다음 두 용의자 각자에게, 둘 중 누구도 사실을 털어놓지 않으면 둘 다 무단침입죄로 징역 1년을 선고받게 될 것이라 일러준다. 그와 동시에 두 죄수는 이런 제안도 함께 받는다. 만일 범죄 사실을 자백하되 상대방이 절도를 저질렀다는 사실을 알려주면, 정보를 제공하는 쪽은 석방될 것이지만 자백하지 않는 죄수는 절도죄로 15년형을 선고받게 될 것이라고 말이다. 하지만 이와 함께 —여기가 선택이 아주

난감해지는 대목인데 — 만일 서로가 상대방이 죄를 지었다고 밀고하면 양쪽 모두 절도죄로 징역 10년형을 선고받을 것이라고도 두 죄수에게 각기 일러준다.

	내가 밀고할 경우	나는 밀고하지 않을 경우
상대방이 밀고할 경우	**10**/10	**15**, 0
상대방은 밀고하지 않을 경우	**0**, 15	**1**, 1

[도표1] 죄수의 딜레마에서의 맞교환. 둘 중 어느 한쪽이 입을 다물거나 '밀고'로 배신을 하느냐에 따라 형량이 결정되는데, 볼드체로 표시된 앞의 숫자가 내가 받을 형량이고, 두 번째 숫자는 상대방이 받게 될 형량이다.

도표 1을 보면 두 죄수가 각기 맞닥뜨리는 '딜레마'를 한눈에 살펴볼 수 있다. 각 죄수의 입장에서는 동료 죄수가 어떤 선택을 하건, 밀고를 선택하는 편이 더 유리하다. 그렇지만 만일 둘 다 이기적으로 '배신'을 택해 상대를 밀고해버릴 때는, 입을 굳게 닫는 식으로 비이기적 '협동'을 할 때보다(각기 징역형 1년씩을 받는다) 둘 다 더 불리해지는 것도 사실이다(각자 징역형 10년).

　이 죄수의 딜레마를 사람들은 곧장 냉전의 군비경쟁에 적용했다. 핵무기를 모으는 것은 비니 베이비•(Beanie Babies) 모으기에 비할 바가 아니다. 핵무기를 수중에 넣어 잘 보관하려면 막대한 비용이 들 뿐만 아니라 위험하기까지 하다. 미국과 소련이 살상 무기를 쌓

• 미국의 봉제 인형 브랜드로 각양각색 동물 인형을 제작해 출시한다.

아두는 대신 민생을 위한 사업 — 교육, 백신접종, 고속도로 건설 — 에 시간과 자원을 쏟는다면 시민들의 삶은 더 나아질 것이었다. 하지만 그와 동시에 개별 국가의 입장에서는 무기 비축이 여전히 최선의 혹은 '우세한' 게임 전략일 수밖에 없었는데, 괜히 무기 비축을 멈춰 군비경쟁에서 한참 뒤처지기라도 했다간 더 막강한 군사력을 갖춘 경쟁국에게 공격의 빌미를 주는 것이나 다름없을 것이기 때문이다.

친사회성은 어디에나 있다

게임이론에 따르면 합리적이고 순전히 이기적으로만 행동하는 이들이 군비경쟁과 같은 죄수의 딜레마의 상황에서 어떤 식으로 행동할지가 명확히 예측된다. 사람들은 언제나 상대방을 배반하는 행동을 하리란 것이다. 하지만 랜드의 과학자들은 실제로 현실의 사람들이 이 게임을 할 때 무슨 일이 벌어지는지 살펴보면 흥미로우리란 생각이 들었다. 1950년 랜드의 과학자들은 동료 학자 둘(랜드의 수학자 존 윌리엄스John Williams와 UCLA의 경제학자 아르멘 알치안Armen Alchian)을 데려다 둘이서 죄수의 딜레마 게임을 수차례 벌이게 해보았다.

그 결과 향후 수백 건의 실험에서 판에 박은 듯 되풀이된 연구 결과가 이 실험에서 맨 처음 나왔다. **현실의 사람들은 자주 죄수의 딜레마 게임에서 협동을 행한다.** 경제학자 알치안은 전체의 68%에서 협동을 선택하는 것으로 나타났다. 수학자 윌리엄스는 78%의 게임에서 협동하는 모습을 보였다.[8]

존 내시(John Nash)는 기막힌 재능을 지녔으나 정신이 불안정했던 랜드의 수학자로, 후일 게임이론 연구로 노벨경제학상을 수상했다.(내시의 삶은 결국엔 『뷰티풀 마인드』라는 베스트셀러 평전에 담겼으며, 나중에 이 책은 영화로 만들어져 오스카상을 수상했다. 호주 훈남 배우 러셀 크로Russell Crowe가 실제로는 비실비실했던 내시를 연기했다.) 내시는 윌리엄스와 알치안이 그런 선택을 한 것이 어리둥절할 뿐이었다. 당시 내시는 의미심장한 글귀가 적힌 메모를 연구소에 돌렸다. "저 둘이 저렇게 비합리적일 줄 누가 알았을까."[9]

하지만 랜드의 실험 결과는 절대 유별난 게 아니었다. 오히려 그와 반대로 실험실 안에서 **친사회적인 행동은 흔하게 나타나는 것으로 입증되었다.** 수백 건의 연구 결과, 피험자들은 낯선 이와 익명으로 죄수의 딜레마 게임을 할 경우 약 50%의 게임에서는 배신보다 협동을 택한다는 사실이 증명되었다.[10]

이 같은 실험 결과를 비롯해 실험실 게임의 세계에 대해서는 나중에 더욱 자세히 살필 기회가 있을 것이다. 하지만 과학적 증거를 깊이 파고드는 일은 뒤로 미루기로 하고, 이번 3장에서는 친사회성의 증거가 차고 넘치도록 우리 눈앞에 나타날 텐데도 그토록 많은 지적이고 박식한 관찰자들이 왜 여전히 인간은 대부분 이기적으로 행동한다고 가정하는지 그 이유부터 살피고자 한다. 앞으로 드러나겠지만, 우리가 일상의 이타적 행동을 **바로 코앞에서 벌어지는데도** 잘 알아보지 못하게 하는 요인은 놀라울 만큼 많다. 이들 요인 중 어느 하나만 작용하더라도 일상 구석구석에 비이기성이 퍼져 있는 현실을 잘 알아보지 못할 수 있다. 한편 이들 요인이 한꺼번에 작동하면,

제아무리 박식한 관찰자도 '나쁜' 사람이기보다 '착한' 사람처럼 행동하고자 하는 우리의 집단적 열망을 전혀 알아보지 못하게 된다.

이유 1: 이타적 행위와 이타적 감정의 혼동

비이기적 행동이 행해지는 현실을 사람들이 잘 알아채지 못하는 중요한 이유 하나는 1장에서 이미 언급한 적이 있다. 언어의 모호성으로 말미암아 '사람들은 자주 비이기적으로 **행동한다**'라는 주장을 '사람들은 마음속에 비이기적인 **느낌**을 품는다'는 주장과 헷갈리기 쉽다는 점 말이다. 남을 위해 좋은 일들을 했을 때, 그 순간을 돌이켜 보면 겉으로는 남을 위해 호의를 베푸는 것처럼 보이는 행동이라도 주관적인 면에서 '이기적인' 감정이 밑바탕에 깔려 있음을 알게 되는 경우가 많다. 예를 들어, 어떤 이가 노숙자의 종이컵에서 돈을 훔치길 마다하는 것은 그 자신이 가슴 찔리는 죄책감에 시달리고 싶지 않아서일 수도 있다. 아니면 자신이 훌륭한 사람이 될 때 자신에게 후광이 어리는 듯한 기분을 느끼고 싶은 마음에 그러는 것일 수도 있다. 아니면 나중에 죽어 지옥에 떨어지지 않을까 하는 두려움에 그런 짓을 마다하는 것일 수 있다. 이런 감정이나 비합리적인 두려움은 자신을 위하는 '이기적인' 것인 만큼, 사람들은 이를 근거로 순전히 이타적인 감정은 드물거나 아예 존재하지 않는다는 결론으로 쉽사리 건너뛰곤 한다.

순전히 이타적인 감정은 정말로 드물거나 아예 존재하지 않을 수 있다.(하지만 나는 이 점에서도 여전히 낙관적인데, 어쩌면 진화가 친사회적 행동을 촉진하는 보상 체계를 인간 내부에 발달시켰을 가능성이 있다는 점을 이 책 6장에서 논의하려고 한다.) 하지만 진정 이타적인 감정이 존재하는가 여부는 이타적인 행동이 존재하는가와는 사실 상관이 없는 문제이다. 다른 누군가를 돕기 위해 우리의 물질적 행복을 포기하는 그 순간, 우리의 행동은 객관적으로 비이기적이기 때문이다. 그래도 무방한 상황에서 행인이 곯아떨어진 노숙자에게서 돈을 훔치길 마다한 것은 자신이 물질적으로 더 나아질 기회를 그냥 보내버린 것이나 다름없다.

　이런 식의 이타적 행위를 연구하거나 혹은 믿어야겠다고 해서 반드시 이타적인 감정을 연구하거나 믿어야 하는 건 아니다. 규제감독관이나 정책 입안자 입장에서는, '이기적인' 느낌 때문에 사람들이 약속과 규칙을 지키고, 남을 돕게 되었는가 하는 점은 별로 중요하지 않다. 중요한 것은―그렇게 하도록 유도하는 외적인 유인책이 거의 혹은 전혀 없는 상황에서도―사람들이 약속과 규칙을 지키고 남을 돕는 일을 실제로 **행했다**는 것이다. 양심이 행동에 어떻게 영향을 끼치는지 연구하고 그 가치를 평가하기 위해 양심의 작동 원리를 반드시 철두철미하게 이해해야만 하는 건 아니라는 이야기이다.

이유 2: '도덕'에 대한 오해

양심의 역할을 제대로 파악하지 못하는 전문가가 많은 이유를 설명하는 언어상의 두 번째 문제는, 종종 양심이 도덕과 연관되곤 한다는 점, 아울러 적어도 이른바 지식인 사이에서는 도덕이 얼마쯤 오명을 뒤집어쓰고 있다는 점과 관련이 있다. 물론 이는 지식인 중 유난히 철면피가 많아서 그렇다는 것은 아니다.(아마 대부분이 정치 컨설팅 업자나 중고차 판매원과 비교했을 때 손색없는 정도가 아닐까 한다.) 그런데도 지식인 중에 도덕적 규율을 미심쩍은 눈으로 바라보는 이들이 많은 까닭은, 이들에게는 '도덕'이라는 개념이 옷, 식사, 성교 행동과 관련된 문화마다의 어떤 특이한 규칙들로 여겨지고 있기 때문이다.

식사, 옷, 행동 관련 규칙들은 지역이나 시대에 따라 달라지게 마련이다. 인육 섭취를 혐오스럽게 여기기는 대부분의 근대 사회가 마찬가지이다. 하지만 힌두교도들은 인육만이 아니라 소고기마저 먹지 않으며, 불교도 중에는 고기를 일절 입에 대지 않는 이들도 많다. 발가벗는 것을 사악하게 보는 문화가 있는가 하면, 자위행위를 나쁜 짓으로 보는 문화도 있고, 욕하는 것을 죄악으로 보는 문화도 있다. 이런 규칙들이 문화마다 천차만별인데도(엄밀히 말하면, 천차만별이기 때문에), 이런 규칙들을 옹호하는 이들은 도덕을 잣대로 들이대며 내세우곤 한다. 그렇게 하면 규칙을 일일이 설명하거나 정당화해야 하는 부담에서 맘 편히 벗어날 수 있다. 그러다 보니 도덕이라는 개념은 너무 자주 그리고 너무 쉽게 오용돼 거기에 과연 어떤 실질적 의미가 담겨 있기는 한 건가 의심이 들기 쉬운 것도 사실이다.

한 페미니스트 작가가 성생활 규범을 제약해야 한다는 발상에 이렇게 반응한 것을 한번 보자. "그 법은 발가벗고 호키포키 동요에 맞춰 춤추는 사람한테 심판이라도 되듯 왈가왈부하는 꼴이라는 데에 전적으로 공감한다. '아니 아니, 그걸 거기 넣으면 안 되지. 아냐! 아냐! 거기가 아니라고! 그래, 어쩌다 거기에는 들어맞았지만, 원래 거기는 그게 있어야 할 데는 아니야.'"[11]

하지만 도덕을 향한 이런 냉소적인 반응들은 본질적인 진실을 흐린다. 보편적이고 '도덕적인' 규칙들은 분명 존재하며, 이런 규칙들은 두 가지의 흥미로운 점을 공통적으로 갖고 있다. 첫째, 모든 질서 잡힌 사회는 모종의 형태로 보편적인 도덕 규칙들을 공유한다. 인류학자 도널드 브라운(Donald Brown)은 자신의 책 『인간의 보편성 (Human Universals)』에서, 인간의 행동과 생각 가운데에는 민족지학자들이 모든 문화에서 빠짐없이 확인할 수 있었던 수백 가지의 "보편성"이 존재한다고 설명한다. 도덕적 보편성에 들어가는 것으로는, 살인과 강간을 금기로 삼는 것, 몇몇 형태의 폭력을 제약하는 것, 재산과 상속 개념, 공평성과 차례 지키기 개념, 관용에 대한 숭상, 자제가 되는 행동과 그렇지 않은 행위 사이의 구분 등을 꼽을 수 있다.[12]

물론 그렇다고 모든 문화의 모든 성원이 보편적 도덕 규칙을 어김없이 다들 잘 따른다는 이야기는 아니다. 하지만 누군가 규칙을 위반하면 비난이 따르게 마련인데, 여기에는 예외도 존재한다. 규칙 위반의 피해자도 어느 정도 규칙을 어겨서 마땅히 벌을 받아야 하는 경우라거나, 피해자가 해당 공동체의 성원이 아니어서 굳이 이해를 따질 필요가 없을 때가 그렇다.(후자를 고려해보면 오늘날 가장 오래도록 맹

럴하게 벌어지고 있는 몇 가지 도덕 논쟁을 더 잘 이해하게 되는데, 예를 들어 낙태, 동물 권리, 가자 지구에서 사는 팔레스타인인의 운명 등도 정확히 누가 해당 '공동체'의 성원 자격을 갖는가가 핵심적인 쟁점이다.)

둘째, 보편적 도덕 규칙은 일반적으로 자신의 '내(內)집단'에 속한 다른 이를 돕는 것, 아니면 적어도 그에게 해를 끼치지 않는 것과 관련이 있다. 찰스 다윈은 H.M.S. 비글호를 타고 항해하는 동안 다양한 문화를 접하고 나서 이렇게 썼다. "남에게 잘하라 — 남들이 네게 해주어야 한다고 생각하는 만큼 그들에게 잘하라 — 는 것이야말로 도덕을 떠받치는 주춧돌이다."[13] 마찬가지 맥락에서 매트 리들리(Matt Ridley)도 『이타적 유전자(The Origins of Virtue)』에서 주장하길, 전 세계 어디든 살인, 절도, 강간, 사기는 '중범죄'로 통하는바, 이런 범죄는 한 사람이 다른 사람의 이익은 아랑곳없이 자신의 편의와 이익을 더 우위에 둘 때 발생하기 때문이다. 즉 리들리의 표현을 빌리면, "이들 범죄는 희생자에게 손해를 입히면서까지 행위자의 이익을 위해 범해지는 이기적이고 악의적인 행위이다."[14]

따라서 식사, 옷, 성교 행동에 대해 각각의 문화마다 정해놓은 특이한 규칙들이 '도덕'이나 '가치관' 같은 말로 자주 설명된다고 해서 우리가 반드시 도덕적 상대주의를 따라야 할 필요는 없을 뿐만 아니라, 행동에 도덕적 구속을 가하는 것이 중요하다는 점을 폄훼할 필요도 없다. 가장 기본적 차원에서, 양심이 우리에게 요구하는 것은 어떤 결정들을 내릴 때 때때로 자신의 이기적 욕망만이 아니라 타인의 이익까지도 헤아리라는 것뿐이다. 퍼시 비시 셸리(Percy Bysshe Shelly) — 그는 자타공인 무신론자로서, 그의 인생사에서는 당대의 성

적 행동 규칙들을 그가 얼마나 경멸했는지가 고스란히 드러나 있다
—의 말을 빌리면, "도덕규범에 숨어 있는 위대한 비밀은 바로 사랑
이다".15 이런 차원의 도덕성은 중요한 개념이며, 어디에서든 널리
발견된다.

이유 3: 착함은 어디에나 있다

이렇듯 동성 결혼 혹은 2004년 슈퍼볼 공연에서 벌어진 자넷 잭슨
(Janet Jackson)의 '의상 불량' 사태* 논란에서 쓰이는 말들로 도덕을 정
의하는 게 잘못된 것임을 알고 나면, 사람들이 양심의 중요성을 못
알아보게 막는 세 번째 이유를 인지하기가 더 쉬워진다. 아이러니한
얘기지만, 이 세 번째 요인은 바로 양심에 이끌려 하는 행동 상당수
는 지극히 평범하다는 것이다.

수많은 비이기적 행위들이 우리의 주의를 끌지 못하는 이유는,
그런 행동들은 ('상식적인 예절'이라는 관용구에서 보듯) 어디에나 흔하기
때문이다. 그 어떤 신문에도 "사람은 훔치지 않는다, 보는 이가 없어
도!"라는 제목으로 기사가 실릴 일은 없다. 이 같이 양심을 보여주는
흔한 사례들을 인간들이 못 보고 지나치는 이유는, 사람들이 심리

---

* 인기 가수 자넷 잭슨과 저스틴 팀버레이크의 합동 슈퍼볼 공연 중 팀버레이크가 잭
  슨의 옷을 잡아당기는 안무를 하다가 그만 옷이 찢어져 가슴이 그대로 노출된 사건
  을 말한다. 생방송 중 일어난 이 사고로 자넷 잭슨은 엄청난 비난을 듣고, 활동을 한
  동안 중단해야 했다.

학 용어로 이른바 "선택적 집중(selective attention)"의 방식으로 자기 주변의 환경을 인지하기 때문이다. 이 세상은 그야말로 너무도 바쁘고 복잡해서 우리는 주변에서 일어나는 모든 일을 일일이 다 모니터할 수 없다. 그래서 우리는 대신 대부분의 자극은 걸러내고, 우리의 이목을 잡아끄는 한정된 물건과 사건들 속에서만 의식적으로 주목할 것들을 잡아낸다. 그 전형적인 사례가 유명한 '칵테일 파티' 효과이다. 시끄러운 파티에서 한 친구와 수다를 떤다고 할 때, 여러분이 웅얼웅얼대는 주변의 수많은 대화 속에서 의식적으로 뭔가에 주목할 가능성은 별로 높지 않다. 방 안 저쪽의 누군가가 당신 이름을 부르기 전까지는 말이다.

우리의 이목을 잡아끄는 사건들의 중요한 범주 하나로 **이례적인** 사건들을 꼽을 수 있다. 난데없이 굴러들어온 20만3000달러의 돈다발을 이름 모를 주인에게 돌려주기로 한 프랑코의 경우처럼, 비이기적 행동의 극단적 사례들이 사람들의 주의를 끄는 것도 바로 이런 이유에서다. 하지만 어떤 사람이 계산대 앞에서 줄 서 있다가 다른 누군가에게 실수로 5달러짜리 지폐를 흘렸다고 알려줄 때는 그 누구도 놀라지 않는다.

비이기성은 윤리적인 규제(소극적 이타주의)의 형태를 취하고 있을 때 시선을 끌지 못할 가능성이 특히 크다. 적극적 이타주의—돈, 시간 등 귀중한 자원을 들여 남을 돕는 것—는 비교적 드물고, 따라서 사람들의 이목을 끌기 쉽다. 반대로 소극적 이타주의(다른 이가 곤란해지는 상황을 이용하면서까지 이득을 취하려 하지는 않는 것)는 그야말로 어디서나 일어나는 일이라, 말 그대로 우리는 그런 일이 있어도 보지 못한다.

미국에서만 해도 허리케인 카트리나가 할퀴고 지나가 무법천지가 되었을 때 뉴올리언스 길거리 곳곳에서는 수백 명의 약탈자 무리가 날뛰었다. 하지만 약탈에 가담하지 **않은** 뉴올리언스의 주민들도 수만 명에 달했다는 사실을 생각하고 신기해하는 사람은 거의 없었다.

철학자 한나 아렌트(Hanna Arendt)는 오토 아돌프 아이히만(Otto Adolf Eichmann)이 저지른 전쟁범죄에 대한 글을 쓸 때 나치의 죽음의 수용소를 기획했던 관료들을 "악의 평범성(banality of evil)"의 전형적인 예로 설명했다. 착함 역시 너무 흔한 경우가 많다. 착함도 너무 평범하고 일상적이어서 흥미를 끌지 못한다. 양심은, 중력이 그러하듯, 매일매일의 우리 삶 속에 너무 깊숙이 얽혀 있어 어느덧 우리는 그것을 당연하다고 여기고 있다.

이유 4: 작은 희생은 눈에 띄지 않는다

수많은 흔한 형태의 친사회성이 왜 우리의 이목을 잡아끌지 못할 때가 많은지 설명해주는 이유 하나는, 비이기적 행위는 거의 모두 어느 정도의 자기희생을 필요로 하지만, 이런 희생이 무척 소소할 수 있다는 점이다. 여기서 다시 한번 노숙자의 종이컵에서 얼마든 돈을 꺼내 갈 수 있는데도 그러길 마다하는 행인의 비이기성을 살펴보기로 하자. 이때 행인이 돈을 집어 간다면 물질적 면에서 분명 얻는 게 있을 것이다. 하지만 그 컵에 현금이 상당히 많이 들어 있지 않은 한 거기 든 돈을 가져간다고 경제적으로 훨씬 나아질 것은 없으며, 설령 나아진다 해도 그 노숙인 남자가 깨어나 항의할 수 있다고 생각하면 그렇게 해서 뭔가를 얻을 가치가 상쇄될 것이다.

흔히 일어나는 친사회적 행동의 수많은 다른 형태도 이와 비슷하게 소소한 자기희생으로 이뤄지는 게 보통이다. 낯선 이에게 길을 알려준다거나, 완력을 써서 앞으로 밀고 나가는 대신 진득하게 줄을 서서 차례를 기다린다거나, 편의점에서 계산원이 등을 돌리고 있는 틈을 타 몰래 커피를 가지고 나오는 대신 손에 든 커피의 값을 치르고 나오는 등의 일을 하는 데는 대단한 노력이 들지 않는다. 그러다 보니 이런 행동을 하면서도 내 행동이 자기희생적이라는 생각은 잘 들지 않는 경우가 대부분이다. 사소한 행위들은 거기에 친절과 배려가 담겨 있어도, 정작 그 행동을 하는 친절하고 배려심 깊은 사람조차 그 존재와 가치를 미처 알아차리지 못한다.

그렇지만 친절과 배려가 담긴 사소한 행위들은 사회적으로는 중요한 역할을 수행하는데, 그 이유로는 적어도 두 가지를 들 수 있다. 첫째, 내 쪽에서는 그저 소소한 희생만 할 뿐인 비이기적인 행위가 다른 누군가에게는 훨씬 커다란 이익을 얻는 일이 될 수 있다. 내가 길을 가다 잠시 멈추고 초행길을 헤매는 사람에게 길을 일러줄 때, 내가 손해 보는 시간은 단 몇 초에 불과하지만, 그 행인은 내 덕에 몇 시간씩 길을 헤매는 고생을 면할 수도 있다. 마찬가지 맥락에서, 행인이 노숙자의 돈을 훔치지 않을 때도 그런 비이기적인 행동은 자기 주머니에 몇 달러를 더 챙길 기회를 포기하는 것일 뿐이다. 하지만 그 행동 덕에 노숙자는 자기 돈뿐만 아니라 마음의 평화를 챙길 수 있는 것은 물론, 자기 몸과 재산을 지키기 위해 특단의 대책들을(커다란 금고, 권총, 사나운 개 등) 마련하지 않고도 많은 이들이 다니는 한길에서 마음 놓고 구걸할 수 있다.

둘째, 사소한 비이기심의 행위라도 그것이 수많은 사람과 수많은 상호작용 속에 쌓이면 커다란 사회적 총이익을 창출한다. 우리가 하루하루 일상을 무탈하게 보내는 것은 별일이 없는 한 약속들이 지켜지고, 우리의 사유 재산이 도둑맞거나 침탈당하지 않고, 우리 자신의 신변도 유괴, 상해, 살인에서 안전하리라고 믿기에 가능한데, 이러한 믿음의 밑바탕에는 바로 우리 곁의 동료 시민 대부분이 대체로 상식을 갖고 행동해준다는 사실이 자리하고 있다. 가늘고 쉽게 끊어지는 갈대라도 한데 잘 엮으면 무거운 짐도 얼마든 지고 나를 만큼 튼튼한 바구니가 되듯, 수많은 개인이 자제심과 배려심을 갖고 행하는 수많은 사소한 행동 역시 하나로 잘 엮이면 평화롭고 번창하는 사회를 이룬다.

이유 5: 속임수는 유독 도드라져 보인다

사람들이 일상적이고 소소한 형태의 비이기적 행동을 알아보지 못하는 건 그런 행동이 어디서나 볼 수 있는 일상적이고 소소한 것들이라 그렇기도 하지만, 사려 깊고 모범적인 행동을 눈여겨보지 못하는 데는 다른 이유도 있다. 그 이유란 사람들은 무례함과 속임수를 간파하는 데 온 신경을 쏟느라 너무 바쁘다는 것이다.

속임수가 우리의 신경을 얼마나 강력하게 잡아끄는지는 진화심리학자 레다 코스미데스(Leda Cosmides)의 다음과 같은 실험을 통해 증명된 바 있다.[16] 여기 한 연구자가 여러분에게 도표 2와 같이 네 장의 카드를 테이블 위에 놓고 보여준다고 해보자. 카드 윗면에는 D, F, 3, 7이 각기 적혀 있다. 연구자는 여러분에게 카드 네 장 모두 한쪽에는 숫자가, 다른 한쪽에는 글자가 적혀 있다고 말해준다. 그러면서 규칙도 하나 일러주는데, 카드 한쪽 면에 'D'라는 글자가 적혀 있으면 다른 면에는 '3'이라는 숫자가 적혀 있어야 한다는 것이다. 그런 다음 연구자는 여러분에게 테이블 위의 카드가 전부 이 규칙을 따르는지 결정하려면 네 장의 카드 중 어떤 것을 확인해야 되겠냐고 물어본다. 여러분이라면 뭐라고 대답하겠는가?

[도표 2]

이 질문을 받으면 사람들 대부분은 곧장 눈을 게슴츠레 뜨고 골똘히 생각에 잠기지만, 정답을 맞추는 이는 25%도 채 되지 않는다.(이 질문의 정답은 글자 D와 숫자 7이 적혀 있는 두 장의 카드를 뒤집어, 한 장에는 3이 적혀 있고 다른 한 장에는 혹시 D가 적혀 있지는 않은지 확인해야 한다는 것이다.)

그러면 이번에는 다른 문제를 한번 생각해보자. 도표 3에서처럼, 네 사람이 바에 앉아 뭔가를 마시고 있다고 해보자. 한 사람은 맥주를 마시고 있고, 다른 한 사람은 콜라를 마시고 있다. 한 사람은 나이가 40세 정도 든 것처럼 보이고, 다른 한 사람은 14세 정도 돼 보인다. 바의 주인은 여러분에게 이 가게에서는 최소 21세가 아니면 절대 알코올이 든 술을 마실 수 없다고 이야기해준다. 이 규칙이 잘 지켜지고 있는지 확인하려면 여러분은 네 사람 중 누구를 확인해봐야 할까?

맥주	콜라	40세로 보임	14세로 보임

[도표 3]

이 질문을 하면 피험자 태반이 맥주를 마시고 있는 사람과(그 사람이 21세 이상인지 확인하기 위해) 14세로 보이는 사람을(그 사람이 술을 마시고 있는지) 확인해야 한다고 금방 답을 찾아낸다. 이는 무척 신기한 일인데, 첫 번째 문제나 두 번째 문제나 이른바 '웨이슨 선택 과제(Wason selection task)'라고 해서 **논리적으로는 똑같은** 문제를 버전만 달리한 것이기 때문이다. 그렇다면 두 번째 버전이 우리가 풀기에 훨씬 더 쉬운 것은 왜일까?

코스미데스는 특정 버전이 왜 더 풀기 쉬웠는지 그 이유를 밝혀내고자 실험의 피험자들에게 다양한 버전의 웨이슨 과제를 풀게 했다. 그녀가 알아낸 바에 의하면, 사람들은 문제 풀이에 **속임수 간파** 작업이 동반될 때 웨이슨 과제를 가장 훌륭히 수행하는 것으로 나타났다. 코스미데스와 인류학자인 그녀의 남편 존 투비(John Tooby)는 여기서 한발 더 나아가, 사람처럼 고도의 사회성을 지닌 동물들은 남이 "규칙을 따르지" 않는 경우를 순식간에 포착하는 능력을 진화시켜왔다고 주장한다. 이들의 가정에 의하면, 인간의 두뇌는 진화를 통해 특화된 "사기꾼-간파 모듈"을 발달시켰고, 그 덕에 그다지 예리하지 못한 사람들도 속임수가 관련된 논리 난제는 능숙하게 풀 수 있었다는 것이다.[17]

코스미데스와 투비의 이 모듈 이론은 논쟁의 여지가 있다. 이런 연구 결과가 나왔다고 해서 속임수를 간파하는 특화된 두뇌 시스템의 진화가 증명됐다고 할 수는 없으며, 속임수를 보는 순간 우리의 관심이 부쩍 일어 더 추상적이고 현실적인 형태로 문제가 제시될 때보다 두뇌의 힘을 더 대거 동원하게 된다고 할 수도 있다. 하지만 코스미데스의 연구 결과는, 어떤 이유에서건 인간에게는 이기적인 나쁜 행실을 잘 포착하는 특별한 재능이 있다는 사실만은 분명히 입증했다고 하겠다.

그런데 '속임수 낌새를 포착하는' 이런 능력 탓에, 사람들이 못되게 행동하는 일은 상대적으로 적은데도 우리의 관심은 오로지 거기에만 쏠리게 된다.(신문에 실리는 머리기사들은 이런 쏠림 현상의 증거인 동시에 그런 현상을 더욱 부추기는 역할을 한다.) 이렇듯 우리가 온통 속임수에 열중하는 일이 간접적 영향을 미친 결과, 우리는 사람들이 문제 없이 잘 행동하는 경우도 많다는 점에는 미처 주의를 못 기울이거나 아니면 그런 행동들에 상대적으로 둔감해지는 것일 수 있다. 그 결과 다른 이는 자신만큼 '훌륭하지' 않다는—즉 정직함, 책임감, 배려심, 준법의식이 자신만큼 투철하지 않다는—실제와는 어긋나는 가정을 갖게 된다. 그 결과, 이번에도 역시, 호모 에코노미쿠스식 설명이 실제보다 인간 본성을 더 정확하고 더 보편적으로 잘 그려낸다고 보는 경향이 생겨난다.

이유 6: 소박한 실재론

이 말고도 다른 이의 이기심을 실제보다 과장하게 만드는 심리 현상이 하나 더 있는데, 심리학자들이 "소박한 실재론"이라고 부르는 사고 습관이다.[18] 일상적 용어로 풀면, 소박한 실재론이란 자신의 인식이 이 세상의 객관적 실재를 정확히 반영한다고, 그래서 다른 합리적인 이도 나와 똑같은 인식을 가지고 이 세상을 나와 똑같이 바라봐야 한다고 가정하는 성향을 의미한다. 이런 믿음에서 비롯되는 결과 하나가 남들이 자기의 관점과는 어긋나는 방식으로 행동할 때, 그런 불일치가 나타나는 게 세상에 대한 인식 차이 때문이 아니라 그 사람의 편향—특히 자기 이익 추구에서 비롯되는 편향—때문이라고 가정하는 경향이 생기는 것이다.

가령 여러분이 차를 몰고 고속도로를 달리는데 다음번 진출로에서 고속도로를 빠져나가려면 오른쪽 차선으로 변경해야 한다는 사실을 퍼뜩 깨달았다고 해보자. 여러분이 보기에 오른쪽 차선을 달리는 차량 중 파란색 도요타 앞쪽에 마침 딱 끼어들 만큼의 공간이 있는 듯하다. 하지만 오른쪽 깜빡이를 켜자 도요타 운전자가 속도를 올려 그 틈을 메워 차선에 끼어들지 못하게 막는다. 이때 여러분은 어떤 반응을 보일까? 아마 도요타의 운전자 입장에서도 차선을 변경할 공간은 충분하지만, 그 운전자는 그저 다른 차가 자기 앞에 끼어들지 못하게 하려는 이기적 욕구 때문에 속도를 높였다고 단정할 것이다. 그 도요타 운전자가 이기심에서가 아니라, 차 사이 공간이 너무 좁다고 생각해 까딱 사고가 날 것 같아 속도를 높였으리라고는 잘 생각하지 않는다.

소박한 실재론은 다른 이들을 실제보다 더 자기 이익만 추구하는 사람으로 보게 만든다. 더 나아가, 소박한 실재론을 갖고 있으면 호모 에코노미쿠스식 설명이 실제보다 더 인간 본성에 대한 더욱 그럴싸한 초상으로 비치게 된다.

이유 7: 외적 제재와 내적 제재 사이의 상관성

앞부분에서 우리는 왜 사람들이 흔한 형태의 비이기적 행위를 '알아보지' 못하는 심리적 성향을 갖게 되는지 몇 가지 이유를 살펴보았다. 그런데 이런 경향을 강화하는 요인이 하나 더 있다. 바로 대부분의 사회는 남에게 도움을 주는 행위는 보상하고, 남에게 해를 끼치는 행동은 벌하도록 체계가 잡혀 있다는 것이다.

법조계에 몸담고 연구하거나 일하는 사람이라면 이런 현실이 특히나 뚜렷하게 와닿을 것이다. 나중에 3부에서 살펴보겠지만, 다양한 종류의 법 규칙을 통해 사람들의 친사회적 행동을 유도하는 물질적 유인책이 만들어진다. 예를 들어 불법행위법에서는 법적 책임을 위협으로 삼아 사람들이 부주의과실로 타인을 해하는 행위를 일정 부분 막는다. 계약법에서는 계약을 위반할 경우 강제적으로 손해를 배상하도록 해 사람들이 되도록 약속을 지키게끔 유도한다. 그런데 그 결과 내적 제재(양심)와 외적 제재(법적 처벌) 사이에 강력한 상관성이 성립하는 결과가 빚어지게 되었다. 이 상관성으로 말미암아 우리는 대부분 사람이 남에게 해를 입히지 않고 또 약속을 깨지 않는 것은 양심 때문이 아니라 법 때문이라고 단정하기 쉬워졌다는 것이다.

하지만 법규범학파 학자들이 곧잘 지적하듯, 사람들의 좋은 행동을 유도하는 외적 힘으로 오직 법만 있는 것은 아니다. 어떤 사람이 거짓말을 하고 사기를 치고 물건을 훔치면, 법의 이름으로 처벌받을 수도 있지만, 자기의 동료나 이웃들에게 걸려서 혼이 날 수도 있다. 우리가 접하는 수많은 사려 깊은 행위들이(자기 차례 기다리기, 수혈 등) 우리가 알고 지내는 이들 혹은 같은 공간을 쓰는 동료나 우리 곁의 이웃들을 염두에 두고 이루어진다는 점을 생각하면, 겉보기에 비이기적인 행동도 단순히 보복이 두렵거나 평판을 걱정하는 이기심에서 행해지는 것일 가능성도 있다.

이렇듯 내적 제재(양심)와 외적 제재(법적 및 사회적 제재) 사이에 상관성이 쉽게 성립하다 보니, 우리가 일상에서 접하는 비이기적인 행동 사례가 법적 및 사회적 유인책으로 설명되는 것보다 더욱 큰 의미를 지닌다는 점을 회의주의자에게 납득시키기가 그리 쉽지만은 않다. 가령 내가 길거리를 따라 걸어가던 도중 어깨가 떡 벌어진 덩치 좋은 이를 몇몇 마주쳤는데, 그들 중 아무도 내게서 돈을 뜯어내지 않는다는 점을 한번 생각해보자. 나는 여러 장소와 상황에서 이 실험을 해보았는데, 대체로 다 별일 없이 지나갔다. 내 생각이지만 내가 강도질을 안 당한 가장 일차적인 이유는, 사람들 태반이 그 저 내 지갑 안에 든 것들을 얻겠다고 나를 해치거나 위협할 마음을 내지 않았기 때문일 것이다. 그야말로 비이기적으로 행동한 것이다. 물론 얼마든 강도질을 할 수도 있었지만 오로지 체포당하거나 교도 소 갈 일이 두려워 나를 상대로 강도질을 안 했을 가능성도 아주 배 제할 수는 없다. 아니면 그들이 내가 스스로를 지키고 나아가 **자신들 에게** 반격할까 봐 두려웠을지도 모르며, 혹은 누군가 자신들의 강도 질을 목격하고 그 악행을 그들이 속한 공동체에까지 전해 그들의 평 판을 깎아내릴까 걱정돼서 강도질을 단념한 것이라고 생각하지 못 할 이유도 없다.

이상의 내용을 최종적으로 정리하면, 정치학자 제인 맨스브리 지(Jane Mansbridge)가 썼듯, 우리는 "자기 이익 추구와 이타주의가 동 시에 맞물리도록 우리 삶을 설계해놓고서, 정작 그 둘이 같이 일어 났을 때는 이타주의보다 자기 이익 추구가 우세하게 나타나는 것으 로 해석했고 그 결과 이타주의의 빈도는 심각하게 과소평가하게 되 었다".[19] 그 과정에서 호모 에코노미쿠스 모델의 정확성은 과대평가 되었고 말이다.

이유 8: 이타주의자는 생존하지 못했을 것이라는 진화론의 의구심

지금까지 우리는 전문가나 일반인 모두의 눈을 가려 양심을 못 보게 하는 여러 요인 — 이타적 행위(주변에 흔하다)와 이타적 감정(주변에서 보기 어려울 수 있다)을 뒤섞는 것, 도덕 개념에 대한 전반적 불신, 사소하고 흔한 비이기적 행동 사례는 간과하고 이기심에만 주의가 쏠리는 인간의 경향, 내적 제재와 외적 제재 사이의 상관성 — 을 살펴보았다. 그런데 여기까지 와서도 아직 남아 있는 요인이 또 있는데, 이 요인은 특히 학자들이 양심 개념을 심각하게 받아들이기 어렵게 만든다. 그 요인은 바로 진화생물학이다.

다윈의 자연 선택 이론을 대강이라도 접한 적이 있는 사람이라면, 우리 주변에서 비이기적인 행동을 찾아보기 힘든 이유는 다름 아니라 이타적인 개인은 다윈이 말한 '적자생존'의 투쟁에서 밀려 사라질 수밖에 없기 때문이라고 생각하기 쉽다. 이타주의를 불리하다고 보는 진화론의 이 같은 주장은 누구에게나 쉽게 와닿는다. 이 세상에는 비이기적인 행동을 할 이들도 얼마쯤 있지만, 다른 이에게 손해를 끼치면서까지 이기적으로 자기의 행복을 추구할 이들도 많다. 이타주의자와 이기주의자가 상호작용하는 세상에서는, (진화론의 주장에 따르면) 누가 봐도 이기주의자가 유리한 위치에 있다. 가령 이타주의자는 토끼를 잡으면 그 고기를 남들과 나눌 것이다. 반면 이기주의자는 토끼를 잡으면 제 몫으로만 챙길 것이다. 궁핍해지는 시기를 맞았을 때 둘 중 누가 앙상하게 뼈만 남을지는 뻔하다. 비슷한 맥락에서, 이타주의자는 이기주의자가 표범을 만나 위협당하고 있으면, 그를 지키려 얼른 달려갈 것이다. 반면 이기주의자는 이타주의자가 표범에게 위협당하는 걸 보면 내 알 바 아니라는 듯 도망칠 것이다. 이런 식의 생각 끝에 많은 권위자가 빌리 조엘(Billy Joel)의 다음과 같은 노래 제목(정말이지 이 내용을 콕 짚어냈다 싶은 제목)으로 결론을 내리곤 한다. "착한 사람들만 일찍 죽는다네(Only the Good Die Young)."

하지만 진화의 선택 압력으로 인해 이타주의자는 얼마 안 가 종적을 감추리라는 주장은 이내 중요한 문제를 맞닥뜨리게 되는데, 경험적 증거가 그것을 뒷받침해주지 않는다는 것이다. 서로 초면인 사람들 사이에서 이타주의는 진화론의 원칙대로라면 흔하지 않아야 하지만, **실제로는** 이타주의가 흔히 나타난다. 이 패턴은 매일매일의 일상을 통해서만이 아니라 수백 건의 공식 실험을 통해서도 입증되고 있다.

이런 상황이다 보니 최근에는 진화론자들도 이타주의는 오직 혈족 사이에서만 나타나야 한다는 과거의 생각(리처드 도킨스가 주장해 대중적으로 널리 알려진 이른바 이기적 유전자 가설)을 재고하기 시작한 참이다.[20] 이타주의를 가족 안에서 흔히 찾아볼 수 있기는 하나, 이타주의는 가족 바깥에서도 그만큼 흔히 접할 수 있다. 이 책 6장에서는, 상호성(reciprocity), 파트너 선택, 성(性)선택, 집단 수준의 진화, 유전자-문화 공진화를 비롯해, 이타주의의 진화를 뒷받침하는 현대의 여러 이론을 함께 살펴볼 것이다. 지금 이 대목에서는 다음과 같은 식으로 요지를 정리하면 될 것이다. 선택 압박이 있기는 하지만, 진화가 이타주의를 완전히 몰아내지는 않는다.

이유 9: 호모 에코노미쿠스를 연구하는 이들은 누구인가?

이제 마침내, 그토록 많은 전문가가 자기들 주변 곳곳에서 양심의 증거를 마주치면서도 왜 군이 사람들은 대부분 이기적이라고 가정하는지 그 까닭을 설명해 줄 마지막 요인을 함께 살펴볼 차례다. 이 마지막 요인은 바로 전문가들 자신의 특성 그리고 그들이 양성되는 방식이다.

다른 사람의 이기성이나 비이기성과 관련한 믿음이 공식적인 전문가 양성 과정, 특히 경제학의 전문가 양성 과정에 영향을 받을 수 있음을 입증하는 증거는 상당히 많다. 예를 들어, 경제학 수업을 이수하는 학생들은 그렇지 않은 학생들보다 다른 이들을 더 이기적인 존재로 묘사하는 경향이 있다.[21] 이 같은 사실은, 적어도 부분적으로는, 그런 내용을 직접적으로 학생들에게 가르친 결과를 반영하고 있을 공산이 크다. 즉 경제학 이론에서는 학생들에게 사람들을 이기적 목적을 가진 '합리적인 최대주의자'로 가정하라고 가르치기 때문이라는 것이다.

하지만 이 말고도 편향된 인식을 갖게 만드는 두 번째 요인이 있는데, 그 중요성은 적어도 과도한 주입에 못지않을 수 있다. 그 요인이란, 경제학과 법학을 비롯한 특정 분야의 학생과 연구자들은 사람들이 실제로 이기적으로 행동하는 상황들을 연구하는 데만 자신들의 시간과 관심을 전부 쏟는 경우가 많다는 사실이다. 예를 들어, 전통적인 경제학에서는 익명의 시장을 분석하는 작업을 하는데, 이런 시장에서는 자기 이익을 추구하는 행동이 흔할 뿐 아니라 사회적으로도 용인된다. 법률 공부 역시 이와 비슷한 편견을 낳을 소지가 있다. 법체계란 것이 원래 사람들 간에 협력이 깨지고 피차가 복잡한 갈등에 뒤얽혀 외부의 해결책이 필요하게 될 때 사람들 사이에 끼어들어 나름의 역할을 하는 것이기 때문이다. 이 때문에 판례법 공부 ―각종 범죄, 끔찍한 사건들, 곤란한 이혼 사례, 치열한 계약 분쟁 등을 잡다한 문서 더미를 뒤적여가며 살피는 것 ― 에 많은 시간을 쏟는 법학과 학생들은 이기적 행동이 일반적 모습이라는 결론을 내리기 쉽다.

법학이나 경제학을 전공하는 전문가를 비롯해 그 외 다른 목적으로 경제학 혹은 법학 전문가 양성 과정을 거치는 이들은(여기에는 단순히 경제학자나 법률가만이 아니라, 정치인, 사업가, 그리고 대부분의 학부 졸업생들까지 포함된다) 이 같은 전문가 양성 과정의 결과로 사람들을 실제보다 더 이기적인 존재로 인식하게 될 수 있다. 이런 현상은 경찰관들도 비슷하게 겪는데, 이들도 몇 년을 주로 범죄자만 대하다 보면 자기 주변의 동료 시민에 대해서도 최악을 예상하는 냉소적 시각을 가질 수밖에 없게 된다.

이와 함께 경제학, 경영학, 그리고 아마도 법학 전공을 선택하는 이들은 본디 자기 이익 추구 경향이 남에 비해 강하고, 그렇기 때문에 남도 그만큼 이기적이라고 인식하는 경향이 있지 않을까 하는 생각도 터무니없지 않다.(비교적 이기적인 사람이 호모 에코노미쿠스 모델에 특히 잘 수긍한다는 사실은 아마 누구나 이해할 만할 것이다.) 이 가능성에 대해선 공식 연구가 이루어진 바가 거의 없지만, 경영을 전공하는 학생들이 다른 분야 공부에 매진하는 학생보다 남들에 대한 태도나 대우가 더 이기적이고, 아울러 속임수도 더 많이 쓴다는 사실은 여러 연구를 통해 밝혀진 바 있다.[22] 마찬가지 맥락에서, 법학 및 경제학계의 구루로 꼽히며 막강한 영향력을 행사하는 판사 리처드 포스너는『뉴요커』지 프로필에 자신의 성격을 이렇게 묘사한 바 있다. "내 성격은 우리 집 고양이와 하나부터 열까지 아주 똑같다. (…) 차갑고, 엉큼하고, 냉담하고, 속물적이고, 이기적이고, 놀기 좋아하고, 거기다 약간 잔혹한 데까지 있다."[23] 놀기 좋아하고 잔혹하다는 것만 빼면, 위의 표현들은 호모 에코노미쿠스에 대한 설명에 더할 나위 없이 잘 들어맞는다.

이런 식으로 말한다고 해서 호모 에코노미쿠스 모델을 적극적으로 수용하는 이들이 사이코패스라거나, 그런 사람은 심지어 파티에도 부르고 싶지 않을 거라는 뜻은 아니다.(법경제학 사례집을 공동 출간한 적도 있는 만큼, 나는 독자들이 그런 결론으로 비약하지 말기를 누구보다도 바란다.)[24] 여기서의 핵심은, 자기 본위 성향이 비교적 강한 사람은 아마도 다른 이들 역시 이기적이라고 가정하는 경향을 보이리라는 것이다. 그리고 이런 경향이, 경제학 등 이기적 행동이 일반 기준으로 통하는 여타 분야의 공식 전문가 양성 과정에서 비롯된 편향된 인식과 맞물려 특정 분야―법학, 경영학, 경제학 등―의 전문가들을 쉽게 설복시키키고, 그 결과 호모 에코노미쿠스 모델을 실제보다 더 정확한 것으로 과대평가하게 만드는 것이 아닐까 한다.

결론: 눈에 잘 보이는 이기성, 잘 보이지 않는 이타성

자기 이익 추구 성향은 분명 존재한다. 하지만 양심도 분명 존재한다. 그런데도 우리는 자기 이익에만 초점을 맞추고, 양심엔 좀처럼 주의를 기울이지 못한다. 놀라울 만큼 다양한 요인들이 공조해, 양심이 인간 행동을 이끌어가는 데 맡은 역할을 간과하도록 만드는 일이 사람들 사이에 전반적으로, 특히 경제학, 경영학, 법학 분야에서 훈련받은 전문가들에게서 일어나고 있다. 이런 요인 일부는 언어의 한계를 반영하기도 하고, 일부는 고질적인 심리적 습관과 편향에서 비롯되기도 하며, 일부는 건전한 사회가 외부 유인책의 체계를 설계하는 방식에서 발생하기도 하고, 일부는 법, 경제학, 정책을 공부하는 이들의 개인적 취향과 양성 과정에서 기인하기도 한다. 이 모든 요인들이 함께 작용해 이기적인 행동 사례는 크게 부풀려서 생각하게 만들고, 비이기성의 사례는 심각하게 깎아내리게 한다.

그 결과 광범한 분야의 학과 전문가들은 호모 에코노미쿠스 모델이 실제보다 더 인간의 본성을 정확하고 보편적으로 그려낸다고 가정하고 있다. 물론 극단주의자가 아니고야 사람들이 늘 이기적으로 행동한다고까지 주장할 사람은 없을 것이다. 하지만 비이기적 행동을 알아보지 못하는 우리의 집단적 경향으로 말미암아, 우리가 양심을 무시해도 좋은 만큼 미약한 힘으로 가정하기 쉬워진 것도 사실이다.

그런데 만일 양심이 그렇게 드물지도 미약하지도 않다면 어떨까? 오늘날 많은 천문학자가 우주의 질량 대부분을 이룬다고 믿고 있는 이른바 '암흑물질'과 마찬가지로, 양심도 우리 주변 어디에나 있는데 우리가 그저 그것을 미처 알아보지 못하는 것일 뿐이라면? 만일 양심이 우리 주변 어디에나 있고 그 힘도 막강하다면, 나아가 우리가 양심을 활용할 나름의 방법을 찾아 인간 행동을 변화시킬 수 있다면, 그것이야말로 더 낫고, 더 정의롭고, 더 생산적인 사회로 나아가는 여정을 단번에 엄청나게 앞당겨줄지도 모른다.

　이제 그 가능성으로 화제를 돌려보도록 하자.

PART
2

4장
양심을 보여주는 실험과 게임들

어떤 사람과 한 시간을 함께 노는 게
일 년 대화하는 것보다 그를 더 많이 알 수 있게 해준다.

— 플라톤

양심이 존재한다는 사실을 회의주의자에게 납득시키기란 꽤 만만치 않은 일일 수 있다.(아울러 방금 앞에서도 살펴봤듯, 우리는 양심의 존재에 회의적이기 쉬운 심리적 성향을 갖고 있다.) 거기에다 건강한 사회는 친사회적 행동은 보상하고 반사회적 행동은 처벌하는 경향이 있다는 점이 문제를 특히 어렵게 만든다. 그 결과로 우리가 일상생활에서 볼 수 있는 표면상 비이기적인 행동들을 오로지 외적 유인책으로 설명할 수 있다는 주장도 완전히 틀렸다고 하기 힘들다. 타지 출신의 뜨내기 여행객이 식당에 군이 팁을 두고 나가는 건 언젠가 거기 다시 들를 계획이 있고 그때 서비스를 후하게 받으려는 의도일 수 있다. 보도 위의 행인이 길을 잃고 헤매는 낯선 이에게 길을 알려주는 것은,

그 낯선 이가 마침 둘을 다 아는 어떤 이에게 그를 두고 무례한 사람이더라고 이야기할까 걱정돼서일지 모른다. 비이기적 행동이 양심에서 나오는 것처럼 보일 때가 많기는 하지만, 하루하루의 삶에서는 법적제재나 타인의 보복, 혹은 평판 훼손에 대한 두려움 등 다른 외적인 영향력도 완전히 배제할 수 없다.

그렇다 보니 일상을 관찰해서는 양심이 존재한다고 결정짓기 어려우며, 양심이 어떤 식으로 작동하는지 밝혀내는 것은 그보다 훨씬 더 어렵다. 어떤 과학자의 말마따나, 일상의 양심적 행위들은 "통제되지 않은" 조건 속에서 일어난다. 따라서 양심에 대한 이해를 더욱 잘 쌓으려면, 외적인 보상과 처벌처럼 일상 안에서 우리 시야를 가리는 요소들을 연구자가 제거할 수 있도록 설정된 상황 속에서 행동을 연구해볼 필요가 있다. 그렇게 설정된 상황이 바로 실험실이다.

행동경제학 입문

앞서 3장에서 친사회적 행동과 관련한 실험이 우연찮게 최초로 이뤄졌던 일화, 즉 1950년대에 랜드연구소에서 죄수의 딜레마 실험이 행해진 이야기를 풀어놓았다. 그런데 정작 당사자들은 몰랐으나 이때 랜드 연구자들은 향후 심리학자, 정치학자, 신경과학자, 심지어는 경제학자 사이에서까지 표준으로 자리 잡는 연구기법을 창안해낸 것이었다. 오늘날 이 기법에는 "실험 심리학", "실험 경제학", "행동 경제학" 등의 다양한 이름이 붙어 있으나, 이 책에서는 "실험실 게임

(experimental gaming)"이라는 용어를 주로 쓰려고 한다. 사실 뭐라고 부르건 간에 이 기법의 기본적인 접근방식은 전부 똑같다. 이 기법을 활용하는 연구자들은 사람들이 합리적이고 이기적으로 행동하리라고 미리 가정하기보다, 고도로 통제된 조건 속에 인간들을 놓고 그들이 **실제의 현실에서** 어떻게 행동하는지를 살핀다.

불과 최근까지만 해도, 이론 경제학자들이 보기에 실험실 게임의 연구 결과는 진지한 연구보다는 칵테일파티의 화젯거리로 삼기 더 좋을 내용일 뿐이었다. 그런데 그 분위기가 요즘 들어 확연히 뒤바뀌었다. 요 몇 년 새에는 심지어 경제 엘리트 사이에서까지 '행동경제학'의 가치를 인정하는 추세다. 예를 들어, 금융 분야에서는 투자자의 비합리성이 주식 시장에 영향을 미칠 수도 있다는 사실이 대대적으로 받아들여져, 명망 높은 『저널 오브 파이낸스(Journal of Finance)』에서도 정기적으로 이 주제에 관한 논문을 실을 정도다.[1] 이런 추세를 반영하듯 2002년에는 노벨경제학상이 행동경제학자인 버넌 스미스(Vernon Smith)와 심리학자인 프린스턴대학의 대니얼 카너먼(Daniel Kahneman)에게 돌아갔다.

카너먼과 그와 자주 공동연구를 진행하는 아모스 트버스키(Amos Tversky)는 행동경제학의 창시자로 손꼽히는 인물들로, 독창적인 실험을 고안하고 그것을 통해 불확실한 세상 속에서 현실의 사람들이 어떤 결정을 내리는지 검증하는 연구에 헌신해온 선구자들이다. 일례로 둘은 직접 이름 붙인 이른바 '가용성 효과(availability effect)'를 찾아냈는데, 이는 어떤 사건을 직접 겪거나 혹은 미디어에서 접하면 그 일이 일어날 가능성을 과대평가하게 되는 인간의 성향을 말한다.[2] 이 가용성 효과를 알면, 통계적으로는 자동차 사고로 사망할 확률이 훨씬 높은데도 왜 많은 사람이 비행기 사고로 죽는 것을 더 걱정하는지 그 이유를 설명할 수 있다. 대형 비행기 사고는 대대적으로 미디어의 조명을 받는 반면, 자동차 사고는 잘 기사화되지 않기 때문이다. 이와 마찬가지로, 가용성 효과를 알면 왜 사람들이 살인, 아동 유괴, 테러리스트 공격 등 미디어의 이목이 쏠리는 반사회적 행동을 과대평가하는지 그 이유도 설명된다.

최근 몇 년 새에는 다수의 저명한 법학자가(이 가운데에는 법경제학파 출신이 많다) 행동경제학을 적극적으로 받아들이는 것과 함께, 카너먼과 트버스키의 가용성 효과를 비롯해, 일명 '프레이밍 효과(framing effect)', '앵커링 효과(anchoring effect)' 등 행동 실험에서 밝혀진 인간 사고의 흔한 여타 오류들을 법률이 참작해야 한다는 취지의 논문을 출간한 바 있다.[3] 하지만 실험실 게임의 이런 교훈들을 활용하는 행동주의 법경제학 학자들의 방식은 희한하게도 어느 한쪽에만 일방적으로 쏠려 있다. 이들은 선봉에 선 카너먼과 트버스키를 그대로 따라, 합리적 이기심이라는 가정의 첫 마디(합리성)를 논파하는 데만 더 많은 관심을 쏟고 두 번째 마디(이기성)에는 별 관심을 보이지 않는다.[4]

그 결과로 이른바 어리석음의 심리학이라 부를 만한 것의 법적 함의에 대해 논하는 문헌이 광범하게 증가하는 추세가 나타나고 있다. 여러 법학 학회지에 실린 논문들에 담긴 다음과 같은 주장들이 그 일례다. 예컨대 구매자의 '제한된 합리성(bounded rationality)' 때문에 그가 향후 발생할 불미스러운 사고들을 고려하지 못할 때는 장문의 '약관'을 작성하지 않게 해야 하며,[5] 제조물 책임법은 특정 리스

116

크를 구조적으로 과소평가하는 소비자의 성향을 반영해야 하고,[6] 범죄자들은 미래에 받을 형벌의 비용을 전부 계산하지 못하는 이른바 '과도한 미래가치 폄하(hyperbolic discounting)'의 고통을 겪어야 하며,[7] 일명 '소유 효과(endowment effect)'로 인해 사람들은 물건에 비합리적으로 집착하기도 하는 만큼 특정 재산에 대한 권리를 재양도하게 하는 것보다는 금전 배상을 하게 하는 것이 법적으로 더 나은 처리 방안이라는 것 등이다.[8] 이와 함께 행동주의 법경제학은 배심원의 판결[9]은 물론 판사의 판결까지 비판하는 논거로 활용돼오고 있다.[10](하지만 이 대목까지 오면 이렇게 묻지 않을 수 없다. 판사도 배심원도 합리적 판결을 내릴 수 없다면, 도대체 누가 합리적 판결을 내릴 수 있을까?)

그런데 실험실 게임 속에서는 인간의 비합리성과 함께 인간 본성에 관한 더 희망적인 사실도 몇 가지 드러난다. 랜드연구소에서 이뤄진 그 최초의 실험들을 필두로, 인간은 자주 호모 에코노미쿠스 모델에서 말하는 비합리성은 물론 이기성이라는 특징에도 어긋나게 행동한다는 사실이 갖가지 게임들을 통해 증명돼왔다.(존 내쉬는 랜드연구소 실험에서 알치안과 윌리엄스가 행한 협동을 두고 "합리적"이지 못했다고 표현했지만, 이기적이지 못했다는 것이 더 정확한 표현이다.) 비합리성이 인간으로 하여금 값비싼 실수를 저지르게 하는 경향이 있다면, 비이기성은 개인의 독특한 성향으로서 사람들에게 집단적으로 **더 큰 이득**을 준다. 이 같은 비이기성의 특징은 랜드연구소의 실험 때 이미 확인됐다. 알치안과 윌리엄스도 이기적으로 서로를 배반하지 않고, 비이기적으로 협동해 더 나은 보상을 얻어냈으니 말이다.

친사회적인 행동을 실험실 안에서 연구할 때의 장점

그렇다는 건 실험실의 환경에서 사람들이 어떤 결정을 내리는지 연구하면 인간의 어리석음과 괴상함에 대해서도 많은 것을 알 수 있지만, 그만큼 친사회성 같은 인간 본성의 더욱 긍정적 측면에 대해서도 뭔가 알 수 있으리란 이야기이다. 실제로 실험실 게임 기법은 이런 면에서 중요한 장점을 몇 가지 갖고 있다. 뭐니 뭐니 해도 가장 중요한 점은, 실험실의 환경에서는 친사회성을 '눈에 띄지' 못하게 하는 일상생활 안의 복잡한 상황별 요소들을 연구자가 싹 제거할 수 있다는 것이다. 이 점은 중요한데, 사람들은 인간이 종종 비합리적으로 행동한다는 사실에는 거의 반론을 제기하지 않지만, 인간이 종종 비이기적으로 행동한다는 사실에는 회의를 품는 경우가 많기 때문이다. 하지만 실험실 게임에서는 비이기적으로 보이는 행동이 외부의 보상에 대한 어떤 합리적 기대 때문에 일어날 가능성을 연구자가 거의 모조리 제거할 수 있고, 이를 통해 친사회적 행동이 존재한다는 사실을 '증명하는' 것이 가능하다.

여기서 한 가지 짚고 넘어가야 할 점은, 랜드연구소의 최초 실험들에서는 이 작업이 썩 잘 이뤄지지는 못했다는 것이다. 당시 연구자들은 알치안과 윌리엄스 둘이서만 죄수의 딜레마 게임을 여러 번 되풀이하게 했다. 사람들 사이에 상호작용이 되풀이되면, 나아가 앞으로도 그런 상호작용이 이어질 것이라는 사실을 알면, 협동은 보복에 대한 이기적 두려움에서 비롯되는 행동 그 이상이 아닐 가능성이 늘 존재한다. 왜냐하면, 게임 초반에 배반이 일어나면 게임 후반부

에 받은 만큼을 돌려주려는 이른바 "눈에는 눈" 전략이 나타날 수 있기 때문이다.[11]

하지만 랜드연구소의 실험 이후 수십 년 새에 과학자들은 비이기적 행동에 대한 접근법을 훨씬 정교하게 발전시킬 수 있었다. 오늘날에는 실험 단계에서 보복과 평판 효과를 제거하는 데 실험자들이 무척 많은 노력을 기울이는 것이 통례로 굳어졌다. 예를 들어, 이따금 실험자들은 피험자들에게 게임을 1회로 끝내도록 지시해, 보복 자체가 아예 이루어질 수 없게 한다. 아울러 피험자들을 둘씩 짝짓기보다 많은 인원으로 구성된 여러 집단을 게임에 참여시켜 누가 이기적인 '배반자'인지 알아내기 어렵게 만드는 방법을 통해 참가자가 평판 문제를 덜 염려하도록 만들기도 한다. 또한 철저한 익명성을 조건으로 깔고 실험을 진행하는 이들도 많은데, 이럴 경우 피험자들은 각자 칸막이 안에서 컴퓨터나 워크시트를 통해 게임을 하기 때문에 동료 참가자는 물론 연구자들도 그들의 신원이나 그들의 전략을 알 방도가 없다. 마지막으로, 게임이 어떤 규칙을 따랐는지, 또 이 전략 대신 저 전략을 택했을 때 어떤 물질적 결과가 주어지는지 피험자에게 설명하는 일도 이제는 통상 실험이 모두 끝난 뒤 이뤄진다.

이렇듯 피험자들이 실험실 게임을 벌이는 조건들을 통제할 수 있다는 것은 비이기적 행동에 주어지는 외부 보상도 연구자들이 제거할 수 있다는 이야기이다.(그럼에도 여전히 보상에 대한 비합리적인 기대를 가지고 게임을 하는 피험자도 있을 수 있으나, 설령 그런다 해도 그 바람은 근거가 없으므로 이들의 객관적 행동은 여전히 비이기적인 셈이다.) 그런 만큼 실험실 게임이야말로, 비이기적인 행동은 드물고 순간적일 뿐이라는 세간의 흔한 오해를 깨뜨리기에 무척 유용한 도구이다. 유인책을 엄격히 통제하기만 하면, 연구자들은 비이기적인 친사회적 행동이 세상에 실재하는 흔한 현상이라는 점을, 모든 이에게 (호모 에코노미쿠스의 극성팬만 아니라면) 얼마든 만족스럽게 증명해 보일 수 있다.

비이기성을 실험실에서 연구할 때의 두 번째 중요한 장점은, 피험자들이 실험실 게임을 벌일 때 갖가지 변수를 연구자가 통제할 수 있는 만큼 양심은 너무도 임의적이고 괴상한 현상이라 엄격한 분석 작업에 포함시킬 수 없다는 통념도 깨뜨릴 수 있다는 것이다. 실험실 게임에서는 연구자가 특정 게임을 여러 번 시행할 수 있는데, 그때마다 다른 변수들은 고정시키고 게임의 어느 한 측면만 계속 바꿔볼 수 있다. 이렇게 하면 비이기적인 친사회적 행동을 촉진하는 변수, 혹은 막는 변수가 어떤 것인지를 구체적으로 파악할 수 있다. 이 특별한 장점은 이어지는 5장에서 특히 중요성을 갖는데, 실험실 게임에서 피험자들이 '비이기적인' 협동 아니면 '이기적인' 배반을 택할 때 더욱 중요하게 작용하는 요인들 몇 가지를 살펴볼 수 있기 때문이다.

실험실 게임을 활용할 때의 세 번째 장점은, 한마디로 가져다 쓸 수 있는 증거의 양이 엄청나게 많다는 것이다. 그간 과학자들은 실험실 게임의 설계만 훨씬 정교하게 가다듬어온 게 아니라, 그런 게임을 숱하게 진행해왔다. 랜드연구소에서 윌리엄스와 알치안이 최초로 죄수의 딜레마 게임을 벌인 이래, 연구자들은 자기 이익(이는 외부 보상을 통해 측정된다)과 타인의 이익이 충돌하는 실험실 안에서 피험자들이 어떤 행동을 하는지를 시험하기 위해 수백 건의 실험을 설계했고 그 결과를 책에 담아 펴냈다. 실험을 통해 나온 결과들은 놀라울 만큼 한결같았다. 개별 피험자들은 각자의 성향 차이에 따라 협동이나 배반을 택하기도 하지만, 연구자들이 그룹 차원에서 비슷한 게임을 진행하자 부정할 수 없이 뚜렷한 결과가 나왔다. 즉 비이기적인 행동은 전혀 우발적이지도 괴상하지도 않다는 것이었다. 오히려 그와는 반대로 비이기적 행동은 흔하며 충분히 예상 가능한 일인 것으로 판명되었다.

....

몇 가지 단점

물론 실험실 게임에도 몇 가지 단점이 있다. 우선은 대부분 실험에서 미국 대학의 대학생과 대학원생을 실험의 주된 피험자로 삼는 걸 들 수 있다. 편의와 비용 등의 여러 사정으로 인해 곤궁한 처지의 학생은 실험실의 기니피그로 더할 나위 없이 좋은 대상이다. 하지만 미국 학생들 사이에서 나타나는 행동 패턴들이 과연 인간 본성을 더욱 보편적으로 나타내는 것이라고 할 수 있는지는 충분히 따져볼 만한 문제이다.

그러나 이스라엘, 중국, 일본, 한국, 구(舊)유고슬라비아 등 세계의 다른 지역에서도 여러 실험이 진행돼 사람들이 어떤 식으로 게임을 벌이는지 관찰이 이뤄졌다.[12] 이와 관련한 최근의 가장 훌륭한 사례의 하나로 일단의 사회학자가 맥아더 재단(MacArthur Foundation)의 지원금을 받아 컨소시엄을 꾸린 것을 들 수 있는데 여기서는 세계

각지에 뿔뿔이 흩어져 있는 15개의 비서양권 수렵, 목축, 농경 문화의 구성원들을 대상으로 여러 개의 흔한 실험실 게임을 진행했다.[13] 이 컨소시엄에서 알아낸 바에 의하면, 게임을 벌인 피험자가 어떤 종류의 사람이건 — 즉 페루 열대우림의 마치겡가족(Machiguenga)이건, 케냐의 오마(Orma) 소 목축민이건, 몽골의 토르구드(Torguud) 유목민이건, 인도네시아의 라마레라 고래잡이건 — 인간 행동은 단순히 합리적인 이기심 모델을 따르지는 않는다. 나이, 성별, 배경을 불문하고 사람들은 비이기적이고 친사회적인 방식으로 행동하는 일이 일상에 배어 있었다. 맥아더 컨소시엄의 표현대로라면, "실험실의 행동이 경제학 교과서의 고전적 모델과 일치한 사회는 한 군데도 없었다".[14]

실험실 게임에 쏟아지곤 하는 또 다른 비판 하나는 피험자들이 벌이는 게임에 다소 적은 금액의 돈이 걸릴 때가 많다는 것이다. 그러니 더 큰 금액이 걸린 게임에서도 사람들이 과연 똑같이 행동할까 하는 의문이 고개를 드는 게 당연하다.(게임에 돈이 적게 걸렸을 때야 비이기심이 흔할 수 있지만, 비이기적 행동에 큰 비용이 들 때는 과연 어떨까?) 실제로 대부분의 실험실 게임에서는 비교적 적은 액수를 걸고 게임이 이뤄지곤 하는데, 돈을 더 많이 걸려면 실험 자금이 더 많이 필요한데 그러기엔 비영리 재단이나 대학들을 설득하기 어렵다는 단순한 이유 때문이다. 하지만 훨씬 큰 금액을 걸었던 몇몇 연구에서도 사람들의 행동에는 별반 변화가 없었던 것으로 나타났다.[15] 예를 들어, 맥아더 재단의 연구에서 풍부한 지원금 덕에 연구진이 해당 지역의 거의 이틀치 임금을 피험자들에게 제시했던 적이 있었다. 하지만 금액이 늘

었다고 해서 상대적으로 소액이었던 서양 피험자들의 실험에서 나온 결과들과 달라지지는 않았다.[16]

실험실 게임을 밑바탕으로 한 연구의 또 다른 단점은, 실험실 게임을 통해 사람들이 **언제** 협동하고 또 이기적으로 배반하는지와 관련해서는 방대한 자료를 얻을 수 있으나, 사람들이 **왜** 그러는지와 관련해서는 별 통찰을 얻지 못한다는 것이다. 하지만 이런 제약이 있다고 해서 사람들이 '언제' 협동하고 배반하는지와 관련해 밝혀진 사실들까지 아무 의미 없는 것으로 무시할 이유는 없다. 우리가 '양심'이라 부르는 것의 밑바탕에 사랑, 명예심, 신실함, 그리고 발각돼 처벌받을지 모른다는 비합리적 두려움 등 어떤 내적 심리적 기제가 작동하는지 이해할 날이 아마 언젠가는 올 것이다. 하지만 그날이 오기 전까지는 실험실 게임에서 대단히 많은 실마리를 얻는 수밖에 없는데, 실험실 게임은 일반인을 대상으로 삼되 그들을 그 내부 작동방식을 알 길 없는 일종의 블랙박스처럼 다루기 때문이다. 그 상자 안에서 정확히 어떤 일이 벌어지고 있는지 우리가 확신할 방법은 없다. 하지만 실험실에서는 과학자가 이 상자 밖에서 안으로 들어가는 주변 환경의 요인들을 통제할 수 있고, 그런 뒤 상자 밖으로 어떤 행동이 나오는지 관찰할 수 있다. 이 둘을 비교하면 대부분 사람이 언제 비이기적인 방식으로 행동하고, 또 언제 그러지 않는지를 확인할 수 있다.

이런 식의 접근에는 행동주의적 색채가 배어 있다고 하겠는데, 사람들의 주관적 **동기**보다 그들의 객관적 **행동**에 초점을 맞춘다는 점에서 그렇다.(실험실 게임을 연구에 활용하는 경제학자들이 자신들이 진행하는 연구를 보통 "행동주의 경제학"이라고 지칭하는 것도 그래서다.) 나름의 한계를 안고 있기는 하지만, 이 전략을 이용하면, 비이기적인 행동 안에서 흥미롭고도 중요한 패턴들을 여럿 찾아낼 수 있다.

이번 4장의 나머지 부분은 실험실 게임에서 얻을 수 있는 세 가지의 근본적 사실들을 독자들에게 소개하는 내용이 될 것이다. 이들 사실은 학계에서 널리 3대 실험실 게임으로 통하는 **사회적 딜레마** 게임, **최후통첩** 게임, **독재자** 게임에서 추려낸 것들이다. 이 세 가지 게임이 제일 먼저 가르쳐주는 것은, 낯선 이들 사이에서도 비이기적인 행동은 제법 흔하게 나타난다는 점이다. 두 번째는 비이기성은 다른 이를 돕기 위해 기꺼이 희생을 감수하는 것만이 아니라(이타주의) 다른 이에게 해를 입히려 기꺼이 자신의 희생을 감수하는 형태를 띨 수도 있다는 점이다(복수심). 세 번째는 사람들은 보통 다른 사람들이 이타심이나 복수심을 갖고 행동한다는 사실을 알아채고 그에 따른 예상을 바탕으로 자신의 행동을 수정하기도 한다는 것이다. 이 책 5장과 6장에서는 이런 사실들을 기본 골격으로 삼아 비이기적인 친사회적 행동의 모델을 구축하게 될 것이다. 우선 여기서는 그 내용부터 확인해보도록 하자.

사회적 딜레마 게임과 이타주의

그 이름에서도 짐작하다시피, '사회적 딜레마' 게임과 '죄수의 딜레마' 게임은 아주 가까운 동종에 속한다. 하지만 전형적인 죄수의 딜레마 게임은 보통 2명이 참여해 벌인다면, 사회적 딜레마 게임은 그보다 많은 사람, 때로는 상당히 더 많은 사람이 참여한다는 특징이 있다.

여기서 '기부 게임(contribution game)'이라고 불리는 흔한 사회적 딜레마 게임 유형을 살펴보자. 이 게임에서는 참가자를 몇 사람 모아놓고 각자에게 초기자금으로 일정액을 지급한다. 예를 들면 연구자는 참가자를 4명 모아놓고 그들에게 각자 20달러씩을 나눠줄 수 있다. 그런 뒤 참가자들에게 각자가 받은 돈 20달러를 자기 몫으로 챙겨 그대로 돌아가던지, 아니면 20달러의 일부 혹은 전부를 공동 자산으로 기부하던지 둘 중 하나를 선택할 수 있다고 일러준다. 이와 함께 얼마라도 공동 자산으로 기부한 돈은 1보다는 크고 게임에 참가한 인원수보다는 적은 배수로 늘어날 것이라고도 일러준다. 예를 들어 4명이 게임에 참여할 경우 참가자들이 공동 자산에 기부한 돈은 최종 3배로 불어날 수도 있다. 마지막으로, 그들이 공동 자산에 기부한 돈을 연구자가 3배로 불린 뒤, 그 돈을 다시 모든 참가자들에게 똑같이 나눠줄 것이라는 점을 덧붙인다. 즉 공동 자산에 기부하지 **않기로** 선택한 참가자에게도 예외 없이 똑같은 금액이 돌아간다는 이야기다.

죄수의 딜레마와 마찬가지로, 이 게임에서도 집단이 최상의 평균 결과치를 얻으려면(각자 60달러씩을 받으려면) 참가자 4명 전원이 공동 자산에 20달러를 다 기부해야 한다. 하지만 죄수의 딜레마와 마찬가지로, 이기적으로 사회적 딜레마 게임을 하는 참가자가 택할 수 있는 최상의 혹은 '우세한' 전략은 바로 어느 경우에든 배반을 하는 것이다.

앞에 나왔던 예를 다시 들어보자. 이 기부 게임에 참여한 합리적이고 이기적인 참가자는 나머지 세 참가자가 어리숙해 자기들 돈을 공동에 기부하길 바라면서도, 정작 자기가 받은 애초의 20달러는 자기 몫으로 챙기려 할 것이다. 예를 들어 이 게임에서 정말로 나머지 세 명이 자신들의 20달러를 공동 자산으로 기부했다고 가정해보자. 이 세 명의 비이기적인 기부자는 종국에 45달러를 받게 된다.(연구진이 60달러를 3배 불려주어 180달러가 된 돈을 4등분한 금액.) 반면에 돈을 기부하지 않은 이기적인 참가자는 65달러를 수중에 쥐게 된다.(애초 갖고 있던 20달러에 공동 자산에서 재분배받은 45달러를 더한 금액.)

따라서 합리적이고 이기적인 사람이라면 사회적 딜레마 게임에서 협동하지 않는 편을 택할 것이다. 가령 방금 이야기한 기부 게임에서 네 명의 참가자가 모두 이기적으로 게임을 할 경우 그들은 각자 애초 받은 20달러씩만을 챙기게 된다. 하지만 실제로 진행된 수백 건의 사회적 딜레마 게임을 통해 연구자들이 보고한 바에 따르면, 협동을 택하는 참가자가 태반에 이르렀다. 100건 이상의 사회적 딜레마 실험을 연구한 메타연구에서 사회학자 데이비드 샐리(David Sally)는 '협동률'이 평균 50% 정도에 이른다는 사실을 밝혀냈다.[17] 이와 비슷한 맥락에서, 일회성 기부 게임들을 다룬 연구에서 심리학자 로빈 도스(Robyn Dawes)와 경제학자 리처드 세일러(Richard Thaler)는 평균 기부가 40~60%에 이른다고 보고하기도 했다.[18]

이 같은 연구 결과가 얼마나 뜻깊은 것인지 제대로 알려면, 호모 에코노미쿠스 모델에서는 제대로 체계를 갖춘 일회성 사회적 딜레마 게임의 경우 피험자들이 **그 어떤 것이든** 기부할 확률을 **0**으로 본다는 사실을 기억하면 된다. 하지만 호모 사피엔스는, 호모 에코노미쿠스와는 달리, 사회적 딜레마 게임에서 다른 이들과 나누려는 경향을 보이는 것으로 판명되었다. 이 같은 연구 결과는 반세기에 걸쳐 광범위하고 다양한 피험자들을 대상으로 실험을 되풀이해도 지금껏 변하지 않고 있는 만큼, 우리에게 흥미롭고도 중요한 무언가를 알려준다고 하겠다. 바로 비이기적인 친사회적 행동은 곳곳에 퍼져 있다는 것이다. 일회성 사회적 딜레마 게임에서 협동을 행하는 피험자들은, 단순히 자신의 이익을 최대화하기보다 집단에게 돌아올 이익을 최대화하는 쪽을 택했다고 할 수 있다. 일반인이 쓰는 말 중에 타인을 염두에 두는 이런 식의 행동을 나타내는 표현으로, **친절, 배려, 후의**, 그리고 더 일반적으로 쓰이는 **이타주의** 등 여러 가지가 있다.

최후통첩 게임과 복수심

하지만 실험실 게임에서 사람들이 보이는 비이기적 행동의 유형으로 이타주의만 있는 것은 아니다. 이 사실은 그간 광범한 연구의 주제였던 두 번째 게임 유형, 즉 최후통첩 게임의 결과들을 통해 확인할 수 있다.

전형적인 최후통첩 게임에는 보통 두 사람이 참여한다. 첫 번째 참가자는 '제안자' 역할을 맡고 일정액의 돈을 받게 된다.(이번에도 20달러라고 가정한다.) 게임에 참가한 제안자는 자신이 받은 돈 일부를 자신이 원하는 대로 ─ 전부든, 0달러든, 혹은 그 중간의 몇 달러든 ─

두 번째 참가자에게 줄 수 있다고 전달받는다. 두 번째 참가자는 '수용자' 역할을 맡게 되고 이어서 선택의 기로에 선다. 수용자는 제안자의 안을 수용할 수 있는데, 그렇게 되면 20달러가 제안자가 제시한 금액대로 분배되어 두 참가자에게 돌아간다. 하지만 수용자는 제안자의 안을 거부할 수도 있다. 이 경우에는 양쪽 모두 한 푼도 받지 못한다.

최후통첩 게임에서 호모 에코노미쿠스가 어떻게 행동할지는 뻔하다. 제안자는 아마도 0달러 이상의 최소 금액(다시 말해, 1센트)을 수용자와 나누겠다고 할 것이다. 1센트라도 받는 게 단 한 푼도 못 받는 것보다는 당연히 나으니, 합리적이고 순전히 이기적인 수용자라면 그만큼이라도 선뜻 받으려 할 것이기 때문이다. 이렇다고 하면, 합리적이고 이기적인 제안자가 1센트보다 많은 돈을 주겠다고 하는 경우는 없을 것이다.

하지만 현실의 사람들은 이런 식으로 최후통첩 게임을 하지 않는다는 사실이 연구들을 통해 일관되게 밝혀지고 있다. 현실의 사람들이 최후통첩 게임을 할 경우, 제안자는 보통 수용자에게 자기 몫의 상당량을(절반이 제일 많았다) 주겠다고 제안한다.[19] 그런데 제안자가 전체 금액 중 상당량을 떼어주겠다고 제안하지 **않으면**, 수용자도 제안을 거부하는 식의 반응을 보인다. 최근 한 연구에서 결론 내린 바에 따르면, "다양한 국가들에서 행해진 (…) 다수의 인간 연구에서, 제안자 대다수는 총금액의 40~50%를 나누겠다고 제안하고, 전체 수용자의 절반 정도가 30% 미만의 제안은 거부하는 것으로 나타났다".[20]

복수는 아마도 달콤하겠지만, 최후통첩 게임에서 수용자가 그

달콤함을 정말 맛보고자 한다면 나름의 대가를 치러야만 한다. 얼마가 됐든 제안자가 주는 돈을 거부하는 것은, 물질적 면에서 과거보다 최소한 조금이라도 더 나아질 기회를 놓치는 셈이기 때문이다. 그런데도 이런 선택을 하는 사람들이 있다면 그 이유는 무엇일까?

실험자들이 최후통첩 게임에서 수용자 역할을 맡은 이들에게 제안을 거절한 동기를 물었을 때, 수용자들이 볼멘소리로 내놓는 대답은 보통 '불공평한' 안을 제시한 제안자를 응징하고 싶어서였다는 것이다.[21] 이와 함께 실험자들은 최후통첩 게임에서 금액이 적게 제시되어도 사람이 아니라 컴퓨터가 내놓은 안이라고 하면 수용자가 그것을 거부할 확률이 훨씬 낮다는 사실도 알 수 있었다. 또한 게임을 약간 변형해서, 제시안을 거부하면 수용자 자신은 한 푼도 못 받지만 제안자는 스스로 정한 자기 몫의 금액을 고스란히 챙긴다고 알려줄 때도 수용자들이 거부할 확률이 훨씬 더 낮았다. 다시 말해, 적은 금액의 제안을 거부한들 돈 한 푼을 아까워하는 그 이기적인 제안자를 응징할 수 없다고 생각될 때는 수용자들도 아주 적은 금액이라도 그냥 받아들인다.[22]

이 같은 실험 결과를 통해 다음과 같은 사실이 증명된다. 최후통첩 게임에서 수용자가 적은 금액의 안을 거부하는 이유는 자신이 받을 돈만큼이나 **제안자**에게 돌아갈 돈도 중요하게 따지기 때문이라는 것이다. 사회적 딜레마 게임에서 나타나는 이타주의적 협동이 남에게 벌어질 일을 신경 쓰는 인간의 밝은 면을 보여준다면, 최후통첩 게임은 그보다 어두운 인간의 일면을 엿보게 한다. 수용자가 너무 적다고 여겨지는 금액을 거부하며 기꺼이 자신의 물질적 희생을 감수할 때 그는 남을 도우려는 의도가 아니라 **해하려는** 의도를 드러내는 셈이다. 인간의 이런 행동을 지칭하는 또 다른 말로는 **악의, 반감, 앙심, 원한** 같은 말들이 있다.

현대 서양 문화에서는 복수를 훌륭하다며 추켜세우지는 않는다. 스위니 토드*도 오늘날에는 별반 영웅 대접을 받지 못한다. 하지만 최후통첩 게임에서도 명확히 드러나듯, 복수심이 인간 본성의 밑바탕을 이루는 한 요소인 것만은 분명하다. 이런 현실이 썩 좋아 보이지는 않겠으나, 이 점이 매우 유용할 수 있는 것도 여전히 사실이다. 나중에 가서 더 자세히 살피겠지만, 약간의 복수심을 계기로 상대의 이기적이고 비사회적인 행동을 응징하는 것이 종국에는 친사회성 장려에 커다란 도움이 될 수도 있기 때문이다. 따라서 특정 종류의 복수심은, 이타주의만큼이나 '비이기적인 친사회적 행동'의 범주에 들어갈 수 있다고 하겠다.[23]

··
독재자 게임과 2차 효과

비이기적 행동은 남을 돕기 위해 희생을 마다하지 않는 형태를 띠기도 하지만, 남을 해하기 위해 자신의 물질적 보상까지 기꺼이 희생하는 형태를 띠기도 한다는 사실을 우리는 최후통첩 게임을 통해 알

---

* Sweeney Todd. 19세기에 억울하게 옥살이하고 복수를 행한 영국 이발사 전설의 주인공.

수 있다. 하지만 최후통첩 게임이 우리에게 가르쳐주는 의미심장한 무언가는 이 말고도 또 있다. 이 '의미심장한 무언가'가 과연 어떤 것인지 알기 위해 우리는, 최후통첩 게임에서 일반적으로 나타나는 결과들을 최후통첩 게임과 비슷하되 약간은 다른 일명 '독재자 게임'에서 일반적으로 나타나는 결과들과 비교해볼 필요가 있다.

최후통첩 게임과 마찬가지로, 독재자 게임도 2명의 참가자 사이에서 벌어진다. 여기서도 두 참가자 중 1명에게 일정액의 돈을 주고 그것을 두 참가자 사이에서 나누라고 하는데 여기까지는 최후통첩 게임과 비슷하다. 독재자 게임이 최후통첩 게임과 확연히 차이가 나는 부분은, 첫 번째 참가자가 나눈 돈의 액수에 대해 두 번째 참가자가 이런저런 식으로 반응할 여지가 전혀 주어지지 않는다는 것이다. 두 번째 참가자는 얼마가 됐든 첫 번째 참가자가 나누려는 액수만 받을 수 있지, 그보다 더 받거나 덜 받을 수는 없다. 이 게임에서 첫 번째 참가자를 '독재자'라고 하는 것도 바로 그래서다.

놀라운 사실은, 익명으로 이루어지는 일회성 독재자 게임에서 독재자 역을 맡은 피험자 대다수가 처음에 자신이 받은 돈을 적어도 얼마큼은 두 번째 참가자와 나누기로 선택한다는 것이다. 예를 들어, 앞부분에 등장한 맥아더 재단 지원 연구팀의 보고에 의하면 3개 문화에서 실험을 진행한 결과 독재자들은 평균적으로 자기 몫의 31%, 20%, 32%를 두 번째 참가자에게 주겠다고 제안했다.[24] 독재자 게임에서도 사회적 딜레마 게임에서 흔히 나타나곤 하는, 낯선 이에게 무언가를 나눠주는 그런 이타주의적인 행동이 존재한다는 사실이 확인되는 셈이다.

하지만 독재자 게임에서 독재자가 나누는 돈의 액수가 최후통첩 게임에서 제안자가 제시하는 돈의 액수보다 **적은** 것은 사실이다. 예를 들어, 맥아더 재단 지원 연구팀 보고에 따르면 이들 실험에 참가한 독재자는 두 번째 참가자와 돈을 나눌 후의는 충분히 있었지만, 독재자들이 내놓는 평균적인 돈의 액수는 똑같은 세 문화에서 최후통첩 게임을 했을 때 피험자들이 내놓은 액수의 70%, 60%, 86%에 그쳤을 뿐이다.[25] 독재자들도 돈을 나누기는 하지만, 최후통첩 게임의 제안자들만큼 **많은** 액수를 나누지는 않는 것이다.

이는 매우 의미심장한 사실이 아닐 수 없다. 이 말은 곧 최후통첩 게임의 참가자에게는 이타주의 외에도 수용자와 돈을 나누겠다고 마음먹는 다른 동기가 있을 수 있다는 뜻이기 때문이다. 그 추가적 동기란, 자신이 낮은 금액을 제시하면 수용자가 복수심을 품고 그걸 거부하지 않을까 하는 두려움이다.[26] 최후통첩 게임의 제안자는 자신이 수용자를 너무 야박하게 대하면 그가 자신의 안을 거부하는 식으로 응징을 가할 수 있다는 **예상**을 하는 것처럼 보인다. 이 말은 곧 사람들이 이타심과 복수심 모두를 갖고 행동한다는 뜻인 동시에, **사람들은 다른 이들이 이타심과 복수심 모두를 갖고 행동한다는 사실을 알며 그에 따라 나름의 계획을 세운다**는 뜻이기도 하다.

따라서 비이기적으로 어떤 행동을 하는 인간의 능력은 적어도 2가지 차원에서 인간의 행동을 변화시킨다. 그 첫 번째이자 무엇보다 명백한 차원에서는, 많은 이들이 이타심을 발휘하고 복수를 하기 위해 행동하기도 한다는 사실을 들 수 있다. 간단히 표현하자면, 사람들은 자신의 물질적 이득을 최대화하는 것만이 유일한 관심사일 때와는 사뭇 다른 양상으로 행동할 때가 종종 있다. 두 번째 차원은, 실험실 게임이 증명하듯, 사람들은 다른 많은 이들이 이타심을 발휘하고 복수를 하기 위해 행동한다는 사실을 알고 있다는 점이다. 이 같은 사실을 알면 순전히 이기적인 개인들도 상대방의 비이기적인 행위를 예상하고 스스로의 행동을 바꾸게 될 수 있다.

이런 식의 2차 영향력은 매우 중요할 수 있다. 가령 순전히 이기적인 경제학자가 친사회적인 테레사 수녀에게 방글라데시의 학교 수업에 쓸 경제학 교과서를 1000달러에 팔기로 계약서를 쓴다고 가정해보자. 판매금액이 적은 데다 외국에 사는 누군가를 고소하기가 워낙 힘든 일인 만큼, 둘 중 어느 한쪽이 계약을 이행한 뒤 다른 한쪽이 거래를 철회하는 일이 발생해도(즉 테레사 수녀가 대금을 지급한 뒤에도 경제학자가 교과서를 배에 실어 방글라데시로 보내지 않는다거나, 경제학자가 책을 보냈는데도 테레사 수녀가 대금 지급을 거부할 경우), 화가 난 어느 쪽이 소송을 걸어 계약을 강제 이행하려 하는 것은 경제적으로 합리적이지 못한 일일 것이다. 따라서 양쪽 중 계약을 먼저 이행하는 쪽은, 다른 한쪽이 이기적으로 굴며 거래를 이행하지 않겠다고 나올 때의 위험부담을 고스란히 떠안는 셈이다.

만일 테레사 수녀와 경제학자 양쪽 모두 상대방이 호모 에코노미쿠스처럼 행동하리라 생각한다면, 아무도 먼저 거래에 나서려 하지 않을 것이다. 이렇게 되면 판매 자체가 이뤄질 수 없다. 그런데 만일 순전히 이기적인 경제학자가 테레사 수녀는 (자신과 달리) 친사회적인 사람이라고 믿는다면, 2차 효과가 일어나 어쩌면 경제학자가 대금을 받기도 전에 먼저 방글라데시로 책을 보내게 될지도 모른다.

이런 일이 벌어지는 것은 테레사 수녀가 약속을 중시하는 이타주의적인 사람이라는 점을 경제학자가 알고 있기 때문이다. 이렇듯 상대의 비이기성에 이기적으로 기대는 것을 우리는 "이타심에 대한 합리적 신뢰"라고 부를 수 있을 것이다.

이와 비슷한 식의 행복한 결말은 타인을 배려하는 테레사 수녀가 경제학자가 책을 보내기도 전에 미리 책값을 치를 때도 찾아올 수 있다. **단** 이때는 테레사 수녀가 단순히 이타심만이 아니라 복수심을 품기도 하는 사람이라는 점을 경제학자가 알아야 한다. 경제학자가 책을 안 보낸 것에 테레사 수녀가 복수심을 품고 설령 자신이 배상받고자 하는 금액보다 소송비용이 크다 하더라도 기어이 소송을 걸리라는 점을 경제학자가 예상할 수 있다면, 제아무리 이기적인 경제학자라도 자신의 이득을 위해 테레사 수녀의 불리한 입지를 이용하지는 않을 것이다. 경제학자의 이 같은 2차적 행동을 우리는 "복수에 대한 합리적 두려움"이라 부를 수 있을 것이다.

어느 쪽이 됐건, 이타심과 복수심을 품는 성향이 상대방에게 있다는 사실을 한쪽이 알고 있으면 이를 계기로 종국에는 양쪽 모두에게 득이 되는 거래가 일어날 수 있다. 사람들이 단순히 친사회적으로 행동하는 것만이 아니라, **다른 이들이** 친사회적으로 행동한다는 사실을 알고 있으면, 이타심과 복수심의 힘이 멀리까지 퍼져나가며 서로를 계속 키워주는 '눈덩이' 효과를 낼 수 있음을 우리는 이런 데서 생생히 확인할 수 있다. 곳곳의 사회가 사소하고 겉보기엔 하찮은 이타심과 복수심의 많은 행위를 하나로 잘 엮어 강력한 공동체와 시장을 만들어내는 것도 이런 2차 효과가 존재하는 덕분이다.

결론: 실험실의 가르침

법률 및 정책과 관련한 오늘날 논의는 대부분, 암묵적으로든 명시적으로든, 사람들은 무엇보다 물질적 유인책에 가장 잘 영향을 받는 이기적 행위자라는 가정에서 출발한다. 물론 이런 가정이 현실적으로 맞는 맥락들도 있으나(예를 들면 익명의 시장 거래가 그렇다), 반세기 동안의 실험실 게임 연구는, 경제학에서 응당 옳다고 말하는 '합리적 최대주의자'의 행동 방식을 사람들이 단칼에 거부하는 맥락도 많다는 걸 보여주었다.

사회적 딜레마 게임, 최후통첩 게임, 독재자 게임을 통해 우리가 인간 행동에 대해 얻는 가르침은 세 가지이다. 첫 번째이자 가장 중요한 가르침은, 비이기적인 친사회적 행동을 주변에서 꽤 흔하게 찾아볼 수 있다는 사실이다. 지금껏 연구자들은 다종다양한 조건 속에서 사회적 딜레마 게임, 독재자 게임, 최후통첩 게임을 이루 헤아릴 수 없이 많이 진행해왔다. 이들 실험을 통해 연구자들은 피험자들이 자신의 물질적 보상만이 아니라 타인의 보상까지 염두에 둔 것처럼 행동하는 일이 일상적임을 누차 확인할 수 있었다. 이런 연구 결과는 이제 통설로 굳어져 더는 논쟁거리도 되지 못한다.

두 번째 가르침은, 게임에서 나타나는 비이기적인 행동들은 최소한 2가지의 중요한 형태를 띠는 것처럼 보인다는 점이다. 사람들은 때로 남이 더 많은 이득을 볼 수 있게끔 자신의 이득을 포기하기도 한다.(이타심) 그런데 이와 함께 사람들은 더러 남을 해하려 자신의 것을 포기하기도 한다.(복수심) 이 책에서는 이 둘 중 확실히 더 훌룡한 자질이라 할 이타심에 주로 관심의 초점을 맞출 것이다. 그렇기는 하나 복수심 역시 친사회적 행동을 키워나가는 데 중요한 역할을 할 수 있다. 이 가능성에 대해서는 6장에 가서 더 상세히 살피게 될 텐데, 이 부분에서 복수심이 인간의 친사회성 진화에 어떻게 이바지했을지 탐구할 것이다. 이와 함께 8장과 9장에서도 계약법과 형법에서 복수심이 하는 역할을 가볍게 다루고 지나갈 것이다.

세 번째 가르침은, 사람들은 그 자신이 일상적으로 비이기적 행동을 얼마든지 행할 뿐 아니라, **다른 이들** 역시 일상적으로 비이기적인 행동을 얼마든지 행한다는 사실을 알고 있다는 것이다. 사정에 맞게 비이기적으로 행동할 줄 아는 우리의 능력은 2가지 차원에서 생각해볼 수 있다. 1차적 차원은 우리 주위에 비이기적으로 행동하는 사람들이 있다는 사실을 말한다. 2차적 차원이란 비이기적으로 행동하는 사람들이 있다는 사실이 순전히 이기적인 사람들의 행동에까지 영향을 미치는 것을 말한다. 이런 2차 효과 덕에 사소하고 하찮은 수많은 행동이 모여 친사회성을 떠받치고 강화하는 일이 가능해진다.

이상을 종합하면, 실험실 게임에서 얻은 세 가지의 기본적 가르침만 보더라도 사람들이 순전히 이기적으로 행동하기 마련이라는 호모 에코노미쿠스의 가정은 사람들을 잘못된 방향으로 이끌 수 있다는 사실이 잘 드러난다. 그렇지만 동시에 이 세 가지 가르침은, 우리의 기존 생각을 교정해주는 것 말고는, 어쩌면 우리가 바라는 것만큼 썩 쓸모 있지 않을 수 있다. 합리적 선택의 옹호자로서는 사람들이 때로 다른 이를 배려하기도 하고 그러지 않기도 한다는 사실을 아는 것만으로는 충분치 않다고 주장할 수 있다. 우리가 진정 알고 싶은 것은 사람들이

어떤 상황에서, 즉 언제 그런 행동을 하는가이다.[27]

이 문제의 성격을 제대로 파악하기 위해 사회적 딜레마 실험에서 일반적으로 나타나는 협동 비율이 50%라는 사실로 돌아가 보기로 하자. 이 같은 연구 결과는 사람들이 종종 비이기적으로 행동한다는 사실을 증명한다. 그런데 이 연구 결과는 사람들이 **종종 이기적으로 행동한다**는 사실을 증명하기도 한다. 사람들이 이기적으로 행동하는 일이 절대 없다면, 협동 비율은 100%가 나와야 할 테니 말이다.

이번에도, 모델을 부수려면 모델이 필요하다. 우리가 실험실 게임들을 활용해 호모 에코노미쿠스 접근법보다 더 나은, 인간의 실제 행동을 더 잘 예측할 수 있는 그런 새로운 인간 행동 모델을 만들고자 한다면, 우리는 단순히 '비이기적인 행동을 한다'는 사실보다는 더 많은 것을 알아야 할 필요가 있다. 즉 어떤 때 사람들이 비이기적으로 행동할 가능성이 크고 어떤 때 이기적으로 행동할 가능성이 큰지를 알아야 하는 것이다. 왜 어떤 이들은 남들은 협동을 안 할 때 협동을 하는지, 혹은 그랬던 사람이 왜 이때는 협동하고 저때는 협동하지 않는지를 우리는 어떻게 설명할 수 있을까? 우리가 언제 다른 사람을 도우려 하는지, 또 언제 해를 입히려 하는지, 또 언제 레트 버틀러처럼 그딴 건 알 바 아니라는 식*이 되는지 결정하는 것은 과연 무엇일까? 이제는 이 난제로 화제를 돌려보도록 하자.

---

* "그딴 건 내 알 바 아니오(I don't give a damn)"는 영화 〈바람과 함께 사라지다〉에서 남자 주인공 레트 버틀러가 여자 주인공 스칼렛 오하라를 떠날 때 했던 대사다.

5장
지킬/하이드 증후군:
우리는 어떨 때 양심적으로 행동하나

옛날에 이마 정중앙에 조그맣게 곱슬머리가 난 조그만 소녀가 있었어요.
아이는 기분 좋을 때 매우 매우 착했지만 기분 나쁠 땐 아주 끔찍했어요.

— 『주석과 함께 읽는 마더 구스』

실험실 게임은 우리 인간이 보통 스스로 인정하는 것보다 훨씬 멋진
종족임을 증명해준다. 대부분 사람이 규칙을 따르거나 남을 돕는 일
에 관심이 있건 없건(즉 심리적으로 친사회적이건 아니건), 그들은 많은 경
우 정말 **관심이 있는 것처럼 행동한다**(즉 친사회적으로 행동한다). 사람들
이 이런 모습을 보인다는 점은 수백 건의 실험실 연구를 비롯한 지
난 반세기의 연구 결과들을 통해 더는 이렇다 할 논박의 여지가 없
는 정설로 증명되고 있다.

그렇기는 하나 사람들이 자주 타인을 이롭게 하려 자신의 물질
적 이익을 포기한다는 사실은, 그 자체만으로는 대단히 쓸모 있지
는 않다. 법과 법 집행 분야의 전문가들 ─판사, 감독관, 경찰관─에

겐 각자의 현실적인 목표들이 있다. 이들은 사람들이 성실히 납세하고, 교통 법규를 지키며, 살인·절도·신체상해 같은 범죄를 저지르지 않길 바란다. 마찬가지로, 고용주들 역시 직원들이 열심히 정직하게 일하기를 바라고, 교사는 학생들이 최선을 다하길 바라며, 부모는 아이들이 바르게 행동하길 바란다. 이런 목표를 이루고자 하는데, 만일 양심이 언제 작동하는지에 대해 어느 정도 알고 있지 못하면, 양심 개념은 별 쓸모가 없다.

이번 5장에서는 사람들이 언제 비이기적인 친사회적 행동에 돌입하는지와—다시 말해 언제 자기 이익보다는 양심에 따르게 되는지—관련해 간단한 모델을 제시함으로써 양심 개념에 대한 이해를 한 차원 높이고자 한다. 그 밑바탕에는 그간 심리학자, 사회학자, 인류학자, 경제학자, 생물학자들이 제시해온 경험적 연구 결과들이 깔려 있다. 이 연구 결과들을 통해, 5장에서는 대부분 사람이 언제 이기적으로 행동하고, 또 언제 그러지 않는지 예측할 수 있는 간단한 모델을 제시해보겠다.

비록 투박하기는 하나, 이 모델이 그려주는 인간 본성의 초상은 1차원적으로 희화화된 인간, 즉 냉철하게 계산기를 두드리며 끊임없이 이득을 추구하는 모습보다 상당히 다차원적인 모습이다. 그 모습은 로버트 루이스 스티븐슨의 19세기 소설 『지킬 박사와 하이드 씨(The Strange Case of Dr. Jekyll and Mr. Hyde)』와 여러모로 닮아 있다.[1]

지킬/하이드 증후군

스티븐슨이 지킬 박사와 하이드 씨 이야기를 쓴 것은 19세기 말, 올리버 웬들 홈스가 '나쁜 사람'을 골자로 하는 법 이론을 제시한 그즈음이었다. 하지만 스티븐슨의 소설에 등장하는 주인공은 홈스가 말하는 나쁜 사람과는 딴판이다. 홈스의 나쁜 사람은 타인에게 별 관심이 없지만, 지킬 박사는 친사회적이기 때문이다. 그는 책임감이 강하고, 법을 잘 지키며, 타인의 행복에도 관심이 많다. 정확히는 자신이 만든 묘약을 마시고 비사회적인 또 다른 자아(alter ego), 하이드 씨로 돌변하기 전까지는 그렇다.

하이드 씨는 자기 외엔 그 무엇도 그 누구도 안중에 없다.(독자들이 마주하는 하이드 씨의 첫 모습도 자신의 길을 막는다는 이유로 자그만 어린아이를 사정없이 짓밟는 광경이다.) 하이드의 "모든 행동과 생각에서 중심은 자기였다".[2] 하이드 씨는 거짓말을 하고, 물건을 훔치고, 종국에는 살인도 불사하는데, 단지 그게 자신에게 잘 맞아서다. 한마디로, 하이드 씨는 홈스의 나쁜 사람처럼—즉 호모 에코노미쿠스처럼—행동한다.

스티븐슨의 이야기는 인간의 행동에 나타나는 적나라한 이중성을 적나라하게 표현한 은유이다.(지킬 박사는 소설 결말에서 상념에 젖어 이렇게 중얼거린다. "그렇게 나는 그 진실에 한 발 한 발 다가갔던 거야. (…) 실상을 알고 보면 인간은 하나가 아니라, 둘이라는 진실에.")[3] 우린 때로는—예를 들면 차를 산다거나 투자 포트폴리오를 고를 때는—다른 이의 행복은 아랑곳없이 오로지 우리의 물질적 이익만 추구한다. 그런가 하면 어떤 때에는―헌혈을 하거나 결혼식 피로연에 참석했을 때는―우리의 행동이 남들에게 어떤 영향을 끼칠지 무척 신경 쓰는 것처럼 행동한다. 이런 식으로 순전히 이기적인 성격과 친사회적인 성격 사이를 자유자재로 오가는 능력은 사이코패스를 제외한 거의 모든 이에게서 찾아볼 수 있다. 실제로 이 능력은 인간의 본성 안에 얼마나 깊이 뿌리 내리고 있는지, 뇌기능영상에서도 그 모습이 확인될 정도다. 연구자들의 보고에 따르면, 이기적인 결정을 내릴 때와 비이기적인 결정을 내릴 때 사람들은 서로 다른 신경회로를 사용한다.[4]

이런 이중성 때문에 우리는 현실의 삶 속에서도 스티븐슨의 주인공이 소설 속에서 했던 식으로 행동하곤 한다. 자그만 아이가 뻔히 위험에 처한 걸 보면 대부분 사람이 멈춰서서 도와주려 하지, 하이드 씨처럼 단순히 길을 막고 있다는 이유로 가차 없이 아이를 짓밟을 이는 극히 드물 것이다. 하지만 대부분 사람이 아프가니스탄, 과테말라, 수단 등 세계 곳곳 어려운 환경 속에서 살아가는 수백만 명의 궁지에 몰린 아이들을 돕기 위해서는 거의 혹은 전혀 아무 일도 하지 않는다. 위선적으로 보이는 이런 모습은 과연 무엇으로 설명할 수 있을까? 우리는 왜 어떤 때는 남들에게 관심을 보이고, 어떤 때는 무관심하기만 할까?

스티븐슨의 이야기 속에서 지킬 박사의 성격을 변화시키는 촉매제는 약물이다. 우리들에게는 사회심리학자들이 사회적 맥락이라 부르는 것이 그런 촉매제가 되는 듯하다.

비이기성의 묘약

합리적 선택 이론가에겐 이 '사회적 맥락'이라는 말이 생경할 뿐만 아니라 심지어 무의미한 말로 들릴 수 있다. 사회학자들은 사회적 맥락이라는 말을 어떤 피험자가 **타인**에 대해 가지는 인식이라는 뜻 으로 쓰는데, 예를 들면 남들이 무언가를 원하리라는 믿음, 다른 이 들이 무언가를 필요로 하리라는 인식, 다른 이들이 현재 어떻게 행 동하고 있고 혹은 향후 어떻게 행동하리라는 예상 같은 것들이다. 하지만 호모 에코노미쿠스는 남들이 무엇을 하고, 무엇을 생각하고, 무엇을 원하건 아무 관심도 없다. 남들의 행동이 자신의 물질적 보 상을 변화시키지 않는 한에는 말이다. 호모 에코노미쿠스의 이런 선 호 성향을 경제학자들은 고정적이라거나 '외생적(exogenous)'이라고 표현하지 않을까 한다. 남들이 무얼 하건 간에, 호모 에코노미쿠스 는 늘 적게 갖기보다는 많이 갖는 걸 선호한다.

하지만 경험적 증거를 보면 인간의 선호는 ─적어도 우리가 행 동을 통해 드러내는 바를 보면 ─ '내생적'임이 증명되는데, 이는 어 떤 상황에 있느냐에 따라 시간이나 장소별로 선호가 쉽게 뒤바뀌기 도 한다는 의미이다. 실험실 게임을 통해 얻은 자료를 검토할 기회 가 있는 사람이라면 이런 유연성이 단번에 눈에 들어올 것이다.

사회적 딜레마 게임, 최후통첩 게임, 독재자 게임은 순전히 경제 적 관점에서는 표준화가 무척 잘 돼 있는 실험들이다. 게임에 참여 한 피험자들에게는 게임 자체의 성격에 따라 미리 결정된, 명확하고 고정적인 경제적 유인책이 주어지기 때문이다. 아마 호모 에코노미쿠스라면 사회적 딜레마 게임이든, 최후통첩 게임이든, 독재자이든 늘 똑같은 식으로, 즉 자신에게 돌아오는 개인적 이득이 가장 큰 전략을 택해 게임을 하려 할 것이다.

하지만 실험실 게임을 통해 가장 일관되게 밝혀지는 사실 하나는, 실제로 해보면 인간의 행동은 갖가지 **비경제적인** 변수들에 극도로 민감하게 반응한다는 것이었다. 어느 정도로 민감한지 감을 잡으려면, 사회적 딜레마 실험에서 일반적으로 보고되는 협동률이 40~60퍼센트 사이에 분포돼 있다는 사실을 다시 한번 떠올려보면 된다. 이 기본 결과는 다양한 문화에서 놀랄 만큼 많은 실험을 진행해 얻어진 것인데, 몇몇 실험실 연구자의 경우에는 피험자들이 게임을 벌이는 상황 속의 비경제적 조건들을 조작해 피험자들의 협동률을 훨씬 높일 수도, 훨씬 낮출 수도 있었다. 예를 들어 사회적 딜레마 게임 연구를 100건 이상 검토한 선구적 작업에서 데이비드 샐리는 연구자들이 낮게는 5%(거의 모든 성원이 이기적인 경우)에서 높게는 97% 이상(거의 모든 성원이 친사회적인 경우)의 다양한 협동률을 천차만별로 만들어낼 수 있었음을 발견했다.[5] 이 결과가 얼마나 놀라운 것인지 제대로 알고 싶다면, 사회적 딜레마 게임에서는 합리적이고 이기적 참가자라면 **절대** 협동하지 않도록 경제적 유인책이 짜여 있다는 점을 기억하도록 하자.

이와 비슷하게, 연구자들은 몇몇 독재자 게임의 사회적 맥락을 조작해 '독재자'가 자기 몫을 비이기적으로 나누기로 선택하는 비율이 100%까지 나오도록 할 수도 있었다.[6] 그런가 하면 독재자가 자기 몫을 나누겠다고 선택한 비율이 불과 8~12%에 그친 실험들도 있었다.7 사회적 딜레마 게임도 그렇지만 여기서도 합리적이고 이기적인 독재자라면 절대 자기 몫을 단 한 푼도 나누려 하지 않을 것이다.

이 말은 알맞은 사회적 변수들을 한데 잘 뒤섞으면, 사회적 맥락이 우리의 성격 안에서 지킬 박사도 하이드 씨도 불러낼 수 있는 막강한 묘약이 된다는 뜻이다. 그런데 그 변수를 구성하는 요소는 정확히 어떤 것들일까? 왜 어떤 상황에서는 나이, 젠더, 배경을 불문하고 사람들이 비이기적으로 행동하는 경향을 보이고, 다른 상황에서는 이기적으로 행동하는 경향을 보이는 것일까? 여기서 우리가 사회적 맥락의 어떤 요소가 제일 중요하고 어떻게 작용을 하는지 밝히지 않은 채 그저 "사회적 맥락이 중요하다"라고만 말한다면, 인간을 호모 소시올로기쿠스로 보는 모델, 즉 인간은 개념이 모호한 '문화' 속에서 그 행동이 결정되고 그 속에서 무한정 다른 형태로 주조될 수 있는 존재라는 견해를 암묵적으로 수용하는 것에 불과하게 된다.

사회적 맥락에 대한 3-요인 접근법

그러나 이 호모 소시올로기쿠스의 수렁에 굳이 발을 들일 필요는 없다. 인간의 행동이 호모 에코노미쿠스 모델에서 인정하는 것보다 훨씬 융통성이 있다는 사실은 웬만한 논박은 물리칠 만큼 과학적 연구를 통해 증명되었지만, 이 융통성에도 한계가 없진 않기 때문이다. 사람들은 이기적인 행동과 비이기적인 행동 사이를 오가지만, 사람들의 그런 변화에는 확실히 뚜렷한 패턴이 있다. 아울러 세계 곳곳

그리고 지난 수십 년에 걸친 연구 결과, 실험실 게임에서 비이기적 행동이 일어나게끔 유도하는 데 특히 중요한 역할을 하는 특정 요소들이 몇 가지 존재하는 것으로 입증됐다.

이 통찰을 잘 이용하면 비교적 간단한 형태의 친사회적 행동 모델을 하나 만들어낼 수 있다. 이번 5장에서 제시하려는 것이 바로 그런 모델로, 관련된 모든 사회적 맥락의 요소를 다 다루기보다 당장의 문제해결에 제일 중요한 일부 요소를 엄선해 그것만 집중적으로 다루는 것이 특징이다. 일명 "3-요인 모델"이라 할 이것은 판사, 규제감독관, 입법담당자 등 법과 제도를 이용해 인간 행동의 올바른 틀을 잡으려는 이들에게 특히 유용하도록 만들어졌다. 이 모델의 내용을 간단히 정리하면 다음과 같다.

낯선 이에 대한 비이기적인 친사회적 행동은(법적 및 윤리적 규칙을 비이기적으로 준수하는 것도 여기 포함된다), 특히 다음과 같은 사회적 맥락을 계기로 일어난다.

(1) 권위자로부터의 지시
(2) 다른 사람들이 친사회적으로 행동하리라는 믿음
(3) 다른 사람들이 받는 혜택의 크기

반면에 친사회적으로 행동할 때 개인이 감수해야 하는 비용이 커질수록 친사회적 행동은 줄어든다.

왜 이 세 가지 사회적 변수인가

앞에서 열거한 이 세 가지 사회적 변수가 각기 어떤 식으로 '양심'을 더 발휘하게 하는지 살피기 전에 ─아울러 개인이 감수해야 하는 비용이 양심을 약화시키는 데 어떤 역할을 하는지 살피기 전에─ 먼저 왜 이 세 변수인가 하는 질문부터 던져보기로 하자. 우리는 왜 젠더, 인종, 종교, 혹은 조기 배변 훈련 같은 다른 사회적 요인들은 제쳐두고 이 셋에 눈을 돌려야 할까? 분명한 것은, 어떤 사람이 언제 가차 없이 자기의 이익만 좇게 되고, 또 언제 남을 배려하게 될지 결정하는 데는 분명 셀 수 없이 다양한 경험과 다양한 영향력들이 함께 작용하리라는 점이다.

분명 수많은 경험과 영향력이 영향을 준다. 하지만 권위자로부터의 지시, 다른 사람들이 친사회적으로 행동한다는 믿음, 다른 사람들이 받는 혜택이라는 세 가지 사회적 변수에 관심을 집중해야 하는 데는 나름대로 타당한 이유가 있다.

첫째, 이 세 변수는 입법자와 정책 입안자가 이런저런 식으로 조작해보기 특히 쉽다는 특징이 있다. 다시 말해, 잘만 활용하면 이 세 변수는 인간 행동을 더 커다란 단위로 변화시키는데 더없이 유용한 레버가 될 수 있다. 예를 들어, 일부 실험실 게임에서 친사회적 행동과 약하게나마 상관관계를 갖는 것으로 나타난 나이나 젠더 같은 인구학적 요인들에는 정책 입안자가 영향을 미칠 여지가 거의 없다. 나중에 6장에서도 다시 살펴보겠지만, 친사회적 행동은 나이가 들수록 증가하는 경향이 있고, (어느 한쪽 성별이 다른 쪽보다 '더 낫게' 행동한다고 할 근거는 없으나) 실험실 게임에서의 행동 방식이 남성과 여성 사이에 약간 차이가 있다는 사실이 몇몇 연구를 통해 밝혀졌다.[8] 하지만 대규모의 학살이나 강제 피임 같은 방편을 사용할 뜻이 없는 한, 인구군을 더 늙어지게 하거나 젊어지게 할 방법, 혹은 젠더 비율을 변화시킬 방법이 우리에게는 없다. 이와 마찬가지로, 어떤 종교를 가졌느냐도 친사회적 행동을 촉진하는 하나의 요인이 될 수 있는데, 훌륭한 체계를 갖춘 종교에서는 교인들에게 '도덕적으로' 행동해야 한다고 가르치기 때문이다. 하지만 이 같은 영향은 종교에 따라 제각각일 수 있다.(한 조사에서는 이타심 면에서 프로테스탄트 기독교 신자가 가톨릭 신자보다 더 낫다는 결과가 나오기도 했다.)[9] 어쨌건, 미국은 헌법에 국교 금지조항을 두어 입법자들이 종교를 방편으로 행동에 어떤 식으로든 영향을 미치는 것을 금하고 있다.

이와 함께 제4의 중요한 사회적 변수—이 변수 역시 권위, 타인의 행동을 따르는 경향, 타인이 받는 혜택과 마찬가지로 친사회적 행동과 강한 상관관계를 갖는 것으로 입증되었다—가 있지만, 이 변수 역시 이런저런 식으로 조작하기가 입법자들에겐 대체로 비현실적인 일이다. 이 네 번째의 중요한 사회적 변수란 연구자들 사이에서 일명 '사회적 거리'라고 일컬어지는 것을 말한다.[10] 예를 들어, 사회적 딜레마 게임에서는 게임 참가자들이 서로를 보거나 서로 말할 수 있게 하면 협동률이 올라가는데, 게임 참가자들에게 내거는 경제적 유인책은 그대로 두어도 똑같은 결과가 나타난다.[11] 이와 마찬가지로, 독재자 게임에서도 독재자들에게 동료 참가자를 비롯해 돈을 받을 사람의 성(姓)을 알려주면 그들에게 더 후의를 베풀게 된다.[12] 6장에서는 이 같은 연구 결과를 진화 이론이 어떻게 뒷받침하는데 살펴볼 텐데, 진화론에서는 사람들이 자기 '내(內)집단'에 속한다고 여기는 이들을 대할 때 자연히 친사회적 행동을 할 가능성이 더 커진다고 내다본다. 하지만 입법자와 규제감독관으로서는 우리가 하나의 공동체에 속한 시민으로서 갖가지 의무를 지고 있음을 이따금 일깨우는 것 말고는, 제조업자와 소비자, 운전자와 보행자가 마음을 툭 터놓고 이야기를 나누도록 강제할 방법이 딱히 없다.

반면 권위자로부터의 지시, 타인의 행동에 대한 인식, 타인이 받는 혜택에 대한 믿음은 얼마쯤 입법자들을 이끌어주는 힘이 될 수 있다. 이 책 3부에서는 이런 식으로 법을 활용하는 여러 방법을 살피게 되는데, 가령 사람들에게 권위를 밑바탕으로 한 신호를 보내 이런 상황에선 어떤 행동이 예상되고 또 적절한지 알려주고, 남들이 지금 어떻게 행동하고 있고 혹은 행동하리라는 믿음에 영향을 미치며, 이런 행동이 타인에게 어떤 혜택을 주는지 정보를 제공하는 식이다.

이 세 가지 변수에 집중해야 하는 두 번째 이유는, 이들 변수가 특히 확고하다는 사실이 경험적 문헌들을 통해 확인되기 때문이다. 반세기에 걸친 실험실 게임을 통해서도 이 세 변수가 실험실 환경 안에서 비이기적인 행동과 연관성을 지닌다는 사실이 일관되게 드러났다. 시간을 들여 상당량의 연구 문헌을 검토해본 사람이라면 누구나 이들 변수의 확고함이 눈에 인상적으로 들어올 것이다. 다양한 연구자들의 개별적 실험 결과를 메타 분석한 작업에서는 이 사실이 더욱 공식적으로 증명되었다. 예를 들어, 데이비드 샐리의 검토에서는 공식적 협동 명령, 남들의 협동을 보여주는 증거, 다른 참가자들의 혜택 증가 이 모두가 사회적 딜레마 게임의 협동률을 결정하는 데 통계적으로 중요한 역할을 하는 것으로 밝혀졌다.[13] 이와 비슷한 결론에 도달한 메타 분석들은 이 말고도 더 있다.[14]

마지막으로, 사회적 맥락의 세 요소를 강조하는 세 번째 이유는, 이들 변수가 각기 이미 충분히 연구가 이루어진 인간 본성의 세 가지 보편적 특질들을 토대로 하고 있기 때문이다. 그 세 가지의 기본적 심리적 특질이란 권위에 대한 **복종,** 주변 사람의 행동에 그대로 따르는 **동조,** 타인에 대한 **공감**을 말한다. 복종, 동조, 공감에 대해서는 지금껏 사회과학과 생명과학에서 광범위한 연구기록이 이루어져 있다. 인간 행동을 설명할 때 이 세 가지가 얼마나 중요한가는 수없이 많은 실험실 게임을 통해서만이 아니라, 이루 헤아릴 수 없는 사례 연구, 검토, 현장 실험을 통해서도 증명되었다. 합리적 선택 이론에서는 물질적 보상에만 강박적으로 초점을 맞추며, 인간 행동에 영향을 미치는 이 세 요소의 힘을 무시하고 있다. 하지만 복종, 동조, 공감은 사람들이 어떤 행동을 할지 결정하는 데―앞으로 함께 살펴보겠지만, 사람들이 비이기적인 친사회적 행동을 할 때도―막중한 역할을 한다.

복종과 권위자로부터의 지시

1961년 예일대학의 지하 실험실에서 심리학자 스탠리 밀그램(Stanley Milgram)이 인간 심리학 분야에서 제일 악명 높은 일련의 실험을 진행했다.[15] 밀그램은 각양각색의 배경을 가진 남자 40명을 모집해 처벌의 학습 향상 효과와 관련한 실험에 참가시켰다. 이들 모집 인원은 실험 참가 대가로 각자 4.50달러씩을 받고, 앞으로 그들은 다른 피험자를 가르쳐 일련의 단어 문제에 답하는 방법을 알려주어야 한다고 전달받았다. 다른 피험자들을 가르친 뒤 이들 '교사'는 학습자가 수업에서 배운 것을 테스트하는 문제를 내게 될 것이었다. 만일 학습자가 문제를 틀리면, 교사는 "약", "강", "중강", "고강", "사망: 극강"(최대 450볼트에 이르지만 이 부분엔 숫자 대신 "XXX"라고만 적혀 있다)이라는 표시에 따라 점차 전압을 올릴 수 있는 전기 충격기로 학습자에게 벌을 줄 것이었다.

그런데 여기서 이 교사들이 미처 몰랐던 것이 하나 있었으니, 학습자들은 사실 실험자들과 짜고 실험을 진행 중인 배우들이라는 것이었다. 테스트가 이뤄지는 동안 교사/피험자들과 학습자/배우들은 각기 다른 방에 들어갔고, 각자의 방에서 의사소통은 할 수 있었지만 서로의 얼굴을 볼 수 없었다. 그런 다음 학습자/배우는 시험에서 몇 차례 오답을 내는 척했다. 이때 교사/피험자가 지시받은 대로 처벌용 '충격'을 가하면 학습자/배우도 고통스러운 척했는데, 정해진 충격이 가해질 때마다 괴로움에 몸부림치는 소리도 점점 더 크게 냈다. 처음엔 얕게 신음을 토하다, 나중엔 비명을 지르고, 거기서 강도가 높아지면 주먹으로 벽을 쾅쾅 치고, 나중에는 정말 죽은 듯이 아무 소리도 내지 않았다.

밀그램은 이 실험에 들어가기 전에 동료 몇몇에게 이 시험의 피험자들이 과연 어떻게 행동할 것 같은지 물어보았다. 동료들은 하나같이 피험자 태반이 최대 450볼트의 '충격'까지는 가하지 못할 거라고 예상했다. 하지만 막상 실험에 들어갔을 때 전체 40명의 피험자 중 총 27명이 실험자의 지시를 곧이곧대로 따라 최종 450볼트 단계까지 계속 전기충격을 가한 것으로 나타났다. 충격을 가하지 못하겠다고 한사코 거부한 이들은 300볼트 단계 이전에는 단 한 사람도 없었다. 물론 몇몇은 중간중간 이 실험에 의문을 던지기도 하고, 더러는 자신들이 받은 4.50달러를 그냥 돌려주겠다고 말하기도 했다.

밀그램의 이 실험 이후 비슷한 일군의 실험들이 속속 진행되었을 뿐만 아니라, 밀그램의 전기[16]는 물론 락 음악 노래(피터 가브리엘의 1986년 앨범《소(So)》에 수록된 〈우리는 시키는 대로 하지: 밀그램스 37〉), 나아가 존 트래볼타와 윌리엄 샤트너 주연의 텔레비전 다큐드라마(〈제10단계〉)가 제작되는 계기가 되기도 했다. 아울러 이 실험의 영향으로 인간 피험자 대상 테스트와 관련한 윤리 지침이 광범위하게 채택되면서, 오늘날 미국 대부분 대학에서는 밀그램이 했던 식으로 실험을 진행하는 것이 더는 불가능하게 되었다.

이 같은 밀그램의 연구 결과가 다소 심란스러울 수는 있으나, 거기 담긴 사실들은 오랜 세월이 흐른 뒤에도 인간의 실상에 부합하는 것으로 드러났다. 사람들은 정말로 권위자의 지시대로 하는 경향이 있었다. 밀그램의 것과 비슷한 부류의 실험들을 메타 분석한 후속 연구에서는, 자칫 사망에 이를 수도 있는 높은 전압을 상대방에게 가하라는 연구자의 명령에 복종하는 인간 피험자의 비율은, 시간과 장소에 상관없이, 61~66%에 달하는 것으로 나타났다.[17]

권위에 대한 복종은 기초 심리학과 사회심리학 교과서에서도 기본으로 으레 등장하는 내용이다.[18] 밀그램이 진행한 실험의 속성들을 생각하면, 그 논의들이 주로 권위에 대한 복종이 어떻게 남에게 끔찍한 짓을 자행하는 결과로 이어지는지에 초점을 맞추는 것은 어쩌면 지극히 당연한 일이다. 밀그램의 실험들만이 아니라, 중국의 문화혁명, 베트남 전쟁 때의 미라이 대학살, 크메르루주의 '킬링 필드' 같은 사례만 봐도 인간의 맹종이 인류를 어떻게 참극으로 몰아넣을 수 있는지 쉽게 알 수 있다. 밀그램이 애초 실험을 구상한 계기도, 다른 면에서는 더없이 신사다운 수백만 독일인이 어떻게 유대인을 홀로코스트로 멸절하려 한 데는 완전히 눈을 감을 수 있었는지 그 이유를 이해하고 싶어서였다.

하지만 이런 식으로 권위에 대한 복종의 어두운 면에만 집중하다 보면 복종엔 밝은 면도 있을 수 있다는 점을 놓칠 수도 있다. 사람들은 지시에 따라 남을 해칠 수도 있지만, 지시에 따라 되도록 남을 해치려 하지 않거나 심지어는 남을 도우려 할 수도 있다. 복종의 긍정적 측면은 실험실 게임의 결과들에서도 쉽게 관찰된다. 관련 문헌에서 가장 일관되게 나타나는 결과 하나는, 실험자가 협동을 지시하면 피험자들 사이에 정말로 협동이 이뤄진다는 것이다. 예를 들어, 샐리의 메타 분석에서는 협동하라는 공식적 지시가 있으면 그 어떤 지시도 없는 게임과 비교해 사회적 딜레마 실험에서의 평균 협동률이, 사용된 정확한 회귀분석*에 따라 34~40퍼센트 높아지는 것으로 밝혀졌다.[19]

---

* 어떤 변수가 다른 변수에 의하여 설명된다고 보고 그 함수 관계를 조사하는 통계적인 해석 수법.

합리적 선택의 관점에서는 밀그램의 실험에서 관찰되는 복종보다, 사람들이 이렇게 사회적 딜레마 게임에서 실험자의 지시에 선뜻 복종하는 모습이 훨씬 당혹스러울 수밖에 없다. 어쨌거나 밀그램의 피험자들은 일정 금액을 **보상으로 받고** 지시에 따르겠다고 한 것이었으니 말이다. 반면 사회적 딜레마 게임에서 피험자가 실험자의 협동 요구에 복종한다는 것은 상대를 배신할 때보다 더 적은 것을 얻게 된다는 뜻이다.

그럼에도 사람들은 실험자의 의향이 살짝 비치기만 해도 거기 반응해 자신들의 행동을 바꾼다. 예를 들어, 한 사회적 딜레마 게임에서 피험자들을 모아놓고 그 게임 이름은 "공동체 게임(Community Game)"이라고 일러주었다. 이 게임의 피험자들은 60%의 협동률을 보여주었다. 반면 비슷한 부류 피험자들을 보아놓고 이번에는 게임 이름을 "월스트리트 게임(Wall Street Game)"이라고 일러줬다. 이 게임의 피험자들은 30%의 협동률만 보였을 뿐이었다.[20] 이와 마찬가지로, 독재자 게임에서도 실험자들이 "교환(exchange)을 나타내는 말"을 사용할 때보다는 처음 주어진 배당금을 "나눠 가지라"고 지시받을 때 독재자들은 돈을 더 많이 나눈다.[21]

실험실 게임을 통해 증명되는 사실은 우리는 권위에 따라 움직여 남을 해칠 수도 있지만 그만큼 권위에 따라 남을 도울 수도 있다는 것이다. 물론 권위에 복종하는 성향이 강하긴 해도 절대적이지는 않다. 밀그램의 피험자들은 상대에게 얼마간 전기충격을 가했다는 점에서는 다들 똑같았으나, 전압을 450볼트까지는 절대 못 올리겠다고 한 이들도 확실히 얼마쯤은 있었다. 이와 마찬가지로, 사람들에게 협동을 부탁했는데 사회적 딜레마 게임에서 상대를 배반하는 피험자도 충분히 나올 수 있다. 그렇다고 해도 교사, 성직자, 혹은 군대 지휘관이라면, 친사회적 행동을 비롯해 인간의 행동을 결정하는 데 권위에의 복종이 지극히 중요한 역할을 한다는 사실을 잘 알 것이다.

타인의 행동에 대한 동조와 기대

흔히 말하듯, 만일 사람들에게 무엇이든 그들 맘 내키는 대로 할 자유를 준다면 아마 사람들은 서로를 흉내 내는 데 그 자유를 쓸 것이다. 이 진실은 쇼핑몰에서 가서 십대들이 벌이는 행동들만 봐도 대번에 알 수 있다. 그뿐만 아니라, 이는 실험심리학을 통해서도 재차 증명된 진실이기도 하다.

동조를 주제로 최초의, 그리고 가장 흥미로운 실험은 1960년대 컬럼비아대학의 심리학자 빕 라타네(Bibb Latané)와 존 달리(John Darley)가 실시했다.[22] 이 둘은 '인터뷰'를 한다며 학생들을 부른 뒤 이들을 대기실로 데리고 들어가 분량이 많은 설문지를 작성케 했다. 그러고는 학생들이 설문지를 착실하게 작성해나가는 동안, 방 안의 작은 환기구를 통해 연기를 흘려 보냈다. 실험자들은 한쪽에서만 보이는 반투명 거울을 통해, 연기가 방 안에 점점 가득 찰수록 자신들의 인간 기니피그들이 어떻게 행동하는지 관찰할 수 있었다. 방 안에 피험자들을 한 명씩 둔 실험에서 1인 피험자들의 행동은 꽤 합리적이었다. 그들은 킁킁대며 연기 냄새를 맡은 뒤 연기가 흘러나오는 환기구를 점검했고, 그런 뒤에는 75%가 (보통 2분 안에) 방을 나가 이 상황에 대해 보고했다. 하지만 피험자를 대기실에 혼자 두지 않고 2명의 '인터뷰 대상자'와 함께 둔 실험도 있었는데, 이 둘은 사실 실험자들과 공모한 배우들이었다. 연기가 방 안을 가득 메우기 시작했을 때, 배우들은 콜록콜록 기침을 하며 손바닥을 휘저어 연기를 몰아냈지만 그 외에는 별다른 조치 없이 계속 설문지 작성에 몰두했다. 이때 피험자들은 어떻게 했을까? 배우들이 한 행동 그대로였다. 열에 아홉은 방 안에 그대로 머문 채 연기가 난다고 보고하지 않았다.

권위에 복종하는 것처럼, 남의 행동을 그대로 따르는 동조도 인간 본성의 근원적 측면의 하나로 실험실 게임에서 줄기차게 그 모습이 드러난다. 실험 설계자들은 게임 참가자들이 **다른** 참가자가 비이기적 전략을 택할 확률이 높다고 믿을 때 그 자신도 비이기적으로 게임할 확률이 훨씬 높아진다는 사실을 재차 확인할 수 있었다.[23] 반대로, 남들이 이기적으로 게임을 하리란 믿음을 갖게 되면 피험자 자신도 이기적으로 게임을 할 확률이 더 높아진다. 예를 들어, 사회적 딜레마 게임을 하기에 앞서 협동하기로 서로 약속하는 피험자들은 게임에서도 실제 협동할 확률이 훨씬 높다는 사실을 연구자들은 밝혀낼 수 있었는데,[24] 심지어 그 약속들에 강제성이 없을 뿐만 아니라 익명의 실험에 3명 이상이 참가하는 것이어서 누가 약속을 어겼는지 알 도리가 없는 경우에도 그랬다. 참가자들 사이의 약속은 서로 간에 협동 의향을 전하는 신호 노릇을 함으로써, 협동적 행동을 따르게 하는 기폭제로 작용할 수 있었던 듯하다.

이와 비슷한 현상은 신뢰 게임에서 관찰할 수 있다. 예를 들어,

전형적인 신뢰 게임에 대해 한번 생각해보자. 이 게임에서는 참가자 한 명(투자자)에게 일정액의 돈을 지급하고, 두 번째 참가자(수탁인)에게 그 돈을 얼마라도 나눠주면 나중에 그 금액이 3배로 불어난다고 알려준다. 그런 다음에는 수탁인을 상대로 그렇게 해서 3배가 된 자금을 투자자에게 얼마라도 돌려줄 의향이 있는지 물어본다. 그러면 수탁인은 보통 3배로 불어난 돈을 얼마쯤 투자자에게 돌려주어 그의 호의에 보답하는 쪽을 택하는데, 이것이야말로 투자자의 친사회적 나눔을 수탁자도 같이 따라한다고 볼 수 있는 행동이다.[25] 하지만 연구자들이 알아낸 것은 여기서 그치지 않았는데, 수탁자 쪽에서 투자자에게 반드시 보답하겠다고 약속하면, (이번에도) 그 약속에 강제성이 없더라도, 신탁 게임의 투자자는 더 많이 나누었다.[26]

친사회성 동조의 증거는 참가자에게 특정 게임을 여러 차례 반복하게 하는 연구들에서도 더 찾아볼 수 있다. 이런 반복 게임 실험에서 게임 초반부부터 협동하는 참가자들은 게임 후반부에 가서도 계속 협동하는 것으로 나타난다. 물론 동료 참가자도 반드시 합심해서 협동을 해야만 이런 일이 일어날 수 있다.[27] 심지어 이런 현상은, 반복 게임의 최종 라운드, 즉 더는 보복의 위험이 없는 상황에서도 마찬가지로 나타난다. 실제로 타인의 행동이 사람들에게 미치는 영향력은 실로 너무도 강력해서, 한 실험에서 피험자들에게 사회적 딜레마 게임을 서로 다른 두 집단과 동시에 여러 번 벌이게 했을 때 피험자들은 구성원들이 서로 협동하는 집단과는 더 많이 협동한 한편 서로 배반하는 집단과는 덜 협동했다.[28]

마지막으로, 피험자에게 **다른** 게임에 참여한 **다른** 피험자들은 협동을 택했다는 뉘앙스의 정보를 주어 연구자들이 게임의 협동률을 높인 실험도 몇몇 있었다. 예를 들어, 독재자 게임 실험에서 다른 독재자 게임의 피험자들은 돈을 나누기로 했다는 정보를 전해주자 그 게임의 독재자들도 돈을 나누는 일이 더 많아졌다.[29]

이렇듯 사람들은 이기적 전략과 비이기적 전략의 어느 하나를 택할 때 남들이 하리라 여겨지는 행동을 그대로 따르는 경향이 있음이 실험실 게임을 통해 입증된 셈이다. 그렇다면 이 군중 행동을 우리는 무엇으로 설명해야 할까? 라타네와 달리의 실험에서, 방 안으로 연기가 꾸역꾸역 들어오는데도 피험자들이 배우들을 따라 그걸 무시한 것은 그 연기에 겁먹을 필요가 없다는 걸 배우들이 안다고 추론했기 때문일 수 있다. 하지만 이 주장으로는 실험실 게임에서 일어나는 군중 행동은 설명할 길이 없는데, 실험실 게임에서는 현재 벌어지는 일들에 대한 추론이 딱히 필요하지 않기 때문이다. 이런 게임들에서는 협동보다 배반을 택할 때 개인이 얻는 이득이 더 많음은 더할 나위 없이 분명하다. [30]

평판과 상호성만으로는 동조가 온전히 설명되지 않는다

이타적으로 보이는 행동을 설명할 때 곧잘 제시되곤 하는 2가지의 다른 논거로는 실험실 게임에서 사람들이 보이는 동조를 잘 설명할 수 없다. 그 두 논거란 평판과 상호성(보복)을 말한다. 평판과 상호성은 합리적 선택을 중시하는 학자들이 이타적으로 보이는 행동을 설명할 때 아주 잘 끌어다 쓰는 논거다. 만일 내가 그저 남들과의 사이에서 좋은 평판을 쌓고 싶어서, 혹은 내가 도움을 받았으니 나도 도움을 주겠다는 차원에서만 누굴 돕는다면, 겉보기에 자기희생처럼 보이는 일도 결국엔 '계몽된' 자기 이익의 한 형태에 지나지 않게 된다.

　게임 참가자가 서로를 알고 게임을 벌이거나, 아니면 참가자들이 몇 차례 연달아 게임을 벌이는 경우에는, 실험실에서도 평판이나 상호성을 염두에 둔 이기적 동기를 품고 비이기적으로 보이는 행동을 하기도 한다.[31] 하지만 평판 손상은 물론 협동이나 배신에 따르는 보답이나 보복이 불가능한 게임들에서도 동조적 협동이 나타나는 것을 우리는 볼 수 있다. 예를 들어, 익명으로 여러 차례 벌이는 죄수의 딜레마 게임에서 마지막 판에서는 이후 보복이 불가능한 만큼, 그 판에서 벌어지는 협동은 상호성에 대한 기대로는 설명이 되지 않는다. 여기에 역진 귀납법*을 적용하면, 게임 참가자들이 게임이 총 몇 회 치러질지 아는 죄수의 딜레마 게임에서는, 게임을 몇 차례 반복하든 거기서 일어나는 협동을 상호성으로 설명할 길이 없다. 동료 참가자가 마지막 판에 가서는 나를 배신하리란 사실을 내가 안다면, 나도 그 바로 전 판에서 상대방을 배신할 수밖에 없다. 이런 사실을 안다면 내 파트너도 최종판의 전전 판에서 나를 배신할 것이고, 이런 식의 논리가 게임의 맨 첫 판까지 쭉 적용된다.[32]

　이보다 훨씬 자명한 점은, 익명의 다수에게 일회성 사회적 딜레

---

* 　게임의 가장 마지막 단계에서 시작하여 거꾸로 거슬러 올라가며 각 경기자들이 취할 가장 합리적 행동이 무엇인지 추론하는 분석 방법.

마 게임을 벌이게 하고 누가 협동하고 누가 속일지 참가자들이 파악하지 못하는 상황에서 일어나는 협동도 평판이나 상호성으로는 전혀 설명되지 않는다는 점이다.[33] 이는 동조와 관련한 다음과 같은 기본적 연구결과를 떠올려보면 온전히 이해되는데, 피험자들에게 익명으로 일회성 사회적 딜레마 게임을 하도록 했을 때 피험자들은 동료 참가자들이 배신할 거라 믿으면 그들 스스로도 배신할 확률이 더 높고 협동할 거라고 믿으면 협동할 확률이 더 높았다. 이 기본적인 연구 결과는 사회적 딜레마 게임의 친사회성 동조를 평판에 대한 염려나 상호성에 대한 기대라는 이기적 바람으로 설명할 수 있다는 주장과 완전히 어긋난다. 왜냐하면 익명의 일회성 사회적 딜레마 게임에서 다른 참가자들이 협동할 거라 믿는다는 것은 자신이 배신할 때 더 큰 물질적 보상을 기대할 수 있다는 뜻이니 말이다.

이렇듯 실험실 게임은 비이기적 행동에 대한 동조가 **자신이 따라하는 사람들로부터 평판을 얻거나 직접적인 상부상조 행위를 합리적으로 기대할 수 없는 상황**에서도 일어난다는 사실을 증명해준다. 사람들의 협동 행동을 연구하는 경제학자들은 사람들이 남의 비이기성을 이렇게 선뜻 흉내 내는 것을 '강한 상호성(strong reciprocity)'[34] 이라 부르기도 한다. 사회학자 로버트 퍼트넘은 '일반화된 상호성(generlized reciprocity)'[35]이란 용어를 쓰기도 한다. 하지만 '강한 상호성' 이나 '일반화된 상호성'이란 말은, 어떻게 보면, 모순어법이 아닐 수 없다. 어떤 식으로든 자신과 관계를 맺을 일이 절대 없는데도 그 사람의 예의 바른 혹은 너그러운 행동을 그대로 모방한다는 것은 상호작용이 아닐 뿐더러 상호작용이 될 수도 없으니 말이다. 그런 만큼 앞으로 이 책에서는 사람들이 무리 안에서 무심코 하는 그런 행동들에 "동조"라는 말을 쓰려고 한다.

권위에 복종하는 경우와 마찬가지로, 동조 역시 부정적인 면을 부각하기 쉬운 개념이다.("당신 친구들이 다 같이 다리에서 뛰어내린다고 당신도 같이 뛰어내리겠다는 겁니까?"라는 식으로 말이다.) 하지만 동조에서도 밝은 면을 찾아볼 수 있음을 우리는 잊지 말아야 한다. 우리는 사람들이 법이나 윤리적 규칙들에 순응하기를 바란다. 실제로, 양심에 대해 이야기할 때 우리가 포함하고자 하는 내용의 대부분이 바로 이런 내용이다.

공감과 남이 얻는 혜택

이제는 3-요인 모델에서 마지막으로 하나 남은 사회적 요인, 즉 나의 비이기적인 행위로 남들이 얻는 커다란 혜택으로 화제를 돌려보도록 하자. 얼핏 봤을 때 이 사회적 요인은 마치 경제적 변수처럼 보이지만(남이 얻는 혜택이라면 결국 물질적 보상을 이야기하는 것일 테니까), 실제로는 사회적 변수라고 해야 한다. 왜냐하면 여기서는 내가 아닌 **남들**이 얻는 물질적 보상이 중요하기 때문이다. 만일 호모 에코노미쿠스라면 내가 다른 누군가를 돕는 데 돈이 단돈 1페니 혹은 1파운드라도 든다면 그런 일에는 일절 관심이 없어야 할 것이다. 하지만 현실 속 사람들은 어떤 상황에선 남을 위해 궂은일도 얼마든 감수하고 해줄 용의를 갖는 것처럼 보인다. 가령 낯선 이가 길을 물어 올 때는 모른 척 지나칠지라도 물에 빠져 허우적거리는 사람을 보면 자기의 일상을 제쳐두고 얼른 구명구부터 던져주려 할 수 있다.

자신의 희생 덕에 남들이 얻는 혜택이 클수록 사람들의 희생 의향도 더 커진다는 이 생각에는 아마 많은 독자가 충분히 그럴 법하다고 직관적으로 고개를 끄덕일 가능성이 높다. 그렇지만 게임 연구에서는 이 패턴을 관찰하기가 그렇게 쉽지만은 않은데, 다름 아닌 빠듯한 연구비 때문이다. 학계에서 동원할 수 있는 자금이 워낙 제한적이다 보니, 대부분의 실험실 게임에서도 상대적으로 적은 액수를 걸고 게임을 할 수밖에 없다. 그 결과, 남들에게 큰 혜택을 줄 수 있는 위치에 피험자를 놓았을 때 과연 어떤 일이 벌어질지와 관련해서는 활용할 만한 공식 증거가 거의 없다시피 한 형편이다.[36]

그렇지만 제한적이나마 활용할 수 있는 자료에 따르면, 실험실의 피험자들은 정말로 자신들의 비이기성이 남들에게 더 큰 혜택을 가져다준다고 믿을 때 비이기적으로 행동할 가능성이 더 높아지는 것으로 나타난다. 예를 들어, 사회적 딜레마 게임의 경우 연구자들은 개인의 부담 금액은 일정하게 유지한 채 참가자들이 공동 자산에 기부한 돈을 늘리는 배율을 더 키워 집단이 얻는 혜택의 수준을 더욱 높일 수 있다. 이런 식으로 조절하면, 협동을 통해 남들에게 돌아가는 혜택이 커질수록 사회적 딜레마 게임의 협동 사례도 정말 함께 늘어나는 것으로 나타난다.[37] 이와 비슷한 연구 결과는 독재자 게임에서도 나타난 바 있는데, 파트너에게 나눠주는 돈을 연구진들이 더 불려줄 것이라고 알려주자 독재자들은 파트너와 더 많은 돈을 나누려 하는 모습을 보였다. 몇몇 독재자는 자신의 파트너가 최종적으로는 자기보다 더 많은 돈을 챙기는 사회적 이득을 얻을 수도 있다는 사실에 더없이 기뻐하기도 했다.38 이런 연구 결과는 이제껏 실험실 게임에서 본 그 어떤 것보다 진정한 이타주의가 — 특히 집단의 행복을 증진한다는 차원에서 — 존재한다는 증거에 가장 가까울 것이다.

앞에서도 이미 짚었지만, 실험실 게임의 피험자들은 협동하라는 지시를 받을 때, 그리고 남들이 협동한다고 믿을 때 더 많이 협동한다. 하지만 복종이나 동조나 그 자체는 원래 이타적인 행동은 아니다.(밀그램의 실험을 통해 어떻게 하면 복종으로 사람들을 유도해 다른 이를 해치게 할 수 있는지가 드러났고, 동조는 남에게 반드시 해를 입히지는 않지만 반드시 도움을 주지도 않는다.) 하지만 실험실 게임의 피험자들이 남들이 받을 혜택을 염두에 두고 행동할 때는, 정말 남의 행복에 관심을 두고 또 그것을 중시하는 듯한 모습이 나타난다. 사람들의 이 같은 이타주의적 행동을 해석할 때 사회학자들은 인간 심리의 세 번째 근본적 특질과 연관시켜 설명하곤 한다. 바로 **공감**이다.

동조 및 권위에의 복종도 그렇지만, 공감도 생명과학과 사회학에서 갖가지 연구들을 통해 충분히 다뤄온 개념이다. 심지어 지금은 현대식 두뇌영상기술을 이용해 공감을 '눈으로 볼' 수 있기까지 하다. 2005년 《사이언스(Science)》지의 논문에 한 신경과학자팀이 기능적 자기공명영상(fMRI)을 이용한 실험의 연구 결과를 실은 적이 있는데, 연구자들은 피험자와 그 사람의 연인을 함께 데려와 연구자들이 연인의 몸을 바늘로 찌르며 피험자들에게 그걸 지켜보게 했을 때 피험자들의 두뇌에서 어떤 활동들이 일어나는지 관찰했다. 연구자들에 밝혀낸 바에 따르면, 피험자는 사랑하는 이가 아파하는 걸 지

켜보기만 해도 자신이 직접 고통을 당할 때와 비슷한 활동이 두뇌 안에 일어나는 것으로 나타났다.[39]

하지만 fMRI나 그와 비슷한 유의 첨단기술이 없던 시절에도, 대부분 사람이 남의 기쁨과 고통을 비롯해 타인의 감정에 공감할 줄 안다는 것은 거의 의심의 여지가 없는 사실이었다. 밀그램의 실험만 해도 공감이 존재한다는 강력한 간접 증거가 아닌가. 밀그램의 실험 결과들은, 호모 에코노미쿠스로서는 보고 놀라는 사람들이 있다는 것이 놀라울 뿐, 전혀 놀라울 게 없는 일이었다. 그러기로 하고 **보수를 받았으니까.** 밀그램의 피험자들이 동료 인간들에게 고통을 가한 것은 호모 에코노미쿠스가 보기엔 당연한 일이었다. 하지만 실제로 밀그램의 실험 결과가 나왔을 때 여기저기서 공분이 일었다. 세상 사람들 눈에는, 제대로 된 인간이라면 자기 손에 고통을 당하는 사람들에게는 그보다 더욱 깊이 공감해야 도리라고 여겨졌던 것이다.

더군다나 알고 보면 공감은 교양 있는 인간에게서만 찾아볼 수 있는 것도 아니다. 몇몇 동물도 공감을 보일 줄 안다는 사실이 일상생활에서는 물론 공식적인 실험을 통해서도 드러난다. 일례로 이미 많은 연구에서 다뤄진 시카고 브룩필드 동물원의 고릴라 빈티의 경우를 살펴보자. 1996년 갓 걸음마를 뗀 인간 아기가 빈티가 머무는 고릴라 전시관 주변의 해자로 떨어졌을 때, 빈티는 의식을 잃은 아이를 조심스레 안아 올리더니 고릴라 우리의 문 쪽에 옮겨주어 전전긍긍하던 동물원 경비원들이 아이를 데려갈 수 있게 했다.[40] 그보다 한참 전인 1959년에는 심리학자 러셀 처치(Russell Church)가 배고픈 생쥐를 대상으로 실험을 했는데, 이 생쥐는 레버를 누르면 사료가 나오는 장치를 이용할 수 있게 훈련을 받았지만 자기의 그 행동으로 인해 바로 옆 칸의 두번째 생쥐가 고통스러운 전기충격을 당할 때는 배가 고파도 레버를 누르지 않는 것으로 나타났다.[41] (이 대목에서 공감을 보일 줄 아는 면에서는 밀그램의 피험자보다 처치의 생쥐들이 더 낫지 않은가 하는 생각도 드는데, 그런 만큼 어떤 사람을 모욕할 때 "이 쥐새끼 같은 놈아"라고 말하는 것도 아이러니가 아닐 수 없다.)

물론 당시 빈티의 머릿속이나 처치가 택한 피험자들의 털이 송송 난 양 귀 사이에 과연 어떤 생각들이 스치고 지나갔는지는, 과연 무엇 때문에 사람들이 양심을 따르는지 알 수 없는 것과 마찬가지로, 우리가 알 수 없는 부분이다. 하지만 처치의 생쥐들과 고릴라 빈티가 공감할 줄 아는 이타주의자처럼 **행동**한 것은 분명하다. 아마도 이들 동물도 인간과 마찬가지로, 자신의 행동이 주변에 중대한 영향을 줄 때 이타적인 행동 성향을 더 보이는 것 같다.[42]

생쥐, 인간, 고릴라 사이의 이런 유사성 속에서 우리는 사회성이 높은 동물들에게는 이타주의의 진화상 이점이 크지 않았을까 하는 흥미로운 생각을 해볼 수 있다. 진화론의 관점에서 유인원과 인간은 촌수가 무척 가깝지만, 실험실 생쥐는 시궁쥐(rattus norvegicus)라는 노르웨이 생쥐가 조상으로 이들이 우리 인간의 조상과 갈라진 지는 이미 수천만 년도 더 전이다. 그런 설치류와 영장류에게서 공감 비슷한 무언가가 뚜렷이 나타난다는 것은 사회성이 높은 종 안에서는 공감이 진화상 이점일 수 있음을 시사한다. 이런 생각에 대해서는 이어지는 6장에서 자세히 살펴보게 될 것이다. 어쨌든, 그것이 어디에서 비롯되었건, 공감은 인간 본성 안에 여전히 깊숙이 내장돼 있어서, 심리학 개론 교과서에서는 공감 능력 발달을 다루는 데만 상당량의 지면을 할애하는 것이 일반적이다. 공감의 이런 중요성과 함께 실험실 게임에서의 보강 증거들을 토대로, 우리는 이타적 공감을 우리의 3-요인 모델 안에 통합시킬 것이다. 여기서 밑바탕에 깔린 가정은 권위자로부터의 지시, 타인의 비이기성을 증명하는 증거와 함께, 나의 비이기성으로 남이 얻는 혜택의 크기도 남을 중시하는 행동에 영향을 주는 중요한 사회적 결정인자라는 것이다.

자기 이익의 역할

지금까지 우리는 비이기적인 친사회적 행동이 사람들 사이에 널리 일어나는 데 세 가지 사회적 변수—권위자로부터의 지시(복종을 일으키는 계기), 다른 이들이 어떻게 행동한다는 믿음(동조를 일으키는 계기), 남들이 받는 혜택 혹은 비용의 크기(공감을 일으키는 계기)—가 중대한 역할을 한다는 점을 집중적으로 살펴보았다. 이렇게 초점을 맞추는 것은, 사람들이 이기적 혹은 비이기적 방식으로 행동할지 결정할 때 사회적 맥락이 막중한 역할을 한다는 점을 인정하는 셈이다. 하지만 "사회적 맥락이 중요하다"라는 말이 "개인적 보상은 중요하지 않다"라는 말과 똑같지는 않다. 합리적 선택 모델은 불완전하기는 하나 의미가 없는 것은 아니다. 사회적 맥락의 중요성과 함께, 지금껏 게임 연구를 통해 밝혀진 두 번째의 확고한 사실은 바로 비이기적 행동은 사회적 변수뿐만 아니라 **개인적 보상**에 따라서도 그 양상이 달라진다는 것이다.

비이기적 행동의 개인 비용이 커질수록, 사람들이 마음 놓고 비이기적 행동을 할 가능성은 줄어든다. 반대로, 비이기적 행동의 비용이 낮아질수록 비이기적인 행동을 할 가능성은 커진다. 이 관계를 가장 손쉽게 찾아볼 수 있는 데가 사회적 딜레마 게임으로, 연구에서는 협동의 개인 비용이 높아질수록(다시 말해 배신으로 얻을 수 있는 예상 이득이 늘어날 때) 실제 협동 사례는 현저히 줄어드는 것으로 나타난다. 예를 들어 샐리의 메타 조사에서, 연구자가 배신에 따르는 보상을 두 배로 늘리자 평균 협동률이 많게는 16퍼센트까지 떨어지는 것으로 나타났다.[43] 이 같은 연구 결과를 경제학 용어로 풀면, 비이기적 행동의 공급함수는 '우하향 기울기'를 보인다는 뜻이 되겠다. 우리는 자비(복수심)의 값이 쌀 때는 자비로운(복수심을 품은) 행동을 더 하려는 성향을 보인다. 반대로, 비이기성에 많은 비용이 들면 그 일을 하려는 의향이 줄어든다. 조지 워싱턴이 "최고가를 제시한 사람을 거절할 수 있을 만큼 미덕 있는 사람은 거의 없다"라고 말한 것도 비슷한 맥락이다.

이 말은 사람들이 현실적 문제와 관련해서는 완벽한 이타주의자처럼, 즉 자기의 행복은 철저히 무시한 채 행동하기는 좀처럼 힘들다는 뜻이다.(그런 완벽한 이타주의를 우리는 '테레사 수녀' 같은 이타주의라 부를 수 있을 것이다.) 대부분 사람은 이기심이라곤 모르는 테레사 수녀처럼 행동하기보다 직관적 공리주의자, 즉 갖가지 사회적 변수로 인해 친사회성이 요구되는 상황 속에서 **나 자신의 행복**과 남의 행복을 함께 헤아리는 사람처럼 행동한다. 달리 표현하면, 우리는 '효율적

'이타주의자'로서 내 비용에 비해 남의 혜택이 더 클 때 비이기적 행동을 선호한다.

　이런 생각은 대부분 사람의 경험과 직관에도 잘 들어맞는다. 우리 대부분이 다른 누군가를 재앙에서 구할 수 있다면 거의 누구나 작은 희생쯤은 마다않을 거라 생각하는데, 예를 들면 무단횡단자를 피하려 브레이크를 밟는다거나, 큰 사고를 보고 911에 신고하는 것 등이 그렇다. 하지만 누군가의 자질구레한 수고를 덜어주려 내가 큰 희생을 치러야 한다고 하면 아마 우리 대부분이 마다할 것이다.(가령 이웃이 옆 블록의 편의점에 좀 가야 하니 내게 하루 오후 반차를 내어 차로 데려다 달라고 하면 어떻겠는가.) 실제로 이웃이 내게 그런 쓸데없는 부탁을 해온다면 내 입장에선 빈정이 상할 것이다.

양심 비용 낮추기

여기서 우리가 반드시 인지해야 할 점은, 비용이 너무 크지 않을 때 사람들이 비이기적으로 행동할 가능성이 크다고 해서 그것이 비이기적 행동이 중요치 않다거나, 호모 에코노미쿠스 모델이야말로 검증된 사실인바 비이기적인 행동은 얼마든 무시하고 넘어가도 좋다는 뜻은 아니라는 것이다. "사회적 맥락이 중요하다"는 것이 "개인적 보상은 중요치 않다"라는 말이 되지는 않듯, 비이기성의 비용이 커질수록 사람들이 이기적으로 행동할 가능성이 커진다는 것도 사람들을 순전히 이기적인 행위자로만 여겨도 괜찮다는 말과 같지 않다.

반대로 친사회적 행동이 개인적 비용에 민감하다는 사실은 양심에 관심을 갖는 일이 얼마나 중요한지 더욱 일깨운다.

특히 실험실 게임에서 밝혀진 사회적 행동과 개인적 비용 사이의 역의 상관관계만 봐도 우리의 정책과 일상 용무들에서 '양심의 비용'을 따지는 일이 반드시 필요하다는 점이 명확히 드러난다. 간단히 말해, 사람들이 착하게 살아가길 원할 때 가장 관건은 사람들이 나쁜 짓을 저지르게 유혹하지 않는 것이다. 하지만 안타깝게도 물질적 유인책에 지나치게 의존하면 그런 유혹이 종종 생겨날 수밖에 없다.

가령 조지아주의 한 초등학교 교사가 학생들의 시험 성적을 올릴 수 있으면 2000달러의 보너스를 주겠다는 약속을 받았다고 해보자. 만일 이 교사가 자기 역량만큼 학생들을 가르치며 고정급을 받도록 돼 있었다면, 어쩌면 이 교사는 학생이 학구열, 학습 동기, 학습 요령을 더 많이 쌓게 하는 데 자신의 노력을 쏟아부었을지 모른다. 그런데 보너스의 유혹이 도사리면 교사는 그보다 학생들의 시험 성적 향상을 위해 쉴 새 없이 '문제 풀이'에만 매달릴 수 있다. 여기서 더 심해지면, 교사가 아예 학생들의 시험 답안지를 고치는 사태가 벌어질 수도 있다. 실제로 애틀랜타에서 이런 일이 대대적으로 일어난 정황이 포착됐다.[44]

양심이 잘 작동하려면 분명 숨 쉴 공간이 필요하다. 그리고 그럴 여지만 주면, (사회적 조건이 제대로 갖춰져 있을 경우) 사람들이 적어도 얼마쯤은 사소한 희생을 감수하고 친사회적으로 행동하리라고도 충분히 기대할 수 있다. 아울러 비이기적 행위자 입장에서 거의 아무 비용도 들지 않는 사소한 비이기성의 행위가 타인에게는 훨씬 큰 혜택을 주는 상황이 이 세상에는 상당수 존재한다. 수많은 다양한 개인들 그리고 수많은 다양한 상호작용을 전부 합쳐보면, 그 사소하지만 수많은 이타주의의 행위가 가져다주는 혜택의 총합은 어마어마할 수 있다. 경찰이 주변에 없는데 대부분 사람이 되도록 남의 물건에는 손대지 않는 사회에 산다면, 실질적인 면에서 그 혜택은 우리 모두에게 돌아온다. 그런 사회에서는 내가 면허증이나 아이들 사진을 잘 넣고 다니는지 더는 걱정할 필요가 없을 뿐 아니라, 창문에 방범 창살을 설치할 필요도, 차량을 무장할 필요도, 총기를 휴대할 필요도, ATM을 이용할 때마다 번번이 경호원을 고용할 필요도 없다. 마찬가지 맥락에서, 사람들이 자신의 직업이나 맡은바 역할을 실제 해야 하는 것보다 조금씩만 더 열심히 그리고 정직하게 수행한다면, 그 사회는 더욱 부유해지고 생산적이 될 것이다. 따라서 비이기성을 실천하는 인간의 능력은 제한적이지만, 긴 시간 동안 대규모 인구가 비이기적 행위를 행한다면 거기서 창출되는 혜택은 어마어마할 수 있다.

요약: 양심의 3-요인 사회적 모델

이제 우리는 정확히 무엇이 일반인이 양심이라고 부르는 내면의 힘을 작동시키는지 살펴볼 수 있게 되었다. 간략히 말해, 비이기적인 친사회적 행동의 3-요인 모델에서는 자기 이익이 행동에 영향에 미친다는 점을 절대 간과하지 않는다.(자기 이익은 어떤 의미에서 이 모델의 네 번째 요인이기도 하다. 다만 그 성격상 사회적 요인보다는 경제적 요인에 해당한다고 봐야 할 것이다.) 하지만 3-요인 모델은 자기 이익도 중요하나, 중요한 것이 **오직** 그것 하나만은 아니라는 사실도 인정한다. 사회적 맥락 역시, 심한 유혹의 압박에서 충분히 해방돼 잘 작동할 여지만 있으면, 사람들의 행동을 결정하는 데 막중한 역할을 수행할 수 있다.

사회적 맥락에 따라 사람들은 자신에게 마치 두 인격 혹은 두 가지 행동 양식이 있는 것처럼 행동하곤 한다. 우리 안에 자리한 이기적인 하이드 씨의 인격이 지배할 때는, 자신의 행위가 남에게 어떤 영향을 미치는지는 전혀 아랑곳없이 우리는 그저 자신의 물질적 행복을 최대로 늘리기에만 바쁘다. 하지만 사회적 맥락이 우리 안의 친사회적인 지킬 박사 인격을 불러내면, 우리는 남을 위해 희생하기도 하는가 하면, 법적 및 윤리적 및 도덕적 규칙들을 순순히 따르기도 한다. 단 여기엔 너무 큰 비용이 들지 말아야 한다는 단서가 붙는다.

물론 '사회적 맥락'에 포함될 만한 영향력과 요인은 실로 다양하다. 3-요인 모델은 그중 단 세 가지 요소―권위자로부터의 지시, 남들이 비이기적으로 행동한다는 믿음, 나의 비이기적인 행위가 남들에게 얼마나 큰 이득을 주는가에 대한 인식―에만 관심을 두는 만큼, 이 모델이 인간 본성에 관해 내놓는 설명은 환원주의적 성격을 띨 수밖에 없다. 하지만 때로는 약간의 환원주의가 유용하기도 한 법이다. 가령 인간을 멋지거나 추악하게 만드는 그 모든 힘을 하나하나 빠짐없이 설명하는 인간 행동 모델을 만들고자 할 수 있으나, 그런 노력은 쓸모도 없거니와 무척이나 거추장스러운 작업이기도 할 것이다. 중요한 것은 정확성과 단순함 사이에서 균형을 잘 잡는 일이다. 3-요인 모델은 호모 에코노미쿠스 모델(한 가지 요인 모델로서 개인적 이득만을 유일하게 중요한 변수로 본다)보다 훨씬 정확성을 기하는 한편, "결국엔 모든 게 문화다"라는 호모 소시올로기쿠스의 접근법보다는 훨씬 간단하고 손쉽게 이용할 수 있다는 점에서 절묘하게 균형을 잡고 있다고 하겠다.

완벽하다고 하기는 어려우나, 이런 균형 덕분에 입법자나 규제감독관 들은 이 모델을 통해 올리버 웬들 홈스가 하찮게 치부했던 현상―양심―을 어떻게 활용할 수 있을지 이런저런 통찰을 얻을 수 있다. 물론 이 모델도 **왜** 어떤 때는 사람들이 다른 이들을 신경 쓰고 규칙에 따르는 걸 염두에 두는 듯 행동하는지 그 정확한 이유는 말해주지 못한다. 대신 이 모델은 개개인을 일종의 '블랙박스', 즉 그 내부의 작동을 들여다볼 수 없는 장치인 것처럼 취급한다. 박스 안에서 무슨 일이 벌어지는지 모르는 만큼, 우리로서는 박스 안으로 들어가는 갖가지 사회적 및 경제적 변수와 박스 밖으로 표출되는 행동 사이에 어떤 관계가 있는지 지켜보는 선에서 만족하는 수밖에 없다.

하지만 이런 접근법으로도 사람들이 언제, 어디서 남들을 위해 희생할 가능성이 큰지 정도는―아울러 사람들이 언제 비이기적으로 규칙을 따를 가능성이 큰지에 대해서도―나름의 근거를 가지고 예측해볼 여지가 상당히 마련될 수 있다. 예를 들어 세 가지의 사회적 변수가 한꺼번에 비이기성을 지지할 경우(권위자가 지금은 협동이 필요한 때라고 말하고, 내가 보기에도 남들 역시 한마음으로 협동하는 듯하고, 나의 협동이 남들에게 커다란 혜택을 가져다줄 것으로 예상될 때), 사람들은 태반이 협동이라는 행동 방식을 보일 것이다. 반대로, 세 가지의 사회적 변수가 전부 이기성을 지지하면(권위자가 지금은 이기적으로 행동해야 적절하다고 말하고, 내가 보기에도 남들 역시 이기적으로 행동하는 듯하고, 비이기적으로 협동해 봐야 남들에게 돌아가는 혜택도 작다고 여겨질 때) 사람들은 태반이 이기적으로 행동할 것이다.

이런 식의 접근법은 아무래도 완벽하기는 힘들다. 사회적으로 명망 있는 이가 비이적인 행위를 독려하는 기치를 아무리 완벽히 내걸고 거기 부합하는 행동을 한다 해도, 이기적으로 행동하는 사람들은 늘 있는 법이다. 특히 비이기적 행위에 들어가는 개인 비용이 클 경우에는 더욱 그렇다. 더구나 3-요인 모델은 세 가지 요인이 상충할 때 어떤 일이 벌어지는지도 말해주지 않는다. 예를 들어 베트남 전쟁 때 미국 육군 준위로 복무하며 헬리콥터를 조종했던 휴 톰슨(Hugh Thompson)의 경우를 한번 생각해보자. 톰슨은 미라이라는 마을 주민들이 미군 장교들에게 학살당하는 광경을 보자, 자신의 헬기를 착륙시키고 조종사들에게 아군인 미군에게 총구를 들이대라고 시켜 그들을 꼼짝 못 하게 한 뒤 마을 주민을 헬리콥터에 태워 안전한 곳으로 피신시켰다.(30년이나 지난 뒤이긴 하지만, 미국 육군에서는 톰슨의 영웅적 행위를 기려 그에게 군인훈장*을 수여했다.) 당시 톰슨은 주민을 학살하라는 명령을 내린 윌리엄 캘리 중위보다 계급이 낮았지만, 권위자의 지시를 무시하고 행동했다. 또한 그는 마구잡이로 학살을 벌이는 다른 병사들의 행동에 동조하지도 않았다. 복종과 동조를 공감이 제압해버린 것이다. 학살이 일어나고 30년 뒤 그는 연합통신(Associated

---

* 미군에서 전투와 관계없는 영웅적 행위를 한 군인에게 수여되는 훈장.

Press)과의 인터뷰에서 사람들을 구한 경위를 한마디로 이렇게 간단히 설명했다. "그 사람들이 도와달라며 저를 쳐다보는데, 도저히 못 본 척 등을 돌릴 수 없었습니다."[45]

양심의 과학은, 기상학에서 그러듯, 확실성보다 가능성을 중점적으로 다뤄야 한다.(가령 이런 식이다. "오늘 피츠버그의 예보입니다. 대체적으로 상식이 잘 지켜지겠으나, 오후 러시아워 동안에는 산발적으로 개념 없는 행동들이 나타나겠습니다.") 비록 엄밀한 면은 상대적으로 떨어지겠지만, 이 모델의 커다란 장점은 인간 행동에 대해 내놓는 예측이 합리적인 이기심 모델의 예측보다 더 정확하다고 입증될 때가 많으리라는 것이다. 인간 행동에 대한 호모 에코노미쿠스식 설명은 스위스산 시계처럼 똑 떨어지고 기계적인 것이 특징이다. 이 모델에서는 사람들이 원하는 것은 오로지 자신의 부를 최대화하는 것이라고 가정하고, 이를 근거로 사람들이 어떻게 행동할지 칼 같은 예측을 내놓는다. 사람들에게 보수를 주어 무언가를 ― 그게 수혈이 됐든, 집단학살이 됐든 ― 더 하도록 하라. 그러면 사람들은 그 행동을 더 할 것이다. 반대로 사람들에게 벌을 주면, 그 행동은 덜 할 것이다. 하지만 안타깝게도 이런 예측은 똑떨어질지는 몰라도, 빗나갈 때가 많다.(그저 휴 톰슨의 영웅적 행동을 통해서만이 아니라, 수백 건의 최후통첩 게임, 독재자 게임, 사회적 딜레마 게임이 이를 증명해준다.)

금융계의 구루 워런 버핏이 한 이런 유명한 말도 있지 않던가. "정확하게 틀리는 것보다는 대강이라도 맞는 게 낫다."[46] 학계에 몸담지 않은 대부분 사람이 따르는 것도 바로 이런 철학이다. 그들은 현실적인 문제에 대한 현실적인 해결책을 원하지, 우아한 수학 방정식을 원하는 게 아니다. 따라서 입법자, 규제감독관, 고용주에게, 아니 그보다 더 나아가 친사회적 행동을 이해하고 널리 일으키고자 하는 이 누구에게나 이 3-요인 모델이 꽤 쓸모 있게 활용될 수 있다면 그것으로 충분하다.

6장
양심의 기원

어떤 종류이든 유달리 두드러지는 사회적 본능을 애초부터 타고난 동물은
(…) 일종의 도덕적 감각 혹은 양심을 습득할 수밖에 없을 것이다.
— 찰스 다윈, 『인간의 유래(The Descent of Man)』

앞서 5장에서는 이기적 행동을 제어하는 내면의 제약, 우리가 이른
바 '양심'이라고 부르는 것을 일어나게 하는 3-요인 사회적 변수 모
델을 제시해보았다. 3장(7, 8, 9장)에서는 인간의 행동을 예측하고 변
화시키는 데 이 모델을 어떤 식으로 사용하면 되는지 구체적으로 보
여주려고 한다. 따라서 실용적인 성향이 강한 독자라면 양심의 본성
을 한층 깊이 파고드는 이번 장의 내용은 제쳐두고 3부로 건너뛰어
어떻게 하면 법과 양심을 잘 결합해 사람들의 행동에 영향을 미칠지
그 최선책을 묻는 실용적인 질문으로 넘어가도 좋을 것이다.

하지만 그렇게까지 급하지 않은 독자라면, 이번 장에서 잠깐 샛
길로 빠져 다음과 같은 질문을 탐색해봐도 좋을 것이다. 양심은 정

확히 어떤 방식을 통해 작동하게 되는 것일까? 지킬/하이드 증후군을 유발하는 진화상의 뿌리는 무엇일까?

이 질문과 관련한 논의들은 어느 정도는 추측에 근거한 내용일 수밖에 없다. 비이기적 행동이 실제로 존재한다는 사실이 실험실 게임을 통해 충분히 증명되고 있기는 하지만, 비이기적 행동이 본격적으로 등장하게 된 모습을 우리가 지켜보지는 않았기 때문이다. 인간이 왜 비이기적으로 행동할 능력을 발달시켰는가 하는 질문에는 논쟁의 여지가 많다. 이와 관련해 진화생물학자들이 내놓은 이론만 해도 한둘이 아니다. 적어도 세 가지 이유에서 이 이론들은 살펴볼 만한 가치가 있다.

첫 번째 이유로는 순수한 호기심을 들 수 있다. 인간의 행동은 사람들의 관심을 끄는 경향이 있다. 아울러 다윈이 이 주제와 관련해 자기 나름의 생각을 개진한 이래 호모 사피엔스가 어떻게 비이기적으로 행동할 줄 아는 능력을 진화시키게 되었는가와 관련한 이해가 상당히 진척된 것은 사실이지만, 논쟁의 여지는 아직도 적잖이 남아 있다. 하지만 이런 불확실성이 남아 있다고 해서 우리가 어떻게 용케 '선함' 쪽으로 진화했는지 궁금해하는 지적 유희를 그만둘 이유는 없다.

둘째, 비이기적 행동이 어떻게 생겨나게 됐는지 그 생물학적 기원을 더 잘 이해하면 세간의 흔한 가정, 즉 사람들 사이에 폭넓게 나타나는 이타주의는 다윈의 이른바 '적자생존'의 투쟁 가운데서는 사라질 것이기에 비이기적인 행동은 극히 드물 수밖에 없다는 생각을 더욱 조리 있게 논박할 수 있다. 사실 이타주의를 다윈주의의 입장에서 논박하는 주장은 주로 비전문가들 사이에서나 나오며, 정작 전문가 사이에서는 진화의 압력이 어떻게 이타주의적 행동을 선호하는 쪽으로 작동하는지 설명해주는 이론이 여러 개 정립돼 발전해왔다. 그 어떤 회의주의자라도 내용은 제각기 다르지만 서로의 논점을 강화해주는 이들 이론을 접한다면, 실험실 증거들이 증명해주는 대로, 양심이 존재할 수 있다는 사실을 충분히 납득할 수 있을 것이다.

마지막으로, 우리 내면에 자리 잡은 지킬/하이드 본성의 뿌리들을 더욱 깊이 파고 들어봐야 할 세 번째 이유가 있다. 양심이 어떻게 그리고 왜 진화했는지 그 과정과 이유를 이해할 수 있다면, 어쩌면 우리는 양심이 어떻게 작동하고 또 그에 따르는 한계는 무엇일지에 대해서도 더 잘 이해하게 될지 모른다. 다시 말해, 진화생물학을 이용하면 양심이 존재한다는 사실을 회의주의자들에게 납득시킬 수 있을 뿐만 아니라, 양심이 어떻게 작동하는지를 밝힐 실마리를 얻을 수 있을지 모른다.

깊이 있는 논의로 들어가기 전에, 유념해야 할 두 가지를 짚고 넘어가려 한다. 첫째, 많은 이들이 인간 행동이 진화에서 비롯됐을 수도 있다는 관점을 다소 못마땅해한다. 그들은 이 관점의 밑바탕에 결정론, 다시 말해 즉 유전과 환경 중 우리의 행동을 더 많이 결정 짓는 게 무엇인가 하는 해묵은 논쟁에서 양육보다 천성이 더 우세하다고 보는 시각이 깔려 있다고 생각한다. 하지만 대부분 생물학자의 눈에 이런 식의 논쟁은 터무니없게 비칠 뿐이다. 천성과 양육은 둘 다 필수적이며, 이 둘은 복잡한 방식으로 상호작용을 하게 마련이다. 행동은 유전과 환경 **두 가지** 모두의 제약을 받으며, 이 둘을 다 고려하지 않고는 인간 행동을 온전히 이해하기도 불가능하다. 그렇게 보면 천성에 깊이 뿌리내린 듯한 행동상 특징들도 몇몇 있는가 하면 (예를 들어 넘어지는 것을 두려워하는 것), 유전자와 환경 사이의 복잡한 상호작용의 결과 일어나는 행동들도 있다. 앞으로 함께 살펴보게 되겠지만 이는 비이기적 행동에 특히 잘 적용되는 논지로 보이는데, 진화상의 압력은 이제껏 행동 '가소성(plasticity)' — 상황에 따라 성인군자처럼 행동하기도 하고 사이코패스처럼 행동하기도 하는 능력 — 을 선호하는 쪽으로 작용해왔기 때문이다.

둘째, '자연주의적 오류(naturalistic fallacy)' — 무언가가 자연적이면 그것이 또한 바람직하기도 하다는 가정 — 를 범하지 않도록 조심하는 것이 중요하다. 예를 들어, 자연계에서나 초기 단계의 수많은 인간 사회에서 영아살해는 흔한 일이지만, 그 사실을 근거로 아기를 죽여도 된다는 주장은 그 어떤 진화생물학자라도 끔찍하게 여긴다. 이는 이기성과 비이기성에 있어서도 마찬가지이다. 이기적 행동과 비이기적인 행동 모두 인간의 '자연스러운' 행동 유형이다. 하지만 단순히 그것만으로는 특정하게 설정된 어떤 환경 속에서 이기적 행동 혹은 비이기적 행동을 증진하는 것이 과연 훌륭한 공공정책인지 아닌지 결론 내릴 수는 없다.

이 두 가지 점을 잘 유념했다면 이제 비이기적으로 행동하는 능력이 호모 사피엔스 안에서 어떻게 진화하게 되었을까 하는 질문으로 넘어가 보도록 하자. 비이기성이 어떻게 인간종(種) 차원에서 발달했는지와 관련해 얼마쯤 통찰을 얻고자 할 때 한 가지 좋은 방법은 비이기적 행동이 개인 차원에서는 어떻게 발달하는지를 자세히 살펴보는 것이다. 그러면 이제는 발달심리학으로 눈을 돌려 이런 질문을 던져보기로 하자. 보통의 사람은 '양심'을 어떤 식으로 키워나가게 되는 것일까?

개인 안에서의 도덕성 발달

아기는 말이 안 통하는 이기적인 짐승이다. 엄마야 불편하든 말든 자기들이 배고프면 먹을 걸 달라고 보채는 게 아기들이다. 또 아빠가 잠을 자건 말건 한밤중에 깨어나 재워달라고 보채는 게 아기들이다. 통사정이나 점잖은 협상을 아무리 많이 한들 아기들은 달래지지 않는다. 갓난아기들은 자기들이 원할 때 원하는 것을 얻어야 하고, 그것을 손에 넣기 전까지는 자기를 돌봐주는 사람이 얼마나 힘들건 아랑곳없이 좀처럼 울부짖기를 멈추지 않는다.

아기들이 이렇게 도덕성이 없다는 사실을 익히 알고 있는 것은 비단 부모들만이 아니다. 심리학자들은 여러 부분에서 의견이 제각기 엇갈리지만, 인간이 세상에 날 때는 이기적인 존재라는 점은 다들 하나같이 인정한다. 프로이트는 갓난아기의 행동은 원시적인 자기 본위의 '이드'에게 제어를 받는바, 타인을 배려하고 스스로를 제어하는 '초자아'를 발달시키게 되는 것은 아이가 한 살 두 살 나이를 먹어가면서라고 믿었다.[1] 피아제도 이와 비슷하게, 대여섯 살 미만의 아이들은 자기중심적 존재여서 자기 말고 다른 사람의 관점으로는 도통 생각하지 못한다고 보았다.[2] 피아제의 이론을 바탕으로 도덕성 발달 이론을 세운 이로, 오늘날도 여전히 발달심리학자들이 폭넓게 인용하고 있는 로렌스 콜버그(Lawrence Kohlberg)는 아이들은 애초 이기적인 상태에서 출발하며 도덕관념은 나중에 점진적으로나 발달시키게 되는 것이라고 주장했다. 콜버그에 따르면, 나이가 아주 어린 아동이 규칙에 복종하는 이유는 호모 에코노미쿠스와 전혀 다르지 않다. 즉 벌을 피하고 보상을 얻기 위해서라는 것이다.[3]

실험실 게임을 통해서도 타인을 배려하는 행위는 실제로 나이가 들어서야 늘어나고 그 과정은 성인기까지도 이어진다는 사실을 확인할 수 있다. 유치원생들에게 M&M 초콜릿을 가지고 최후통첩 게임을 벌이게 하자, 아이들은 초콜릿 갯수를 적게 제안받아도 제안을 거부할 확률이 돈으로 최후통첩 게임을 벌이는 어른들보다 훨씬 낮았고, 배려 없는 제안자에게 벌을 줄 확률도 어른들보다 훨씬 낮았다.[4] 7~18세 아동 310명을 대상으로 독재자 게임과 최후통첩 게임을 벌인 한 연구에서도 나이가 어린 아이들이 나이가 많은 아이들보다 훨씬 적은 액수의 제안을 하는 것으로 밝혀졌다. 실제로 2학년 아이들은 독재자 게임을 할 때 다른 아이에게 거의 아무것도 나눠주지 않는 것으로 나타났다.[5] 제안 액수는 나이가 들수록 더 늘어났고, 최후통첩 게임의 수용자가 적은 액수의 제안을 거절할 확률도 나이가 들수록 더 높아졌다. 다시 말해, 이타적인 행동과 복수심에 불타는 행동 모두 나이가 듦에 따라 더 늘어나는 것처럼 보인다.

친사회성이 더욱 늘어가는 모습은 고등학교를 졸업한 후에도 멈추지 않고 계속된다. 대학교에서 사회적 딜레마 게임을 하면 1, 2학년생보다 3, 4학년생들에게서 협동하는 모습이 더 많이 나타난다.[6]

2003년의 한 연구에서 8~60세 이상의 인구 600명 이상을 대상으로 신뢰 게임을 벌이는 모습을 지켜본 결과 이타적 상호성의 사례가 중년과 그 이후로 접어들 때까지 늘어나는 것으로 나타났다.[7] 두 가지의 자연스러운 '사회적 딜레마' 상황(대학의 모금 캠페인과 텔레비전 게임쇼) 속에서 인간 행동을 살펴본 2004년의 연구에서도 "나이와 타인을 배려하는 행동 사이의 상관관계"가 성립한다는 결론이 나왔다.[8] 이와 함께 동일한 저자의 보고에 따르면, 공식적인 사회적 딜레마 실험에서도 50세 이상의 성인은 사회적 최적 금액을 기부하는 경우가 35%를 넘었던 데 반해, 19세 미만의 피험자 중 최적 금액을 기부하기로 선택한 비율은 12%에 그쳤다.[9]

나이가 들수록 이타성도 커지는 이 패턴은 대부분 사람에게 적용되는 것처럼 보인다. 하지만 여기서 반드시 짚고 넘어가야 할 것은, 그렇다고 모든 개인이 단 한 사람도 빠짐없이 이런 식의 도덕적 '성숙'을 이루는 것 같지는 않다는 점이다. 범죄심리학자들은 인간 개체군 중에는 아예 양심을 갖지 못하고 태어날 뿐만 아니라, 양심을 발달시키지 못하는 것처럼 보이는 사람들이 얼마쯤(많아야 1~2% 정도일 것이다) 있다고 본다. 이런 병증을 전문가들 용어로 '사이코패스'라 하며 유전적 요인으로 그렇게 되는 경우가 있다고 생각한다.[10] 연쇄살인과 식인으로 세간을 떠들썩하게 한 제프리 다머(Jeffrey Dahmer)는 평범한 유년 시절을 보냈다고 알려진 만큼, 그의 비정상적인 반사회적 습관은 양육보다는 천성 탓이라고 봐야만 할 것이다.[11] 이 점에 대해서는 나중에 다시 한번 살펴보게 될 것이다.

한편 어떤 사람이 자궁을 빠져나올 때부터 '나쁜 종자'였던 아니던, 아니 심지어는 양심이 완전히 발달하는 데 필요한 유전 물질을 다 갖고 태어난 사람조차도, 갖가지 환경적 요인들로 인해 완전히 잘못된 길을 갈 수도 있다. 학대를 일삼는 반사회적인 부모 밑에서 자라난 아이들은, 그 자신도 학대를 일삼는 반사회적인 어른으로 클 위험성이 있다는 게 발달심리학자들 사이에서는 당연한 정설로 통한다. 극단적인 경우, 이런 사람들은 아예 사이코패스가 되어 애초에 유전적으로 장애가 있는 형제들과 똑같이 행동하기도 한다.[12]

이와 함께 사고 혹은 질병으로 인해 잘못되는 경우도 있다. 이와 관련한 유명한 사례로 피니어스 게이지(Phineas Gage)의 이야기를 살펴보도록 하자. 25세에 러틀랜드 앤 벌링턴 철도회사의 건설 현장 감독관으로 일하던 게이지는 1848년 다이너마이트 폭발 사고로 뇌에 정신적 외상성 부상을 입게 된다. 폭발이 일어났을 때 철제 파편 하나가 게이지의 얼굴, 두뇌, 두개골을 관통해 해당 부위가 끔찍하게 손상됐지만, 게이지는 목숨을 건진 것은 물론 부상에서도 회복했다. 하지만 이 사고 이후 게이지는 딴사람이 되었다. 사고 전만 해도 친절하고, 인기 많고, 책임감 강하던 사람이 냉담하고, 혼자 틀어박히고, 신뢰할 수 없고, 걸핏하면 상스러운 말을 내뱉으며 추잡하게 성관계를 요구하는 사람으로 돌변했다.[13] 그의 이런 행동 변화가 더욱 눈에 띌 수밖에 없었던 건 그 사고를 당한 후에도 운동기능이나 지능은 전혀 손상되지 않은 것처럼 보였기 때문이다. 이는 그가 사고 당시 다친 두뇌의 부위(전전두피질prefrontal cortex)가 친사회적 행동에 특히 중요한 역할을 하리라는 걸 시사했다. 전전두피질을 다친 다른 환자들에게서도 이와 비슷한 동시에 더 극단적인 영향을 받은 사례를 볼 수 있는데, 특히 아동들은 나중에 자라서 불성실하고, 지독한 거짓말쟁이에, 신체 및 언어 폭행을 일삼고, 공감을 모르는 어른이 되는 경우가 많다. 사실상 이 아이들은 콜버그가 말하는 도덕추론 능력의 1단계에 줄곧 머무르며 거기서 벗어나지 못하는데, 이는 도덕적 딜레마의 문제를 자신이 받게 될 벌이나 보상의 틀에서밖에는 생각하지 못한다는 뜻이다.[14]

　이 모든 증거를 놓고 봤을 때, 대부분 사람은 엄마의 자궁을 떠날 때부터 '양심'―사람들 안에 내면화된 일련의 제약들로, 외적 보상이나 징벌이 없는 상황에서도 사람들로 하여금 이런저런 규칙을 따르게 하고 타인을 존중하게 하는 것 ― 을 발달시킬 채비가 돼 있는 것으로 보인다. 하지만 처음에 우리는 자기중심주의자(egoist)로 생을 시작한다. 그러다 수년에 걸친 상호작용, 관찰, 사고관 주입이 이루어진 뒤에야 아이들은 비로소 비이기적인 방식으로 행동하기 시작한다. 이 과정엔 시간이 걸리게 마련이며, 우리가 성년이 되고 한참 뒤까지, 아니 어쩌면 우리의 일평생 그 과정은 계속 진행된다. 게다가 이 과정은 자동적으로 아무 문제 없이 진행되는 것도 아니다. 다행히도 적은 경우뿐이지만 개중에는 유전적 요인으로 인해 자기중심주의자의 단계를 아예 벗어나지 못하는 이들도 있다. 또 부정적인 환경적 요인들로 인해(즉 아이를 학대하는 부모, 아니면 피니어스 게이지가 당한 비극적인 사고 같은 형태로) 양심의 성장이 늦춰지거나, 온전히 발달해 이미 제 모습을 갖추었던 양심이 파괴당하는 수도 있다. 다행스러운 사실은, 거의 대부분의 사람은 이런 운명을 맞는 일 없이 저마다 협동적이고, 친사회적인 직원, 이웃, 배우자, 그리고 시민 ―

홈스가 말한 "나쁜" 사람과는 정반대인 "착한" 사람들—이 되어 변함없이 그 모습으로 살아간다는 것이다.

하지만 그 숫자가 감사할 만큼 적긴 하나 천성과 양육은 분명 이따금 나쁜 사람들도 탄생시킨다. 그렇게 정말 나쁜 사람이 탄생한다면, 진화의 관점에서 봤을 때 이타주의적 행동에는 한 가지 문제가 따른다. 이제는 이 문제로 눈을 돌려보기로 하자.

종(種) 안에서의 도덕성 발달

5장에서 우리는 네 가지 요인이—세 가지의 사회적 변수(권위자로부터의 지시, 다른 이들이 비이기적으로 행동한다는 인식, 다른 이들이 받을 혜택에 대한 믿음), 그리고 비용과 혜택에 대한 개인적 계산—실험실 실험의 비이기적 행동을 결정짓는 데 특히 중요한 역할을 한다는 사실을 살펴보았다. 이와 함께 이 요인들은 제각각 인간 본성의 기본적 특성들, 즉 **복종, 동조, 공감,** 그리고 (당연히) **자기 이익 추구**에 대응한다는 점도 알아보았다.

진화의 관점에서 이 네 가지 요인 중 세 가지는 쉽게 설명된다. 우선 자기 이익 추구는 어떤 유기체가 식량을 모으고, 짝을 찾고, 포식자로부터 자신을 지키도록 동기부여한다는 점에서 분명 가치 있는 행동이다. 동조 역시 사회성이 발달한 동물에게는 무척 유용하다. 영양이 무리와 떨어져 홀로 헤매고 있으면 먹잇감이 되기 십상이며, 어린 개코원숭이가 자기 무리를 따라 물웅덩이로 가지 않고 혼자 물을 찾아다니다간 물 한 모금 마시지 못할 테니까. 마지막으로, 권위에 복종하는 것도 적응상 가치가 있으리라고 생각할 충분한 이유가 있다. 인간의 아이들은, 생물학적 관점에서 봤을 때, 제 한 몸을 건사할 만큼 성숙하기까지 유달리 시간이 오래 걸린다. 그런데 권위에 복종하면 아이의 생존확률도 그만큼 높아진다. 어릴 적 어른들 말을 한사코 듣지 않는 아이들은 목숨을 오래 부지하지 못할 가능성이 있다. 권위에 복종하는 것은 성년이 되어서도 갖가지 이점을 가져다준다. 우리의 영장류 사촌들이 그렇듯이, 인간도 권위가 명확히 정해져 있는 위계 집단 안에서 살아가는바, 더 필요한 것이 있을 경우 집단 내에서 지배 세력으로 군림하는 '우두머리' 암컷 혹은 수컷에게 복종하는 성향을 발달시킬 또 다른 압력이 있기 마련이다.

하지만 이타적 공감으로 넘어오면 이야기가 전혀 다르다. 진화생물학자의 관점에서 봤을 때, 이타적인 행동은 도저히 흥미를 갖지 않을 수 없는 수수께끼를 제기한다. 이 난제를 처음 언급한 것은 바로 다윈으로, 『인간의 유래』에 그는 이렇게 썼다.

남들보다 동정심이나 자비심이 더 많이 있는 부모, 혹은 동료와의 신의를 누구보다 중시하는 부모의 자식이 똑같은 부족 안에서 살아가는 이기적이고 배신을 일삼는 부모의 자식들보다 과연 훨씬 더 많이 길러질 수 있을까 하는 점은 지극히 의심스럽다. 지금도 야만인들 사이에서 많이 볼 수 있듯, 동료를 배신하느니 차라리 자기 목숨을 얼마든 내놓을 그런 사람들은 자신의 고결한 본성을 물려받을 자손을 후대에 남기지 못하는 일이 많을 것이다. 누구보다 용감한 남자들, 전쟁터에서 늘

자진해 앞에 서고, 남들을 위해 아무렇지 않게 자기 목숨을 위태롭게 만드는 이들이 평균적으로 다른 남자들보다 빨리 비명에 가는 일이 더 비일비재하다. 따라서 천부적으로 그러한 덕을 지니고 태어난 이들의 숫자, 혹은 그들이 가진 탁월한 자질의 기준은 자연 선택, 다시 말해 적자생존의 원칙을 극복하고 더 늘어나거나 높아질 것으로는 거의 보이지 않는다.[15]

다시 말해, 개별 유기체에게 있어 자기희생은 승리 전략으로는 보이지 않는다는 이야기이다. 다른 것들은 모두 동일한 상황이라면, 어떤 무작위적 돌연변이 때문에 이타주의적으로 행동하는 성향을 갖게 된 유기체는 이내 죄다 목숨을 잃고 사라지고, 그만큼 마음이 넓지 못한 같은 종의 성원들이 그 유기체의 자리를 대신 메울 것이리라 예상할 수 있다.

그런데 이와 동시에 이타주의의 가능성을 너무 성급히 일축하지 말아야 할 이유도 충분히 있다. 어떤 식으로든 살아남을 수 있다고만 하면, 이타적 협동 애호 성향은 곤궁한 환경에서 살아남을 확률을 높여주기에 집단 차원에 확실한 이점을 줄 수 있기 때문이다. 가령 오늘은 여러분이 내게 고기를 나누어주고 내일은 내가 여러분에게 산딸기류 열매들을 나누어준다면, 우리 둘 다 배를 주릴 일이 없어진다. 또 여러분이 오늘 굴에서 곰을 함께 쫓아주고 내일은 내가 무시무시한 송곳니를 가진 호랑이로부터 여러분을 지켜준다면, 우리 둘 다 다른 동물의 저녁거리가 되지 않고 살아남을 수 있을 것이다. 또 한마음으로 합심해 매머드 한 마리를 벼랑 끝으로 몰아 사냥할 수 있다면, 각자 혼자 움직여 얻는 것보다 훨씬 많은 고기를 손에 넣을 수 있을 것이다. 이와 반대로 우리가 힘을 합치길 거부하고 기회주의자처럼 행동한다면(식량을 잔뜩 쌓아두고 혼자만 먹거나 서로가 가진 물건을 빼앗으려고만 하지, 합심해서 포식자로부터 서로를 지킨다거나 먹잇감을 함께 사냥하려 하지 않는 등) 우리의 삶은 토머스 홉스가 그린 대로, 고립되고, 빈곤하고, 비열하고, 야만적이고, 단명에 그치리라 예상할 수밖에 없을 것이다.

진화에 대해 골똘히 생각하다 보면 난관에 부딪히게 된다. 개별 유기체 입장에서는 이기성이 최고의 전략임이 분명하다. 그렇지만 그와 동시에, 유기체 집단의 모든 성원이 이기적으로 행동한다면, 협동과 합심에서 자연스레 파생되는 엄청난 이익들이 사라질 수밖에 없고, 그러면 그 집단 내에서 살아남아 생식 활동을 할 개체는 줄어들 수밖에 없다. 그렇게 보면 결국 삶은 죄수의 딜레마 게임과 다름없는 경우가 많다. 그 결과, 진화론이 세상에 나온 이래로 진화 이론가들은 줄곧 이 이타주의의 문제를 붙들고 고민할 수밖에 없었던 것이다.

이 이타주의의 난제를 풀어줄 답을 찾으려 나무들을 숱하게 베어 넘긴 끝에, 오늘날 진화생물학자들은 어떻게 사회적인 종들 사이에 이타적 협동이 진화해 살아남을 수 있었는지 설명하는 이론을 몇 가지나 정립시킬 수 있었다. 그 가운데 몇 개를 이제 차례차례 살펴볼 텐데, 일단은 전문가들 사이에서 폭넓게 받아들여지는 이론부터 시작해 차차 논쟁의 여지가 많은 이론으로 넘어가 보도록 하자. 그 과정에서 우리는 다윈이 말한 압력에도 불구하고 어떻게 이타적 협동이 존재하게 됐는지 살펴보게 될 뿐만 아니라, 비이기적인 친사회적 행동을 더 잘 예측하고 증진한다는 우리의 궁극적 목표를 향해 나아가게 해줄 몇 가지 중요한 가르침도 함께 얻을 수 있을 것이다.

친족 선택

워낙 자기 본위의 동물인 까닭에, 사람들은 '적자생존'의 개념을 개인의 생존 면에서 생각하는 경향이 있다. 그런데 당연한 얘기지만, 장기적 차원에서 봤을 때 우리 중 계속 살 수 있는 사람은 아무도 없다. 결국에는 우리의 유전자만이 우리 후손의 몸 안에서 계속 삶을 이어갈 뿐이다. 따라서 가장 적합한 것이 살아남는다는 적자생존(survival of the fittest)이 실제로 의미하는 바는 가장 적합한 **유전자**(survival of the fittest genes)가 살아남는다는 뜻이라고 하겠다.

이러한 통찰을 밑바탕으로 나온 생각이 이타주의는 친족 선택의 힘이 작용해 일어난다는 것이다. 친족 선택의 개념을 제일 먼저 이론으로 치밀하게 전개한 것은 윌리엄 D. 해밀턴(William D. Hamilton)이었고,[16] 이후 리처드 도킨스가 1976년 자신의 베스트셀러 『이기적 유전자(The Selfish Gene)』를 펴내 이 이론을 널리 대중화시켰다.[17] 이 이론에서는 이타적 행동은 일련의 유전자를 공유하는 친족의 생존 확률을 더욱 높여줄 수 있을 때만 이타적 행동이 자연선택의 선호를 받으리라고 예측한다. 이따금 "포괄 적합도(inclusive fitness)"라고도 불리는 이 친족 선택 이론에서는 두 개체의 관계가 유전적으로 더욱 가까우면 가까울수록 서로를 위해 이타적으로 희생할 가능성도 더욱 커진다고 본다. 왜냐하면 그런 식으로 이타적 희생이 이뤄지면 개별 유기체의 생존은 불확실해질지 몰라도, 그 유기체의 유전자가 생존할 가능성은 더욱 높아지기 때문이다.

이 같은 친족 기반 이타주의는 누구나 당연하게 받아들일 만한 개념이다. 일화적 증거 차원이긴 하지만, 우리는 부모들이 자식들을 위해 이타적인 희생을 하는 사례를 자주 본다. 이런 유의 행동을 설명하고자 할 때는 '이기적 유전자' 개념이 꽤 많은 도움이 되는 듯 보인다. 또한 생물학에서는 개미와 꿀벌처럼 일부 사회성 동물들은 왜 군락을 이루고 살면서 그 안의 수많은 성원이 생식 활동은 전혀 하지 않고 평생 일만 하다 죽는지(다윈의 관점에서는 이것이야말로 궁극적인 자기희생 행위이다)와 관련한 의문을 해결하는 데 친족 선택의 개념을 활용하기도 했다.

이와 함께, 순수한 형태의 친족 선택 개념에 따르자면 이타적인 행동은 우리와 가까운 유전적 연고를 가진 사람을 대상으로만 나타나야 할 것이다. 이 말은, 인간을 비롯한 다른 이배체(二倍體)• 종의 경우에는 이타적 행동이 형제자매 사이(평균적으로 물려받은 유전자 중 50%가 똑같다)에서 사촌(12.5%가 똑같다)보다 더 많이 나타나야 한다는 뜻이기도 하다. 이 기본적 개념은 1930년대에 J. B. S. 홀데인(J. B. S. Haldane)이 다음과 같은 한마디로 멋지게 요약한 바 있다. "만일 형제

• 세포에 들어 있는 염색체가 짝을 이루는 한 쌍으로 구성된 생물. 각각의 염색체 짝은 부모로부터 하나씩 받는다. 예컨대 인간은 46개의 염색체가 있는데, 부모에게서 23개씩 나누어 받는다. 대부분의 고등 동식물이 이배체 생물이다.

2명이나 사촌 8명의 목숨을 구할 수 있다면 기꺼이 내 목숨을 내놓겠소."[18] 하지만 협동적 행동이 이런 식으로 딱 떨어지는 수학 공식을 따르는 일은 좀처럼 보기 어렵다. 자신과 유전적으로 전혀 관련이 없는 배다른 형제자매나 의붓형제 자매를 이타적으로 대하는 이들도 많은 한편, 피를 나눈 형제 사이에 살인을 불사하는 다툼이 벌어지는 것도 저 멀리 카인과 아벨의 시절까지 거슬러 올라가는 일이니 말이다.[19]

이렇듯 친족 선택에 따른 이타주의의 개념은 세간에서는 널리 받아들여질지 몰라도, 실험실 게임에서 나타나는 이타적 협동을 비롯해 낯선 이들 사이의 이타주의를 설명하는 데는 별 소용이 없다. 그뿐만이 아니라, 자신과 아무 연고도 없는 이를 구하려다 매년 미국에서 수십 명이 목숨을 잃는 것도 친족 선택 이타주의로는 설명되지 않는다. 법학자 데이비드 하이먼(David Hyman)은 사람들의 구조 노력을 다룬 한 매혹적인 실증 연구에서, 매년 다른 누군가를 구하려다 목숨을 잃는 미국인이 최소 78명에 달하며, "입증된 비구조 사례"(즉 얼마든 안전한 상태에서 구조할 수 있는 상황에서도, 위험에 빠진 이를 굳이 구조하지 않으려 한 경우)는 "지극히 드문" 반면 "입증된 구조 사례는 보통 안전이 위협받는 상황에서도 대단히 흔하게 나타난다"[20]고 이야기한다.

현실에서는 친족 선택 이상의 무언가가 사람들 사이에서는 일어나고 있다는 이야기이다.

상호 이타주의

친족 선택 다음으로 이타적 협동의 진화와 관련해 세간에 가장 널리 받아들여지는 이론이 아마 '상호 이타주의(reciprocal altruism)' 이론이 아닐까 한다.[21] 일상적인 말을 빌리면, 상호 이타주의는 "네가 내 등 긁어주면 나도 긁어줄게"라는 뜻이라 하겠다. 이런 식으로 각자 상대방의 부탁을 들어주는 방법을 통해, 그 외의 면에서는 이기적인 유기체들끼리 서로 더 많은 것들을 얻게 된다. 예를 들어, 흡혈박쥐는 자기들 나름대로 상호 교환을 하는 것으로 유명하다. 어떤 박쥐가 어느 날 운이 좋아 덩치 커다란 포유류를 발견하고 그 피를 실컷 빨아먹게 되면, 둥지로 돌아와서는 자기가 먹은 피를 게워내 자기만큼은 운이 좋지 않았던 다른 흡혈박쥐에게 나눠준다. 다음날 밤, 이 마음 넓은 흡혈박쥐가 먹을거리를 구하지 못하고 빈속으로 돌아오면, 이번에는 이 박쥐가 비슷한 방식으로 저녁을 얻어먹는다. 이런 식의 상호 호의는 같은 혈족의 박쥐건 아니건 마찬가지로 나타나며, 이런 식의 교환에 참여하는 박쥐들은 저마다 나름의 혜택을 얻는다.[22] (흡혈박쥐는 아무것도 먹지 못한 채로 60시간이 지나면 아사한다.)

하지만 상호 이타주의가 작동하기 위해서는 두 가지가 필요하다. 첫째, 그 유기체는 반드시 다른 성원들과의 상호작용이 반복적으로 일어나는 집단 안에서 살고 있어야만 한다.(호의를 입은 박쥐가 자기 주변에 머물며 언젠가 보답해 주지 않는다면, 다른 박쥐에게 호의를 베풀어봐야 아무 의미 없다.) 둘째, 상호 이타주의를 행할 수 있으려면 자신과 뭔가를 교환한 상대를 알아보고 무엇을 주고받았는지 기억할 만큼 충분한 인지 능력을 갖고 있어야 한다. 보답이 없는 무차별적 이타주의는 그 어떤 이점도 가져다주지 못한다. 나중에 증명된 사실이지만, 흡혈박쥐들은 과거에 자신을 도와준 다른 박쥐들을 알아보고 그들에게 호의를 베푸는 일을 아주 능숙하게 해낸다.

이 두 조건 — 교환이 반복될 가능성 및 교환 이력을 따지는 인지 능력 — 은 초기의 우리 조상들에게도 마찬가지로 적용됐을 가능성이 커 보인다. 오늘날 인류학자들은 농경이 등장하기 전에는 대부분 사람이 소규모의 집단이나 부족 내에서 살았을 것이라고 생각한다. 그러므로 상호 교환은 이러한 소규모 집단 안에서 일어나는 표면상 이타적인 행동을 아주 그럴싸하게 설명해주는 듯하다. 하지만 고전적 형태의 상호 이타주의는 이른바 '일반화된 상호성(generalized reciprocity)', 즉 현대의 도시 사회에서 다시는 만날 일이 없는 낯선 이들 간에 일어나는 이타적 협동은 그다지 잘 설명해내지 못한다.

커다란 실수 이론

그런데 이런 상호 이타주의에 진화론에서 파생된 또 다른 개념, 이른바 '커다란 실수' 이론이라 부를 만한 것이 결합하면 일반화된 상호성을 보다 설득력 있게 설명해낼 수 있다.[23] 이 대목에서 수십만 년, 아니 그보다 훨씬 앞선 수백만 년 전 우리 조상들이 살았던 환경, 즉 소규모 부족 속에 끼어 살며 낯선 이는 거의 만날 일이 없던 상황을 다시 한번 생각해보자. 이런 환경에서는 내가 남에게 베푼 호의

나 내가 남에게서 받은 호의를 일일이 다 기억하기 위해 인지 능력에 커다란 투자를 하는 건 진화적 관점에서 손해일 수 있다.(생각을 하려면 꽤 많은 에너지를 소모해야 한다.) 따라서 그보다는 경험에서 우러난 다음과 같은 일반 법칙을 따르는 게 더 효율적일 수 있다. "나는 누구든 친절하게 대할 것이다. 왜냐하면 그들도 나를 친절하게 대하고 있고, 또 내가 친절하게 대하면 그들도 나를 친절하게 대할 테니까." 아울러 작은 부족처럼 밀실에 갇힌 듯 서로의 일을 시시콜콜 알게 마련인 환경에서는, 어떤 못된 짓을 했다간 부족 내의 누군가에게 발각되기 마련이라고 가정하는 게 효율적일 수 있다.

이제 다시 현대 시대로 훌쩍 건너와 보자. 지금은 많은 이들이 익명의, 도시화한, 유동적인 사회에서 살아가는데, 이런 곳에서는 두 번 다시 만날 일이 없는 낯선 이들과 수시로 상호작용이 이뤄지며, 부정행위도 발각되거나 처벌되지 않는 경우가 많다. 그런데 진화의 관점에서 보면 이런 도시 사회는 지극히 낯설고 새로운 곳이다. 우리가 모르는 이들 틈에 섞여 산 지는 불과 몇백 년밖에 되지 않았다.

인류는 선사시대 대부분 동안 낯이 익은 사람들과 가까이서 살을 맞대고 지내왔다. 그 결과 익명의 도시 사회 안에서 살면서도, 초기 부족민으로 생활할 때의 인지 습관이 튀어나오곤 한다. 현실적으로 비합리적인 가정일지라도, 우리가 낯선 이들을 대하며 우리의 친절이 언젠가는 보답받을 것처럼, 또 우리가 저지른 부정행위가 쉽게 발각되거나 거기에 응분의 대가가 따를 것처럼 행동하는 것도 그래서다. 이런 현상은 다음과 같은 옛날 농담에서도 찾아볼 수 있다. 한 노령의 교수가 동료들 장례식에 한 번도 빠지지 않고 참석하는데,

그 이유는 자기가 안 가면 그들도 자기 장례식에 안 올까 봐 걱정돼서라는 것이다.

우리가 이런 식으로 우리 조상이 살았던 환경에서 형성된 진화상의 짐을 여전히 짊어지고 있다면—즉 일단은 협동부터 하고 봐야 한다는 단순한 경험법칙을 여전히 따르고, 배신 행위는 발각될 것이란 가정을 여전히 하고 있다면—'커다란 실수'를 하고 있는 셈이다. 달리 표현하면, '양심'은 어쩌면 인지 오류의 한 형태일 수도 있다. 합리적으로 생각하면 지금이든 앞으로든, 우연히 한번 만난 사람을 다시 만날 리 없고 누군가 우리 행동을 지켜볼 리도 없겠지만, 우리 사고 속 친사회적 성향의 결함 때문에 우리는 그럴 것이라 생각하며 행동하게 된다는 것이다.

이 같은 생각은 실험실 게임에서 사람들이, 적어도 초반에는, 왜 낯선 이와 선뜻 협동하려는 경향을 두드러지게 보이는지 그 이유를 설명할 수 있다. 사람들의 협동 의향은 무척 강해서, 사람이 아닌 **컴퓨터**와 사회적 딜레마 게임을 하게 했을 때도 많은 이들이 비이기적인 전략을 택하곤 한다.[24] (흥미로운 사실은, 사람들은 합성된 목소리로 말을 하며 사람인 척하는 '교활한' 컴퓨터보다, 원래 모습 그대로의 플라스틱 상자 컴퓨터와 더 협동하려는 경향을 보인다는 것이다.)[25] 우리가 전부와는 아니라도 일부 낯선 이들과—인간이든 혹은 그 외의 다른 것이 됐든—협동할 준비가 돼 있다는 이런 생각은 이타적 협동의 진화를 설명해줄 또 다른 이론의 토대를 마련해준다. 그 이론이란 바로 파트너 선택이다.

파트너 선택

친사회적 이타주의가 '커다란 실수' 개념과 결합하면, 낯선 이에게 도 협동적인 태도로 접근하는 능력이 적어도 일부 사람들에게선 어떻게 진화했는지 설명해주는 설득력 있는 이론이 나온다. 하지만 우리 대부분은 이제 더는 소규모의 부족 집단 속에서 살지 않는다. 지금은 두 번 다시 만날 일 없는 낯선 이와 수시로 상호작용을 하는 익명의 도시 환경 속에서 살아가는 이들만 전 세계적으로 수억 명에 이른다. 그러한 환경에서 어쩌다 실수로 생겨난 '협조자'들이 과연 얼마나 오래 남아 있을 수 있을지 의문이 드는 것도 당연하다.

이렇게 해서 우리는 찰스 다윈이 처음으로 지적했던 문제로 다시 돌아온 셈이다. 설령 이타주의자가 어찌어찌해서 생겨날 수 있다 해도, 자기중심주의자와 경쟁해야만 하는 이 세상에서 과연 어떻게 살아남을 수 있겠는가? 이와 관련해 파트너 선택 모델에 깔린 기본적 통찰은, 오늘날의 도시 사회에서도 사람들은 자신들이 상호작용하는 이를 상대로 상당한 선택권을 행사할 수 있다는 것이다. 이타주의자들이 어떤 식으로든 다른 이타주의자들을 찾아내 그들하고만 상호작용할 수 있다고 하면 ─ 그러면서 자기중심주의자들은 배척하거나 그들과의 상호작용은 피한다면 ─ 이타주의자들은 기생충처럼 빌붙는 이기적인 자기중심주의자들을 감내하지 않으면서 서로에게 '친절한' 행동을 베풀며 거기서 오는 혜택을 온전히 챙길 수 있다. 이는 단순히 소규모 집단 사람들이 매일같이 상호작용을 하는 환경에서만이 아니라 그보다 더 커다란 공동체 안에도 마찬가지로 적용된다. 이때 필요한 것은 하나, 이타주의적 '협조자'들이 자기중심적인 '배반자'와 스스로를 차별화할 수 있는 모종의 방법만 있으면 된다.

이타적 협조자들에게 서로를 알아볼 나름의 방식이 필요하다는 이 생각에서 탄생한 것이 일찍이 윌리엄 해밀턴이 제시하고[26] 리처드 도킨스가 확장시킨,[27] 일명 "녹색 수염 효과"라는 개념이다. 만일 이타적 행동을 가능하게 하는 유전자가 눈에 더욱 잘 띄는 다른 어떤 특징―가령 녹색 수염 같은 것―과 유전적으로 연관을 가진다면, 이타주의자들은 녹색 수염이 난 이타주의자들을 알아보고 그들과만 교류를 하면서 더욱 번성해나갈 것이다. 자기중심주의자들은 되도록 피해 그들은 그들끼리 불쾌하게 홉스식으로 교류하게 내버려 두고 말이다.

물론 문자 그대로의 녹색 수염은 극히 드물어서 화학적 방법을 동원하지 않으면 안 된다. 그렇기는 하지만 어떤 사람이 이타주의적 성향을 비교적 더 갖고 있음을 어느 정도 신빙성 있게 알려주는 인간의 다른 특징들도 있을 수 있다. 경제학자 로버트 프랭크(Robert Frank)의 주장에 따르면, 자기 자신이 부끄러울 때(예를 들면 거짓말을 하고 나서) 자기도 모르게 얼굴이 빨개지는 성향이 비교적 친사회적인 사람임을 알려주는 하나의 표시일 수 있다. 일견 보기에, 얼굴이 빨개지는 식으로 죄책감이 밖으로 드러나는 건 그 자신에게는 불리할 수 있을 것 같다. 하지만 이런 성향을 밑바탕으로 얼굴이 잘 빨개지는 친사회적 이타주의자들은 비슷한 부류를 서로 찾아 상호 교류를 하는 한편, 얼굴이 잘 빨개지지 않는 냉정한 자기중심주의자들을 피

할 수 있을지도 모른다.[28]

실제로도 우리 대부분은 어떤 식으로는 친사회적인 알짜와 자기중심적인 쭉정이를 최소한 어느 정도는 구분해낼 줄 안다. 신체언어를 통해서든, 얼굴에 일순 스치는 표정을 통해서든, 아니면 그 외에 이런저런 신호들을 통해서든 말이다. 이런 능력이 우리에게 존재한다는 간접 증거는 희귀한 유전병에서도 찾아볼 수 있으니, 윌리엄스-보이렌 증후군(Williams-Beuren Syndrome, WS)이라는 병에 걸린 사람에게서는 이 능력이 나타나지 않는다. 이 증후군을 앓는 환자들은 낯선 사람을 대할 때 무작정 호의를 베풀 뿐만 아니라 사회적 금기도 일절 지킬 줄 모른다. 윌리엄스-보이렌 증후군을 앓는 환자들을 실험실에서 기능적 자기공명영상으로 연구한 바에 따르면, 이들은 편도체라고 불리는 두뇌 영역이 다른 이들과 차이 나는 것으로 밝혀졌다.[29] 편도체가 손상된 환자들을 다룬 다른 연구들에서도 이 환자들은 낯선 이에게 접근하고 신뢰하는 능력이 비슷하게 훼손된 것으로 나타났다.[30] 이 말은 우리가 믿을 만한 협조적 파트너를 잘 고르는 데 편도체가 일정 역할을 담당한다는 뜻일 것이다.

물론 친사회적인 협조자들이 녹색 수염, 얼굴의 홍조, 혹은 편도체 등을 통해 서로를 알아볼 능력을 진화시키고 나면, 이번에는 이기적인 배신자 중에도 협조자인 척 가장하는 능력을 진화시키는 이들이 생겨나리라고 충분히 예상할 수 있다. 다시 말해 협조자들이 사기꾼과는 확연히 구분되는 자기들만의 특징을 발달시키는 그 순간, 사기꾼들도 협조자들을 더 잘 흉내 내도록 진화할 수밖에 없으리라는 이야기이다. 그 결과 이른바 진화의 '군비경쟁'이 벌어져 협조자와 배신자 모두 서로에게 대응하며 변화에 변화를 계속해나간다. 그 결과로 일종의 평형이 이뤄지는데, 이 상태에서는 대부분 사람이 이타주의자로 살아가지만 사기를 치는 자기중심주의자들도(폰지 사기* 주동자 버니 메이도프 같은 이들이 떠오르는 대목이다) 절대 완전히 뿌리 뽑히지는 않고 전체 인구에서 사회가 수용할 수 있을 만큼 적은 비율로 유지된다. 이 모습은, 앞에서도 논한 적 있는, 전체 인구의 소소한 몇 퍼센트는 사이코패스이고 이들이 나머지 사람들을 먹잇감 삼아 생존해나간다는 생각과도 잘 합치된다. 문자 그대로 식인을 일삼은 제프리 다머의 경우처럼 말이다.

집단 차원의 선택

친족 선택, '커다란 실수'의 흔적이 깊이 밴 상호 이타주의, 그리고 파트너 선택. 이 셋은 협동적 행동의 진화를 설명하기 위해 발달한 이론들로, 세간에서 널리 받아들여지고 있다. 그런데 최근 수년 새 두 가지 이론이 더 나와 많은 논쟁을 일으키고 있다. 그 두 이론이란 집단 차원 선택과 성 선택을 말한다.

• 실제 이윤 창출 없이 나중에 들어온 투자자의 돈으로 기존 투자자에게 수익금을 나누어 주는 다단계 금융 사기로, 1920년대 찰스 폰지라는 인물이 벌인 사기 사건에서 이름이 비롯했다. 본문에서 예를 든 버니 메이도프는 주식 투자를 빌미로 역사상 최대 규모의 폰지 사기 사건을 벌인 인물로, 2008년 세계 금융 위기 때 그 사기가 밝혀졌는데 피해 규모가 650억 달러에 달했다.

『인간의 유래』에서 다윈은 집단 차원 선택의 사례를 이렇게 제시한 바 있다.

> 높은 수준의 도덕성이 개별 인간이나 그의 자식들 각자에게는 같은 부족의 다른 인간들에 비해 아주 근소한 이익을 줄 뿐이거나 아니면 그어떤 이익도 주지 않지만, 훌륭한 품성을 타고난 사람들의 숫자가 늘고도덕성 수준의 올라가면 한 부족이 다른 부족에 비해 엄청난 이점을 갖게 된다는 것이 분명함을 잊어서는 안 된다. (…) 부족들이 서로를 밀어내고 그 자리를 대신 차지하는 일은 전 세계 곳곳에서 늘 벌어지는 일이다. 이와 함께 도덕성은 부족의 성공에 중요한 한 요소인 만큼, 도덕성의 수준과 훌륭한 품성을 타고난 사람의 숫자도 어디서나 올라가고늘어날 수밖에 없을 것이다.[31]

집단 선택의 밑바탕에 깔린 생각을 일상적 용어로 풀면, 이타적 협동이 개별 유기체에겐 유리하지 않을 수 있으나, 이타적 협동을 하는 유기체들의 집단은 분명 이기적으로 행동하는 성원이 모인 다른집단보다 더 잘 살아가리라는 것이다. 그 결과 순전히 이기적인 유기체로만 이루어진 집단은 그 세가 점점 이울어 종말을 맞게 되는한편, 비이기적 협조자들이 모인 부족은 그 세가 점차 강해지고 커진다.

이 집단 차원 선택은 얼핏 듣기에는 무척 설득력이 있었지만, 그것이 실은 그리 효과적이지 않으리라는 비판이 수학적 모델에 근거해 속속 제기되면서 1960년대에는 냉대를 받았다.[32] 하지만 최근 들어서는 집단 차원 선택이 다시금 부흥기를 맞았으니, 엘리엇 소버(Elliot Sober)와 데이비드 슬론 윌슨(David Sloan Wilson)이 공저해 막강한 영향력을 끼친 책인 『타인 대하기: 비이기적 행동의 진화(Unto Others: The Evolution of Unselfish Behavior)』가 대표적 사례다.[33] 이와 관련해 특히 언급해야 할 것은, 진화생물학자들이 집단 차원 선택에 더욱 관심을 쏟게 하는 데 큰 역할을 한 중요한 개념이 둘 있다는 것이다.

첫 번째 개념으로는 '이타적 응징'을 들 수 있다. 최후통첩 게임을 통해 이미 살펴봤지만, 실험실에서의 비이기적 행동은 단순히 이타주의의 형태만이 아니라 복수심의 형태를 띠기도 한다. 실제로도 지나치게 이기적으로 행동한다고 여겨지는 사람을 응징하려는 욕구는 우리 안에 너무 깊이 자리 잡고 있어서, 실험실 게임의 피험자들은 단순히 자신에게 잘못했다고 여겨지는 사람만이 아니라, 다른 사람에게 잘못했다고 보이는 누군가를 응징하기 위해서도 개인적으로 비용을 들이는 일을 마다하지 않는다. 이와 비슷한 현실 속 현상을 법학자 제프리 밀러(Geoffrey Miller)도 보고한 적이 있는데, 그는 신체가 건강한 이들이 장애인 주차구역에 불법 주차한 운전자를 나무라거나 혹은 다른 식으로 "벌하기 위해" 개입한 사례를 방대하게 모을 수 있었다.[34]

보통 '제3자 응징' 혹은 '이타적 응징'이라 불리는 이런 행동은, 취리히대학의 에른스트 페르(Ernst Fehr)를 비롯해, 상당수의 현대 이론가들도 광범하게 연구해온 주제이다. 페르를 위시한 다른 학자들이 폭넓게 진행한 다종다양한 실험에서 증명해낸 바에 따르면, 실험실의 피험자들은 제3자와 이타적으로 협동하기를 거부한 다른 게임 참가자들을 개인 비용을 들여서라도 기어코 응징하려 하는 것으로 밝혀졌다.[35] 그런데 이렇게 사람들이 남을 돕기 위해서만이 아니라 남을 돕지 않으려는 누군가를 응징하기 위해 선뜻 희생을 한다고 하면, 호모 에쿠노미쿠스는 더 이상 이득을 얻지 못하게 될 수 있다. 이 타주의자들의 협동을 이용하려고 시도하다간 어느덧 그 집단 내의 다른 모든 이타주의자에게 응징을 당할 것이기 때문이다. 따라서 복수심의 작용은 진화의 계산식을 이기심에서 떨어뜨려 이타적인 행동에 가까워지도록 뒤바꿀 수 있는 것이다.

이와 동시에 이타적 응징의 개념은 지금 우리가 논의하고 있는 문제를 다른 식으로 다시 제기한다. 그렇다면 왜 사람들은 굳이 비용을 들어가며 제3자에게 해를 끼친 사람을 응징하는 걸까? 이런 식의 행동으로 인해 이타적 응징자는 진화의 차원에서 보면 불리한 처지에 서지 않겠는가?(가령 어떤 신체 건강한 사람이 장애인 주차구역에 불법으로 주차하는 것을 보고 그를 나무랐다가, 그 신체 건강한 사람에게서 얼굴을 한 대 얻어맞을 수도 있다.) 그렇게 따지면, 진화의 관점에서 이타적 협동이 사라져야 옳은 것처럼, 이타적 응징도 다윈이 말한 생존 경쟁 속에서 사라져야 맞지 않을까?

그렇지 않을 수도 있다. 존 헨리히(John Henrich)와 로버트 보이드(Robert Boyd)가 2001년의 논문을 통해 지적했듯, 이타적 응징자들은 자기중심주의자에 맞서 그들을 억누를 때 얼마간의 비용을 감수하지만, 이타적 협동과 이타적 응징 사이에는 확실하게 차이 나는 부분이 있다.[36] 이타적 협동의 대가는 늘 협조자 혼자서 오롯이 감당해야만 한다. 반대로 이타적 응징의 비용은 다수의 응징자가 나누어 부담할 수 있고, 따라서 어떤 인구군 안에서 이타적 응징자의 비율이 늘어날수록 개인이 떠안아야 하는 비용은 급격히 줄어든다. 이 말은, 자연 선택은 이타적 협조자를 선호하지 않듯이 이타적 응징자를 선호하지 않는 경향을 보이지만, 그 정도만큼은 훨씬 약하다는 뜻이다. 어느 정도로 약한가 하면, 집단 차원 선택에서는 이타적 응징자 집단이 더 우세한 세력으로 자리 잡을 수 있을 정도이다. 한마디로 이타적 응징은 집단 차원 선택에 '활기를 불어넣어', 그것이 더 효과적으로 작동할 수 있게 한다.

집단 차원 선택이 이타주의를 선호한다는 주장을 뒷받침하기 위해 최근 나온 주장으로 '문화-유전자 공진화'의 논거도 있다.[37] 유전자-문화 공진화의 밑바탕에 깔린 직관적 개념은 누구나 곧장 이해할 수 있다. 이타적 응징자들이 존재하면 이기적 배반자들이 자연 선택에서 누리는 이득이 줄거나 아예 없어지기도 하는 것처럼, 이기적 배반자를 벌하는 갖가지 문화적 제도(9장에 가서 논의하게 되겠지만, 형벌 제도가 그런 문화적 제도의 하나라 할 수 있다)가 있다면 낯선 이에 대한 이타주의를 증진시키는 집단 차원 선택이 더욱 강화되기도 한다는 것이다. 배반자를 벌하는 제도를 통해 집단 내의 협동을 계속 유지해나갈 수 있는 부족이 그런 식의 사회적 제재 제도가 없는 부족들보다 확실히 더 앞서나간다.[38] 결론적으로, 이제는 집단 차원 선택에 대한 수학적 비판은 더는 유효하지 않으며, 오히려 본래 다윈이 제시한 집단 차원 선택 개념이 이타주의의 진화를 설명하는 데 무척 중요할 수 있다.

값비싼 신호와 성 선택

마지막으로, 이타주의 진화와 관련해 가장 치열한 논쟁을 불러일으킨 이론은 '값비싼 신호 가설'이 아닐까 한다. 대부분 사람은 진화라고 하면, 자연 선택을 생각하는 경향이 있다. 자연은 질병, 아사, 포식 등의 방법으로 힘이 약하고 환경에 덜 적합한 유기체들을 점점 사라지게 하는 한편, 더 강한 유기체들은 계속 살아남도록 한다는 것 말이다. 여기서 연상되는 자연은 "이빨과 발톱이 피로 흥건한" 모습으로, 약자 사이에서 강자를 무자비하게 솎아내 강자만 이 세상에 살아남아 후손을 남기도록 할 뿐이다.

하지만 다윈 이래 이론가들은 자연 선택 이외에도 진화 과정에서 작동하는 기제가 더 있다는 사실을 잘 알고 있었으니, 바로 성 선택이다. 여러분만 해도 단순히 살아남는 것만으로는 충분치 않다. 만일 여러분에게 후손을 갖고 싶다는 바람이 있다면, 여자와(여자일 경우에는 남자와) 함께할 수 있어야 한다. 이 말은 진화는 혹독한 자연 속에서 살아남는 유기체만이 아니라 상대 성(性)에 자기 매력을 잘 어필할 줄 아는 유기체도 선호한다는 뜻이다.

그런데 정확히 어떻게 해야 상대 성에게 잘 어필할 수 있을까? 이는 그저 십대만이 아니라 진화생물학자들도 머리를 싸매고 고민하는 문제이다. 이와 관련한 한 가지 흥미로운 가능성은, 성 선택은 '적합성 지표(fitness indicator)', 즉 내가 저 사람보다 더 낫고 강하며 '적합한' 유전자의 원천을 가졌음을 드러내는 갖가지 신체적 특징 및 행동을 보이는 개인을 더 선호하리라는 것이다. 그런데 여기서 아이러니한 사실은, 누가 봐도 불리해 보이는 특징들이 곧 가장 훌륭하고 또 신빙성 높은 적합성 지표이기도 하다는 점이다.[39]

이 '핸디캡 원칙(handicap principle)'을 보여주는 전형적 사례가 바로 공작의 꼬리이다. 자연 선택의 관점에서 보면 공작의 꼬리는 심각한 단점이 아닐 수 없다. 그렇게 무겁고 눈에 띄는 꼬리를 끌고 다니면 사람이나 다른 동물에 붙잡혀 잡아먹힐 확률만 높아질 것이기 때문이다. 하지만 성 선택의 관점에서 보면, 화려한 꼬리는 적합성 지표로서 엄청난 이점을 가질 수 있다. 이렇게나 커다란 꼬리를 갖고 다니면서도 여전히 무사할 만큼 내가 무척이나 멋진 동시에 강한 교미 상대라는 걸 암컷 공작들에게 과시할 수 있다는 것이다. 우리 인간 남자들이 대단히 비싼 스포츠카를 열망하거나, 패러글라이딩이나 암벽등반 같은 위험한 취미에 몰두하는 것도 이와 비슷한 현상으로 설명할 수 있을 것이다.

너그러운 성격 역시 하나의 적합성 지표가 될 수 있다. 이 같은 주장은 원시 사회에서 먹잇감을 잡은 사냥꾼이 자신이 잡은 고기를 다른 이들에게 왜 나누어주는지 그 까닭을 설명하기 위해서 처음 나왔다.[40] 이 주장에 담긴 생각은, 만일 많은 양의 고기를 남들에게 나누어줄 수 있을 만큼 사냥 능력이 뛰어나려면, 아주 훌륭한 유전자를 갖고 있지 않으면 안 된다는 것이다. 물론 값비싼 핸디캡은 누군가 그것을 보는 사람이 있을 때에만 생식 성공으로 이어질 수 있으니, 누군가 지켜보고 있는 이가 있다고 여길 때 이타주의자의 이타적 행동이 일어날 확률이 높아질 거라는 걸 암시한다. 그런 만큼 익명으로 이루어지는 일회성 사회적 딜레마 게임의 이타적 행동을 설명하는 데는 이 값비싼 신호 가설 하나만으로는 부족할 수도 있다. 하지만 우리의 일상, 즉 낯선 이에게 베푸는 친절한 행위를 공동체 안의 다른 이들이 지켜볼 수도 있는 상황의 이타주의를 설명할 때는 이 값비싼 신호가 행동을 강화하는 주요 인자가 될 수도 있다.[41]

결론: 진화의 세 가지 가르침

비전문가들은 진화상 압력은 비이기적 행동을 몰아내게끔 작용하는 경향이 있다고 흔히 가정한다. 하지만 앞에서 함께 살펴봤듯, 사회성이 발달한 종들에게서 어떻게 이타적 행동이 진화할 수 있는지 설명하기 위해 진화 이론가들이 내놓은 이론만도 이미 한두 개가 아니다. 그렇다고 우리가 이들 설명 가운데 어느 하나만을 골라야 할 필요는 없다. 각각의 이론은 모두 적어도 특정 상황들에서는 얼마간 타당성을 가질 것이다. 인간이 ―아마 사회성이 발달한 다른 종들도 마찬가지로 ― 어떻게 양심으로 보이는 무언가를 진화시키게 되었는가 설명하는 데는 친족 관계, 상호주의, 착한 행동은 보상받고 나쁜 행동은 벌 받으리라는 데 대한 비합리적인 과평가(이른바 '커다란 실수'), 파트너 선택, 이타적인 제3자 응징자 혹은 제도적 처벌, 상대 성에게 근사해 보이려는 욕구, 이 모든 것이 나름대로 얼마쯤 역할을 할 가능성이 크다.

어느 특정 경우에 적용되는 것처럼 보이는 그 어떤 설명이든지, 이들 설명은 모두 적어도 세 가지의 중요한 가르침을 공통적으로 담고 있다. 그 첫 번째는, 사실 진화는 광범한 이타주의와 전혀 모순되지 않는다는 것이다. 오히려 그 반대로 상호 협동에서 자연스레 흘러나오는 엄청난 이득이 강력한 진화상 압력을 일으켜 경쟁보다 협동을 선호하도록 만들 수 있다. 예를 들어, 우리 몸의 기본 세포 구조가 다름 아닌 협동적 진화의 산물이라는 것이 생물학자들의 생각이다. 우리 세포의 핵에는 미토콘드리아를 비롯한 갖가지의 특화된 '세포소기관'이 들어 있는데, 이들 기관은 10억 년도 더 전에 단순한 내부구조를 가진 단세포 유기체가 다른 단세포 유기체의 막을 뚫고 들어가 기생하며 살다가 진화한 것으로 보인다. 애초 기생균–숙주나 다름 없던 이 관계가 오늘날에는 서로 의존하는 하나의 세포로 바뀌었고, 그러면서 과거의 기생균이 진화해 우리 세포 안에서 없어서는 안 될 일부를 이루게 된 것이다.[42]

진화로부터 끌어낼 수 있는 두 번째 가르침은, 우리의 이타적 행동이 때로 주관적인 면에서는 이기적으로 '느껴지더라도' 그리 놀랄 필요 없다는 것이다. 친사회적 행동이 진화의 면에서 정말 유리하다면, 우리 안에서 친사회적 행동을 증진하는 내적 보상 시스템이 진화할 수 있다는 건 상식과 어긋나지 않는다. 이 대목은 성교에 비유하면 그 뜻이 더욱 확실히 다가올 것이다. 성교가 진화상 맡은 역할은 생식이지만, 자연은 성교에서 희열이 느껴지도록 함으로써 우리가 성교를 하려는 동기를 갖도록 영리하게 꾀를 썼다. 협동적 행동에서도 마찬가지로 주관적인 행복감과 만족감이 생겨난다는 증거를 상당히 많이 찾아볼 수 있다. 신뢰 게임에서 서로 협동하기로 선택한 피험자들은 옥시토신 수치가 올라가는 경험을 하게 되는데, 옥시토신은 포유류의 모성애 및 짝짓기와 연관된 호르몬이다.[43] 이와 비슷하게, 다수의 fMRI 연구에서도 죄수의 딜레마 게임을 하며 서로 협동하는 피험자들은 중변연계 도파민 시스템(mesolimbic dopamine system) 활동량이 증가하는 것으로 밝혀졌는데, 이 영역은 두뇌의 '보상 회로'라 일컬어지는 곳이기도 하다.[44] 최후통첩 게임에서는 제안자로부터 애초 지분의 40% 이상의 '공평한' 금액을 제안받은 피험자들이 '불공평한' 금액을 제안받은 피험자보다, 설령 제안 금액의 절대가치는 똑같더라도, 더 행복감을 느낀다는 보고도 나와 있다.[45]

하지만 비이기적인 친사회적 행동과 관련해 진화론으로부터 배울 수 있는 세 가지 가르침 중에서도 가장 쓸모 있는 것은 아마도 세 번째가 아닐까 한다. 사회학자 윌리엄 섬너(William Sumner)는 백 년 전 이 세 번째 가르침을 이렇게 표현한 바 있다. "우리-집단(we-group)의 내부자들은 평화, 질서, 법, 통치, 산업의 관계 속에 서로가 하나로 연결돼 있다. 이들이 모든 외부자, 혹은 타인-집단(others-group)과 맺는 관계는 전쟁과 약탈이다."[46] 진화생물학은 섬너의 이 같은 논평을 이론적으로 뒷받침해준다. 이타주의의 진화와 관련해 어떤 이론을 선호하든지 간에, 이타적 행동은 특정 대상에 국한돼 있지 무차별적으로 행해지지는 않는다는 것이 이 모든 이론들의 공통된 예측이다. 어떤 이의 이타주의가 향하는 '내(內)집단'은 그 크기가 무척 작을 수도 있고(친족 선택에 따라 오직 가까운 가족 구성원들만을 이타주의의 대상으로 삼거나) 아니면 무척 클 수도 있다('커다란 실수'에 의한 사고의 착오로 언젠간 호의를 보답받으리라 믿고 모든 사람을—정확히 말하면 모든 개체를—대상으로 삼을 수도 있다). 하지만 내집단을 우리가 어떻게 정의하건 간에, 우리 양심은 오직 그 안에 들어오는 사람들의 행복만 중요시하는 건 분명하다.

여기서도 다윈이 자신의 글에서 이 점을 명확히 밝힌 바 있다.

> 도덕 관념(moral sense)이란 우리에게 그렇게 행동하는 게 마땅하다고 일러주는 것인바, 그 기원 및 성격에 대한 위의 견해는, 아울러 도덕 관념에 따르지 않을 때 우리를 다그치는 양심에 대한 위의 견해는, 인간의 이 기능이 초기 및 미발달 단계일 때 볼 수 있는 모습과도 잘 부합한다. (…) [도덕적 덕성은] 거의 전적으로 오로지 같은 부족의 사람들과 관련해서만 행해진다. 아울러 도덕적 덕성의 반대 행동들은 다른 부족 사람들에게 행해질 때는 범죄로 여겨지지 않는다.[47]

이 말은 곧 사람들은 자신이 중시하는 내집단의 성원이거나 혹은 성원이 될 가능성이 있다고 여겨지는 타인을 대할 때만 양심의 징후를 보일 가능성이 높다는 뜻이다. 실험실 게임을 통해서도 이런 예측이 옳음이 확인되었다. 5장에서 언급했지만, 권위자로부터의 지시와 타인의 행동 및 혜택에 대한 인식과 함께, 타인을 배려하는 행동에 강한 영향을 미치는 네 번째 사회적 변수는 다름 아닌 사회적 거리였다. 그렇다는 것은 양심은 우리가 어떤 식이든 공통적 연관성이 있다고 느끼는 사람들을 대할 때만 작동하리라 생각할 수 있다는 뜻이기도 하다.

여기서 좋은 소식은 우리의 내집단에 누가 속하는가 하는 생각은 가변성이 크다는 점이다. 이를 예측해주는 것은 이번에도 진화생물학이다. 친족 선택만 제외하면(친족 선택에서는 중요한 내집단을 협소하고 고정된 유전적 용어로 정의한다), 이번 장에서 논의한 이타주의 진화와 관련된 이론은 전부 제각기 우리 내집단에 누가 속하고 속하지 않는지 정하는 건 지극히 가변적일 수밖에 없다고 예측한다. 어쨌거나 나중에 가서 누가 호의를 갖는 좋은 사람이나 믿을 만한 파트너가 될지, 혹은 무엇이 자신의 관대함을 과시해 잠재적인 성생활 파트너에게 자신의 적합도를 알리는 기회가 될지는 아무도 모르는 법이니까 말이다.

이 행동의 가변성을 이해하면, 피험자들 서로는 물론 실험 주관자와도 일체 교류할 수 없는 고립된 상태에서 익명으로 게임을 진행한다는 사실을 연구자들로부터 누누이 설명을 듣고 확실히 인지함에도, 왜 실험실 게임에서 수많은 피험자가 협동적 행동을 택하는지 이해할 수 있다. 아마 대부분 사람은 ― 엄밀히 말하면 서방 세계의 대학생 및 대학원생들 ― 실험실에 도착해서 만나는 모든 사람을 자동적으로 내집단의 일원으로 여기도록 가정하는 성향을 보인다고, 그래서 그들의 이익을 최소한 어느 정도는 고려하는 것이라고 생각해도 그렇게 무리는 아닐 것으로 보인다. 우리가 나 아닌 또 다른 인간의 행복 따위는 아랑곳하지 않고 행동하는 경우는 지극히 예외적인 상황들뿐이다.

제3부에 넘어가면서 우리는 이 희망찬 생각으로 화제를 돌려, 다소 투박할지언정 우리가 세운 양심 모델이 과연 법의 실제 작동에 어떤 통찰들을 줄 수 있을지 자세히 살펴보기로 하자.

7장
우리는 왜 남에게 해를 끼치려 하지 않을까 : 불법행위법과 양심의 역할

제가 제 형제를 지키는 자입니까?
— 창세기 4장 9절

7월의 어느 따뜻한 저녁, 플로리다주 브로워드 카운티의 플로 오스터만은 돌이킬 수 없는 치명적 실수를 저지르고 만다. 친구가 근처 편의점으로 우유를 사러 함께 가자는 말에 따라나선 것이다. 41세의 간호사였던 오스터만이 친구와 함께 조용한 주택지구의 오른편 길을 따라 걷고 있을 때, 갑자기 아놀드 데일이 몰던 차가 빠른 속도로 질주하다 느닷없이 뒤에서 그녀를 덮쳤다. 당시 폼파노 비치에 사는 26세의 청년 데일은 더티 커티스라는 술집에서 (데일이 나중에야 인정한 사실이지만) 맥주를 몇 잔 연거푸 들이켠 뒤 술집을 나서자마자 바로 운전대를 잡았다. 데일의 차가 오스터만을 얼마나 무시무시한 힘으로 덮쳤던지 오스터만의 왼쪽 다리는 그녀의 몸통에서 떨어져나와

사고 지점에서 약 27.5미터도 더 떨어진 곳에 내동댕이쳐졌다.[1]

이 충돌로 데일의 차도 크게 망가졌다. 하지만 그는 어찌어찌 집까지 차를 몰고 왔고, 집에 와서야 경찰서에 전화에 자기 차가 "뭔가를 쳤다"라며 신고했다. 고속도로 순찰대가 데일의 아파트에 도착한 것은 적어도 2시간은 지난 뒤였다. 이들은 도착하고 나서도 혈중 알코올농도 테스트를 해줄 수 있는 병원을 찾느라 시간을 더 허비했다. 마침내 데일의 피를 몸에서 뽑아냈을 때—그가 술집을 나서고 4시간도 더 지난 뒤였다—그의 혈중 알코올 수치는 0.10퍼센트로 나왔다. 나중에 한 중독학자는 사고 당시, 데일의 혈중알코올농도는 0.14에서 0.22퍼센트였을 가능성이 높다고 증언했다.[2]

외부 비용의 문제

오스터만의 죽음은 한 사람이 내린 이기적 결정이—이 경우엔 술집을 나서면서 택시를 잡아 타지 않고 집까지 차를 몰고 가기로 한 데일의 결정—다른 이들에게 무척이나 처참한 결과를 불러올 수 있음을 여실히 보여준다. 경제학자들이 이 문제를 가리켜 사용하는 용어가 '외부 비용'이다. 이 외부 비용은 현대 사회 곳곳에 만연해 있다. 걷기 싫다는 이유로 차를 몰기로 한 탐의 이기적 결정으로 교통 체증은 더 심해졌고 이 때문에 딕은 도로에서 시간을 허비해야 한다. 일요일 아침에 잔디를 깎기로 한 딕의 이기적 결정 때문에 곤하게 잠을 자던 이웃 해리는 더는 잠을 이룰 수 없다. 식당에서 담배를 한

대 피우기로 한 해리의 결정으로 탐은 제대로 식사할 수가 없다. 그런데도 탐은 계속 차를 몰고, 딕은 계속 잔디를 깎고, 해리는 계속 담배를 피운다. 남들이 겪는 불편은 그들의 이기적 의사결정에 있어서는 '외부적'인 것에 해당하기 때문이다.[3]

애덤 스미스가 주장해 유명해진 말대로 시장 안에서의 이기적 행동은 자주 남들에게 이득이 되기도 하는데, 돈을 벌고자 하는 욕구가 있으면 남들이 얼마든 돈을 내고 살 만큼 훌륭한 물건과 서비스를 제공해야겠다는 마음을 품게 되기 때문이다. 그렇게 되면 이기성이 '외부적' 혜택을 가져다준다고 할 수 있다. 하지만 시장 밖에서는 이 이기성이 선보다는 악일 때가 많다. 어떤 사람이 이기적 욕구를 쫓다 다른 이의 생명, 신체, 혹은 재산에 심각한 위해를 가하는 행동을 하게 될 때가 특히 그렇다. 예를 들면, 술에 취한 채 운전을 한다거나, 상한 음식을 판다거나, 얼른 골프장에 가기 위해 직무를 유기한 채 외과수술을 서둘러 진행하는 일 같은 것들이다.

과연 어떻게 하면 사람들이 갖가지 리스크를 발생시켜 그 비용을 고스란히 남들에게 떠넘기는 일을 덜 일어나게 할 수 있을까? 이는 일명 불법행위법(tort law)라고 알려진 일련의 법적 신조의 핵심에 자리 잡은 질문이기도 하다. 어떤 사람이 어쩌다 사고로 타인의 신체나 재산에 손상을 입혔을 때 그 사람('가해자' 혹은 '불법행위자')이 해를 당한 사람('피해자')에게 배상하기 위해 언제 얼마큼의 금액을 지급해야 하는지 결정하는 것이 불법행위법이다. 그 과정에서 불법행위법은 다양한 물질적 유인책을 만들어 누구보다 이기적인 가해자조차도 어떤 행동을 하기 전에 그것이 남에게 해를 끼치지는 않을지 한 번 더 생각하게 한다.

불법행위에 대한 경제적 접근

불법행위 손해에 적용되는 유인책은 그 효과가 너무도 분명해서, 불법행위법은 법경제학파 학자들이 여태껏 무척 선호해온 주제였다. 불법행위법을 경제적으로 분석할 때는 두 가지의 기본 가정 혹은 믿음을 그 출발점으로 삼는다. 첫 번째는 불법행위법은 잠재 가해자에게 타인을 더욱 염두에 두고 행동하도록 유인책을 주어 사고를 미연에 '방지'하는 것을 제일차적 목표로 삼는다는 것이다.[4] 이후의 논의도 불법행위법이 실제로 다른 무엇보다 사고방지에 가장 주안점을 둔다는 가정을 밑바탕에 깔고 전개될 것이다. 물론 철학적 성향이 더 강한 법학자들은 불법행위법이 '교정적 정의(corrective justice)' 실현의 목적도 갖고 있다고 더러 주장하기도 한다.[5] (법경제학파 학자들은 교정적 정의와 관련된 주장들을 하찮게 치부하는 경우가 많다. 리처드 포스너는 "과실책임 원칙negligence standard에 도덕성 혹은 도덕주의의 성격을 부여해서는 분석이 진척되지 않는다"[6]라며 교정적 정의를 은근히 비꼬는 듯한 의견을 밝힌 바 있다. 그렇지만 우리는 뒤에서 양심을 중시하는 것이 교정적 정의와 관련된 주장에 어떤 통찰을 제시하고 또 그것을 뒷받침하는지를 살피게 될 것이다.)

불법행위를 경제적으로 분석할 때 그 밑바탕에 깔린 두 번째의 기본적 가정은(우리가 7장에서 가장 초점을 맞추게 될 생각이기도 하다) 가해자는 남에게 외부 비용을 지우기를 좋아하는 이기적 행위자라는 익숙한 개념이다. 다시 말해, 불법행위에 대한 경제적 분석은, 일반적인 경제적 분석과 마찬가지로, 합리적인 이기성 모델을 기반으로 삼고 있다. 그런데 앞으로 함께 살펴보겠지만, 이 두 번째 가정은 첫 번째 가정과 묘하게 상충한다. 합리적 이기성의 가정이 정확하다면, 불법행위법 체계로 과실을 방지하는 것이 다종다양한 이유로 인해 지극히 어려운 일이 될 수밖에 없다. 사람은 이기적이라는 가정을 전제로 깔기보다는 차라리 대부분 사람이 양심을 갖고 있다고 가정해야 불법행위법의 많은 요소가 작동하리라 기대할 수 있다.

하지만 양심을 전제로 깔 때 불법행위법이 어떤 모습일지 살펴보기에 앞서, 오늘날 전문가들의 불법행위에 대한 논의 안에 경제 이론이 얼마나 뿌리 깊이 박혀 있는지부터 잠시 시간을 내어 들여다볼 필요가 있다. 이를 확실히 그려줄 만한 것으로는 그 유명한 미국 대 캐롤 선박견인회사의 1974년 판례를 계기로 과실의 정의(定意)가 발달한 사례—그로부터 몇십 년 뒤에는 경제적 분석이 학계에 대세로 자리잡았다—만 한 것이 없을 것이다.7

과실과 B〈PL 공식

일명 캐롤 선박견인회사(Carroll Towing) 판례는 미국의 불법행위법 역사에 일대 획을 그은 사건으로, 불법행위법 판례집이나 강의에서는 거의 빠지지 않고 등장한다. 그런데 안타깝게도 그 까닭은 이 판례와 관련된 사실들이 특별히 흥미로워서는 아니다. 캐롤 선박견인회사 사건은 해운법 안에서도 아주 난해한 판례로 꼽히는데, 중점이 되는 문제는 밀가루를 한가득 실은 바지선이 침몰했는데 그 법적 책임이 과연 어느 쪽에 있는가 하는 것이다. 당시 안나C라는 바지선이

가라앉은 원인으로는 최소한 두 가지를 생각할 수 있었다. 첫째, 이 판례의 피고인 캐롤사의 예인선에서 행한 조치들 때문에 뉴욕항에 정박해 있던 안나C의 계류용 줄이 풀리고 배가 바다로 떠내려 가면서 손상이 일어났다. 둘째, 사고 당시 안나C에는 선박의 손상을 감지했어야 할 감시원이 타고 있지 않았고, 그 결과 몇 시간이 지나자 선박에 물이 너무 많이 들어차게 된 결과 배가 가라앉았다. 그런 만큼 감시원을 승선시켜 선박을 감시해야 하는 임무를 소홀히 한 바지선의 소유주도 침몰 사고로 인한 손실 책임이 일정 부분은 있느냐 하는 것이 이 판례의 주된 이슈였다.

캐롤 선박견인회사 사건의 판결문을 작성한 것은 20세기에 가장 막강한 영향력을 끼친 판사로 손꼽히는 러니드 핸드(Learned Hand)였다.(러니드의 부모는 슬하에 그 이름도 지체 높은 아우구스투스라는 또 다른 아들도 두었는데, 그 역시 나중에 존경받는 판사가 되었다.) 러니드 핸드에 의하면, 그 바지선의 선주가 바지선이 입은 손상에 얼마간 법적 책임이 있느냐 여부는 선주가 선박에 감시원을 승선시키지 못한 것이 법적 과실의 정도에 이르는가 여부에 달려 있다. 러니드 핸드의 판결문을 다시 빌려오면, 이때 과실이 있는지는 "함수에 세 가지 변수를 넣어보면 알 수 있다. (1)[계류 중이던 바지선이] 줄이 풀려 항구에서 떠내려갈 확률 (2)정말로 사고가 일어날 경우, 거기서 발생한 손상의 심각성 [그리고 (3)사전에 충분히 예방책을 마련해야 할 책임을 말한다."[8]

다시 말해, 핸드는 과실책임을 사회적 비용-이득을 분석한 용어로, 즉 사고가 일어날 때 발생할 수 있는 사회적 비용 대 사고를 예방하는 데 들어가는 사회적 비용을 비교하는 방식으로 정의한 셈이다.

심지어 핸드는 수학 공식을 통해 과실책임을 결정할 수 있다는 의견을 제시하기도 했다.

이를 대수학의 용어로 정리하면 개념이 더욱 뚜렷하게 다가오지 않을까 한다. [사고로 인한 손상이 일어날] 확률을 P라고 하고, 손상[에 따르는 비용]을 L이라 하고, [사고로 인한 손상을 예방해야 할] 의무를 B라고 할 때, 과실책임의 여부는 B가 L과 P를 곱한 값보다 작은가, 다시 말해 B 〈 PL에 달려 있다고 하겠다.[9]

이런 식으로 러니드 핸드는 경제적 성격이 명백한 용어들을 통해 과실책임을 바라봤으며, 사고 예방에 들어간 사회적 비용보다 사고 때문에 사회에 부과된 비용(사고가 절대 일어나지 않을 확률만큼 할인을 한)이 더 클 때만 책임의 근거가 되는 행동을 한 것이라고 밝혔다. 자, 이렇게 해서 판사들은 이기적 가해자가 어떻게든 '비효율적인' 사고를 피하게끔 그들에게 '유인책'을 부여할 나름의 비책을 손에 쥐게 됐다.

정확한 손해배상금의 필요성

핸드의 B 〈 PL 과실책임 공식은 오늘날 불법행위법 분석 안에 경제적 사고가 얼마나 깊이 배어 있는지를 잘 보여준다. 핸드 공식과 유사한 원칙을 지방 법정에서 공식 천명한 주(州)들만 해도 30곳이 넘는다.[10] 그런데 이 공식을 꼼꼼히 뜯어보면 불법행위법의 밑바탕을 이루는 근본적 측면은, 불법행위법은 효율적인 유인책만 만들어내면 그만이라는 생각과 양립하기 어렵거나 혹은 아예 양립할 수 없지 않나 하는 생각을 들게 한다.

이것이 무슨 뜻인지 제대로 알려면, 불법행위법으로 순전히 이기적인 행위자가 과실을 저지르는 일을 막기 위해선 단순히 과실을 저지른 피고에게 손해배상금을 지급하도록 하는 것만으로는 충분치 않다는 사실을 알아야 한다. 다시 말해, 손해배상금을 낼 때 반드시 **적정 금액**을 내게 해야 한다는 이야기이다.[11] 불법행위 가해자가 내야 하는 손해배상금이 너무 적으면—가령 데일이 오스터만을 죽게 하고도 1달러만 낸다면—유인책이 너무 약한 것이다. 한편 불법행위 가해자가 내야 하는 돈이 너무 많으면—가령 접촉사고를 낸 사람은 누구나 어김없이 10억 달러를 물어야 한다면—그 불법행위법 시스템은 '과다 억제'를 하게 되어, 사람들은 사고를 내면 어쩌나 하는 걱정에 집에서 아예 차를 끌고 나오지 않게 된다.

따라서 핸드의 B 〈 PL 공식의 밑바탕에는 손해배상금이 정확히 책정되어야 한다는 요건이 깔려 있으며, 이 금액은 가해자가 실제 일으킨 손해보다 더 커서도 더 적어서도 안 된다. 이러한 손해배상금의 문제에 초점을 맞추면, 불법행위법의 근본 측면들이 사람들은 순전히 이기적이기만 하다는 주장과 어떻게 상충하는지 더욱 쉽게 알 수 있다. 왜냐하면, 불법행위법 판례 거의 대부분에서 보듯, 법원에서 책정하는 손해배상금은 순전히 이기적인 행위자가 부주의한 과실로 남에게 피해를 입히는 일을 방지하기엔 너무 낮은 금액인 경우가 비일비재하기 때문이다. 한편 개중 소수 판례에서는 ─ 이른바 '징벌적 손해배상'에서는 ─ 법원에서 지나치게 높은 금액을 책정하기도 한다. 이 패턴을 우리는 무엇으로 설명할 수 있을까? 아무래도 불법행위법은 기본적으로 양심을 고려하고 있는 듯 보인다.

손해배상금이 너무 낮을 때: 과소집행의 문제

종래의 억제 이론에서는 사람들은 순전히 이기적인 행위자들로서 자신의 행위로 남들이 어떤 리스크를 떠안든 아랑곳하지 않는다고 가정한다. 따라서 사람들이 "남에게 대접을 받고자 하는 대로 너희도 남을 대접하라"는 황금률을 따르고 자기 "형제의 지킴이"가 되게 하는 방법은 단 하나, 부주의하게 과실을 저지른 가해자로 하여금 고의가 아니라도 그들이 입힌 손해에 대해서는 단 한 푼도 모자람 없이 전부 배상하게 하는 것이다. 그런데 이런 진술은 오늘날 불법행위법 체계의 가장 기본적 성격을 잘 설명해주지 못한다. 다름 아닌 **불법행위법에서는 부주의한 불법행위 가해자로 하여금 그들이 일으킨 손해를 전부 배상하게 하지 않는다**는 점 말이다.

　이런 식의 집행 강도 약화 패턴이 일어나는 요인은 다종다양하다. 한 가지 중요한 요인은 우선 피해자가 굳이 고소하지 않는 경우가 많다는 것이다. 이유는 여럿인데, 법체계를 이용하는 것이 영 성미에 맞지 않아서이거나, 소송이 워낙 스트레스가 심하고 시간도 많이 잡아먹어 되도록 피하고 싶어서이거나, 개인적으로 당한 일은 마음을 굳게 먹고 견딘다는 신조를 갖고 있어서일 수도 있다. 이와 함께 변호사 선임비와 관련한 '미국식 원칙'도 한몫하는데, 미국에서는 소송이 진행되면 원고와 피고가 각자 자신들 변호사에게 비용을 지불하게 돼 있다. 원고의 입장에서 봤을 때 소송에서도 이기더라도 손해의 일부만 보상받을 수 있다는 뜻이다. 불법행위로 소송을 건 원고는 보통 사례금의 25~40퍼센트를 변호사에게 지급해야 하는 데다 변호사 선임비 지급과 함께 소송에 따르는 불편과 스트레스도 감수해야 하는 만큼, 아예 시작부터 법적 조치는 생각하지 않는 피해자들도 많다. 하버드대학의 한 연구에서는 아이가 의료 과실로 피해를 입었을 때 클레임을 거는 부모는 8명에 1명도 되지 않는다는 보고가 나왔으며,[12] 랜드연구소에서 진행된 또 다른 연구에서도, 자동차 사고를 제외하면, 부주의 과실 피해자가 실제 불법행위 보상 청구에 나서는 경우는 매우 소수에 그치는 것으로 결과가 나왔다.[13]

고소에 나서는 피해자들이 부딪히는 난관은 이뿐만이 아니다. 일단 법정에서 이기기 위해서는 불법행위 소송 피해자가 자기에게 피해를 입힌 사람을 특정해야 하고, 피고를 법정에 출두시킬 수 있어야 하며, 법적 책임이 발생한 상황에서 피고에게 정말 피해자가 당한 손실의 책임이 있는지를 판사들이 충분히 납득할 수 있게 증명해야 한다. 그런데 이 요건 어느 것 하나도 충족하기가 여간 어려운 게 아니다. 우선 원고가 자신에게 피해를 입힌 이를 특정하지 못할 수도 있다.(데일이 오스터만을 친 운전자였다는 것도 그 자신이 직접 경찰서에 전화하지 않았다면 아무도 몰랐을 것이다.) 또한 원고가 피고를 법정에 출두시키지 못할 수도 있다.(데일도 남미 어딘가로 도망쳐 몸을 숨겼을 수 있다.) 또 피고가 해당 손해에 법적 책임이 있다는 점을 원고가 증명하지 못하는 수도 있다.(데일 쪽에서 오스터먼이 도로로 갑자기 뛰어들었다고, 즉 오스터먼이 목숨을 잃는 사고를 당한 건 그녀가 주위를 제대로 살피지 않았기 때문이었다고 주장했을 수도 있다.)

　설령 원고가 피고의 법적 책임을 입증하더라도 다양한 법 원칙으로 인해 원고가 몇몇 종류의 손실에서는 제대로 된 배상을 받지 못하기도 한다. 예를 들어, 이른바 '과실 기여' 원칙을 따르는 주(州)들에서는, 원고의 부주의도 사고 발생에 원인이 됐다는 사실이 밝혀지면, 그 부주의가 아무리 경미하더라도 과실을 인정한 피고를 상대로 보상 청구를 해봐야 패소한다.(부주의가 없었을 경우에는 법적 책임을 온전히 피고가 지게 된다.)[14] 그런가 하면 치명적 사고를 낸 피고들이 목숨을 잃은 피해자의 '비금전적' 손실(죽기 전의 고통이나 고통스러운 경험), 혹은 더 오래 살면서 행복한 시간을 가질 기회를 빼앗은 데 대해 그 어떤 보상을 할 필요가 없는 주들도 있다.(다음과 같은 해묵은 농담도 같은 맥락이라고 하겠다. 한 변호사가 자신이 지금 방금 행인을 친 것 같은데 어째야 하냐며 겁에 질린 고객으로부터 전화를 받았다. 변호사는 고객에게 후진 기어를 넣고 일을 확실히 끝내라고 조언했다.) 목숨을 건지고 살아남은 피해자들의 경우에도, 이들이 입은 비금전적 손실의 보상액 한도를 법령으로 정해놓은 주들이 많다. 예를 들어, 캘리포니아주에서는 의료 과실에서 발생한 비경제적 손실에 대한 보상은 25만 달러까지로 한도를 정해놓았다.[15] 캘리포니아에서는 은퇴 예정인 외과의가 수술을 집도할 경우, 과실 책임이 발생하더라도 지급해야 하는 배상금은 아무리 많아야 2만5000달러라고 가정해도 무방하다. 그 수술 결과가 환자에게 아

무리 처참하고, 고통스러우며, 또 환자의 심신과 외관이 심하게 상했어도 말이다.[16]

이렇게 보면 미국의 불법행위법은 거의 불법행위 가해자가 자신들이 일으킨 손해에 대해 그 비용을 전부 내지 않아도 무방하게끔 만들어져 있는 것처럼 보이기까지 한다. 거기에다 설상가상으로, 배상책임보험(liability insurance) 가입이라는 통상적인 관습이 불법행위법의 유인책 효과를 경감시키는 면도 있다. 부주의 과실 소송에 대비해 이런 보험을 들어두면 필요할 때 손쉽게 이용할 수 있기에, 타인에게 리스크를 주는 활동에 종사하는 많은 이들은(운전자, 의사, 고용주) 으레 배상책임보험에 가입한다. 실제로 소송이 일어났을 때 그 비용을 보험회사에서 대준다는 사실을 알고 있으면, 부주의 과실 책임은 훨씬 가벼운 것이 돼버린다. 따라서 부주의 과실 보험 가입자가 향후 더 이상 보험 보장을 받지 못하거나 할증 보험료를 내야 한다는 단서가 붙어 있어야만 비로소 이 유인책은 그나마 간접적 효과라도 갖게 된다.

마지막으로, 많은 이들이 이에 해당하는데, 불법행위 책임의 부담은 개인 재산이 부족할 경우 거의 완전히 사라진다. 데일의 경우에도 배심원단이 오스터만의 억울한 죽음을 책임지라며 그에게 100만 달러의 배상금을 판결했지만 지급 능력이 없던 그는 그냥 파산선고를 해버리고 끝이었다.[17] 중대한 불법행위가 일어난 사건에서 손해배상금을 지급 능력을 가진 것은 보통 재산이 넉넉한 이들 — 의사, 변호사, CEO, 회사 등 — 뿐이다. 따라서 남에게 해를 끼치지 말아야 한다는 불법행위법 체계의 유인책은 재산이 넉넉한 이들에게

나 웬만큼 통하는 셈이다.

그러니 만일 사람들이 순전히 이기적이기만 하다면, 부주의 과실을 저지르고 뺑소니치는 일이 당연할 것이다. 반사회적인 불법행위 가해자라면, 자신이 부주의 과실을 저질러도 그 손해 대부분에 대한 비용을 부담하지 않아도 된다는 사실을 알고서 그야말로 제멋대로 남들에게 리스크를 떠안기려 할 것이다. 그렇게 보면 불법행위법은 비용이 많이 드는 사고를 막는 데는 대체로 별 효과가 없어야 맞을 것이다. 부주의가 일상으로 굳어지는 일도, 거기서 걸핏하면 사망과 부상이 일어나는 일도, 통례가 될 터이다.

하지만 21세기 미국에서 일상화된 부주의가 표준은 아니라는 게 너무 낙관적인 생각은 아닐 것이다. 끔찍한 부상과 극적인 사고가 신문에 기사로 실리는 것은 그런 일이 그만큼 무척 드물기 때문이다. 대부분 사람은, 대부분 경우에, 남들에게 해를 끼치지 않기 위해 최소한 어느 정도는 신경을 쓴다. 미국의 불법행위법 체계에는 사람들이 남에게 해를 끼치지 않도록 할 유인책이 매우 제한적인 수준으로만 마련돼 있는데도 말이다. 이 같은 생각은 다른 나라들에서 불법행위 책임을 어느 한순간에 없앴을 때 어떤 일이 일어났는지를 살핀 사례 연구를 통해서도 뒷받침된다.(예를 들어, 캐나다에서는 자동차 사고에 일명 "노 폴트no-fault" 제도를 적용하려는 움직임을 보이고 있고, 1974년에 뉴질랜드는 신체 상해에 대한 모든 불법행위 책임을 철폐하고 신체 상해는 국가가 대신 배상하기로 결정했다.) 연구 결과 캐나다와 뉴질랜드 두 나라 모두, 사고율이 증가하긴 했으나 그 증가량은 놀라울 만큼 미미한 수준에 그친 것으로 밝혀졌다.[18]

따라서 불법행위에 책임을 져야 한다는 이유 하나 때문에 사람들이 남들에게 해를 끼치기를 꺼려하는 것은 아닌 것으로 보인다. 미국의 불법행위법만 해도 과소집행되고 있지만, 이것이 곧장 사회적 대혼란과 걷잡을 수 없는 부주의 과실 증가로 나타나고 있지는 않다. 왜 그런지 그 이유에 대해서는 뒤에서 살펴보게 될 것이다. 지금은 그보다 먼저, 손해배상금이 너무 낮게 책정되는 식의 과소집행과는 정반대되는 경우를 한번 생각해 보자. 즉 손해배상금이 너무 높게 책정돼 과대집행 및 과다억제라는 문제가 발생하는 경우 말이다.

손해배상금이 너무 높을 때: 징벌적 손해배상금 및 과대집행

미국의 불법행위법은 전반적으로 불법행위 가해자가 자신의 부주의 과실로 인한 비용을 전액 부담하지 않아도 되는 길을 열어두고 있다. 하지만 이 원칙에 해당하지 않는 중요한 예외가 하나 있으니, 바로 징벌적 손해배상의 경우가 그렇다. 징벌적 손해배상이란 말 그대로 징벌의 성격을 갖는 것으로, 피고의 부주의 과실로 피해자가 고통을 당했을 때 피해자가 입은 실제 피해보다 더 많은 피해보상금을 피고가 피해자에게 지불하게 하는 것이다. 다시 말해 징벌적 손해배상은 특정 피해자들에게는 의도적으로 **과대 보상**이 이뤄지도록 한다.

그렇다면 왜 불법행위법은 대부분의 사건 피해자들에게는 과소 보상을 하게 하면서, 몇몇 특정 소수에게는 의도적으로 과대 보상이 이뤄지도록 하는 것일까? 이 질문에 대한 답은 피해자의 특성보다는 가해자의 특성, 더 정확히 말하면 가해자가 행한 행동의 특성에서 찾을 수 있다. 징벌적 손해배상금을 책정하는 것은 피해자에게 보상을 하기 위해서라기보다는, 몇몇 특정 소수의 '잔학한' 행동을 벌하기 위해서라고 할 수 있다. 따라서 징벌적 손해배상금은 아주 드문 사례, 즉 판사나 배심원단이 피고의 행동을 단순 부주의가 아니라, 타인의 이익을 전혀 아랑곳하지 않는 "심대한 부주의", "고의적 부주의", "악의", "잔학 행위", 혹은 "무분별한 경시"에 해당한다고 볼 때 피고에게 부과된다.[19]

이런 출발점에서부터 징벌적 손해배상금은 법률을 가격으로 따지는 생각에 이의를 제기한다. 왜 우리는 판사들과 배심원단을 모아 놓고 가해자가 타인의 권리를 경시했다는 이유로 굳이 특별한 벌을 줘야 하는 것일까? 호모 에코노미스쿠스는 본래 그 성격상 오직 자기밖에 모르는 존재 아니던가? 사실 생각해보면, 징벌적 손해배상금을 부과하는 흔한 법적 기준 한 가지(피고가 "타인의 행복을 무분별하게 경시하며 행동"했다고 판명되는 경우)도 쉬운 말로 하면, "피고가 분별을 갖춘 여느 호모 에코노미쿠스와 전혀 다르지 않게 행동한 경우"라 할 수 있을 것이다. 어차피 우리는 너나 할 것 없이 모두 나쁜 사람인데 ─엄밀히 말하면 적어도 법에서는 우리는 다 나쁜 사람이라고 가정하는데 ─ 왜 어떤 때는 가해자가 홈스가 말한 "나쁜 사람"처럼 행동했다고 해서 유달리 더 혹독하게 처벌하는 것일까?

징벌적 손해배상의 개념은 또한 억제 이론에도 이의를 제기하는데, 징벌적 손해배상에서 가해자로 하여금 피해자가 입은 손실보다 더 많은 금액을 지급토록 하는 것은 결과적으로 비효율적인 '과다억제'로 이어질 것이기 때문이다. 예를 들어 맥도널드에서 점원이 무릎에 커피를 쏟는 바람에 여자 손님이 심한 화상을 입은 사건에 대해 뉴멕시코주 배심원단이 징벌적 손해배상 차원에서 270만 달러의 배상금을 지급하라고 결정한 악명 높은 판결에 대해 한번 생각해보자.(이 재판의 배심원단은 종국에 배상금을 480,000달러로 줄였다.)[20] 만일 이 배상금 지급의 여파로 맥도널드, 버거킹, 웬디스, 세븐일레븐 등 커피 판매점들이 모두 더 효과적으로 온도를 조절하는 신기술을 장착한 커피 추출 기계로 장비를 바꾸는 바람에 커피 가격이 한 잔에 10달러로 오른 것은 물론 소비자들은 이제 미지근한 커피를 살 수밖에 없게 됐다면 어떨까. 이는 커피를 판매하는 사업체는 물론 커피를 사서 마시는 소비자 입장 모두에서 봤을 때 썩 바람직한 결과가 아닐 것이다.

따라서 법경제학파 학자들이 자주 징벌적 손해배상의 사회적 가치에 의구심을 표하며[21] 그것을 비판하는 것도 어쩌면 당연한 일이다.[22] 이 같은 비판은 징벌적 손해배상금 지급 판정이 "도를 넘어섰다"라는 대중의 인식과 짝을 이루어, 징벌적 손해배상 활용을 점점 줄여나가야 한다는 분위기를 조성해왔다. 징벌적 손해배상금 지급 판정에 강제적으로 일정 한도와 비율을 정해놓은 주들도 미국 내에만 거의 20곳에 달한다.[23] 최근에는 연방대법원도 이른바 적법절차 조항(Due Process Clause)을 꺼내 들어, 엑슨 발데즈의 유조선이 프린스 윌리엄 만에서 부주의 과실로 좌초돼 심각한 원유 유출을 일으킨 사건의 징벌적 손해배상금 액수를 제한한 바 있다.[24] 그렇지만 징벌적 손해배상금은 여전히 미국 불법행위법의 일부를 이루고 있다. 한편 이와 동시에 가해자의 부주의 과실로 일어난 일에 대한 비용을 가해자가 전부 지불하지 않아도 되게끔 하는 불법행위법 판례들도 숱하게 나오고 있다. 이런 모습들을 보면, 손해배상액을 꼼꼼히 산정하고 그것을 이기적 가해자에게 부과해 사고를 미연에 막자는 것이 정말 불법행위법이 만들어진 본래 취지인지 의문이 들지 않을 수 없다.

불법행위법과 친사회적 행동의 가정

과소집행과 징벌적 손해배상이라는 이 쌍둥이 같은 난제를 풀어줄 답하나는, 사실 불법행위법은 사람이 대부분 이기적이라는 가정을 품고 있지 않다는 것이다. 오히려 그와는 정반대로 ─ 아울러 이는 올리버 웬들 홈스의 '나쁜 사람' 이론을 정면으로 비판하는 것으로서 ─ 미국의 불법행위법에는 대부분이 사람이 양심을 갖고 있다는 가정이 깔려 있다. 그뿐만이 아니라, 불법행위법이 수많은 사람 가운데서 콕 집어내 징벌적 손해배상이라는 특별한 형태의 비난과 처벌을 가하는 것도 다름 아닌 양심이 없는 것처럼 행동하는 '나쁜 사람'이다.

　달리 말하면, 불법행위법에서는 대부분 사람이 남들에게 해가 가는 일은 되도록 피하려 노력하는 소극적 이타주의자라는 사실, 법이 메우지 못하는 부분은 대부분의 인간이 가진 내적 유인책(양심)이 메워주기에 약한 강도의 외적 유인책만 있어도 우리는 그럭저럭 서로 잘 지낼 수 있다는 사실을 인정하고 있다는 이야기이다. 이런 사실을 인정하면, 뉴질랜드에서 신체 상해 소송을 없앤 것처럼 심지어 불법행위 책임이 완전히 사라져도 왜 사회 곳곳이 아수라장으로 변하지 않는지 이해할 수 있다. 물론 세 가지 요인 모델의 예측에 의하면, 사람들이 이런저런 결정을 내리며 **늘** 다른 사람들의 행복을 고려하는 것은 아니다. 사람들이 언제 다른 사람들의 행복을 헤아리는지와 관련해서는 사회적 맥락이 엄청나게 중요한 역할을 한다. 그런데 남에게 되도록 해를 끼치지 않으려는 부분에 있어서는, 대부분의 현대 사회에 존재하는 사회적 맥락은 친사회성을 강하게 선호한다. 남에게 함부로 해를 끼치면 안 된다거나 타인의 재산을 침해해선 안 된다는 것을 우리는 어려서부터 배우며 자란다. 그래서 사람은 물론, 심지어는 다른 종들에게도("동물들을 위해 속도를 줄여요"라는 표어에서도 보듯), 함부로 상처를 주지 않으려 애쓰는 사람들을 우리는 주변에서 일상적으로 볼 수 있다. 남들이 어쩌다 사고를 당해 팔다리나 목숨을 잃으면 그 고통은 우리에게도 생생하고 극적으로 다가온다.

　어쩌다 남들에게 해를 입히는 문제에서 작동하는 사회적 맥락은, 사람들이 대부분 아이를 사정없이 짓밟는 하이드 씨보다는 사려 깊은 지킬 박사처럼 행동하도록 해준다. 물론 5장에서도 살펴봤지만, 비이기적 행동의 개인 비용이 너무 클 때는 이기심이 여전히 고개를 들 수도 있다. 불법행위 책임은 이런 상황 속에서 친사회적 행동을 뒷받침해주는 일종의 안전망으로 이해할 수 있을 것이다. 가령 불법행위 책임이 없을 경우, 부주의 과실을 범할 때 개인이 얻는 혜택이 크면 잠재 가해자는 안전의 문제는 제쳐두고픈 마음이 들 수 있다. 바로 이 지점에서 불법행위법이 개입해 사람들을 친사회적 행동

쪽으로 다시 이끌 수 있는 최소한의 추가 유인책을 내놓는 것이다.

이때 가해자에게 그들이 일으킨 손해를 100% 배상하도록 할 필요는 없다. 가해자에게 손해의 일부에 대해서만 배상금을 지불하게 해도 대부분 사람은 자신의 행동에 꽤 주의하게 된다. 한편 과소집행이 이뤄지면 원고 쪽에도 행동을 조심해야 할 유인책이 계속 남게 된다.(자기 실수로 뜨거운 커피를 자기 몸에 쏟을 때는 커피 마시는 사람에게도 일부 책임을 지게 하면, 아마 사람들은 손에 든 커피를 더욱 조심히 다룰 것이다.)25

친사회적 행동과 '교정적 정의'

일반적인 억제 이론 안에 양심의 개념을 통합해보면 불법행위법을 다루는 법경제학파의 입장과 그 경쟁자라 할 교정적 정의 이론의 입장 차이가 얼마간 메워지기도 한다. 불법행위 연구의 권위자인 게리 슈워츠(Gary Schwartz)가 표현했듯, "불법행위 연구 학자는 크게 두 진영으로 갈린다. 한쪽 진영에서는 불법행위 책임을 대체로 불법행위 억제라는 목표를 이루기 위한 수단으로 본다면, 다른 한쪽에서는 불법행위 책임을 쌍방 사이의 교정적 정의를 이루기 위한 하나의 방편으로 본다".26 그런데 이 대목에서 친사회적 행동을 끌어와 보면, 처음 살펴볼 때와 달리 양 진영 사이에 공통점이 꽤 많다는 사실을 알 수 있다.

예를 들어, 교정적 정의 이론가들이 곧잘 지적하는 사실로, 판사들은 자신들 판결문에는 "B 〈 PL" 같은 비용-이득 공식을 쓰면서 정작 부주의 과실 재판을 맡은 배심원단에게는 보통 그런 공식을 적용해보라고 권하지는 않는다. 그보다 판사는 배심원에게 피고의 행동에서 "합리적인 사람"의 행동에 미치지 못한 부주의 과실이 있었는지를 찾아보라고 한다. 스티븐 길레스(Stephen Gilles)도 말했듯, 여기서 "합리적인 사람"을 책임에 얽매이지 않는 순전히 이기적인 개인으로 정의하면 사회 곳곳에 부주의가 만연하는 결과가 빚어질 수 있다.[27] 여기서 말하는 합리적인 사람은 합리적이되 **친사회적인** 사람, 즉 자신의 비용 및 이득과 함께 남의 비용과 이득도 헤아릴 줄 아는 사람이어야만 비로소 그 의미가 통한다. 물론 개인의 비용과 이득 대신 사회의 비용과 이득을 평가하는 기준은 핸드의 표준적인 공식과 무척 비슷하다.[28]

마찬가지 맥락에서 때때로 교정적 정의 이론가들은 불미스러운 사건을 방지하는 것보다, 어떤 사람이 "타인의 행복보다 자신의 행복을 더 중요시하는" 잘못된 행동을 할 때 무너지는 "정의의 균형"을 원래대로 돌려놓는 데 불법행위법의 제1차적 목적이 있다고 주장하기도 한다.[29] 그런 만큼 교정적 정의 이론가들에게는 가해자의 마음 상태가 중요한 요소이다. 다른 누군가에게 해를 끼치는 것이 절대 좋은 일일 리는 없지만, 그 행동은 내가 남의 안전보다 나 자신의 목적과 욕망을 더 중요하게 여기고 그 사람에게 해를 가했을 때 비로소 법적 책임을 질 만한 '부정의(不正義)한' 일이 된다. 이렇게 가해자의 주관적 사고방식에 초점을 맞추는 것은 호모 에코노미쿠스 모델을 따르는 분석가에겐 별 의미 없는 일인데, 호모 에코노미쿠스 모델에서는 오직 한 가지 사고방식("나 자신의 물질적 이익을 최대화하자")만이 가능하다고 인정하기 때문이다. 하지만 사회적 맥락에 따르는 친사회성의 개념을 끌어오게 되면, 그때는 남들보다 자기 이익을 우선시하는 사람을 벌하는 것이 도덕적으로는 물론 경제적인 면에서도 의미를 갖는다. 아울러 이는 징벌적 손해배상이라는 복잡한 문제를 풀어줄 답도 제시해준다.[30]

친사회성과 징벌적 손해배상

사람들이 친사회적 존재라면, 아울러 그렇기 때문에 대부분 사람이 물질적 유인책이 없더라도 남에게 되도록 해를 끼치지 않으려 최소한 얼마쯤은 주의를 기울이려는 의향이 있다면, 불법행위법은 설령 그 구조가 과소집행의 성격을 갖고 있더라도 부주의 과실을 상당 부분 억제할 수 있다. 친사회성이 존재하면, 사고의 재발을 방지하기 위해 사고를 당한 피해자들이 전부 원상태를 회복할 수 있어야 할 필요도, 아울러 피해자의 손실을 100% 보상해야 할 필요도 없어진다. 법집행이 완전하지 못하고 보상이 제한적이어도 그것으로 충분하다.

그런데 호모 에코노미쿠스 모델에 정말로 딱 들어맞는 사람들의 경우에는 어떨까? 불법행위법은 그 체계가 과소집행의 성격을 갖는 만큼 사이코패스 앞에서는 속절없이 무너질 수 있다. 순전히 이기적인 사람에게, 과소집행의 성격을 갖는 불법행위법은 걸핏하면 부주의 과실을 저지를 빌미가 될 수 있다. 그런 행동들을 저질러 설령 다른 사람이 몸을 다치거나 목숨을 잃는다 해도 자신이 끼친 손해에 대해 일부만 보상하고 책임을 완전히 면할 수 있으리라 여기는 것도 충분히 합리적인 생각이기 때문이다.

바로 여기서 징벌적 손해배상이 딱 들어맞는 해법이 된다. 그 맥락이 '남들을 신경 써야 할' 사회적 상황인데도 고집스레 끝까지 호모 에코노미쿠스처럼 행동하는 몇몇 극소수 사람들에 대응할 때 쓸 수 있는 방편이 징벌적 손해배상이라고 이해하면 된다. 이 같은 설명은 징벌적 손해배상과 관련한 현실의 법적 기준과도 잘 부합하는바, 징벌적 손해배상에 해당하려면 피고가 타인에게 "악의"를 갖거나 그를 "경시"하는 행동을 했다는 사실이 밝혀져야만 한다. 물론 '경제적 인간'의 경우에는 타인에게 별 신경을 쓰지 않는 것이 그에게 나타날 수 있는 유일한 정신 상태다. 그런 만큼 징벌적 손해배상이 겨냥하는 것은 바로 이런 경제적 인간이라고 할 수 있으며, 이런 인간들이 규칙을 잘 지키도록 하는 한편 불법행위법이 과소집행되는 경향을 악용하지 않도록 막기 위해 바로 징벌적 손해배상이 필요한 것이다.

그렇다면 '경제적 인간'처럼 행동하는 경향이 가장 강한 사람은 누구일까? 6장에서도 함께 살펴봤듯, 진짜 사이코패스 증상에 시달리는 사람들은 인간 전체 인구군의 고작 1~3%뿐이라고 추산될 만큼 드물다. 하지만 불법행위를 저지르는 주체로 인간들만 있는 것은 아니다. 그렇게 생각하면 이런 질문이 고개를 들게 된다. 인간이 아닌 다른 종류의 법적 주체 전체—다시 말해 회사—에 우리의 불법행위법을 적용해야 할 때 과연 그것은 얼마나 효과적이어야 할까?

회사는 사이코패스라는 생각

2004년, 캘리포니아의 한 영화제작팀이 영화제 출품 수상작인 〈회사(The Corporation)〉라는 다큐멘터리를 개봉했다. 동명의 제목으로 책까지 출간된[31] 이 영화는, 회사는 인간의 건강에 해롭다는 도발적인 주제를 담고 있었다. 회사가 해로운 이유는, (영화제작자들 말로는) 가차없이 수익만 추구하고, 그래서 남들이 어떤 경제적 손실, 고통, 불행, 혹은 죽음을 당하든 아랑곳 않고 늘 금전적으로 가장 이익이 나는 행동 노선을 택하기 때문이다. 다시 말해 회사는 호모 에코노미쿠스처럼 행동한다. 혹은 〈회사〉에 나온 표현대로 심리학의 공식 진단명을 빌리면, "사이코패스 질환자"처럼 "남에게 되도록 해를 끼치지 말아야 할 도덕적 이유를 알지도 못하고, 그것들을 근거로 행동할 줄도 모른다".[32]

　뉴스의 제목을 볼 때면 회사의 비사회적 행위들은 정말 도를 넘은 것이 아닌가 하는 생각이 들곤 한다. 예를 들어, 내용물이 새는 가슴성형 보형물을 파는 회사(다우 코닝)가 있는가 하면, 고속도로 주행 속도로 달리면 접지면이 벗겨지는 타이어(파이어스톤)를 팔기도 하고, 갑자기 폭발하는 노트북 컴퓨터(소니)나, 아무 이유 없이 자동적으로 속도가 올라가는 자동차를 파는 회사(도요타)도 있다. 또한 강에 화학물질을 투기하는 회사(제너럴 일렉트릭)가 있는가 하면, 연안의 암초에 유조선을 충돌시키기도 하고(엑슨), 근해에 세운 석유굴착장치가 그대로 무너진 회사(BP)도 있다. 회사에서 지은 화학 공장이 폭발하면서 수천 명의 사망자와 부상자를 낸 사례도 있다(유니온 카바이드).

하지만 회사법의 내용과 그것이 적용되는 현실을 더욱 면밀하게 살펴보면, 회사를 사이코패스로 보는 생각은 적어도 과장된 듯 보인다. 이른바 "경영판단원칙(business judgement rule)"으로 알려진 법적 신조 덕에, 회사법은 실질적으로는 어떤 의미로든 회사의 이사와 임원들에게 가차 없이 수익만 추구하라고 요구하지 않는다. 오히려 그 정반대로 회사 경영진들은 폭넓은 재량권을 갖고, 회사의 기금을 자선사업에 기부하고, 경기침체기에도 직원들을 줄이지 않으며, 더 안전한 제품 제작에 돈을 들이고, 수익 창출에 따르는 오염은 되도록 피하며, 규정을 위반해도 발각되지 않을 것임에도 건강법, 안전법, 고용법을 준수한다. 아울러 시장 안의 치열한 경쟁 때문에 도덕적 원칙은 제쳐둬야 한다는 압박이 생겨날 수도 있지만, 그런 압력들이 늘 절대적인 것은 아니다. 자신이 선택한 틈새에서 나름 시장 지배력을 갖고 성공한 회사의 경우—벤앤제리스나 바디샵—경제적 면에 너무 급급하지 않고 회사의 '양심'에 따르는 일들을 하기도 한다. 물론 이런 회사도 수익을 내기에 바쁜 더욱 가차 없는 경쟁사에 인수되면 더는 그런 길을 걷지 못하지만 말이다.[33]

그런 만큼 회사들이 늘 호모 에코노미쿠스처럼 행동한다고 가정하면 섣부른 일이 될 것이다. 그렇다고 회사가 늘 호모 에코노미쿠스처럼 행동하지는 않는다는 말이 회사가 늘 호모 사피엔스처럼 행동한다는 뜻은 아니다. 회사는 사이코패스는 아닐 수 있지만, 그렇다고 회사는 인간도 아니니까 말이다.

이 대목에서 어떤 이들은 회사는 법적 허구이므로, 즉 회사는 몸도 없고 감각도 없으며 인간이라는 대리인을 통하지 않고는 어떤 행위도 하지 못하므로, 회사에 이런저런 동기나 인간에게나 해당하는 장애를 갖다 붙이는 것은 얼토당토않다며 반박한다. 이런 견해에 따르면, 회사가 인간과 상당히 흡사하게 행동하는 것은 인간을 통해서만 이런저런 행위를 할 수 있기 때문이다. 따라서 법과 양심은 인간의 잘못된 행실을 제어해주듯이 회사의 잘못된 행동도 제어해줄 것이다.

'회사인'의 문제

그런데 이 주장은 중요한 현실 하나를 놓치고 있다. 회사가 법적 허구이기는 하지만, 그와 동시에 회사는 무척 실질적인 사회적 제도이기도 하다는 사실 말이다. 좀 더 구체적으로 말하면, 회사는 무척 실질적인 사회적 맥락이다. 회사의 직원은 회사 현관을 통해 건물 안으로 들어서 엘리베이터를 타고 자기 사무실로 올라가는 순간, 이제 자신이 어떤 행동을 해야 하고, 남들은 어떻게 하고 있으며, 자신의 행동이 남에게 어떤 영향을 미치는지와 관련한 사회적 신호들이 어지럽게 뒤섞여 있는 세상 속에 발을 들이는 것이다. 이 같은 사회적 맥락에 처하면 직원의 행동도 바뀌게 마련이다. 회사 안에서는 '경제적 인간'처럼 순전히 자기 이익만 추구하게 되지는 않더라도, 적어도 그 육촌쯤은 될 '회사인(Corporation Man)'으로 행동하게 될 수도 있다. 다시 말하면, 회사가 '자신의' 사람들을 통해서만 이런저런 행위를 할 수 있는 건 사실이지만, 동시에 회사도 '자신의' 사람들에게 어떻게 행동해야 할지 영향을 준다.

때로는 회사라는 맥락이 인간의 행동을 양심적인 방향으로 틀기도 한다. 일례로 회사 내에서는 갖가지 영감을 불어놓는 포스터, 사기진작을 위한 직원회의, 가장 직접적이고 신나는 형태의 팀워크 구축 방법인 회사 야유회를 통해 직원들 사이에 신뢰와 협동심을 쌓고 팀의 목표에 헌신하도록 독려한다.(인사과 관리들은 다들 골프, 강 건너기, 아프리카 북 치기 같은 활동이 친사회성을 높여준다고 결론을 내린 모양이다.) 그런데 회사가 회사 바깥에 있는 사람을 대하는 문제에서는 이야기가 사뭇 달라질 수가 있다. 특히 거대 주식공개기업의 경우에는, 회사의 환경 자체가 인간의 행동을 호모 에코노미쿠스 모델에서 말하는 사이코패스의 이상에 더욱 가깝게 흘러가도록 유도하는 경우가 많다. 그 이유는 사업체들도 복종, 동조, 공감이라는 익숙한 사회적 장치를 통해 직원들로 하여금 회사 '바깥' 사람들(고객, 공동체, 외부 투자자들)이 아닌, 회사 '내부' 사람들(임원, 직원)의 행복을 더 생각하도록 만들기 때문이다.

우선 복종에 대해 먼저 생각해보자. 회사는 위계질서가 있는 사회적 환경으로, 직원들이 명령 체계의 상부에 있는 사람들로부터 이런저런 지시를 받아 일하는 모습이 명확히 나타난다. 보통 이런 지시는 "수익을 늘려라"를 이런저런 형태로 변형한 것이다. 물론 회사도 회사 강령이나 갖가지 홍보 캠페인을 통해 자사가 바깥세상에 책임을 지는 것처럼 내세우기도 한다.(앤하우저부시*에서 자사의 맥주를 사랑하는 고객들에

---

* 버드와이저, 호가든, 코로나 등의 브랜드를 보유한 세계 최대의 맥주 회사.

게 "책임감을 갖고 마시세요"라고 광고하는 것처럼.) 하지만 적어도 회사 내부에는 손익 결과에 집중하라며 직원들을 압박하는 분위기가 존재한다.34 두 번째 사회적 장치인 동조와 관련해서는, 회사 안에서 사람들은 일과를 보낼 때 이 세상을 더 나은 곳으로 만들기보다는 수익을 늘리기 위해 무진 애를 쓰는 다른 사람들에 둘러싸여 있게 마련이라는 점을 이야기할 수 있겠다. 마지막으로 일반적인 형태의 거대 회사는 그 구조상, 각자 서로 다른 일을 맡고 있는 수많은 사람 사이에서 정보가 나뉘는 만큼 회사 일에 참여하는 개별 직원들은 자신이 내린 결정이 남들에게 어떤 부정적 결과를 불러올지 온전히 알지 못한다. 이는 유명 방송인 캐시 리 기포드(Kathy Lee Gifford)의 사례만 봐도 충분히 드러나는데, 그녀는 자신의 이름을 딴 의류 브랜드 사업을 시작했지만 그 브랜드의 옷을 제작할 때 월마트가 불법 아동 노동을 활용했단 사실을 알고 프로젝트 진행을 뼈저리게 후회했다. 기업의 구조 속에서는 공감 능력이 있는 개인도 자신의 활동이 해로운 결과를 초래할 수 있다는 걸 전혀 모를 수 있음을 잘 보여주는 대목이다.

이와 함께 이른바 '선택 편향(selection bias)'으로 말미암아 사이코패스와 같은 식으로 행동하는 기업도 있을 수 있다. 달리 말하면, 회사가 그렇게 이상한 성격 유형의 사람들만 고용해서 그렇게 될 수도 있다는 것이다. 예를 들면, 담배 산업은 타인의 생명과 건강에 해를 입히는 게 너무도 분명한 만큼, 회사에서 일하는 직원들도 담배 산업이 사회에 끼치는 부정적 영향을 인정하지 않을 도리가 없다. 이런 상황에서 담배 회사들은 도리어, 천성이 그렇든 교육을 통해서든 타인의 행복에는 별 관심이 없는 유별난 사람들을 직원으로 뽑는 선택을 할 수 있다.(블랙코미디 영화 〈땡큐 포 스모킹〉이 이런 전제를 밑바탕에 깔고 있다. 2005년 제작된 이 영화에서는 아론 에크하트가 매력적이지만 사이코패스나 다름없는 로비스트 역을 맡아 거대 담배 회사를 위해 일한다.) 앞서 3장에서도 언급했듯이, 한 연구에서도 심리학을 전공한 학생보다 경영학을 전공으로 선택한 학생들이 사회적 딜레마 게임 실험에서 협동을 덜 하는 것으로 나타난 바 있다.

이런 식으로 사회적 맥락과 직원 선택이라는 요소를 고려하면, 법적 및 윤리적 규칙들이 대다수 사람들의 잘못된 행실을 규제하듯이 기업들도 규제해주리라는 가정은 더는 합리적이거나 안전하지 않아 보인다. 오히려 반대로, 기업들이 비록 완전히 사이코패스처럼 행동하지는 않겠지만, 그들은 사회화가 훌륭히 이루어진 일반적인 호모 사피엔스보다는 호모 에코노미쿠스 모델에서 예측되는 순전한 이기주의자에 가깝게 행동할 것이라고 봐야 할 것이다.

이 같은 사실을 인지한다면 무척 흥미로운 가능성을 한 가지 생각해볼 수 있다. 불법행위법 체계가 커다란 비용이 발생하는 사고를 잘 억제하는 역할을 확실히 다하기 위해서는, 어쩌면 서로 다른 실체에게는 서로 다른 법적 규칙을 만들어 적용해야 할 필요가 있을지도 모른다는 것이다. 무엇보다 특히, 자연인(自然人)*으로서의 사람과 법인(法人)**으로서의 회사에는 각자 서로 다른 법적 규칙을 마련하지 않으면 안 될 것이다.

• 법이 권리의 주체가 될 수 있는 자격을 인정하는 자연적 생활체로서의 인간.

•• 자연인이 아니면서 법에 의하여 권리 능력이 부여되는 기관 또는 단체.

다른 실체에 다른 법률을

전통적인 경제학에서는 일반적으로 법적 실체가 취하는 행동과 실제 사람들이 취하는 행동을 따로 구분하지 않는 경향이 있다. 이는 다름 아니라 전통적인 경제학에서는 이 둘이 똑같은 방식으로 행동한다고 가정하기 때문이다. 즉 법적 실체나 실제 사람들이나 모두 순전히 자기 이익만을 쫓으며 물질적 보상을—회사의 경우에는 수익을, 사람들의 경우에는 개인 재산을—최대화하기 위해 애쓴다고 생각하는 것이다. 그 결과, 불법행위를 다루는 법경제학파 문헌들도 사람이나 회사나 법적 제재에 반응하는 방식이 별 차이가 없다고 보는 게 일반적이다. 사람과 회사 모두에게 하나의 일관된 불법행위법 규칙 체계가 적용되어야 하며 똑같이 효과적이리라는 것이 법경제학파 문헌의 일반적인 가정이다.[35]

그런데 인간에게는 친사회적으로 행동할 잠재력이 있다는 점을 고려하면 이와는 다른 관점에 서게 된다. 대부분 사람은 양심이라는 형태의 '내적' 유인책을 갖고 있고 이 때문에 남에게 해를 끼치지 않으려 적어도 얼마쯤 주의를 한다. 회사에는 이 유인책이 없을 수 있다. 그렇기 때문에 어쩌면 우리는 회사에 대해서는 외적 유인책을 더욱 강화하는 식으로, 자연인인 사람과 법인인 회사에 저마다 달리 적용되는 법적 규칙을 만들어내는 게 필요할 수 있다.

그런 작업을 할 때 우리가 확실한 출발점으로 삼을 만한 하나는 피해자에게 과소보상하는 경향이 있는 불법행위법의 전통적 패턴을 재점검해보는 것이 아닐까 한다. 사람을 상대로 할 때는 피해자들에게 과소보상하는 손해배상 규칙이 반드시 문제를 일으키지는 않는다. 사람들 태반이 다른 사람의 신변이나 재산을 해치는 문제에서는 하이드 씨보다 지킬 박사처럼 행동하는 경향이 있으니까. 자연인의 경우에는, 내적인 양심의 제재가 더해진다고 하면, 일부 법적 책임만 지게 해도 대다수 사람이 남에게 해를 끼치지 않게끔 조심해야겠다는 동기를 가질 수 있다.

하지만 똑같은 과소보상 패턴을 회사에 적용하면 억제력이 너무 약해지는 일이 발생할 수 있다. 회사의 경우에는 수익을 내기 위해 남을 해칠 것이냐 말 것이냐를 결정할 때 도움이 될 만한 양심을 갖고 있지 않다. 그 결과, 회사는 그들의 부주의 과실에서 비롯되는 비용을 모두 지불하라고 정해놓지 않으면, 부주의 과실을 저지르는 일이 더욱 많아질 것이다. 그렇다면 우리로서는 특별 손해배상 규칙을 만들어 회사의 경우에는 피해자에게 한 푼도 빠짐없이 온전히 보상하도록 만들어야 할 수도 있다. 거칠게 표현하면, 회사가 피고로 섰을 때는 인간이 피고로 섰을 때 내야 하는 손해배상금보다 더 많은 돈을 내게 하는 게 나을 수 있다는 것이다.

이런 이야기를 한다고 해서 로빈 후드처럼 부자 회사들로부터 부를 거둬들여 그걸 가난한 인간 피해자들에게 나눠주자는 뜻은 아니다. 회사에 적용되는 이런 방침은 전적으로 경제적 효율성을 염두에 두고 있으며, 그중에서도 특히 양심을 갖지 못한 회사들이 규제가 없을 때 남들에게 떠넘기는 외적 비용들을 온전히 '회사 내부 비용'이 되게 하는 것을 관건으로 삼는다. 흥미로운 사실은, 미국의 불법행위법이 이미 이 방향을 향해 발전하고 있다는 표시들이 나타나고 있다는 것이다. 회사를 비롯한 여타 사업체들에게만 거의 전적으로 적용되는 반독점법(antitrust law)의 경우 반독점법 위반 책임이 사실로 드러나면 자신들의 반경쟁 행위들로 발생한 실제 피해의 3배에 해당하는 이른바 "3배 손해배상금"을 지불해야 한다.[36] 조직범죄법(Racketeer Influenced Corrupt Organizations Act, RICO: 그 명칭에서도 알 수 있듯 회사만이 아닌 각종 조직에도 적용된다)에도 이와 비슷하게 3배 손해배상금 조항이 있는 것을 볼 수 있다.[37] 이런 규칙들은 징벌적 손해배상의 한 변형으로, 피해를 당해도 굳이 소송까지 하지 않는 현실을 사업체 조직들이 걸핏하면 악용하는 일을 막기 위해 만들어진 것이다. 피고 입장에 선 회사의 관점에서 보면, 과소집행을 선호하는 불법행위법의 여러 측면이 러니드 핸드의 B 〈 PL 공식에서 'P'와 'L' 값을 감소시키는 데 반해, 3배 손해배상금은 'P'와 'L' 값을 올려준다고 하겠다.

사람이나 회사나 모두 똑같이 자신의 이익을 추구하며 부를 최대화하려고 노력한다고 믿는 사람이 보기에는, 똑같은 손상을 입히고도 잘못된 행위를 한 회사에게 인간 피고보다 더 많은 비용을 지불하게 하는 3배 손해배상의 원칙은 말이 안 되는 것처럼 보일 수도 있다. 하지만 두 실체의 행동 사이에 차이가 있다는 사실을 기꺼이 인정하는 사람에게는, 회사와 자연인에게 적용할 원칙들을 따로 마련하는 것은 단지 합리적일 뿐만 아니라, 큰 피해가 나는 사고들을 사전에 불법행위법으로 억제하는 데도 꼭 필요한 일이다.

결론 : 불법행위법의 친사회적 토대

지금까지 불법행위법은 법경제학과 학자들에게 늘 편안한 보금자리 같은 역할을 해주었는데, 대체로 불법행위법은 확실히 경제적 기능을 하는 것으로 여겨졌기 때문이었다. 법이 '정당한가' 여부를 떠나, 불법행위법은 음주 운전, 의료 과실, 비위생적인 음식 판매 같은 행위 억제에 일반적으로 효과를 발휘한다.

하지만 이와 함께 불법행위법의 원칙들을 가만히 들여다보면 '법을 가격'으로 여기는 생각과 관련해 갖가지 의문이 고개를 든다. 일례로, 불법행위법의 목적이 억제라면, 피해자가 고소를 꺼리게끔 하는 측면이 불법행위법에 그렇게 많은데, 혹은 피해자가 고소를 하더라도 피고가 부담하는 손해배상액이 제한돼 있는데, 이 시스템이 어떻게 제대로 작동하는 것인가? 또 불법행위법이 사람들은 이기적이라는 가정을 밑바탕에 깔고 있다면, 왜 남에게 별 관심 없는 피고들에게 굳이 징벌적 손해배상금을 부과하는 것일까?

양심과 함께 3-요인 모델을 고려하면, 이처럼 도무지 이해되지 않는 법적 문제들에 대한 답들을 찾을 수 있다. 현대 사회에서는 사회적 맥락으로 인해 우리는 다른 사람들의 신변이나 재산에 위해를 가해서는 안 된다는 생각을 하게 된다. 이 말은 곧 비록 완벽히 실행되지는 않고 손해배상에 제한이 있더라도, 과소집행되는 불법행위법만으로도 대부분 사람이 부주의로 남에게 해를 끼치지 않게 할 충분한 추가 유인책이 된다는 뜻이다. 그 이유는 바로 대부분의 사람이 양심이라는 형태의 내적 유인책을 이미 갖고 있기 때문이다. 여기에 추가로 더해지는 법적 책임이라는 의무는 친사회적 행동이라는 케이크 위에 올려져 있는 장식용 사탕 같은 것일 뿐이다. 한편 징벌적 손해배상은 친사회적 행동이라는 이 케이크가 통째로 사라진 듯 보이는 무척 드문 상황을 해결해주는 역할을 맡는데, 친사회성을 추구하는 사회적 맥락에도 불구하고 비정하게 남들을 개의치 않는 사람들에게 특별한 벌을 주는 것이다.

양심에 눈을 돌리면 우리는 불법행위법 체계를 더 잘 이해하게 될 뿐만 아니라, 양심을 지침 삼아 이 체계를 한층 훌륭하게 개선할 수 있다. 여기서 특히 중요한 점은, 인간은 협동이 대개 이득이 되는 환경 속에서 사회 집단을 이루어 수만 년 아니 심지어는 수백만 년을 살고 난 뒤에야 비로소 친사회적 행동을 진화시킬 수 있었다는 점이다. 회사는 우리 곁에 존재한 지가 이제 겨우 몇 세기밖에 되지 않은 만큼, 인간이 갖춘 이런 능력을 진화시켰다고 볼 이유가 어디에도 없다. 만에 하나 그 모든 확률의 법칙을 뛰어넘고 회사에도 이미 그런 능력이 생겨났다고 하면 더없이 놀라운 우연의 일치라 하겠지만 말이다. 큰 비용이 드는 사고 예방에 우리의 불법행위법 체계가 되도록 큰 효과를 발휘하기를 진정 원한다면, 우리는 먼저 이 같은 현실부터 인정해야 할 것이다.

8장
좋은 파트너 고르기: 관계적 계약 이야기

칼이 함께하지 않는 계약은 말에 불과하니,
그래서는 사람을 지켜주는 힘을 전혀 갖지 못한다.

— 토머스 홉스(Thomas Hobbes)

린 조이는 사업 경영 컨설턴트였다. 1996년 조이는 국제 경영 컨설팅 회사인 헤이 그룹 시카고 지부에 고용돼 일하게 됐다. 2001년에 이르렀을 때 그녀는 연봉으로 210,000달러를 받고 있었다. 2002년이 되자 회사는 그녀를 해고했다.[1]

헤이 그룹에 따르면 조이가 해고당한 것은 고객 청구액 연(年)할당량을 채우지 못했기 때문이었다. 헤이 그룹 측에서는 이는 특정 사유로 인해 조이의 고용이 종료된 경우라고 주장했다. 여기서는 '사유'라는 말의 의미가 중요했는데, 사유 없이 고용이 종료될 경우 1년치 연봉을 퇴직수당으로 받을 수 있다는 조항이 조이가 헤이 그룹과 맺은 고용계약서에 들어 있었기 때문이다. 헤이 그룹 입장에서는 조이가 청구액 할당량을 채우지 못한 것이 사유였고, 따라서 조이는 계약서에 명시돼 있는 210,000달러의 퇴직금을 받을 자격이 없었다. 조이는 헤이 그룹이 계약을 위반했다며 소송을 걸었다. 조이의 사건은 미국 제7구역 항소법원(U.S. Court of Appeals for the Seventh Circuit)에 배당되어 리처드 A. 포스너 판사의 책상 위에 놓이게 되었다.[2]

이기심이 시장 교환에 주는 혜택

불법행위법에서보다도 더, 계약을 논하는 오늘날 대부분 전문가의 사고와 글에서는 합리적 이기심 행동 모델이 지배적인 영향력을 미치고 있다.[3] 당장 보기에는 이런 현상은 지극히 당연한 것 같다. 어떤 사회적 맥락은 사람들에게 비이기적 행동을 유발한다 하더라도, 시장 교환은 사람들이 자기 자신만 생각해도 무방하다고 여겨지는 맥락 중 하나이다. 변호사와 판사들의 말마따나, 자동차, 밀가루 선물(先物), 코카콜라 6개들이 팩을 사고파는 사람 대부분은 "얼마간 거리를 두고 대등한 입장에서" 서로를 대한다. 이때 양심은 중요치 않다. 이런 상황에서는 이기적으로 구는 것이 서로에게 기대하는 적절한 행동이다.

　그뿐만 아니라, 이럴 때는 이기적인 교환이 쌍방 모두에게 행복한 결과를 가져다주는 것이 보통이다. 과속하던 운전차가 행인을 쳤을 때는, 행인이 손실과 부상을 당하는 결과가 빚어진다. 하지만 두 사람이 재화, 서비스, 돈을 조합해 서로 이기적으로 거래하면, 이 거래를 통해 보통은 양쪽 모두 형편이 더 나아진다. 물론 이는 스코틀랜드 출신 경제학자 애덤 스미스가 자신의 그 유명한 시장의 '보이지 않는 손' 비유로 짚어냈던 것과 정확히 일치하는 이야기이다.

어떤 사람이 산업의 도움을 받아 자본을 활용하려는 목적은 오직 하나, 수익을 내기 위해서이다. 그런 만큼 그는 생산된 제품이 가장 큰 가치를 갖거나, 혹은 그 제품을 가장 많은 양의 돈 혹은 다른 재화와 교환할 수 있는 산업에서 그 자본을 쓰려 늘 노력할 것이다. (…) 이때 그가 염두에 두는 것은 자신이 무엇을 얻는가이며, 다른 많은 경우와 마찬가지로, 이런 상태에서 그는 보이지 않는 손의 이끌림을 따라 자신이 전혀 의도하지 않은 목표를 증진하게 된다. (…) 자신의 이익을 추구함으로써 때때로 그는 자신이 실제 의도했던 것보다 훨씬 효과적으로 사회의 이익을 증진하게 된다.[4]

계약법이 필요한 이유

이 대목에서 계약법이 재화 및 서비스 교환 증진에 어떤 역할을 하는지를 한번 살펴보기로 하자. 물론 사람들이 무언가를 교환할 때마다 매번 계약을 해야 하는 것은 아니다. 예를 들어 빵을 살 때는 공식 계약이 따로 필요 없다. 여러분이 제빵사에게 돈을 주고, 제빵사는 여러분에게 빵을 주면 그만이다.

하지만 계약서가 무척 유용할 때도 있다. 양쪽이 거래 일정을 조율해 앞으로 무언가를 해야 한다는 의무를 한쪽이나 양쪽에 지우고 싶어 하는 경우도 있기 때문이다. 가령 통신판매 카탈로그를 보고 물건을 구입한다거나 누군가에게 돈을 빌려줄 때 따르는 리스크에 대해 생각해보자. 강제집행할 계약이 맺어져 있지 않으면, 막상 받아보니 물건이 카탈로그에 나와 있는 모습과 완전히 딴판일 수도 있고(그나마 물건이라도 도착한 경우라면 말이다), 빌려 간 돈을 도무지 안 갚는 경우도 있을 수 있다. 이런 일이 있다는 걸 알면 많은 이가 카탈로그를 보고 물건을 사거나 돈을 빌려주기를 꺼려할 것이다. 그러면 서로에게 이익이 되는 많은 교환이 상대의 약속을 믿지 못해 이뤄지지 않을 수 있고, 그 결과 집단과 개인 모두 형편이 더 나빠질 수 있다.

이때 계약을 맺으면 약속을 밑바탕으로 한 교환이 더 안전하고 매력적인 것이 된다. 그런데 경제학 이론에서 이런 일은 계약이 실제로 이행될 때에만 일어난다. 누군가 혹은 무언가가, 필요할 경우에는 무력을 써서라도, 계약상의 약속이 반드시 지켜지도록 해야 하는 것이다. 토머스 홉스는 1651년 『리바이어던(Leviathan)』에서 이 문제를 이런 식으로 설명했다. "칼이 함께하지 않는 계약은 말에 불과하니, 그래서는 사람을 지켜주는 힘을 전혀 갖지 못한다."[5]

오늘날 세상에서는 계약을 위반하면 법원에서 손해배상금을 부과하리란 위협이 바로 이 "칼"에 해당하는데, 그러면 이기적인 개인도 내키지 않아도 계약 사항을 지켜야겠다는 동기를 갖게 된다. 계약법의 목적을 이런 식으로 이해하면 자기 이익을 추구하는 호모 에코노미쿠스 행동 모델이 일견 계약법을 분석하는 정확하고도 설득력 강한 방식으로 보인다. 사람들이 늘 자기 이익에 따라 움직이지는 않지만, 재화와 서비스를 교환할 때는 자기 이익에 따라 움직이는 경향이 있는 게 사실이다. 거기 더해, 자기 이익을 추구하는 거래에서 맺어진 약속들이 실제로 실행되면 거래의 양쪽 당사자 모두 혜택을 얻는 게 일반적이다. 그렇다면 계약법에서 합리적 이기심을 기본으로 가정하지 않을 이유가 있을까? 구태여 양심의 문제를 거론하는 이유는 무엇인가?

불완전 계약의 문제

아닌 게 아니라, 못을 100상자 구입할 때처럼 단순한 형태의 '단발적(discrete)' 계약을 분석할 때는 호모 에코노미쿠스 모델만 있으면 충분할 수 있다. 하지만, 불법행위법이 그렇듯, 계약법도 더욱 꼼꼼히 뜯어보면 계약이 실제 어떻게 작동하는지 설명하는 데 양심이 핵심적인 역할을 한다는 걸 알 수 있다.

이 사실은 법학자들이 '불완전' 계약이라 일컫는 부분을 생각해볼 때 가장 분명하게 드러난다. 여기서 불완전 계약이란, 양측 당사자 사이에 불거질 수 있는 몇몇 문제나 논쟁점이 계약에 담기지 못하는 것을 말한다. 제아무리 장황하고 세세한 계약도 어떤 거래가 진행되는 동안 일어날 수 있는 모든 문제를 빠짐없이 담을 수는 없다. 예를 들어 집주인과 건설업자가 계약을 맺고 주방 리모델링을 하기로 했다면 어느 범위까지 작업을 진행하고, 자재의 색깔과 종류로는 무엇을 쓰며, 리모델링 작업비로 얼마를 지불할지에 대해서는 계약서상에 논의가 이루어질 가능성이 높을 것이다. 하지만 공사 중간에 화재가 일어나 집이 깡그리 불타버리거나 막상 공사를 하려고 보니 건물에 충해(蟲害)가 심각할 경우 어떻게 할지는 계약서에서 논의될 가능성이 희박하다. 이와 마찬가지 맥락에서, 조이의 고용계약서에는 조이가 아무런 사유 없이 해고당할 경우 퇴직수당을 받는다고 명시하고 있었다. 하지만 청구액 할당량을 채우지 못한 것도 그런 "사유"에 해당하는지 밝혀주는 내용은 계약서에 담겨 있지 않았다.

계약서가 불완전할 수밖에 없는 이유는 한두 가지가 아니다. 우선 인간인 이상 모든 것을 다 알 수 없다. 계약 전문 학자 멜 아이젠버그(Mel Eisenberg)의 말처럼, "계약은 미래를 염두에 둔 것인 만큼, 늘 불확실성의 조건 속에서 맺어질 수밖에 없다".[6] 그런데 양측 당사자 어느 쪽도 생각하지 못해 계약 당시에는 별로 논의되지 못한 문제들도 계약이 이행되는 도중에 발생할 수가 있다.

복잡성도 계약의 불완전성을 가져온다. 상황이 복잡하면 협상 및 계약 초안을 잡는 데만도 큰 비용이 들기 때문이다. 가령 집주인과 건설업자가 주방 리모델링 작업 중간에 발생할지도 모를 모든 문제를(다량의 페인트가 불량일 경우부터 인플루엔자 유행으로 전국적 방역에 들어가는 상황까지) 어떤 식으로든 하나도 빠짐없이 예상한다고 해보자. 이렇듯 만에 하나 발생할 수 있는 모든 사태를 하나도 빠짐없이 일일이 열거한 공식 계약은 그 초안을 잡는 데만 엄두도 못 낼 만큼 많은 비용과 시간이 들어갈 뿐만 아니라, 이런 계약서는 너무 무거워 들고 다니지도 못할 것이다. 따라서 계약 양측은 완벽한 계약서를 쓰려고 하기보다, 자신들이 제시한 거래에서 가장 중요하고 또 확실한 측면들만 다루고, 나머지는 향후 그런 문제들이 정말 발생했을 때 처리하도록 놔두는 선에서 그칠 것이다.

마지막으로, 계약 당사자에게는 중요해도 그것을 '검증하기'가 어려운 문제들도 있기 때문이다. 예를 들어 집주인과 건설업자가 주방의 수납장 제작 작업을 "고품질"로 한다는 조항을 따로 만들어 넣었다고 해보자. 수납장 제작 작업에 명확한 하자가 발견되지 않는 이상, 집주인이 수납장 제작 작업의 질이 어느 정도인지를 판사 앞에 증명해 보이려면 비용이 여간 많이 들 뿐만 아니라 아예 증명 자체가 불가능할 수도 있다. 이 말은 곧, "고품질"이라는 조항은 현실적 차원에서는 검증하기가 힘들기 때문에 계약서에 넣지 않는 게 더 나을 수 있다는 뜻이다. 판사는 수납장 제작 작업이 고품질이라고 결론 내릴 수도 있고, 고품질이 아니라고 결론 내릴 수도 있다. 둘 중 어떤 결론이 나올지는 아무도 확신할 수 없다.

불완전 계약은 어디에나 있다

불확실성, 복잡성, 검증불가능성은 흔하게 있는 문제이기 때문에, 불완전 계약도 어디에나 존재한다. 심지어는 예를 들어 차를 사는 것 같은 비교적 간단한 계약에도 공백은 있다.(내가 산 차가 광고에서만큼 연비가 좋지 않으면 어쩔 것인가?) 내로라하는 법경제학파 학자인 스티븐 샤벨(Steven Shavell)의 말처럼, "계약은 계약 당사자들에게 중요할 수 있는 온갖 종류의 변수와 만일의 사태들을 생략하는 게 보통이다".7 계약 분야 학자 로버트 스콧(Robert Scott)은 여기서 한 발 더 나아가 "모든 계약은 불완전하다"라고까지 말한다.[8]

하지만 조지 오웰의 말을 빌리자면, 어떤 계약은 더 불완전하다.* 법률 전문가들의 설명에 의하면 계약은 완전성 정도에 따라 한 줄로 죽 늘어세울 수 있다.[9] 그 한쪽 끝을 차지하고 있는 것이 '단발적' 계약이다. 이 계약은 단순하고, 손쉽게 설명되며, 다시 피차 거래가 없으리라 여기는 양 당사자 사이의 거래에 대해 거의 완벽한 계약 내용을 담고 있다. 그 반대편 끝을 차지하고 있는 것은 이른바 '관계적(relational)' 계약으로, 복잡하고, 장기간에 걸친, 불확실한 거래를 다루는 것이 특징이다. 예를 들면 상업용 사무실 건물 건설 계약, 새로운 벤처 사업에 쓸 전문 소프트웨어 코딩 작업 계약, 혹은 린 조이 같은 경영 컨설턴트 고용 계약이 여기에 해당한다.

당연히 포스너 판사가 조이 대 헤이 그룹 판결에서 다뤄야 했던 것도 이와 같은 불완전한 관계적 계약이었는데, 조이의 고용계약서에도 "사유"라는 주요 용어를 따로 정의하고 있지 않았다. 그 결과 포스너가 지적한 것처럼, "계약서 안에 담긴 이 말의 정확한 의미가 무엇인지는 단순히 계약서만 읽어서는 결정할 수 없다. (…) 본 사건은 서면 계약에 명확한 의미를 담고 있는 경우에 해당하지 않는다".[10] 조이의 고용계약은 양측 모두에 무척 큰 경제적 중요성을 지니는 것이었지만 그 내용이 불완전했다.

• 조지 오웰의 『동물 농장』에 나오는 "모든 동물은 평등하다. 하지만 어떤 동물은 더 평등하다"는 구절을 따온 표현이다.

계약의 이런 불완전성이 이 사건에서 유달리 눈에 띈 이유는, 조이의 컨설팅 전문 분야가 다름 아닌 회사 중역에 지급하는 급여와 보너스 등의 보상에 대한 것이었기 때문이다. 포스너는 판결문을 통해 조이가 회사를 상대로 재판을 걸 자격이 충분하다며 비꼬듯 이렇게 말했다. "중역의 보상 문제를 컨설팅 업무로 삼는 회사가, 자사에서 중역으로 일하는 사람의 보상 권리를 계약서에 명확하게 적시하지 못한 것은 상당히 아이러니한 일이 아닐 수 없다."[11]

조이의 계약서가 불완전했던 건 아이러니였을 수 있지만, 불완전한 계약은 사실 그렇게 흔치 않은 일도, 전혀 예상 못할 일도 아니다. 대부분의 관계적 계약에는 심한 불완전성이 표지처럼 따라다닌다. 예를 들어, 포춘지 선정 500대 CEO의 고용계약서를 다룬 실증 연구 결과, 고용계약서 자체를 아예 쓰지 않은 경우가 거의 3분의 1에 달했고, 나머지 3분의 1도 급여 정도만 적혀 있을 뿐 그들의 책무는 거의 명시하지 않고서 그야말로 골자만 추린 계약서를 썼다.[12] 관계적 계약은 이런 식인 것이 보통이다. 관계적 계약은 앞으로 거래가 이루어지는 동안 일어날 수 있는 문제들 가운데 가장 확실하고 가장 중요한 것에만 손을 대고, 그 외 나머지 모든 문제는 거래 관계가 이뤄지는 동안 양측이 상호 합의를 통해 결정하도록 놔둔다. 로버트 스콧의 설명을 빌리면, 이런 계약들은 "'일부러' 불완전한 상태로 맺어지는 것처럼 보이기도 한다".[13]

계약 분쟁에서 법원은 무능하다

관계적 계약의 경우에는 과연 법원이 계약을 이행시킬 능력이 충분한가 하는 심각한 문제가 제기되곤 한다. 예를 들면 계약 당사자가 실제로는 전혀 합의한 적 없는 계약 '조건'들을 판사가 무슨 수로 이행시킬 수 있겠는가?[14] 법학자 에릭 포스너(리처드 포스너 판사의 아들)의 말대로, 관계적 계약을 맺은 당사자들은 "향후 분쟁이 벌어질 경우 사태를 어떻게 이끌어가야 할지 법정에 알려줄 예지력이 없고, 법정은 그런 방향 제시가 없는 상황에서 계약을 적절하게 실행시킬 천재성이 없다".[15] 불확실성, 복잡성, 검증불가능성으로 말미암아 계약자들이 애초 완전한 계약서를 작성하는 것이 불가능한 것과 마찬가지로, 계약 이후에는 불완전성 때문에 불거진 분쟁을 가라앉힐 최선책을 법정도 잘 찾아내지 못하는 문제가 있다.

이 말은 곧 법정이 관계적 계약에서 벌어진 분쟁 ― 예를 들면, 벤처 사업 실패로 두 동업자가 분쟁을 벌이게 됐거나, 건설업자와 건물주 사이에 공사 지연 문제로 벌어진 분쟁 ― 을 '해결'하는 방식은 동전 던지기로 문제를 '해결'하는 방식과 상당히 비슷할 때가 많다는 것이다. 법정이 어떤 식으로든 결론에 이를 것은 분명하지만, 어떤 결정이 내려질지, 또 법정이 어느 쪽을 편들지는 계약 당사자들이 전혀 예상할 수가 없다. 이번에도 에릭 포스너의 말을 빌리면, 법정은 "관계적 계약이 부과하는 요구를 충족시켜야 하는 면에서는 **철저히 무능하다**".[16]

따라서 관계적 계약 때문에 발생한 소송은 월터 스콧 경(Sir Walter

Scott)의 소설 『아이반호(Ivanhoe)』에 묘사된 중세의 재판 방식과 비슷한 모습일 때가 많다.[17] 성당기사단의 기사 브리언 드 브와-길베르가 아름다운 유대인 여인인 레베카에게 주술을 썼다는(특히, 주술을 써서 드 브와-길베르 자신에게 기독교도답지 못한 욕정을 일으켰다며) 죄를 뒤집어씌웠을 때, 레베카가 실제로 죄를 지었는지 여부를 결정한 것은 판사나 배심원단이 아니라, 드 브와-길베르와 레베카 대신 투사로 나선 아이반호 사이의 마상 창시합이었다. 이 결투에서 아이반호가 승리하면서 레베카가 재판에서 이긴다.[18] 오늘날 관계적 계약상 분쟁(사업 갈등, 고용 분쟁, 임대인-임차인 소송, 서비스 계약 분쟁 등)에 휘말린 소송인들은 기사들이 아니라 변호사들을 내세워 싸움을 벌인다는 점은 다르기는 하지만, 결투 재판에서와 마찬가지로 이런 싸움에서 어떤 결과가 나올지는 예측하기 힘들며, 어느 쪽의 주장이 더 훌륭한가보다는 어느 쪽의 투사가 더 뛰어난 기술과 공격성을 발휘하는가가 결과를 좌우하기 일쑤다.

사람들은 왜 계약을 지킬까?

관계적 계약의 이런 특성을 알면, 이기적 행위자로 하여금 자신이 한 약속을 어떻게든 이행하게 하는 것이 계약법의 일차적 기능이라는 주장에 의문이 들지 않을 수 없다. 물론 단순한 형태의 단발적 계약에 나와 있는 명시적인 조건들은 법정도 충분히 이행시킬 수 있다. 하지만 계약상에 존재하지 않는 '조건들', 관계적 계약의 커다란 공백 속에서나 발견되는(어쨌거나 발견된다고 말할 수 있다면) 그런 것들까지 법정이 이행시킬 수 있으리라 보기는 어렵다. 아닌 게 아니라 과장을 조금 섞어 말하면, 관계적 거래에서 공식 계약서를 써서 생기는 가장 주된 결과는 상대방을 법정으로 끌고 와 그들을 곤경에 빠뜨릴 수 있는 능력을 양쪽 계약자가 각기 갖게 되는 것이라고 할 수도 있다.

그런데 이렇게 보면 관계적 거래 자체가 과연 어떻게 이루어질 수 있는 건지 의문이 생긴다. 순전히 이기적인 행위자라면 관계적 계약의 큰 맹점을 악용해 계약서상에서 자신들이 한 약속을 지키려 하지 않을 것이다. 그렇게 해도 법정에서 그들을 벌할 확률은 100퍼센트가 안 될 테고, 낮게는 50%에 머물 수도 있을 테니 말이다. 거기에다 피해자가 소송은 비용이 많이 드는 데다 이기기도 쉽지 않으리란 사실을 알고 아예 소송을 하지 않을 수도 있으니 처벌받을 위험은 더 낮아진다. 그런 만큼 순전히 이기적인 건설업자라면, 가령 비숙련 노동자를 고용하거나, 질이 떨어지는 자재를 쓰거나, 모서리 마감재를 쓰지 않거나, 심지어 집주인이 자기를 고소해도 이기기 힘들 거라고 계산하고는, 집주인의 주방을 완전히 헐어버린 뒤 서로 간에 합의한 가격의 두 배를 주지 않으면 주방을 개축할 수 없다는 식으로 나올 수도 있다.

순전히 이기적인 행위자라면 아마 이런 사태를 미리 예상하고, 순전히 이기적인 상대방과는 관계적 거래를 하지 않으려 할 것이다. 하지만 우리는 현실의 사람들이 불완전한 관계적 계약을 맺는 걸 얼마든 볼 수 있다. 오히려 현대 생활에서 경제적으로 가장 중요한 거래 대부분은 ― 장기 공급 계약, 공동 벤처 사업, 아파트 임대, 건설 계약, 고용 계약, 서비스 계약 ― 관계적 계약의 형태로 진행된다. 법정이나 판사들이 계약을 이행시킬 별 힘이 없음에도, 어떻든 간에 사람들은 누군가와 관계적 거래를 해도 안전하다고, 적어도 관계적 거래가 일어날 만큼은 안전하다고 생각한다. 한술 더 떠서, 관계적 거래에 이용되는 수많은 계약은 그냥 불완전한 정도가 아니라, 현실적 필요마저 충족시키지 못할 만큼 불완전해 보인다. 조이와 헤이 그룹은 중역의 보상 문제를 전담하는 전문 경영 컨설턴트 집단이었으니, 조이의 퇴직금 수령 권리를 박탈하기에 충분한 "사유"가 정확히 무엇인지 포스너 판사에게 알려줄 수 있는 지침을 계약서에 넣을 능력이 분명히 있었다. 그런데도 그들은 그러지 않고 핵심 골자만 담긴 간략한 계약서를 쓰는 편을 택했다. 왜 그랬을까?

평판의 힘은 한계가 있다

계약 전문가들은 때로 이렇게 주장한다. 계약을 맺고서 사람들이 기회주의적으로 행동하지 못하는 것은 법체계에 대한 두려움 때문이 아니라, 평판을 잃게 될 거란 두려움 때문이라고 말이다. (평판을 중시하는 논변에 의하면) 특히 어떤 사업을 하면서 상대와 '되풀이해서' 거래를 할 때는 순전히 이기적 행위자라도 자신의 잘못된 행실에 대한 소문이 미래의 고객이나 공급자의 귀에 들어갈 수도 있는 만큼 관계적 계약 안의 공백을 악용하길 꺼리게 될 것이다. 저명한 경제학자

올리버 윌리엄슨(Oliver Williamson)의 표현대로(경제학자 특유의 극적 연출의 재주를 발휘해), "평판 효과는 회사 간 교역에서 기회적으로 행동하려는 유인책을 경감시킨다. 까닭인즉, 평판이 중시되는 체제에서는 기회주의에서 얻어지는 당장의 이익이 결국엔 미래의 비용과 맞바꿔 사라질 것이기 때문이다".[19]

회사를 비롯해 장기간을 존속하는 거대 사업체는 정말로 자신들의 평판을 염려해, 되풀이해서 사업 거래를 해야 하는 시장에서는 되도록 기회주의적 행동을 삼가려 할 수도 있다. 하지만 회사보다 수명이 짧은 인간의 경우에는, 평판의 힘이 정말 기회주의를 억누를 만큼 강할까 의문스럽다. 예를 들어, 여러분이 어떤 일에 발을 들여 처음 경력을 쌓거나 사업을 시작하는 상황에서는, 당신이 믿고 거래할 수 있는 사람임을 남들에게 납득시키려 할 때 도저히 평판에 의지할 수가 없다. 그런데도 새로 개업한 변호사는 어떻게든 첫 의뢰인을 받고, 신예 경영진도 연봉을 받는 첫 직책을 구하며, 초보 의사도 자신이 진료할 첫 환자들을 찾아낸다. 또 반대로 경력의 막바지에 이르러 퇴임 시기가 가까워질수록 평판의 신뢰도는 떨어지는데, 이때는 평판 타격에 따르는 잠재 비용이 급격히 줄어들기 때문이다. 그렇다면 나이 지긋한 의사들은 자기 환자를 대충 돌보는 게 당연한 선택일 것이다.

평판에 대한 염려를 토대로 계약을 준수하게 하려 할 때의 또 다른 문제점은, 관계적 계약이 깨졌을 때 계약 당사자 중 어느 쪽이 잘못했는지를 외부 관찰자가 결정하기 어렵다는 것이다. 만일 조이 쪽에서 자신이 고객 할당량을 채우지 못한 건 헤이 그룹에서 업무를 제대로 홍보해주지 않았기 때문이라고 주장하면, 외부인으로서는 과연 어느 쪽의 평판이 손상됐는지 결정하기 어려울 것이다. 마지막으로, 그저 평판에 대한 염려를 기반으로 충분히 관계적 거래가 가능하다면, 관계적 거래를 트려는 사람들은 법정에서 계약을 이행시킬 수도 없는데 애초에 무슨 이유로 군이 공식 계약서를 쓰는 것일까?

관계적 계약과 지킬/하이드 증후군

평판이 항상, 심지어는 종종이라도, 순전히 이기적인 행위자로 하여금 관계 거래에서 맺은 약속을 반드시 지키도록 할 수 있는지에는 의문의 여지가 많다. 올리버 윌리엄슨도 이렇게 수긍한 바 있다. "평판 효과의 실질적 힘은 과장되기 쉽다."[20] 이와 함께 앞에서도 함께 살펴봤듯, 관계적 계약의 당사자들은 자신들의 계약 사항을 실행시키고자 할 때 법정에 의지할 수도 없다. 그렇다면 호모 에코노미쿠스는 과연 어떻게 해야 관계적 계약을 성공적으로 맺을 수 있을까?

그 답은 호모 에코노미쿠스는 아마도 그럴 수 없으리라는 것이다. 적어도 또 다른 호모 에코노미쿠스와 거래하는 한에는 그렇다. 그러니 이제 다른 가능성을 생각해보도록 하자. 계약법은 순전히 이기적인 당사자들 사이에 관계적 거래가 잘 이뤄지도록 하는 면에서는 영 쓸모가 없을 수도 있다. 하지만 **친사회적인** 사람들 사이에 관계적 거래가 잘 이뤄지도록 하는 데는 계약법이 꽤 유용할 수도 있다. 전통적인 경제학 이론에서, 계약법은 자기 이익을 추구하는 행위자들이 자신이 맺은 약속을 어떻게든 실현시키기 위한 것이지만, 관계적 계약의 실상은 어쩌면 그 정반대일 수도 있다. 즉 관계적 계약은 자기 이익만 추구하는 사람들의 이야기가 아니라, 상대방을 서로 신뢰하는 동시에 최소한 어느 정도는 서로의 행복까지 비이기적으로 고려하는 사람들이 풀어나가는 이야기일 수 있다.

여기서의 핵심은, 두 사람이 관계적 계약을 맺고자 할 때 양쪽 모두 계약에 반드시 존재하게 되는 수많은 공백을 상대방이 기회주의적으로 악용할 가능성을 배제하고 싶어 한다는 점을 이해하는 데 있다. 법정이 이 공백을 메워주리라 기대할 수도 없는데, 불확실성, 복잡성, 검증불가능성으로 인해 법정도 이 문제에서 "철저히 무능하기" 때문이다. 평판에 대한 염려가 때로는 기회주의적 행동을 억제해주기도 하나, 평판만으로는 충분치 않을 때가 많다. 따라서 관계적 계약을 트려는 당사자들은 어쩔 수 없이 기회주의적 행동을 억제해주는 세번째의 대안적 수단에 의지하는 경우가 많다. 그것은 바로 계약 상대의 양심이다.

예를 들어 쌍방이 계약을 이행하고 있는데 뜻하지 않게 어떤 문제나 기회가 생겼다고 생각해보자. 이때 당사자가 둘 다 이기적이어서 갖은 수를 써서라도 모든 상황을 자기에게 유리해지도록 만들려 한다면 두 사람 모두 시종 극심한 갈등에서 빠져나오지 못할 것이다. 서로가 달라진 상황에서 오는 손해는 온전히 상대방에게 떠넘기는 한편 거기서 생길 수 있는 이익은 온전히 자기가 차지하려 들테니 말이다. 한편 이와는 반대로 계약 상대가 친사회적이어서 양쪽 모두가 서로의 행복을 배려하는 마음을 가진다면 — 즉 뜻하지 않은 이득이나 손실을 서로 간에 잘 나누는 식으로 — 상황이 훨씬 쉽게 풀릴 수 있는데, 이들에게는 적어도 어느 정도는 (단순히 개인 차원이 아니라) 상호 간의 행복을 증진하려는 공통의 목표가 있기 때문이다. 이렇듯 친사회적인 파트너와는 거래와 관련된 세부 사항들을 일일이 문서화할 필요가 없다. 이들은 상대방이 이기적인 욕심으로 허술한 틈을 찾기에 급급하기보다는 함께 더 행복해지는 데 집중하고 있다고 믿는다. 마지막으로, 설령 계약 이행시 미처 발견하지 못하거나 검증하지 못하는 측면들이 있어도, 친사회적인 계약 파트너는 상대방의 행복을 염두에 두고 되도록 계약을 이행하기 위해 애쓸 것이다.

단도직입적으로 표현하자면, 관계적 계약 안의 암묵적 '조건' 중에는 계약 파트너를 대할 때 자기 안의 하이드 씨는 억누르고 가급적 지킬 박사처럼 행동하겠다고(즉 계약을 어떻게 이행할지 결정할 때 자신의 행복과 함께 파트너의 행복도 염두에 두겠다고) 약속하는 것도 포함돼 있다는 것이다. 이런 생각은 법사회학파 출신의 계약 연구 학자들이 개인주의적인 법경제학파를 비판하며 내놓는 주장과 빼닮은 데가 있다. 예를 들어, 이안 맥닐(Ian Macneil) 같은 학자는 계약 당사자들이 협상을 통해 내놓은 공식 계약 조건들에만 초점을 맞춰서는 관계적 계약을 이해할 수 없다고 주장해왔다. 맥닐의 주장에 따르면, 관계적 계약은 말 그대로 관계에 대한 것이며, 관계에서는 (다른 그 어떤 것보다) "역할 충실성", "융통성", "상호주의" 같은 특성이 중요하다.[21]

그런 만큼 관계적 계약의 가장 뚜렷한 특징은 계약 쌍방이 계약을 사회적 상황으로 인식하고서 비이기적으로 행동하는 게 최소한 어느 정도는 필요하다고 여기는 것이라고 해도 과언이 아닐 것이다.

단순한 단발적 계약부터 복잡하고 불완전한 관계적 계약에 이르기까지 천차만별의 계약은, 결국 계약 당사자가 파트너에게 얼마나 하이드 씨처럼 행동하는지 혹은 얼마나 지킬 박사처럼 행동하는지에 따라 다시 특징지을 수 있다. 이런 접근법을 취하면 관계적 계약이 실제 어떤 식으로 작동하는지, 어떻게 하면 계약법 및 계약 분야 변호사들이 이를 더욱 훌륭히 작동시킬 수 있을지와 관련해 갖가지 통찰을 얻을 수 있다.

파트너 선택의 중요성

관계적 계약과 관련해 우리가 친사회적 행동의 경험적 증거를 통해 얻을 수 있는 가장 중요한 가르침을 꼽으라면, 관계적 계약이 성공하는 핵심은 계약 파트너를 잘 고르는 것일 수 있다는 것이다. 호모 에쿠노미쿠스 종 두 사람끼리는 아마 서로를 상대로는 애초에 관계적 계약을 트지 않으려 할 텐데, 이들은 법정이나 평판이 충분히 제재하지 못하는 이상 상대방이 계약의 불완전성을 기회주의적으로 이용할 것이 뻔하다고 예상할 것이기 때문이다. 마찬가지 맥락에서, 친사회적인 개인 역시 딱 봐도 이기적인 파트너와는 관계적 거래를 트지 않고자 할 텐데, 이기적인 행위자는 친사회적 파트너가 가진 협동적 성향을 이용하려고만 들 것이기 때문이다. 자식을 사랑하는 부모 중 자기 자식에게 호모 에코노미쿠스와 중요한 관계적 계약 ― 고용이든, 사업 파트너든, 결혼이든 ― 을 맺으라고 가르치는 사람은 아무도 없을 것이다.

하지만 친사회적인 개인 둘이 어떤 식으로든 상대를 찾아내 서로 협의를 통해 관계적 계약을 맺는다면 양쪽 모두 이득을 볼 수 있을 것이라고 충분히 기대할 수 있다. 따라서 모든 관계적 계약에서 그 첫 단계는 적절히 친사회적인 거래 파트너부터 찾아내는 것이다.(심지어 시카고학파 경제학자인 리처드 엡스타인Richard Epstein도 분별 있는 사람이라면 "[자신들의] 파트너부터 먼저 고르고, 계약에 대한 걱정은 나중에 한다. 그 순서가 뒤바뀌어서는 곤란하다"라고 이야기한다.)[22] 하지만 관계적 계약에서 파트너 선택이 본질적으로 중요하다는 조언은 자연스레 다음과 같은 질문을 제기한다. 자기 이익만을 내세우지 않을 상대방을 우리는 어떻게 찾아낼 수 있을까?

6장에서도 살펴봤지만, 사회적 맥락이 친사회적 행동을 요구하는 게 분명할 때조차도 그렇게 하지 못하는 이들이 우리 인간 가운데에는 몇 퍼센트쯤 존재하는 것으로 보인다. 분별 있는 사람이라면 이런 사이코패스와 중요한 관계적 거래를 맺으려 하는 일은 절대 없을 것이다. 하지만 문제는 사이코패스들이 자신의 비사회적인 성향을 광고하고 다니는 일도 거의 없다는 것이다.

사이코패스가 아닌 사람들의 협동 성향도 저마다 천차만별이라는 점도 심각성은 낮지만 마찬가지의 문제를 제기한다. 사회적 맥락에서 요구하는 바가 분명할 때는 대부분 사람이 거기 맞춰 친사회적 행동을 할 줄 아는 것처럼 보이더라도, 개중에는 모호한 사회적 맥락도 존재한다. 계약도 그런 애매모호한 사회적 상황일 수 있는데, 단발적 계약에서야 순전히 자기 이익만 추구하는 행동이 사회적으로 용인되지만, '단발적'에서 '관계적'에 이르기까지의 폭넓은 계약 스펙트럼에서 특정 계약이 과연 어디에 해당하는지가 늘 딱 떨어지게 분명한 것은 아니다. 따라서 관계적 거래에서는 그런 모호한 사회적 상황조차도 늘 협동적 행동을 하려는 이를 파트너로 선택하면 무척이나 유리해진다. 그런데 그런 파트너를 우리는 무슨 수로 알아볼 수 있을까?

앞서 6장에서 우리는 진화생물학자들이 파트너 선택의 문제에 어떤 식으로 지대한 관심을 가져왔는지를 살펴보면서, 그들이 그 해법의 하나로 제시한 '녹색 수염 효과'도 살펴보았다. 즉 이타주의가 거짓말을 하면 얼굴이 빨개지는 등의 겉으로 더 쉽사리 드러나는 유전적 특징과 연관돼 있다면 이타주의자가 다른 이타주의자를 알아보는 것이 가능할 수도 있다는 것이다. 흥미로운 사실은, 친사회적 성향을 드러내주는 듯한 그런 '녹색 수염' 유의 특성 하나는 다름 아닌 **남들**도 친사회적이라고 가정하는 성향이라는 점이다. 여러 건의 실증 연구를 통해 거듭 밝혀진 바에 따르면, 자신이 다른 사람보다 불리한 위치에 있어도 좋다고 생각할수록(다시 말해 다른 사람을 더 잘 믿을수록) 다른 사람을 함부로 이용하는 일은 되도록 하지 않으려는 태도(믿을 만한 사람처럼 행동하려는 태도)를 더욱 강하게 보인다.[23]

남을 잘 믿는다는 것은 그만큼 자신이 믿을 만한 사람임을 보여주는 신호일 수 있다. 반대로 누군가를 불신하는 것은 상대적으로 이기적이고 믿지 못한 사람임을 스스로 '드러내는' 것으로, 이를 통해 친사회적인 사람들은 그들과의 거래를 피하거나, 설령 거래를 하더라도 그들에게는 비교적 완전하고 강제성 있는 계약을 요구하게 된다.

사회적 프레이밍의 중요성, 변호사들에게 책임을 떠넘기기

계약 파트너를 기꺼이 믿는 태도를 보이는 것은, 단지 자신에게 친사회적 행동 능력이 있음을 나타내는 신호에 그치지 않으며 더 많은 정보를 전달할 수 있다. 불완전한 계약에서 자신이 얼마쯤 손해를 감수해도 좋다는 태도는 그 사람이 본래 믿음직한 품성을 타고났음을 알려주는 동시에, 현재 논의 중인 계약에서 생겨난 사회적 맥락을 그 사람이 어떻게 바라보는지 알려주는 중요한 표시가 될 수도 있다.

이 책 5장에서 우리는 친사회적 행동 성향을 타고난 사람조차도 이기심을 발휘하는 게 적절해 보이는 사회적 맥락에서는 어떻게 자동적으로 자기 이익을 추구하게 되는지 논의한 바 있다. 당연한 얘기지만, 계약의 사회적 맥락은 모호할 수 있다. 현재 논의 중인 계약이 이기적으로 행동하는 것이 적절하고 무방한 단발적 계약인지, 아니면 신뢰, 협동, 상대방의 이익을 서로 챙겨주는 상호주의가 요구되는 관계적 계약인지 어떻게 알까? 극단적인 경우들에서는(중고차 구매와 혼전합의서 협의가 양극단에 해당한다고 하겠다) 이 구별이 뚜렷하다. 하지만 단발적 계약의 요소와 관계적 계약이 요소를 모두 갖고 있는 계약도 — 이를테면 고용 계약 — 도 얼마든지 존재한다.

애매모호한 계약이 맺어지는 상황에서, 계약 파트너의 양심을 믿고 거래하고픈 사람이라면 반드시 그 거래가 정말로 각자도생식 행동보다는 서로에 대한 배려가 요구되는 상황이라는 걸 최대한 명확하게 밝혀야만 한다. 어느 정도는 대놓고 말하는 식으로 그렇게 할 수도 있다. 하지만 자신이 얼마나 신실한 사람이고 좋은 의도를 가졌느냐를 말로 확신시키는 것은, 경제학자들 말마따나, '흰소리'나 다름없다. 말보다는 행동이 소리가 더 큰 법이다. 그런데 어떤 사람이 계약을 맺는 자리에 변호사와 깨알 같은 글씨가 빼곡히 적힌 두툼한 계약서 뭉치를 들고 나타났다고 하자. 그의 이런 행동은 계약 관계의 성격과 관련해 우리에게 정확히 어떤 메시지를 전달하겠는가?

가정 문제 변호사들은 이 '신호' 문제를 이미 오래전부터 익히 알고 있었는데, 가정사 문제를 다루다 보면 결혼을 앞둔 커플들이 혼전합의서 작성을 꺼리는 일을 심심찮게 볼 수 있기 때문이다. 커플들이 혼전합의서를 쓰지 않으려 하는 것은 자신들이 이혼을 절대 안 할 거라 자신해서라기보다는, 혼전합의서 요구가 상대에 대한 신뢰 부족으로 비쳐 결혼 생활에 미리 초를 칠까 염려해서다.[24] 실험실 게임의 모습도 커플들의 이런 망설임을 설명해준다. 앞에서도 함께 살펴봤듯, 실험실 게임에서 친사회적 행동을 하게 만드는 가장 중요한 사회적 신호 중 하나는 피험자가 자신과 게임을 벌이는 상대방이 친사회적으로 행동한다고, 혹은 그리리라고 믿는 것이다. 같은 맥락에서 신부나 신랑 어느 한쪽에서 '혼전합의서'를 요구하면 그 사람이 그 결혼을 얼마쯤은 각자도생식의 관계로 보고 있다는 신호가 피치 못하게 전달된다. 이런 신호를 받으면 상대인 약혼자도 비슷하게 자기 이익만을 추구하는 태도를 취하게 될 테고 말이다.

이런 식의 가능성은 사회학자들이 말하는 "밀어내기 효과(구축효과)" 혹은 "동기 밀어내기"라는 현상의 한 사례이기도 하다.[25] 기본 개념은 이렇다. 만일 우리가 계약 파트너를 순전히 자기 이익만 추구하는 사람으로 대하면, 우리는 해당 사회적 맥락에서는 이기적으로 행동하는 것이 적절하고 또 무방하다는 신호를 그 사람에게 보내게 된다. 이런 신호가 전달되면 우리의 파트너 역시 정말로 자기 이익을 추구하는 식으로 행동할 가능성이 높아진다. 동기 밀어내기를 다룬 한 고전적 연구를 살펴보자. 이 연구에서 연구자들은 어린이집 중 부모가 아이를 늦게 데리러 오는 바람에 폐관 시간 이후까지 교사들이 시설에 남아 있는 일이 수시로 발생하는 10곳을 택해 실험을 진행했다. 연구자들은 6곳의 어린이집에서 아이를 늦게 데리러 오는 부모들에게 벌금을 물리는 제도를 새로이 시행하도록 해보았다. 그 결과는 어땠을까? 외려 늦게 도착하는 부모들의 숫자가 눈에 띄게 늘었다.[26]

경제적 관점에서 보면, 이런 결과는 전혀 뜻밖의 일이다. 어떤 활동의 비용이 올랐는데 어째서 사람들은 '돈을 치르고도' 그 일을 더 하는 것일까? 밀어내기 이론에 따르면, 늦게 도착하는 부모들이 벌금을 내게 되면서 어린이집의 사회적 맥락이 시장과 흡사하게 변화했고 늦게 오는 데 대한 부모들의 '심리적 비용'이 줄어들었다는 것이다. 다시 말해 이제 지각은 자기만 생각하는 이기적인 사회적 무례가 아니라 일종의 시장 결정이 되었고, 그 결과 교사들의 행복은 신경 쓰지 않고 맘 편히 늦게 오는 편을 택하게 되었다는 것이다. 어린이집이 외적인 물질적 유인책을 강조한 셈이 되면서, 죄책감이나 공감 같은 '내적' 유인책은 뒤로 밀려난 것이다.

계약을 맺으려 할 때 우리의 친사회적 동기들을 밀어내는 걸 피하려는 욕구를 이해하면, 앞서 언급한 바 있는, 관계적 계약이 쌍방에 필요한 것보다 훨씬 불완전한 것처럼 보이는 현상도 설명할 수 있다. 조이와 헤이 그룹은 중역 배상 문제의 전문가들인 만큼 "사유"라는 말의 정의가 자신들의 계약에서 중요한 요소임을 인지하는 데 필요한 지식이나 경험이 없었을 리 없다. 그런데 이들은 굳이 이 단어를 정의하지 않았다. 당시 계약에서 "사유"의 정확한 의미를 세세히 규정하는 데 너무 큰 관심을 쏟을 경우, 헤이 그룹 측은 조이를 해임시킬 가능성에 볼썽사납게 관심을 많이 둣 비쳐질까 봐 우려했으며, 또 조이 쪽에서는 자신이 어떻게 하면 해임을 피할지에 볼썽사납게 관심을 많이 갖는 것처럼 비쳐질까 봐 우려했다고 봐도 큰 무리는 아닐 것이다.

이런 관점에서 보면, 관계적 계약을 협의 중인 사람들이 계약 도중 변호사가 끼어드는 데 갖은 불평을 쏟아내더라도 사실 변호사는 성공적인 관계적 거래로 가는 길이 순조롭게 트이는 데 꼭 필요한 역할을 해줄 수 있다. 관계적 계약을 맺으려는 어느 한쪽이 어떤 조항이나 조건을 더욱 세세히 정하고 싶을 때 변호사를 희생양으로 삼으면 그 효과를 톡톡히 볼 수 있다. 건물주는 임차인에게, 또는 혼전 합의서를 꼭 썼으면 하는 신부는 신랑에게 이런 식으로 말하면 된다. "당신을 못 믿어서 그러는 게 아니에요. 일이 잘 못 될까 봐 그러는 것도 아니고요. 그저 제 변호사가 꼭 그렇게 해야 한다고 해서요."

이런 식으로 변호사에게 책임과 비난을 돌리면 관계적 계약을 맺는 당사자들에게는 지극히 값진 무언가를 이룰 길이 열린다. 즉 그 관계와 관련된 이런저런 희망 사항이나 기대를 구체적으로 서로에게 전할 수 있으며 — 이런 식으로 정보를 교환하면, 양측의 필요에 썩 부합하지 않는 관계적 거래를 맺는 바람에 애초부터 잘못된 관계를 시작할 일이 없어진다 — 그러면서도 서로를 믿는 친사회적 상호작용이 이뤄지리란 기대도 양쪽 모두에서 허물어지지 않는다. 그러는 사이, 변호사들은 그들 나름대로 (수임료라는) 값진 무언가를 챙길 수 있고 말이다. 애덤 스미스의 보이지 않는 손이 다른 시장에서와 마찬가지로 법률 서비스 분야에서도 놀라운 일들을 일으키는 것이다.

철저히 무능한 법정이 도움을 주는 방법: 법정 권고의 역할

지금까지 우리는 함께 친사회적 거래를 맺는 파트너들이 어떻게 양심을 활용해 기회주의적 행동을 제어하는지 살펴보았는데, 여기 깔린 관점에 따르면 관계적 계약 이행에 있어 법정은 에릭 포스너의 인상 깊은 표현처럼 그야말로 "철저히 무능하다". 그런데도 관계적 거래 당사자들은 공식적 계약이라는 방법을 활용해 자신들의 거래에 굳이 법체계를 끌어들이곤 하는데, 자연스레 왜 그렇게 할까 의문이 고개를 든다. 먼저 당연한 얘기지만, 관계적 성격이 매우 강한 거래에도 상대적으로 단발적인 부분이 존재해서 그런 부분은 계약 당사자들이 쉽게 문서화할 수 있으며 그에 대해서는 법정이 이행력을 가진다는 것이 답의 일부가 되겠다. 하지만 그 밖에도 법정이 무척 쓸모 있는 노릇을 하는데, 이 역할은 법정이 신뢰할 만한 물질적 유인책을 만들어 계약을 이행시키는 능력(혹은 그런 능력을 갖지 못한 것)과는 아무 상관이 없다.

이 부분에서 알아야 할 점은, 권위자의 지시가 사람들의 친사회적 행동 유발에 강한 영향력을 미치는 또 하나의 사회적 신호이기도 하다는 것이다. 법정과 판사는 권위의 원천이 되지 못하면 결국 아무것도 아니다. 이 말은 곧 판사가 **이러저러한 일을 마땅히 행해야 한다고 말해주는** 단순하고도 무척 값싼 방편을 통해, 관계적 계약 당사자들에게 친사회적 행위를 유도할 수 있다는 뜻이다.

이런 생각은 현대 법학자들의 기조와도 공명한다. 그 주장에 따르면 법에는 "표현적" 기능이 있어서, 어떤 종류의 가치관과 행동이 적절한지를 놓고 권위 있는 메시지를 보내주기만 해도 인간 행동을 변화시킬 수 있다고 본다.[27] 표현적 법 이론가에 따르면, 입법자들이 사법부의 견해와 법규를 통해 어떤 종류의 행동이 적합하고 또 기대되는지를 공적으로 언명해주면, 사람들은 물질적 처벌이나 보상이 없더라도 권위자의 입으로 표명된 행동 기준을 순순히 따르려고 노력하게 되리라는 것이다. 표현적 법 이론은 보통 형법, 혹은 미국 헌법의 평등 보호 조항이나 국교 금지 조항 조항에 적용되곤 한다.(형법 안에서 표현적 법 이론이 하는 역할은 9장에 가서 다시 한번 훨씬 상세히 살피게 될 것이다.) 하지만 이와 함께 계약 사건에서도 법이 중요한 표현적 기능을 수행하기도 한다.

특히, 계약 전문 학자 에린 오하라(Erin O'Hara)도 말한 바 있듯, 판사들은 모든 계약에는 쌍방이 "성실한 신의로써" 계약을 이행할 의무가 함축돼 있다는 의견을 계약 사건 판결문에 표명하는 경우가 많다.[28] 조이와 헤이 그룹의 고용계약서상의 "사유"라는 말의 의미가 그랬듯, 사실 "성실한 신의"라는 말의 의미도 지극히 모호한 데가 있다. 그래서 거래의 당사자들로서는 자신이 어느 때 성실한 신의의 의무를 잘 지키는 것인지, 혹은 어기는 것인지를 사전에 정하기가 불가능할 수 있다. 달리 말하면 법정은, 관계적 계약의 다른 불완전한 측면을 이행시키는 데 철저히 무능하듯, 법적으로 함축된 성실한 신의의 의무를 이행시키는 데도 철저히 무능할 수 있다.

그럼에도 사법부 의견을 통해 계약 당사자에게 "성실한 신의" 및 "사실에의 정직" 원칙을 지켜야 한다고 권고하면 관계적 계약 내에서 비이기적 행동이 늘어날 수 있다. 사법부의 이런 권고를 통해 사회적 맥락이 생겨나 계약 당사자들이 파트너와의 관계에서 친사회적으로 행동해야 한다는 내적 의무감을 느끼게 되기 때문이다. 오하라의 표현에 의하면, "계약법은 일종의 표현적 기능을 수행하는 바, 어느 정도까지 행동의 품위를 지켜야 하는지 그 기준을 거래인들에게 알려준다". 29 다시 말해 계약을 맺었을 때는 파트너의 행복에도 관심을 보여야 하는 것이 도리임을 관계적 계약의 당사자들에게 일러주기만 해도, 법정은 따로 물질적 제재를 가하지 않고도 계약 당사자들이 그렇게 행동할 확률을 높일 수 있다.

이런 사실을 놓고 보면 왜 관계적 계약을 다룰 때 법정에서 종종 훈계조의 언어를 사용하는지도 설명된다. 법정의 이런 모습은 사업 파트너와 기업 경영진에게 부과되는 "수임자" 의무(fiduciary duty)를 다루는 상법(商法) 학자들이 특히 중요하게 언급해왔던 부분이기도 하다. 수임자 의무 판결의 가장 흥미로운 사실 하나도, 판사들이 수임자의 위치를 일종의 계약상 약속 상대로 볼 때가 많다는 것이다. 이런 약속에 따르면 (권한을 위임받은) 수임자는 이기심을 버리고 자기의 이익보다 (권한을 위임해준) 수익자의 이익을 더 중요시해야 한다. 대법관 벤저민 카도조(Benjamin Cardozo)가 유명한 마인하드 대 새먼(Meinhard v. Salmon) 판결에서 표현했듯, 수임자는 "자기에 대한 생각을 버려야만 하는 위치에 스스로 들어간 것이다. 그런 자기희생이 얼마나 힘든 일이건 간에".[30]

이와 함께, 부주의 과실을 저지른 기업 수임자들을 상대로 이른바 "주의 의무(duty of care)" 소홀 재판이 열릴 때도 법정은 피고에게 도덕적 훈계 이상의 조치는 좀처럼 하지 않는 걸로 악명이 높은데, 일반적으로 부주의 과실 기업 수임자들은 "경영 판단의 원칙"이라는 기조를 바탕으로 법적 책임을 면하곤 한다.[31] 기업 학자 에드워드 록(Edward Rock)은 이와 관련해 이렇게 결론내린다. "수임자 의무 법을 우리는 (…) 좋은 경영진과 나쁜 경영진의 이야기를 담은 일련의 우화 혹은 민담, 다시 말해 그들이 마땅히 해야 할 역할을 한데 모아놓은 이야기들이라고 이해해야 할 것이다."[32] 기업의 경영진이 호모 에코노미쿠스처럼 행동할 경우, 어쩌면 법정에서는 이런 유의 도덕성 이야기들만 끝도 없이 늘어놓으며 실제 행동에는 아무런 변화도 일으키지 못할 수도 있다. 하지만 실험실 게임 증거를 통해서도 드러나듯, 명망 있는 권위자의 지시가 있으면 많은 사람이 정말로 자기 이익을 억제하게 되는 것처럼 실제로 사법부의 '표현'들은 물질적 제재를 동반하지 않고도 사람들의 행동을 변화시킬 수 있다.

철저히 무능한 법정이 주는 추가적 도움: 복수의 역할

법정이 권위를 가지고 관계적 계약에서 기회주의적으로 행동하는 게 부적절하다는 신호를 보내기만 해도 그런 행동을 최소한 얼마쯤 억제할 수 있다는 사실에 주목하면, 어떻게 "철저히 무능한" 법정이 관계적 계약에서 상당히 중요한 역할을 할 수 있는지와 관련해 일부나마 답을 얻을 수 있다. 그런데 법정이 할 수 있는 일이 이렇듯 사회적 맥락의 틀을 잡는 것이 전부라면, 관계적 거래 당사자들이 왜 구태여 공식적 계약을 맺으려 하는가 하는 의문은 그대로 남는다. 어쨌거나 관계적 계약 당사자에게 도리를 지키며 행동하라고 훈계하는 것이 판사들의 제일차적 역할이라면, 판사들은 훈계하고 거래 당사자들은 판사들의 권고를 귀 기울여 들으면 그만 아니겠는가. 실제로 법정까지 가서 관계적 계약에서 분쟁의 시시비비를 가릴 필요 없이 말이다.

그런데도 거래 당사자들은 굳이 철저히 무능한 법정을 굳이 끌어들여 관계적 계약 건에서 일어난 분쟁의 시시비비를, 그 결론이 아무리 무작위적이더라도, 가리려 한다. 어쩌면 이는 단순히 계약 당사자들의 실수일지도 모른다. 만일 그들이 더 현명하다면, 어떤 식이든 의견 불일치가 생겨 그것이 계약으로 명확히 해결되지 않을 때는 동전 던지기를 해서 결론을 낸다는 조항을 계약서 안에 포함시키면 될 것이기 때문이다. 변호사를 고용해 몇 개월 혹은 몇 년씩 소송을 벌이느니 동전 던지기를 하는 쪽이 비용도 훨씬 쌀 것이다.

그런데도 관계적 계약 분쟁의 당사자들은 기어이 법정까지 가서 시시비비를 가리는 편을 택하는데, 그렇게 되면 찰스 디킨스의 소설『황폐한 집(Bleak House)』에 등장하는 잔다이스 대 잔다이스 법정 사건을 연상케 하는 일이 일어날 수 있다. 소설에서처럼 끝도 없이 이어지는 소송 속에서 양쪽의 시간, 에너지, 돈이 모두 바닥나 버리는 것이다. 경제적 관점에서 보면, 이런 행동은 비합리적이라 할 만큼 자멸적이다. 관계적 계약 사건 소송은 참여한 양쪽의 손익을 더하면 결국 마이너스가 되는 일종의 네거티브섬 게임(negative sum game)이라서, 합리적이고 이기적인 이들이라면 여간해서는 참여하지 않으려 할 것이다. 몇몇 법학자들은 이 사실을 인정하면서, 그런데도 사람들이 네거티브섬 소송을 불사하는 이유는 평판 때문이라고 이야기한다. 그런 주장을 펼쳐온 이 중 하나가 에릭 포스너로, 그는 만일 계약 양측이 값비싼 소송을 활용해서라도 신의 없는 계약 파트너를 '응징'해 평판을 쌓을 수 있으면, 관계적 거래에서는 철저히 무능한 법정도 관계적 거래가 원활히 이뤄지는 데 나름의 역할을 하는 셈이라고 이야기한다. 소송에 돌입할 경우 법을 어기지 않은 쪽도 법을 어긴 쪽만큼이나 많은 손실을 감내하게 되나, 법을 어기지 않은 쪽 입장에는 그렇게 보복해 관련 평판을 얻으면 앞으로 거래 파트너가 기회주의적으로 행동하는 것을 막을 수 있으니 그 정도 비용은 충분히 감수할 가치가 있다고 합리적으로 결론 내릴 수 있다는 것이다.[33]

에릭 포스너의 이론은 관심을 끄는 동시에, 일부 경우에는 제법 설득력이 있기도 하다. 하지만 이 이론으로는 앞으로 "반복 참여자"가 될 일이 없어 장차 남들과 비슷한 관계적 계약을 틀 일이 없는 사람이 벌이는 소송은 설명하지 못한다. 그런 경우들에서는 평판을 생각하는 것 이상의 어떤 일이 일어나고 있다고 하겠다. 실험실 게임의 증거들은 이 '어떤 일'의 정체가 과연 무엇인지 빛을 비춰준다.

최후통첩 게임을 진행해보면 비이기적 행동은 단순히 남들을 돕는 비용을 선뜻 감수하는 모습으로만이 아니라, 남을 해치는 데 드는 비용도 선뜻 감수하는 형태로도 나타날 수 있다. 사실 복수심은 이타주의처럼 매력적인 성격적 특징은 아니다. 그렇긴 하지만 앞서 4장에서도 논의했듯이, 친사회적으로 행동하길 거부하는 누군가에게 앙심을 품고 어떻게든 응징하려는 태도는 2차 효과를 통해 남들의 기회주의적 행동을 억제하는 데 큰 도움이 될 수도 있다. 만일 관계적 계약을 맺는 중에 어느 한쪽이 자신의 계약 파트너에게 자신이 손해를 볼 경우 복수를 할 거라는 신호를 확실히 보낼 수 있으면, 파트너는 계약의 불완전성을 이용하려는 시도를 되도록 하지 않으려 할 수 있다. 자칫 잘못했다 파트너의 심기가 뒤틀려 개인 비용이 들어감에도 분노에 차서 소송을 불사할 위험이 있기 때문이다. 여기 담긴 기본 생각은, 로버트 프랭크가 지적한 것처럼 복수심을 진화론적 관점에서 설명해준다. 내게 복수심 성향이 있을 때 남들이 나를 "곤란에 처하게" 할 일이 줄어든다고 하면, 우리는 복수심 성향을 애초부터 갖고 있어야 유리하다.[34]

나의 계약 파트너가 복수심을 품고서 고소까지 할 수도 있다고 판단되면 관계적 계약을 기회주의적으로 깨려는 엄두를 아예 못 내게 될 수 있다. 설령 법정이, 에릭 포스너의 표현대로, 철저히 무능한 상황이라도 그렇다. 향후 법정에 설지도 모를 가능성을 헤아려 관계적 계약 파트너들이 서로 더욱 품위 있게 행동하게 되는 것은, 저 옛날 결투가 벌어질 가능성 때문에 귀족들이 서로 더욱 품위 있게 행동하게 되었던 것과 크게 다르지 않다. 제법 신사다운 사람이 상처도 잘 받고 잘 발끈한다면 제아무리 사이코패스라도 그를 함부로 이용하기가 꺼려질 것이다.

....
결론: 유인책 그 이상

지금으로부터 백 년도 더 전에 올리버 웬들 홈스는, 양심이 없는 나쁜 사람에게 "보통법에 따른 계약 준수 의무란 계약을 지키지 않을 경우 손해배상금을 물어 줘야 한다는 뜻이나 다름없다. 그 외의 그 어떤 뜻도 아니다"라고 말했다.[35] 현대의 수많은 전문가도 홈스의 견해를 따라, 무엇보다 계약법은 합리적이고 이기적인 계약 당사자들이 각자의 처지에서 독립적 거래를 맺을 수 있도록 독려하는 유인책 체제로 기능하기 위해 만들어졌다고 본다.

　이런 식의 접근은 단순한 단발적 계약에 대해서는 아무 무리 없이 잘 작동한다. 하지만 관계적 거래라는 암초를 만나면 이런 발상은 좌초한다. 관계적 계약 사건에서 법정이 갖는 '유인책 부과'라는 역할은, 설령 기능을 한다 해도, 형편없는 수준에 머물 뿐이다. 사법 시스템이 흔들거리는 불안한 손으로 휘두르는 법의 검은, 엉뚱하게 피해자가 잘못을 저질렀다며 잘못 내리쳐질 수도 있다.

　그렇다면 계약법은 관계적 거래가 원활히 이뤄지는 데 어떤 식으로 기여하는 걸까? 성공적인 관계적 거래에 비이기적 행동이 얼마나 중요한지에 초점을 맞추면, 우리는 왜 친사회적인 파트너가 애초부터 얼마쯤의 손해는 기꺼이 감수하려 하는지 그 이유를 알 수 있다. 그뿐만 아니라 관계적 계약에서는 성실 신의와 상호 배려의 행동이 적절하다는 사실을 권위자를 통해 알려주는 것만으로도, 계약법이 서로 간 신뢰를 쌓는 방편이 될 수 있다는 것도 알 수 있다. 이와 함께, 일이 틀어졌을 때는, 무능한 법정이라도 관계적 계약의 희생자에게 복수의 방편을 마련해줌으로써 나름의 쓸모 있는 역할을 한다는 사실도 알 수 있다.

9장
범죄, 처벌, 공동체

*범죄를 저지르면 분명 얻는 게 있다.
그게 아니라면 애초 범죄 자체가 없을 테니까.*
— G. 고든 리디(G. Gordon Liddy)

로버트 디발시(Robert DiBalsi)는 운이 없는 사내였다. 변변한 직업 없이 자식 둘을 키우던 그는 우울증을 앓고 약물에 중독된 전력도 모자라 에이즈 감염 진단까지 받은 터였다. 1998년 7월 13일은 디발시에게는 유난히 운수 없는 날이 되었다. 그날 캘리포니아주 포모나의 한 마트에 들어선 디발시는 5.69달러짜리 건전지 팩 하나를 주머니에 쑤셔 넣고, 손에는 코코넛크림 파이를 하나 집어 들었다. 그런 뒤 계산대로 간 디발시는 파이값은 냈지만, 배터리값은 따로 지불하지 않았다. 이 일로 디발시는 경찰에 붙잡혀 절도죄 판결을 받은 것과 함께, 31년 징역형을 선고받았다.[1]

형법은 가격일까?

디발시의 이 사건은 우리의 형사사법체계가 양심에 어떻게 의지하고 있는지를 잘 보여주는 사례다. 얼핏 생각하면 직관에 반하는 듯한 이 주장의 의미를 제대로 새기려면, 다음과 같은 질문을 던져보는 게 유용할 것이다. 왜 캘리포니아주는 단돈 5.69달러밖에 하지 않는 건전지 팩을 훔쳤다는 이유로, 아마도 그의 남은 평생이 될 가능성이 높은 31년의 징역형을 그에게 선고한 것일까?

웬만한 경제학자라면 누구나 디발시의 형량을 보고 고개를 갸웃할 수밖에 없을 텐데, 경제학자들이 바라보는 형법은 그들에게 모든 법이 다 그렇듯, 하나의 유인책 체계이기 때문이다.(베스트셀러 경제학자 스티븐 레빗은 이렇게 말한다. "범죄자도 다른 모든 이들이 그렇듯, 유인책에 반응하게 마련이다.")[2] 이런 견해에 따르면, 불법행위 책임이 가해자에게 배상금을 지불하는 방식으로 큰 손해를 입히는 사고를 방지하듯, 형법도 큰 손해를 입히는 범죄에는 범죄자에게 징역이라는 대가를 '지불하게 해' 범죄를 방지한다. 노벨상 수상자 게리 베커(Gary Becker)도 다음과 같은 말로 여기 담긴 생각을 아주 근사하게 포착해낸 바 있다. 형사 처벌은 "범법 행위의 가격(price)이라고 생각할 수 있다. (…) 예를 들면, 차 한 대를 훔치는 것의 '가격'은 6개월의 감옥살이라고 할 수도 있을 것이다".[3]

하지만 건전지 팩을 하나 훔친 '가격'으로 31년의 종신 징역형을 책정한다는 게 말이 되는 일일까? 사실 디발시가 그렇게 긴 형량을 받은 것은 그가 절도를 저지른 곳이 하필 1994년 미국에서도 가장 가혹한 '삼진아웃제'를 택한 캘리포니아주였기 때문이었다.[4] 디발시는 1984년 주거 침입으로 유죄를 선고받은 전력이 있었다. 또 1989년에는 차 사고와 관련해 흉기 사용 폭행으로 유죄를 선고받았는데, (디발시의 주장에 따르면) 이때 피해자는 이렇다 할 부상을 입지 않았다.[5] 그 후에 캘리포니아주에서 삼진아웃제 법령을 도입했다. 1998년에 디발시가 절도 경범죄를 저지른 것이 세 번째 '스트라이크'에 해당했고, 그는 그렇게 '아웃'을 당했다.

'법을 가격'으로 보면, 디발시가 비교적 가벼운 다른 범죄들을 저지르고(그리고 그때마다 '대가'를 지불하고) 거의 10년이나 지난 후 가게 물건을 슬쩍했다는 이유로 사실상의 종신형을 선고받은 것은 아무래도 잘 이해되지 않는다. 영향력 있는 범죄학자인 존 브레이스웨이트(John Braithwaite)가 표현했듯, 형법을 경제학적으로 분석하는 것은 "이론적으로 무척 복잡할" 뿐만 아니라 "명백히 잘못된" 방법이다.[6] 브레스웨이트의 이 말에 담긴 진실을 제대로 보기 위해, 형법의 다른 측면들을 함께 생각해보도록 하자. 그러면 형법에는 단순히 유인책만이 아닌 그 이상의 것들이 작동하고 있음을 확실히 알 수 있다.

감옥이라는 난제

감옥에 갇혀 지내고 싶어 하지 않는 것이 대부분 사람의 마음인 만큼, 징역이라는 위협은 확실히 범죄 억제의 효과가 있다. 그런데 감옥이 정말 범죄를 억제하기에 특별히 좋은 곳이라고, 그러니까 경제학자의 관점에서 보기에도 특별히 효율적인 곳이라 생각할 근거가 있을까?

사실 캘리포니아주는 디발시를 여러 가지 다양한 방식으로 처벌할 수 있었다. 그를 감옥에 보내는 대신 벌금을 내게 할 수도 있었고, 고속도로 쓰레기를 치우게 할 수도 있었으며, 전자발찌를 부착해 그가 가게 점포에 들어설 경우 전기충격으로 고통을 주거나, 아니면 저녁나절 내내 올드팝 가수 베리 매닐로우(Barry Manilow)의 노래를 듣게 하는 벌을 내릴 수도 있었다.(마지막 방법은 콜로라도주의 한 판사가 비행을 저지르는 십대 청소년들에게 곧잘 쓰는 처벌이다.)[7] 사려 깊은 입법자라면 갖가지 처벌 중 하나를 고를 때 단순히 그 처벌이 범죄 억제에 얼마나 효과적일지 뿐만 아니라, 그 처벌을 내리는 데 사회가 얼마큼의 비용을 들이는지도 따져야 할 것이다. 그런데 비용 문제를 생각하면 감옥보다 돈을 더 허투루 쓰는 데도 거의 없을 것이다.

감옥은 운영에 많은 비용이 들기로 악명이 높다. 예를 들어, 캘리포니아주 형벌 제도에서는 수감자 한 명을 수용하는 데 매년 2만 5000달러 이상의 비용이 든다.[8] 이 말은 만일 디발시가 자신의 최소 형량인 31년을 다 채울 경우, 캘리포니아의 납세자들은 그가 5.69달러짜리 건전지 팩 하나를 훔친 죄를 벌하려 최소 77만5000달러를 내야 한다는 뜻이다. 거기에다 감옥은 수감자들을 빈둥거리게 만들어, 그들의 노동가치를 사회로부터 빼앗는다.(디발시 자신이 힘들게 일하기보다 아무 일도 안 하는 것을 더 좋아할 수 있는데, 그렇다면 왜 그를 마냥 놀게 놔두어야 한단 말인가? 왜 그를 도로 보수반이나 교도소 농장에 보내 주 50시간 노역을 시키지 않는 것인가?) 마지막으로, 범죄자를 감옥에 가둔다 해도 피해자들이 얻는 물질적 보상은 일절 없다. 고작 "정의가 실현되었다"라는 사실에서 오는 아리송한 쾌감을 폭행, 절도, 혹은 그 외에 다른 식으로 학대를 당한 데 대한 유일한 위안으로 삼을 수 있을 뿐.

　순전히 경제적인 관점에서는, 범법자에게 과중한 벌금으로 벌하는 것이 훨씬 합리적이다.[9] 물론 재산이 얼마 없는 범죄자는 벌금을 못 낼 수도 있으니, 이 중요한 제약에 대해서는 곧 살펴볼 것이다. 하지만 범법자가 자산을 어느 정도 가진 사람일 때는 거액의 벌금을 물리는 것이 범법자를 벌하는 방법이 될 뿐 아니라, 범법자 자신도 잃은 재산을 원상 복구하려 더욱 힘써 일하게 될 수도 있다. 그를 감옥에 집어넣어봐야 실업자 명부에 사람 하나만 더 늘어날 뿐이다. 게다가 벌금으로 걷힌 돈은 희생자에게 주는 보상금, 아동 백신 접종비, 연방정부의 채무 상환금 등 여러 가지 유익한 명목으로 쓰일 수 있다. 반면 교도소 담장, 교도관, 가시철조망에 들어간 돈은 다른 누군가에게 조금의 기쁨도 가져다주기 힘들다.

　그런데 폭행이나 강간 같은 중범죄를 저지르고도 너무 가난해 그런 행위에 뒤따르는 벌금을 못 내는 수많은 범죄자는 어떻게 해야 할까? 이들 범법자는, 법률가의 표현을 빌리자면, 이른바 "집행 불능(judgement proof)" 상태에 있는 사람들이다. 대부분의 범죄자는 거액의 벌금을 지불할 능력이 없는 만큼, 형법이 중범죄를 벌하려면 감옥에 의지할 수밖에 없다는 주장이 법경제학파 학자들의 입에서 나오는 것도 그래서다.[10]

　하지만 범죄자의 벌금 지급 능력 부족이라는 주장은 적어도 세 가지의 중요한 문제를 곧바로 맞닥뜨리게 된다. 첫 번째로 모든 범죄자가 가난한 것은 아니다. 부자인 피고는 자기 재산을 써서 법정에서 적극적인 변호는 할 수 있지만, 그도 일단 유죄를 선고받으면 감옥에 가야 하기는 여느 사람과 마찬가지다.(아마 더 나은 시설로 가리란 점은 인정해야겠다.) 예를 들어 성공한 여성 사업가 마사 스튜어트가 내부 거래 혐의 조사를 방해했다는 이유로 감옥에 가야 했던 일을 한 번 생각해보자. 그녀의 돈을 몰수하면 그만일 수도 있었는데 왜 그러지 않고 그녀를 감옥에 가두었을까? 부자와 빈자를 똑같이 감옥에 넣는 것은 경제적 관점에서는 기이한 일로 비칠 수밖에 없는데, 부자에게는 벌금을 물려 벌하는 것이 사회가 돈을 절약하는 길이기 때문이다.

두 번째 문제는, 재산의 한계라는 문제 때문에 벌금으로는 범죄 억제의 효과가 별로 나지 않는다고 한다면, 마찬가지로 불법행위 배상금도 재산의 한계 때문에 부주의 과실을 억제하는 효과가 없다고 봐야 말이 된다는 것이다. 게다가 오히려 불법행위 책임에 대비해서는 돈을 내고 보험에 들 수 있는 만큼, 벌금이 범죄를 억제 못 하는 것보다 금전적 손해배상이 부주의 과실을 훨씬 더 억제 못해야 할 것이다. 하지만 불법행위를 다룰 때 우리는 여전히 손해배상금에 의지하지 않는가. 의사들이 의료 과실을 저질렀다고 해서, 혹은 운전자가 부주의로 사고를 냈다고 해서, 그들을 감옥까지 보내는 일은 미국에서는 거의 없다.

대부분 범죄자가 벌금을 낼 능력이 부족하기 때문에 감옥에 의지할 수밖에 없다는 주장에 대한 세 번째 반론은, 무일푼의 범법자를 벌하려 하는 것이라면 징역보다 비용이 덜 드는 대안적인 방식도 얼마든지 있다는 것이다. 어쩌면 바운티 호의 블라이 선장*을 따라 유죄 선고를 받은 범죄자를 태형으로 벌하는 것도 방법이 될 수 있다. 죄수를 감옥에 두기보다 태형으로 다스리면 사회는 비용을 훨씬 덜 쓸 뿐만 아니라, 채찍질에서 생긴 상처가 아물면 일에 복귀할 수도 있지 않겠는가. 아니면 이마에 낙인을 찍거나 귀를 잘라내는 것도 괜찮은 방법일지 모른다. 고통받는 것은 똑같지만, 원상태로 복귀하는 속도는 훨씬 빠르니까 말이다.

범죄 억제책치고 감옥은 쓸데없는 비용이 많이 들어가는 낭비나 다름없다. 이런 이유 때문에 '법을 가격'으로 논하는 이론가들이 자신들 주장을 펼 때 과속이나 불법 주차처럼 보통 벌금으로 처벌하는 가벼운 규제 범죄들만 골라 사례로 드는지도 모른다.[11] 하지만 이런 '범죄'는 법률가들이 **금지적 범죄**(malum prohibitum)라 일컫는 것들로, 사회가 이런 행동들을 나쁜 것으로 공식적으로 금하는 행동이기 때문에 범죄가 될 뿐이다. 반면 강간, 절도, 살인 같은 전형적인 범죄는 (그 자체로 나쁜 행동이라는 의미인) **본래적 범죄**(malum in se)에 해당한다. 이 본래적 범죄에 속하는 행동들이 형법의 핵심을 차지하며, 이것들은 보통 징역으로 처벌한다. 그렇게 생각하면 감옥은 경제성과는 전혀 동떨어진 해법인 셈이다.

---

* 18세기 영국 해군 함정이었던 바운티 호의 선장으로, 규율을 어긴 선원들에게 태형을 가하는 등 매우 가혹하게 대하는 바람에 선상 반란이 일어났다. 이 '바운티 호의 반란'은 해양사에서 유명한 사건으로 영화화되기도 했다.

범죄 동기라는 난제

형법이 양심의 역할에 지대한 관심을 기울인다는 걸 여실히 보여주는 두 번째 측면은, 형법은 범죄자가 범죄를 저지르는 순간 그의 머릿속에 어떤 생각이 들어 있었는지를 중시한다는 — 심지어는 강박적이라고까지 표현할 수 있을 정도로 — 점이다. 그 살인 혐의 피의자는 자신의 동료 사냥꾼에게 일부러 엽총을 쏜 것일까, 아니면 어쩌다 실수로 방아쇠를 당기게 된 것일까? 그 주거침입 혐의자는 보석을 훔치려고 그 집에 들어간 것일까, 아니면 단지 심각한 사고를 신고하기 위해 전화를 한 통 쓰려 들어간 것일까?

7장에서도 살펴봤지만, 징벌적 손해배상이라는 특이한 경우를 제외하면, 불법행위법에서는 피고의 마음 상태에는 별반 관심을 두지 않는다. 실제로도, 몇몇 불법행위 책임은 아주 '엄격해서' 피고의 마음 상태는 법적으로 아무 상관이 없다고 본다.(장난감 제조회사에서 불량 장난감을 제작해 아동에게 납 중독을 일으킨 것이 고의였는지 여부는 중요하지 않다. 장난감 때문에 아이가 납 중독이 되었다는 사실만 중요하다.) 불법행위 책임의 두 번째 형태인 부주의 과실에서는 피고가 남들에게 지나친 리스크를 가했다는 사실이 밝혀져야 한다. 하지만 여기서 "지나친"이라는 말도 객관적 정의에 따른다. 과속하던 운전자가 아무리 자신은 안전하게 자기 차를 몰았다고 생각해도, 객관적 기준으로 판단했을 때 그가 지나칠 만큼 위험하게 차를 몰고 있었다고 배심원단이 결론을 내리면 그는 법적 책임을 져야 한다.

이와는 대조적으로 형법은 피의자의 머리에 어떤 생각이 들어 있었는지를 유심히 살핀다. 수많은 행동 가운데서 오로지 잘못된 동기를 가지고 행한 것들만이 범죄가 된다.(가령 사람들로 북적이는 인도에서 고의로 누군가를 떠민 것은 구타지만, 어쩌다 실수로 누군가와 부딪친 것은 구타가 아니다.) 그 외 다른 범죄 행위도 피고의 주관적 의도가 어땠느냐에 따라 죄의 경중이 정해진다.(살인을 의도한 폭행은 단순 폭행보다 더 중범죄가 된다.) 마지막으로, 피의자의 마음 상태는 양형에도 중요하다.(피고가 범죄 당시 제정신이 아니었고, 지금은 자기 행동을 후회한다면 판사는 형량을 줄여주기도 한다.)

리처드 포스너가 말했듯, 범죄자의 주관적 마음 상태에 초점을 맞추는 것은 "경제학자에게는 무척 난감한 문제이다. 경제학자는 경제학책을 몇 권씩 읽어도 '의도'라는 말을 단 한 번도 마주치지 않는 경우가 많기 때문이다".[12] 어쨌거나, 호모 에코노미쿠스가 가진 의도는 단 하나뿐이다. 자신의 물질적 행복을 최대화하는 것 말이다. 호모 에코노미쿠스라면 (최대 살인까지 포함해) 모든 행동 노선을 자신이 들여야 하는 비용과 자신에게 돌아올 혜택 측면에서 따져보는 것 말고는 다른 식으로 판단하지 않을 것이다. 만일 비용보다 혜택이 크면, 호모 에코노미쿠스는 처벌의 위험은 이익 추구 과정에서 들어갈 수밖에 없는 비용이라 보고 범죄를 저지를 것이다. 이런 관점으로 볼 때 형법이 그 일을 저지른 주관적 의도에 초점을 맞추는 것은 말이 안 될 일이다. 입법자들이 할 일이란 그저 특정 범죄를 범했을 때의 처벌을 충분히 높게 설정하고 법 집행이 충분히 확실히 이뤄지도록 해, 사람들이 웬만한 상황에서는 범죄를 단념하도록 억제하는 게 전부이다. 단 범죄가 범죄자에게 주는 혜택이 희생자가 받는 피해보다 더 큰 유별난 상황은 예외겠지만 말이다.(그런 상황에서 그 범죄는, 이른바 "효율적인" 사고처럼, "효율적인" 범죄여서 달리 막을 방도가 없을 것이다.)

따라서 합리적인 이기심 이론의 예측에 따르면, 형법은 오로지 객관적 결과에만 집중해야지 주관적 의도에 집중해서는 안 된다. 주관적 의도는 관찰자가 객관적으로 측정하기도 어려울 뿐만 아니라 범죄자가 허위로 전달하기도 쉬우며, 어떤 실질적 피해와 늘 연관되지도 않는다. 그런데도 형법은 이와는 정반대 방식을 취하고 있다. 결과보다는 의도를 더 벌하는 것이다. 형사 책임에서 의도는 지극히 핵심적인 부분이어서, 나쁜 의도를 지닌 경우에는 아무도 해를 입지 않았어도 감옥에 가는 수가 있다. 이는 살해 기도나 실패한 반란 선동을 비롯해 성사되지 않은 여타 '미완성' 범죄들을 저질렀을 때 징역형에 처해지는 사례에서 볼 수 있다. 테러를 저지르려 일을 꾸미던 사람이 실력이 모자라 불량 차량 폭탄을 만들고 단 한 번도 폭발시키지 못했다 해도, 이런 사실이 발각돼 체포되면 유죄를 선고받고 감옥에 간다.

불법행위/범죄 구별의 난제

마지막으로, 형법 안에 양심이 심어져 있다고 여기게 하는 세 번째 측면은 형법과 불법행위법이 서로 뚜렷하게 구별된다는 점이다. 형법이나 불법행위법이나 어떤 사람의 행위(부주의과실, 범죄)로 인해 남들이 떠안는 외부 비용을 통제하는 데 주안점을 두기는 마찬가지이다. 그런데 불법행위법은 민사 소송을 통해 집행되는 한편, 형법은 국가 기관인 검찰을 통해 집행된다. 또 불법행위법은 금전적 손해배상이라는 방편에 의지해 부주의 과실을 억제하는 한편, 형법에서는 징역이라는 방편을 중점적으로 활용한다. 불법행위법에서는 피고의 주관적 의도는 대체로 무시하는 데 반해, 형법은 피고의 의도에 세심하게 주의를 기울인다. 불법행위법에서는 사람들이 남에게 실제로 피해를 입혔을 때만 손해배상금을 지불하게 하지만, 형법에서는 시도와 모의에 그쳐 정작 피해를 입은 사람이 없어도 해당 행위를 처벌한다.

  불법행위법과 형법은 기본적인 경제 문제를 똑같이 다루면서도 왜 이렇게 커다란 차이가 날까? 경제학에 기반을 둔 몇몇 학자에 따르면, 불법행위법은 사회적으로는 바람직할 수도 있는 위험한 행동에 단순히 "가격을 매기는" 것일 뿐 그 행동을 완전히 차단하려고 하지는 않는 반면, 형법은 사회에 전혀 득이 되지 않는 행동의 범주 전체를 완전히 억제하려 하는 데서 둘 사이의 차이가 비롯된다.[13] 그렇게 생각하면 왜 형법이 디발시 같은 재범자를 더 가혹하게 다루는지도, 아울러 왜 손해배상금과 달리 징역형은 그 사람에게 낙인이 되는지도 설명이 될지 모르겠다.[14] 하지만 사실 이런 주장은 문제를 더 꼬이게 할 뿐이다. 어떤 범죄가 그 처벌 면에서 가격이 잘 매겨져 있는데도 누군가 그 범죄를 저지르기로 선택한다면, 이 범죄야말로 희생자가 입는 피해보다 범죄자가 얻는 득이 더 많은 "효율적" 범죄라는 이야기가 아니겠는가? 또한 그렇다면 왜 사회에서는 재범자가 사회적 비용보다 범죄의 혜택을 더 중시하는 보기 드문 사람이라고 인정하는 대신, 더 엄벌로 다스릴까? 마지막으로, 형사 처벌이 단지 범죄의 가격일 뿐이라면 왜 형사 처벌은 곧 낙인으로 작용하는 것일까?

형법은 잘못 만들어졌다?

아주 심층적인 차원에서 생각하면, 형법의 원칙들은 이기심이라는 가정과는 영 어울리지 않음을 알 수 있다. 심지어 법경제학파의 구루로 손꼽히는 리처드 포스너조차 — 포스너는 자신의 초기 학술서들 속에서 형법을 경제학의 틀에 맞추기 위해 그 누구보다 치열하게 노력했다 — 형법에 대한 경제학적 설명은 "전적으로 만족스럽지는 (…) 못하다"라고 인정한 바 있다.[15] 경제학자 조지 스티글러(George Stigler)는 여기서 한발 더 나아간다. 스티글러에 따르면 잘못은 경제학이 아닌, 법률 자체에 있다. 스티글러는 쓰길, "형사적 제재 활용은 그야말로 제멋대로이다. 합리적 기준을 택하지 못하는 사례들을 곳곳에서 폭넓게 찾아볼 수 있다".[16]

　'법은 가격'이라는 생각과 형법이 실행되는 실제 원칙들 사이의 이 괴리 때문에, 형법 전문가들의 사고 속에는 법경제학파의 사고방식이 불법행위나 계약법처럼 깊이 배어들지는 않았다. 범죄학자들은 처벌을 억제책 차원에서 논의하기도 하지만, 그 외의 전혀 비경제적인 방식 차원에서도 논의하기도 한다.[17] 예를 들어, 감옥은 위험한 개인을 무력화시켜 사회로부터 격리하는 수단으로 정당화될 때가 많다.(과거 영국인들은 죄수들을 오스트레일리아까지 귀양 보냈는가 하면, 오늘날에도 우리는 죄수들을 감옥으로 '보내거나', 극단적인 경우 치사약물주사를 놓아 저세상으로 보낸다.) 그런데 이 무력화라는 개념은 유인책에 기반해 형법을 바라보는 접근법과 관련해 여러 가지 질문을 제기한다. 왜 표준적인 처벌은 우리들 대부분의 범죄는 억제하지만 모든 사람의 범죄를 억제하지는 못할까? 표준 처벌이 너무 약하지만 우리 대부분이 무언가 더욱 근본적인 이유로 법에 고분고분 따르는 것이거나, 아니면 처벌은 충분히 강하지만 범죄자들이 유인책에 올바로 반응하지 못하거나 둘 중 하나일 것이다.

범죄학의 흔한 두 번째 테마는 이른바 '갱생' 개념으로, 때때로 사람들로부터 많은 지지를 받는다. 이 희망적 견해에서는 형벌 체계가 범죄자의 인성을 변화시켜 그가 아무 문제 없이 사회로 복귀할 수 있도록 만든다고 본다. 하지만 호모 에코노미쿠스는 그런 갱생이 불가능하다. 호모 에코노미쿠스는 지금도 앞으로도, 합법이든 불법이든, 자신의 물질적 행복을 최대화하는 행동 노선을 기꺼이 따르려 할 것이기 때문이다.

마지막으로, 형법 연구자들에게서 흔히 볼 수 있는 세 번째 생각은 처벌을 악독한 행동에 대한 사회적 응징으로 본다는 것이다. 그런데 미래에 더 착실히 행동하게 만들겠다는 이유만으로 누군가를 벌하는 것에는, 범죄자의 주관적 삶의 질을 어떻게든 떨어뜨리려는 (그런다고 자기 삶이 더 나아지는 것이 아닌데도) 이상하고 비경제적인 동기도 들어 있는 것이 아닐까. 가령 어떤 사람이 자신의 일란성 쌍둥이를 몰래 죽이고 그의 행세를 대신했다고 해보자. 법정에서 피고가 당시에 무척 독특하고 해괴한 심리적 충동에서 살인을 저질렀다는 게 밝혀졌다. 이제 쌍둥이가 죽고 없는 만큼 더 이상 살인을 저지르지 않을 것이란 점이 명백하고, 아울러 그가 살인을 저질렀다는 사실을 그 외에는 아무도 모른다면, 쌍둥이를 죽인 그 사람을 굳이 감옥에 보내야 하는 이유는 무엇일까? 그에게 벌을 내린다는 것은 그에게 비용을 치르게 한다는 뜻이다. 이 비용이 더 넓은 사회에 더욱 큰 억제력을 발휘해서 벌충되지 못하면, 처벌은 비효율적인 것이 되고 말 것이다.

범죄자 무력화, 갱생, 응징의 개념들이 의미를 갖기 위해서는, 합리적 이기심의 개념에서 벗어나 우리 머리 안에 양심의 개념을 끌어다 넣고 사고를 전개해봐야 한다. 앞으로 알게 되겠지만, 이런 접근법을 취하면, 당혹스럽기만 한 형법의 여러 가지 중요한 측면들이 잘 설명된다. 이와 함께 앞서 등장한 세 가지 난제, 즉 왜 형법이 징역을 활용하고, 왜 의도에 초점을 맞추며, 왜 불법행위/범죄가 본질적으로 구별될 수밖에 없는가 하는 문제들도 해결된다. 마지막으로 이 접근법을 취하면 형법을 더 잘 이해하는 것뿐만 아니라, 형법을 더욱 효과적으로 활용할 수 있는 로드맵도 손에 넣을 수 있다.

다시 지킬/하이드 증후군으로

지킬/하이드 증후군, 즉 사회적 맥락에 따라 우리가 이기적 행동과 비이기적 행동 사이를 오가는 경향에 대해서는 5장에서 설명한 바 있다. 그렇지만 합리적 이기심의 모델에서는 오로지 한 가지 행동

방식만이 가능하다고, 즉 우리는 늘 하이드 씨처럼 행동한다고 가정한다. 이 같은 가정에는 범죄자와 법을 잘 준수하는 사람들 사이의 동기와 태도에는 아무런 차이가 없다는 뜻이 은연중 함축돼 있다. 게리 베커는 이를 다음과 같이 설명한 바 있다. "그 접근법에서는 (…) 자신에게 돌아오리라 예상되는 효용이 다른 행위들에 자기 시간과 다른 자원을 쏟았을 때 얻어지는 효용보다 클 때 범법 행위를 하게 된다고 가정한다. 따라서 어떤 사람들이 '범죄자'가 되는 것은 그의 기본 동기가 다른 사람들의 동기와 달라서가 아니라, 그들이 얻고 잃는 혜택과 비용이 다르기 때문이다."[18]

하지만 스티븐슨의 소설에서 지킬 박사가 가진 기본 동기는 하이드 씨와는 확연하게 차이 난다. 하이드는 "경이적인 이기심"을 가진 사이코패스로, "오로지 악하기만 한" 사람이다.[19] 반대로 지킬 박사는 자신에게도 신경 쓰지만 때로는 남들에게도 신경을 쓰며, 따라서 그는 "선과 악이 이리저리 뒤섞인 사람이었다".[20] 다름 아닌 인간 본성 안의 이 같은 이중성이 형법을 이해하는 핵심 열쇠이다. 간략히 말하면, 본래적 범죄와 관련해서는 반드시 지킬 박사처럼 행동해야 한다고 사회는 말한다. 자기 이익을 위해 다른 식으로 행동하고 싶을 때라도, 그런 맥락에서는 규칙들을 따라야 할 것이다. 자기 구미에만 맞으면 언제든 물건을 훔치고, 강간하고, 살인을 하는 사람은, 지킬 박사처럼 행동해야 하는 맥락에서조차 하이드 씨처럼 행동하고 있는 것이다. 그런 경우는 뭔가 심각하게 잘못된 것이다. 지킬 박사가 전면에 나서야 하는 상황에서도 하이드가 범죄자의 인격을 지배하고 있는 셈이니 말이다.

현대 사회는 그런 인간들을 용인하지 않는 구조로 세워져 있다. 우리의 직장, 평온한 이웃, 길가의 가게와 식당들 모두 정도의 차이는 있을지언정, 비이기적인 친사회적 행동을 할 줄 아는 우리의 능력에 기대어 존재한다. 물론 우리는 우리 자신의 물질적 이득에도 신경 쓰지만, 대부분은 기본적인 사회적 규칙을 따르고자 신경 쓰며, 사기, 절도, 상해를 저질러 개인적 이득을 얻을 수 있다 해도 그런 행동들은 되도록 삼가려 한다. 지킬 박사처럼 우리에게도 "균형을 잡으려는 본능이 있어서, 갖가지 유혹을 얼마간의 끈기를 발휘하며 잘 헤쳐나갈 줄 안다".[21] 하이드는 단순히 유혹에 항복하는 것이 아니라, 거기에 저항하려는 노력을 아예 하지 않는다. 늘 하이드 씨처럼 행동하는 사람은, 하이드 씨가 19세기 런던 시민들에게 위험한 존재였듯, 나머지 사람들의 삶을 위험에 빠뜨릴 뿐이다. 하이드 씨는 반드시 지킬 박사로 변하든지, 아니면 사회와 격리되어야 한다.

이번 장 나머지 부분에서는 지킬/하이드 증후군과 형법 사이의 관계를 살펴보도록 하자. 그 과정에서, 친사회적 행동의 실제 모습이 형법이 왜 징역을 선호하고, 주관적 동기를 중시하며, 불법행위/범죄가 왜 다를 수밖에 없는지를 설명해줄 것이다. 이와 함께 친사회적 행동은 무력화, 갱생, 응징의 개념을 뒷받침하는 근거가 돼주기도 한다. 아울러 아마 이 부분이 가장 중요할 텐데, 친사회적 행동을 가정하면 우리는 형법을 더욱 효과적으로 활용할 수 있다.

감옥, 하이드 씨 문제를 처리할 해결책

앞에서도 함께 살펴봤듯이, 감옥은 돈이 많이 드는 처벌이다. 그런데 벌금이나, 태형, 혹은 양쪽 귀를 잘라내는 방법으로는 안 되고, 오로지 범법자를 감옥에 집어넣는 방식으로만 이룰 수 있는 게 한 가지 있다. 바로 감옥은 수감자를 '무력'하게 만들어, 감옥 담장 바깥에 머무는 사람들에게 일절 해를 못 끼치게 한다는 것이다.

우리는 왜 특정 사람들을 무력하게 만들 필요가 있을까? 형법이 유인책으로서만 작동한다면, 아울러 그런 유인책들의 집행력이 너무 불확실하거나 혹은 처벌이 충분히 엄격하지 않아 범죄를 충분히 억제하지 못한다면, 경찰력을 더 늘리고 처벌을 더 견디기 어렵게 만들어서 문제를 해결할 수도 있지 않을까? 사형만 해도 더 끔찍하고 고통스러운 방법으로 범법자를 죽음에 이르게 할 방법이 얼마든 있을 수 있다. 가령 화형을 시킨다든지, 산 채로 내장을 꺼낸다든지 하는 식으로.(심지어 이 두 방법을 결합할 수도 있는데, 18세기에 집행됐다고 하는 한 사형에서는 여자 사형수를 살쾡이 16마리와 함께 철제 우리에 가두고 거세게 타오르는 불길 위로 그 우리를 내렸다. 짐작컨대 우리 안에서 살쾡이들은 죄수에게 덤벼들어 내장을 꺼냈을 것이다.)[22]

이런 식이면 비용도 무척 저렴하고 억제 효과도 대단할 텐데 — 물론 살쾡이 16마리를 조달하는 비용도 꽤 만만치 않을 거라 생각할 수도 있겠지만 — 왜 우리는 감옥을 활용하는 것일까? 이 질문에 대한 답은 다음과 같은 사실을 인정하는 순간 자명하게 드러난다. 사실 우리는 비사회적이고 양심 없는 사이코패스들을 억제할 만큼 충분히 확실하고 엄한 처벌이 갖춰진 형벌 체계를 어떻게든 만들 뜻이 없다는 것이다. 대부분의 경우 우리는 그런 형벌 체계가 필요하지도 않다.

사회학자들이 보기에 대부분 사람이 범죄를 저지르지 않는 제일차적인 이유는 무엇보다도, 체포나 처벌에 대한 두려움 때문이 아니라 양심이 작동하기 때문이다. 다시 말해, 사람들은 그래서는 안 된다고 생각하기에 범죄를 저지르지 않는다는 것이다.[23] 이런 놀라운 일들이 일어나는 덕에 사회는 '과소집행'을 해서 법 집행에 드는 돈을 절약할 수 있다. 경찰관, 검사, 판사를 비교적 소수만 둬도 될 뿐만 아니라, 적어도 초범에게는 비교적 가벼운 형을 내릴 수 있다. 형사 처벌은 처벌의 강도도 약한 데다 다소 마구잡이로 집행되는 경향이 있지만, 그럼에도 호모 에코노미쿠스를 제외한 대부분 사람들이 평생 범죄를 저지르지 않도록 막아주기에는 충분하다. (우리가 7장에서 살펴봤듯) 약하고 엉성한 불법행위 책임의 원칙들이 대부분의 부주의 과실을 억제하는 것과 마찬가지다.

하지만 비용을 절약해주는 이 체제도, 지킬 박사처럼 행동해야 하는 사회적 상황에서조차 하이드처럼 행동하려 고집하는 보기 드문 사람들을 만나면 난관에 봉착한다. 순전히 비사회적인 개인은 과소집행을 악용해 범죄를 저지를 것이라 예상할 수 있다. 이들이 걸핏하면 절도, 사기, 구타를 일삼지 않도록 막을 방법은 단 하나, 캘리포니아주가 종국에 디발시에게 했던 식대로 하는 것뿐이다. 즉 감옥에 가두어 아무것도 하지 못하게 막아야 한다. 이렇게 생각하면 왜 법이 재범인 경우에 더 긴 형량을 내리는지도 설명된다. 재범에 더욱 가혹한 형벌이 따르는 것은 재범으로 인한 손실이 더 커서가 아니다. 배터리를 초범자가 훔치든 재범자가 훔치든 가게 주인이 입는 손실은 똑같다. 하지만 재범을 했다는 것은 그 범법자가 선천적 이유에서든 후천적 이유에서든, 대부분 사람이 지킬 박사처럼 행동하는 사회적 상황에서도 하이드처럼 행동하는 그런 보기 드문 사람일수 있다는 뜻이기도 하다. 그런 개인은 보통의 약하고 불확실한 형사 처벌로는 억제할 수 없는 만큼, 감옥에 가두어 아무것도 못 하게 해야 할 필요가 있다.

그런데 재범자들의 기본 태도나 동기가 평범한 일반인들과 다를지 모른다고 하면 자연스레 이런 질문이 떠오른다. 이런 사람들은 어떻게 하이드 모드에 빠져 거기서 벗어나지 못하는 것일까? 6장에서도 살펴봤듯, 사이코패스 질환은 유전자, 트라우마, 혹은 질병(중독도 한 원인이며, 디발시의 경우 중독이 재범에 한몫한 것으로 보인다)에서 비롯될 수 있다. 그 원인이 무엇이냐에 따라, 어떤 사이코패스 질환자들은 교정 자체가 불가능하기도 하다. 하지만 6장에서 살펴보았듯, 자기 '내집단'으로 여겨지는 이들에게는 친사회적으로 행동할 줄 아는 사람들조차도 자기 집단 밖에 있다고 여겨지는 이들의 삶에는 야멸차게 굴기도 한다. 홀로코스트 때 유대인과 집시들을 계획적으로 몰살시킨 일이나, 일본군이 난징에서 저지른 집단 강간, 르완다의 대량 학살 같은 인종학살의 가장 큰 특징도 표적으로 삼은 인종 및 문화 집단을 비인간화한다는 것이다.

그런데 이 불쾌한 사실이, 비경제적이기는 하나 보다 더 낙관적인 범죄학의 개념 하나를 뒷받침하는 근거가 된다. 바로 갱생 개념 말이다. 일부 범죄자들이 타인의 권리를 경시하는 것은 그들이 친사회적으로 행동할 줄 몰라서가 아니라, 그들이 자신의 '내집단'을 가족이나 갱단의 일원으로 비좁게 정의하기 때문이다. 집단 성원에 대한 이 협소한 인식이 확장될 수 있는 것이라면 — 스포츠팀, 군대 훈련의 사례는 말할 것도 없고, 사회심리학의 수많은 실험들을 통해서도 집단 소속감은 쉽사리 변경될 수 있다는 사실이 알려졌다[24] — 감옥 안에서 적합한 경험들을 겪음으로써 일부 범법자들은 내집단의 범위를 동료 시민들에게까지 넓히게 될 수도 있지 않을까. 그렇게 해서 자신이 더 넓은 사회에 속해 있다는 인식이 더욱 강해지면 친사회적 행동이 더욱 잘 일어나게 될 수도 있다. 이런 일이 일어날 때 우리는 그 죄수가 갱생을 했다고 말한다.

마찬가지 맥락에서, 왜 많은 사람이 — 과잉수용, 부족한 의료, 교도관 및 다른 죄수들이 가하는 신체적 및 성적 학대 등 — 죄수들이 감옥 안에서 겪는 끔찍한 조건들에는 그토록 무심한지도 외집단 인식을 통해 설명할 수 있다. 이런 무관심에는 죄수를 더 이상 문명사회의 내집단 일원으로 보지 않는 믿음이 반영돼 있다. 범죄자가 낯선 이를 외집단 성원으로 여기고 그들의 이해를 별반 헤아리지 않듯, 법을 준수하는 시민들도 죄수들을 외집단 성원으로 여기고 그들의 이해에는 전혀 신경 쓰지 않을 수 있다. 그 기저에 깔린 태도는 아마 다음과 같은 식이 아닐까. "우리와 어울리며 품위 있게 플레이하면서 내집단 성원처럼 행동하지 않을 거면 우리도 당신을 내집단 성원으로 대하지 않겠어. 저리 가서 다른 범죄자들하고나 놀아."

안타깝게도 이런 식의 태도는 내집단 성원에 대한 인식을 넓히라고 죄수들을 설득하는 데는 별 도움이 되지 않을 것이다. 본래 감옥을 억제책으로 활용하는 것과 갱생 방편으로 활용하는 것 사이에는 늘 피치 못할 긴장이 자리한다. 가혹한 감금 상태는 진짜 사이코패스를 억제하는 데는 꼭 필요할지 모르지만, 사이코패스가 아닌 죄수들에게는 오히려 역효과를 낼 수도 있는데, 감옥에서의 부당한 대우 때문에 죄수들에게서 사회와 연결되어 있다는 인식이 약해질 수 있기 때문이다. 단순히 무력화할 뿐 아니라 혹독한 대우까지 함께 가하는 형법 체계는 갱생 자체를 어렵게 하거나 아예 불가능하게 할지 모른다.

친사회성과 의도의 중요성

지킬/하이드 증후군을 알면 왜 형법이 감옥을 제재 수단으로 활용하는지 한층 명확하게 이해되듯, 마찬가지로 왜 형법이 혐의자의 마음 상태에 초점을 맞추는지에 대해서도 통찰을 얻을 수 있다. 법률가들이 보기에 사기, 강간, 살인 같은 본래적 범죄의 가장 뚜렷한 특징은 다름 아닌 '악의'로, 타인의 행복에 무관심하거나 적의를 갖는 정신 상태라고 정의할 수 있다.(알겠지만 남들에게 무관심한 것은 호모 에코노미쿠스를 정의해주는 가장 기본적 특성이다.) 사랑을 나누는 것은 강간이 아니고, 비극적 사고는 살인이 아니다. 형법이 이런 식으로 사람들의 의도에 주의를 기울이는 이유는, 과소 치안 상태인 사회에서 남을 배려해야 한다는 사회적 신호가 전해지는데도 '악의적으로' 남에게 무심한 사람은 심각한 위협이 되기 때문이다. 마음 상태가 중요한 것은 (게리 베커의 주장과는 달리) 범죄자들은 다른 나머지 사람과는 무척 다른 동기들을 가지고 사람들을 위험에 빠뜨리기 때문이다.

그렇다고 평상시 법을 잘 지키는 사람은 범죄를 저지르려는 마음을 전혀 가질 리 없다는 뜻은 아니다. 실험실 게임을 통해서도 함께 살펴봤듯, 사람들은 이기적 행동에서 얻는 개인적 보상이 늘면 더욱 이기적으로 행동하는 경향이 있으며, 거기 걸린 보상이 충분히 클 때는, 우리 대부분도 사회적 맥락이 아무리 '지킬'처럼 행동하라고 지시하는 상황에서도 얼마든 하이드 씨처럼 행동할 수 있다. 범죄자와 법을 잘 준수하는 시민 사이에는 결국 정도 차이만 있을 뿐이다. 범죄자란 그저 대부분 사람보다 하이드 모드로 손쉽게 돌변하는 사람인 것이다.

하지만 과소 치안을 통해 법집행 비용을 줄이고자 하는 사회에서는 이렇게 하이드 모드로 너무 쉽사리 돌변하는 사람은 위협이 된다. 평상시엔 대체로 남들의 행복을 신경 쓰다가 어쩌다 실수로 누군가를 다치게 한 사람은 범죄자로 보지 않는 것도, 그에게는 형법보다 불법행위법이 적용되는 것도 이런 이유에서다. 형사 처벌은 무관심하지 말아야 할 상황에서도 타인에게 일절 관심 없는 사람들에게 적용되는 것이다.

이렇듯 무관심을 벌하고 타인에 대한 배려를 촉진하는 데 초점을 맞추는 것은 형법에서 후회와 사죄가 중요한 역할을 하는 경향에서도 찾아볼 수 있다. 형사법 피의자는 사과를 하고 후회를 표하면 검사, 판사, 가석방심의위원회로부터 관대한 처분을 받는다.[25] 범죄자의 마음 상태를 중시하는 이 이론은, 한때 엇나가기는 했을지언정 남을 해친 것을 진심으로 후회하는 듯한 범죄자는 전적으로 비사회적인 하이드 씨보다는 친사회적일 가능성이 높고 따라서 사회에도 덜 위험한 존재일 것이라고 여기는 것 같다. 심지어는 리처드 포스너조차도 실제 재판관의 자리에 앉아 판결을 내린 세월 동안 양심을 더욱 민감하게 의식하게 된 모양인지, 언젠가 사법 의견(Judicial opinion)에 이렇게 밝힌 바 있다. "자신의 잘못된 행동을 진심으로 뉘우치는 사람은 (…) 내면의 제어수단을 발달시키는 중이다. 이런 내면의 제어수단이 있기에 많은 이들이 형사 처벌의 예상 비용이 실제보다 낮아도 범죄를 저지르지 않고 살아갈 수 있다."[26]

지킬/하이드 증후군과 불법행위/범죄의 구별

마지막으로, 범죄 행동이 일어나지 않게 하는 데 양심이 필수적 역할을 한다는 사실에 초점을 맞추면 우리가 앞에서 이야기한 세 번째 퍼즐도 — 불법행위/범죄의 구별 문제 — 차츰 해결의 실마리가 보이게 된다. 불법행위법이나 형법 둘 다 이기적인 개인이 남을 해치지 않게끔 하기 위해 만들어진 유인책 체제일 뿐이라면, 이 두 영역이 왜 그렇게 커다란 차이가 존재하는지 설명하기 어려워진다. 하지만 지킬/하이드 증후군의 내용을 여기에 끌어오면, 불법행위와 형법이 다른 것은 이 둘이 사실 전혀 다른 문제들을 다루기 때문이라는 점이 명확히 드러난다.

불법행위법이 다루는 사람들은, 평상시엔 친사회적이지만 어쩌다 리스크를 잘못 계산하거나 위험을 인지하지 못해 잘못을 저지르게 된 이들이다. 반면 형법에서는 이보다 훨씬 심각한 위협, 즉 남들은 전혀 안중에 없는 순전히 이기적인 개인들을 다룬다.[27] 이 사실을 알면 왜 형법은 개인적 소송으로 진행되지 않고 국가의 공권력을 통해 집행되는지 설명된다. 대부분의 본래적 범죄는 그걸 근거로도 민사 소송을 걸 수 있지만, 형사 고소는 정부 기관의 전문 검사들이 맡으며, 그 경우에 범죄의 희생자가 얻는 혜택도 보통은 피고가 유죄를 확정받을 때 느끼는 만족감이 전부다. 범죄를 기소하는 데 국가 자원을 활용하는 것은, 해당 범죄자에게 지킬다운 면모가 확실히 어느 정도는 부족해서 그에게 직접 피해를 입은 희생자뿐 아니라 그 주변의 모든 이도 위험할 수 있다고 인식하기 때문으로 이해할 수 있다. 이렇게 생각하면 형사상 유죄판결은, 공원이나 고속도로와 같은 일종의 '공공' 이익이라 할 수 있으니, 대다수 사람이 혜택을 받는 만큼 공공 자원을 들이는 것이 정당해진다.

형법을 정부의 자금지원을 받는 공익적 기능으로 생각하면, 앞서 6장에서 우리가 논의한, 비이기적인 친사회적 행동이 어떻게 진화할 수 있었는가라는 진화의 수수께끼를 풀 통찰도 얻을 수 있다. 간략히 정리하면, 형법 체계는 지킬 박사가 자신들 안에 섞여 있는 하이드를 찾아내고 제거할 수 있게 해주면서 '유전자-문화 공진화'를 촉진한다.[28] 경찰의 존재는, 설령 그것이 '대장(Big Man)'이 나서서 부족 간 분쟁을 가라앉히는 원시적 형태라 하더라도, 이기적인 개인보다 친사회적인 개인이 더 잘 살아나갈 수 있게끔 인간 사회의 환경을 변화시킨다. 이처럼 형법 체계는 진화의 계산이 친사회성을 선호하는 방향으로 이루어지도록 살짝 길을 터주는 셈이다.

물론 진화는 수천 년, 심지어는 수십만 년에 걸쳐 느리게 진행되는 과정이다. 하지만 악당들을 바로잡는 부담을 떠맡는 대신 사회적 특권을 누리는 '공식' 처벌자의 제도가 문화적으로 확립된 것도 지극히 먼 옛날부터였다. 유인원학자인 프란스 드 발(Frans de Waal)에 따르면, 심지어는 침팬지 부족들도 지배적인 수컷("침팬지 대장Big Chimp")을 뽑아 질서를 유지하고 싸움을 가라앉힌다. "지배적인 침팬지는 일반적으로 강자에 대항해 약자를 도와주거나 어느 한쪽도 편들지 않는 중재의 방식으로 싸움을 끝낸다."[29] 초기의 인간들도 우리의 사촌인 침팬지와 똑같은 패턴을 따랐다면 친사회적 행동을 선호하는 유전자-문화 공진화는 우리가 호모 사피엔스 종이 되기 훨씬 전부터 이미 진행되었을 것이다.

이렇게 친사회성의 진화상 뿌리를 더듬어가다 보면 형법 안에서 응징이 하는 역할도 차츰 명확히 이해가 가기 시작한다. 얼핏 생각하면, 응징은 비효율적으로 보이는 행동이다. 제러미 벤담이 거의 2세기도 더 전에 지적했듯, 앞으로 일어날 범죄를 막으려는 목적에서가 아니라 단순히 처벌 자체를 목적으로 누군가를 벌하는 것은 이 세상에 고통만 더할 뿐이다.[30] 그럼에도 범죄자를 처벌하고자 할 때 일반인들 사이에서는 응징의 욕구가 억제의 욕구보다 더 중요한 것처럼 보인다. 예를 들어 한 연구에서 밝혀진 바에 따르면, 대학생들에게 가상의 범죄 사건들을 여러 개 소개하고 각 상황에 맞는 형량을 내려달라고 했을 때 학생들은 억제하기가 특히 어려워 보이는 범죄보다는 도덕적 반감이 특히 심해 보이는 범죄에 가혹한 형량을 내릴 확률이 높았다.[31] 몇몇 전문가들은 다음과 같은 의견을 제시하기도 했다. "인간이라면 누구나 규칙을 어긴 자를 벌하고자 하는 근원적 욕구를 가진 듯하다. 우리들 각자에게 직접적으로 상해를 입힌 사람들만이 아니라, 우리 가족 혹은 집단 성원에게 해를 입힌 자들도 처벌 대상에 포함된다."[32]

진화생물학은 인간이 왜 이런 '처벌 본능'을 갖고 있는지를 설명해준다. 6장에서도 논의했듯, 적자생존의 세상에서 어떻게 이타주의자가 이기주의자를 물리치고 살아남을 수 있는가 하는 문제도 제3자에게 피해를 준 누군가를 적극적으로 벌하려 하는 '이타적 처벌자'의 존재로 얼마쯤 설명될 수 있을 것이다. 어떤 사회에 이타적 처벌자가 충분히 많으면, 집단의 공분을 일으키는 이기적 행동은 비용이 지나치게 커져 이기주의자들은 진화상 불리한 처지에 놓일 것이다. 물론 그렇다고 해서 형법에서 응징이 반드시 바람직하거나 유용한 특성인 것은 아니며, 사사로운 자경단 활동보다 공식적인 법 집행 제도로 질서가 유지되는 사회에서는 더욱 그렇다. 하지만 처벌 본능을 알면 적어도 왜 사람들이 형법을 사회적 복수의 방편으로 이용하려 하는지 더 잘 이해할 수 있다.

친사회적 행동을 활용한 형법 개선

지금까지 우리는 양심을 끌어오면 '법은 가격'이라는 생각과 영 아귀가 안 맞는 듯 보이는 형법의 여러 특성을 더 잘 설명해낼 수 있다는 사실에 초점을 맞추어 논의를 진행해왔다. 그 과정에서 왜 형법학자들은 — 불법행위법 및 계약법 학자들과는 정반대로 — 형법을 단순히 그것이 만들어내는 유인책으로서만이 아니라 무력화, 갱생, 응징 같은 비경제적 목표의 면에서 생각하는 경향이 있는지 그 이유도 알게 됐다. 형법에 대한 이해가 이렇듯 한층 깊어진 것만도 그 자체로 가치 있는 일이라 하겠다. 하지만 친사회적 행동을 다룬 과학적 문헌들을 참고하면 그보다 더 큰 보상도 얻을 수 있다. 즉 형법을 제대로 이해하고 법을 준수하는 행동을 더욱 효과적으로 독려할 수 있게 된다.

5장에서 살펴봤듯, 친사회적 행동은 개인이 부담해야 하는 희생이 적을수록 더욱 늘어나는 경향이 있다. 형사 처벌이라는 리스크는 범죄를 저지르는 '비용'을 커지게 하는데, 한편으로는 바로 그 이유로 법을 준수하는 행동의 '비용'은 낮추는 효과가 있다. 따라서 형법상 제재는 실제로 범법 행위를 억제하는 유인책을 선사한다.

그런데 5장에서 살펴본 증거에 따르면, 친사회적 행동에서 이렇게 개인의 비용과 혜택을 저울질하는 과정은 일부에 불과할 뿐이며, 아마도 제일 큰 부분도 아니다. 친사회적 행동에서 중차대한 역할을 하는 것은 다름 아닌 양심이며, 이런 양심은 또 다시 사회적 맥락에 의지한다. 이는 곧 친사회성은 그저 유인책을 통해서만이 아니라, 사회적 문맥을 잘 매만지는 것과 함께 특히 복종, 동조, 공감이라는 우리에게 익숙한 세 가지 사회적 레버를 조정하는 것으로도 증진될 수 있으리라는 이야기이다. 이 세 가지 사회적 신호에 입법자들이 기꺼이 주의를 기울인다면 그들은 더 낮은 비용으로 더 많은 범죄를 억제할 수 있다. 모든 경제학자들이 박수를 보낼 목표를 달성하는 것이다.

권위자로부터의 지시: 형법의 '표현적' 기능

그렇다면 권위에 대한 복종이 맡은 역할부터 이야기해보기로 하자. 심리학자 스탠리 밀그램은 권위자의 지시에 사람들이 군말 없이 따르는 경향이 있음을 실험을 통해 보여주었는데, 밀그램의 피험자들은 남을 해치는 일이라고 생각하면서도 권위자의 말에 복종해 시키는 대로 행했다. 그런데 이 복종 본능은 인간에게 더욱 이로운 방향, 다시 말해 사람들이 남을 함부로 해치지 **못하도록** 하는 쪽으로도 이용될 수 있다. 절도, 강간, 살인은 잘못된 것이라고 사람들에게 말해주면 사람들은 절도, 강간, 살인을 덜 저지르게 된다. 설사 그 행동을 할 때 그들이 얻는 물질적 유인책은 변함없이 그대로라고 해도 말이다.

이런 생각은 형법 연구의 한 주요 부류에서도 찾아볼 수 있는데, 이에 따르면 형법은 시카고대학 법학과 교수 캐스 선스타인(Cass Sunstein)이 '표현적' 기능이라고 일컬은 어떤 역할을 수행한다.[33](법률의 표현적 기능 이론에 대해서는 8장에서 처음 언급했었다.) 법률의 표현적 기능을 주장하는 이론가들의 주장에 따르면, 특정 행동이 불법행위임은 물론 범죄가 된다는 사실을 명확히 밝히는 것은(모든 본래적 범죄는 범죄인 동시에 불법행위가 되지만, 그 역이 참인 것은 아니다), 곧 사람들에게 다음과 같은 공식적 메시지를 보내는 것이다. "이것은 매우 나쁜 행동이며, 따라서 권위자들이 이런 행동은 해선 안 된다고 그 어디보다 강경한 어조로 일러주는 것입니다." 법률 전문가 댄 카한(Dan Kahan)이 표현한 것처럼, 어떤 행위를 범죄로 정의한다는 것은 "사회적 의미"가 담긴 일로써, 물질적 유인책이 없는 상황에서도 그 자체만으

로 사람들 행동을 변화시킬 수 있다.[34]

이 말은 범죄자를 벌금이 아닌 징역형으로 벌할 때의 이점이 또 하나 있다는 뜻이기도 하다. 감옥은 거의 백이면 백 본래적 범죄를 저지른 자들을 벌하기 위해 마련된 곳이라고 할 수 있다. 카한이 주장하길, 이 말은 곧 "징역형은 어떤 행동이 도덕적으로 용인되지 않음을 극도로 강력하게 표현한 것이라 하겠다. (…) 이와는 반대로, 벌금형은 비난의 정도가 그보다 훨씬 더 분명치 않다."[35]

형법의 표현적 기능에 초점을 맞출 때 얻을 수 있는 통찰은 여기서 그치지 않는다. 간략히 말해 권위자가 내리는 지시는 해당 권위자가 '존경받는' 인물일 때 사람들이 가장 잘 따르며, 이는 지시를 받는 사람이 권위자를 자신의 '내집단'에 위치한 사람이라고 본다는 뜻이기도 하다. 그리고 누군가를 나의 내집단으로 인식할 때 나타나는 가장 뚜렷한 징표가 서로 간의 친사회적 행동이다. 여기에는 지시를 내리는 권위자가 지시받는 사람들에게 보여주는 친사회적 행동도 포함된다. 자신들에게 무심하거나 적대적이라고 여겨지는 권위자는 이른바 '외집단의 권위자'로서, 이들이 이렇다 할 제재 없이 내리는 '껍데기뿐인' 명령에는 사람들이 잘 따르려 하지 않을 것이다. 법학자 트레이시 미어스(Tracey Meares)는, 사회적으로 불리한 처지의 소수자 공동체 내 법 집행 문제를 연구하는 전문가로서, 이를 다음과 같이 표현한다. "사람들은 정부 당국자들이 자신들을 어떻게 대하는가에 신경 쓰지 않을 수 없다. 왜냐하면 그런 대우야말로, 자신이 스스로 속해 있다고 여기는 집단을 당국자가 어떻게 바라보는지 알려주는 중요한 지표이기 때문이다."[36]

이렇듯 권위자를 내집단의 일원이라고 인식시키는 것이 권위에 확실히 복종하게 만드는 길임을 알면, 스스로를 더 큰 (그리고 아마도 그들에게 적대적인) 사회와 다르거나 그 바깥에 있다고 여기는 집단의 범죄를 통제하기가 그토록 어려운 이유도 설명할 수 있다. 그 고전적 사례가 바로 범죄 조직이다. 형법이 지닌 표현의 힘을 제대로 활용하려면, 범죄 조직 구성원이나 장차 거기에 속할 위험이 있는 사람들에게 그들도 얼마든지 일반 시민들 사이에 낄 수 있으며, 그들과 일반 시민들은 한배를 탄 운명임을 알려주는 일이 반드시 필요할 것이다. 마찬가지 맥락에서, 식별이 쉬운 하위집단의 일원에게 어떤 식으로든 법 집행이 더욱 가혹하게 이뤄지면 — 피부색이나 인종을 토대로 용의자를 추적하는 '인종 프로파일링(racial profiling)' 관행이 떠오르지 않을 수 없다 — 차별당하는 집단의 성원 사이에서 권위자에 대한 존경이 떨어질 수밖에 없고, 그러면 법에 복종해야 한다는 도덕적 의무감도 약해지는 결과가 초래된다.

동조와 '깨진 유리창'

권위자의 지시와 함께, 실험실 게임에서 친사회적 행동을 유도한 두 번째의 중요한 사회적 신호는 남들도 친사회적으로 행동하고 있다는, 혹은 남들이 앞으로 친사회적으로 행동하리라는 인식이었다. 먼지 하나 없이 깨끗한 바닥에는 대부분 사람이 사탕 껍질도 함부로 버리지 못하는 법이다. 역으로, 평상시에는 점포 유리창을 깨고 텔레비전을 훔치는 것은 엄두도 못 내는 이들도 자기 주변의 모든 사람이 물건을 털고 있으면 자신도 모르게 거기 끼고 싶다는 유혹을 느끼기도 한다.(실제로도, 대중 약탈은 범죄 전력이 전혀 없는 이들까지 약탈에 끌어들인다는 사실이 실증 연구를 통해 밝혀졌다.)37

범죄 행동이 더 많은 범죄를 낳고 사회 질서는 더 많은 질서를 낳는다는 이 같은 생각에는, 사회적으로 큰 영향을 끼친 '깨진 유리창' 치안 이론의 내용이 밑바탕에 깔려 있다. 이 이론에 따르면 공공 장소의 주취나 구걸처럼 가벼운 '삶의 질' 범죄들을 엄단하는 것은 그보다 더욱 심각한 범죄를 억제할 수 있는 방편이 된다. 깨진 유리창 이론에 애초 이 이름이 붙은 것은 1982년에 『월간 디 애틀랜틱(The Atlantic Monthly)』에 실린, 제임스 Q. 윌슨(James Q. Wilson)과 조지 L. 켈링(George L. Kelling)이 쓴 동명의 유력한 논문 때문이다.38 윌슨과 켈링에 따르면, "어떤 건물의 창이 하나 깨졌는데 수리 없이 방치돼 있다면, 그 건물의 나머지 창문들도 곧 깨지게 된다. (⋯) 수리되지 않는 깨진 창문 하나가, 아무도 그 건물에는 신경을 안 쓰며 그렇기에 창문을 더 깨뜨려도 아무 비용도 들지 않는다는 신호를 주는 셈이다."39 뉴욕, 시카고, 로스앤젤레스는 각기 이 깨진 창문 부류의 치안 방식을 도입해, 길거리 배회 및 낙서 등의 행위에 공격적으로 법을 집행하는 무관용 치안 정책을 추진했고, 이후 이 세 도시에서는 중범죄가 감소하는 결과가 나타났다.40

이 도시들에서 범죄가 감소한 제일차적인 원인이 과연 깨진 유리창 치안 정책의 효과 덕인지 아니면 뭔가 다른 요인(예를 들면 인구 노령화나 크랙 코카인 사용 감소) 때문인지에 대해서는 범죄학자들 사이에서도 논쟁이 분분하다.[41] 하지만 실험실 게임 자료는 깨진 유리창 이론을 뒷받침해준다. 아울러 한발 더 나아가, 이들 자료를 보면 깨진 유리창 치안 정책과 범죄율 감소 사이에는 전문가들이 자주 강조하는 것과는 다른 종류의 더욱 직접적인 인과관계가 존재하는 듯하다.

특히, 표현적 법 이론가들에 따르면, 깨진 유리창 치안 정책이 효과를 내는 건 두 가지 중 한 가지 방식을 통해서이다. 사회 질서가 눈에 보일 만큼 잡혔다는 것은 치안력이 강하다는 틀림없는 증거인 만큼 이 때문에 인근에서 범법자들이 자취를 감추게 되는 식이거나, 아니면 범죄에 제재가 따르리라는 인식이 사람들 사이에 강해져서 범죄를 덜 저지르게 된다는 것이다.[42] 이런 식의 인과관계도 충분히 말이 되지만, 실험실 증거를 보면 사회적 질서가 범죄를 어떻게 감소시키는지 그 세 번째 기제를 알 수 있다. 그것은 다름 아닌 단순한 동조다.

이 책 5장에서 인간은 남들의 행동을 모방하는 경향이 있다고 했는데, 여기엔 남들이 법에 복종하는 모습을 보면 나도 법률에 복종하려는 의사를 더 많이 갖게 된다는 뜻도 함축돼 있다. 심지어 관련되는 사람들도 변함없이 똑같고, 법 집행 가능성에 대한 집단적 인식 역시 변함없이 똑같다고 해도 그렇다. 이 단순한 "원숭이는 보면 그대로 따라한다" 식의 가설은 깨진 유리창 치안 정책이 어떻게 효과를 발휘하는지를 설명해줄 뿐만 아니라, 어떻게 하면 더 훌륭히 작동할 수 있을지 통찰도 제시해준다.

특히, 깨진 유리창 치안 정책이 효과를 발휘하는 이유가 경찰들이 주변에서 자신들을 늘 지켜보고 있다는 인식이 사람들에게 생겨서라면, 눈에 잘 띄는 곳곳에 경찰을 상주시키는 것은 아무 피해도 없는 일일 뿐 아니라 사회에 많은 혜택이 될 것이다. 그렇다고 하면 제복 입은 경찰관을 동네 골목골목마다 배치하는 것이 능사일지도 모른다. 그런데 만일 깨진 유리창 치안 정책이 남들이 하이드 씨처럼 행동하기 보다 법을 잘 지키는 지킬 박사처럼 행동하고 있다는 신호를 보내기 때문에 작동하는 것이라면, 눈에 띄는 모든 곳에 경찰을 배치하는 방침은 도리어 동료 시민들은 믿을 수 없는 존재라는 신호를 주는 것과 함께 누군가가 그들을 유심히 관찰하고 있다는 언짢은 메시지를 보내는 역효과를 낼 수 있다. 그럴 바엔 사복 치안이 더 나은 방법이지 않을까. 다시 말해, 양심 '밀어내기' 현상은 계약 협상만이 아니라 공공의 길거리에도 똑같이 나타날 수 있다.

성실 납세를 다룬 실증 연구들도 도덕적 의무 대신 처벌을 강조하는 고가시성(high-visibility)의 세금 집행 방책은 외려 더 많은 세법 위반으로 이어질 수 있다는 점을 뒷받침한다. 예를 들어, 연구에서 납세자들에게 정부가 부과하는 세금과 실제 납부 세금 사이의 '세액 차이'가 강조된 정보를 제공하자 납세자들은 소득은 덜 신고하는 한편 공제는 더 요구하는 경향을 보이는 것으로 밝혀졌다. "세금 회피가 만연해 있다는 추론이 그런 행동은 처벌받을 수도 있다는 모든 추론을 압도하는 것이다."[43]

남들이 법을 어기고 있음을 알면 나도 법을 지키려는 행동을 덜하게 된다는 이 개념은, 범법자를 벌금형이나 태형으로 다스리기보다 징역형으로 다스리는 것이 사회에 이득인 이유를 하나 더 알려준다. 여기서 5.69달러짜리 배터리 한 팩을 훔쳤다는 이유로 최소 31년에 달하는 사실상의 종신형을 선고받은 로버트 디발시의 경우를 다시 한번 생각해보자. 설사 디발시가 31년 동안 매일같이 배터리를 훔친다 해도, 그로 인해 발생하는 사회적 총 손실은(64,832달러) 그를 최소 31년 동안 감옥에 가두었을 때 발생하는 사회적 비용보다(775,000달러) 훨씬 적을 것이다. 이렇듯 커다란 비용이 드는 징역형을 우리는 과연 어떻게 정당화할 수 있을까?

그 답은, 캘리포니아주가 디발시를 감옥에 보내며 한 일은 단순히 그보다 중한 다른 범죄들을 그가 저지르지 못하게 막는 데(무력화) 그치지 않았다는 사실에서 구할 수 있다. 다발시를 감옥으로 보냄으로써 캘리포니아주는 법을 준수하는 시민들이 디발시가 범죄를 저지르는 것을 보지 못하도록 막았고,[44] 그렇게 해서 시민들이 그의 행동을 모방할 확률을 줄인 셈이었다. 곧 범죄는 전염된다는 이야기이다. 감옥은 고질적으로 법을 어기는 자들을 방역해주는 역할, 즉 그들을 사회로부터 격리해 나머지 사람들이 '감염될' 확률을 줄여주는 역할을 한다. 통행 금지 명령으로도 똑같은 목표를 이룰 수 있지만, 통행 금지는 범죄자 한 사람의 자유를 제약하기보다 인구 전반의 발을 묶는다는 점에서 차이가 난다.

공감, 남들에게 가는 혜택, '피해자 없는' 범죄의 문제

마지막으로 친사회적 행동과 관련해 우리가 내놓은 세 가지 요인 모델의 세 번째 사회적 변수, 남들이 받는 혜택에 대한 인식으로 넘어가 보도록 하자. 앞에서도 살펴봤듯, 우리 안의 지킬 박사는 직관적 공리주의자여서 친사회적으로 행동할지 말지 결정할 때 내가 들여야 하는 비용 대(對) 남들이 얻는 혜택을 헤아려보곤 한다. 우리의 희생이 남들에게 더욱 많은 도움이 된다고 여겨질수록, 희생을 감내하려는 우리의 의지도 더욱 커진다.

내게 이득이나 쾌락을 주는 범죄를 저지르지 않는 것도 어쩌면 자기희생의 한 형태라 할 수 있다. 그런 만큼 내가 애써 참고 무언가를 했는데 거기서 누군가가 혜택을 얻는다는 명확한 인식이 없으면 자기희생이 일어날 가능성도 줄어든다. 이러한 통찰은 매춘, 도박, 일부다처제, 안락사, 기분전환 약물 사용 및 알코올 섭취처럼 '피해자가 없는' 범죄를 통제하기 어려운 까닭을 이해하는 데 크게 도움이 된다. 피해자가 없는 범죄의 가장 뚜렷한 특징은 거기 손대는 이들이 자발적으로 그 활동에 참여한다는 것이다. 이 같은 자발성 때문에 피해자가 없는 범죄는 그것이 해로운 이유는 물론이고, 우리가 그런 범죄를 금지하는 법을 잘 지킬 때 남들이 어떤 혜택을 얻는지도 설명하기가 더 어렵다.

이런 사실을 바탕으로 3-요인 모델이 예측해주는 바에 따르면, 악덕 관련 법 집행 과정에서 중대한, 그리고 어쩌면 극복하지 못할 장벽을 최소 두 가지 만나게 된다. 첫째, 어쩌다 경찰이 지켜보고 있지 않은 한, 피해자가 없다고 여겨지는 행동을 범죄로 규정하는 법을 굳이 지키려 할 사람은 많지 않으리라는 점이다.[45] 음주만 해도 자동차가 속력이 빨라져 곳곳을 다 누비고 다니기 전에는 자신 외에 그 누구에게도 이렇다 할 위험을 주는 행위는 아니라고 여겨졌다. 그랬기에 1920~1933년에 음주가 불법으로 선언됐다는 단순한 이유만으로 알코올 섭취를 도덕 운운하며 바라봤던 이는 많지 않았다. 추정치는 천차만별이지만, 정부가 금주령 집행에 막대한 자원을 쏟아부었음에도 알코올 소비량에는 크게 차이가 없었다는 사실이 증거를 통해서도 드러난다.[46] 마찬가지 맥락에서, 1970년대 이후 미국은 이른바 '마약과의 전쟁'을 선포해 공격적으로 법을 집행하는 한편 죄질이 경미한 범법자들에게까지 점점 더 가혹한 형벌을 내리는 정책을 추진해오고 있다.[47] 하지만 도시 하수(下水)를 분석해 마약 사용자들이 배출한 화학 잔여물을 화학 검사해본 결과, 처벌이 훨씬 약한 런던이나 밀라노보다 외려 로스앤젤레스에서 코카인 사용량이 훨씬 많은 것으로 나타났다.[48]

둘째, 법을 어겨도 분명한 사회적 피해가 나타나지 않을 때는 시민들만 그 법을 덜 따르려 할 뿐 아니라 경찰과 정치인들도 그 법을 덜 집행하려 한다. 1920년대~1930년대의 금주령이나 마약과의 전쟁은 명백한 예외에 속하겠지만, "법 집행 기관들은 이 같은 합의 범죄[도박, 매춘, 일부다처제]는 느슨하고 비일관적인 방식으로 감시하고 처벌하는 경향이 있다".[48] 친사회적 행동은 그 행동이 남에게 혜택을 준다고 우리가 믿을 때 더 많이 일어나게 되는 만큼, 왜 경찰관이 난폭한 운전자나 은행강도는 열심히 뒤쫓아 체포하면서도 점잖게 행동하는 대마초 흡연자나 여러 명과 결혼한 사람을 체포할 때는 열의가 훨씬 떨어지는지도 쉽게 이해할 수 있다.

그렇기에 입법자나 법 집행 기관들도 피해가 없다고 여겨지는 일을 하지 못하게 막으려 할 때는 주춤할 수밖에 없을 것이다. 시민이나 경찰 모두 하나같이 '악덕'이 남에게 별 위험이 아니라고 본다면, 악덕과 관련된 법은 지켜질 수도 없는 것은 물론 제대로 실행될 수도 없을 것이다. 이른바 피해자 없는 범죄를 막을 유일한 희망은, 알고 보면 그런 범죄들에도 피해자가 존재한다는 사실을 시민과 경찰 모두에게 납득시키는 것이다.

그런 만큼 교육과 홍보가 무엇보다 관건이다. 이런 접근법은 일부다처제에 법을 집행할 때 이미 이용돼온 방식이기도 한데, 일부다처제 규제 노력은 누군가의 성적 행동을 통제한다는 목적보다는 미성년의 아이들이 나이 든 남자에게 성적 착취를 당하는 것을 막는다는 명분으로 정당화될 때가 많다. 텍사스주에서도 주정부 당국자들이 시골에 모여서 일부다처제로 생활하는 모르몬교 일파의 근거지인 YFZ•을 급습했을 때도,[50] 주지사는 이를 텍사스주의 일부다처제 금지법에 근거한 것이 아니라 목장 내 아동들을 성적 학대로부터 보호하기 위해 필요한 조치라고 설명했다.[51] 마찬가지 맥락에서, 간접흡연의 위험을 강조하면 사람들이 흡연금지구역에서 담배를 덜 피우게 되고, 교육 캠페인을 통해 개의 배설물이 어떻게 수질 오염을 악화하는지 강조하면 개 주인들도 반려동물들을 따라다니며 열심히 배설물을 치우게 된다.

여기서 피치 못할 귀결은, 정책 입안자들이 법의 사회적 혜택을 강조하면 사람들이 법을 더 잘 지키게 할 수 있는 것처럼, 법의 타당성에 의문을 던지면 사람들이 그 법을 잘 따르려 하지 않는다는 것이다. 2008년 대선 당시 민주당의 부통령 후보로 출마한 조지프 바

• '시온을 그리워하며(Yearning for Zion)'의 머릿글자를 딴 명칭이다.

이든(Joseph Biden)은 텔레비전 인터뷰에서 소득세 인상에 대해 다음과 같이 말해 어떤 식으로 성실 납세를 독려해야 하는지를 직관적으로 이해하고 있음을 보여주었다. "이제 나라를 진정 사랑할 때가 왔습니다. 과감히 뛰어듭시다. 소득세 인상은 이제 우리 이야기에서 빠질 수 없습니다. 미국이 타성에서 벗어나도록 도와줄 때가 온 것입니다." 한편 공화당 부통령 후보로 출마한 세라 페일린(Sarah Palin)은 정치 집회에서 바이든의 발언을 겨냥해 다음과 같은 발언을 하면서, 시민의 준법의식을 독려할 만한 언어 감각을 가지고 있지 못하다는 걸 드러냈다. "세금 인상은 일자리를 없애고, 중소기업에 피해를 주고, 사태를 더욱 악화시키는 것이나 다름없습니다."[52] 그 자리에 있던 청중들에게 페일린의 말은, 세금 회피는 단순히 피해자 없는 범죄일 뿐만 아니라 실질적으로는 경제에 도움이 되는 일이란 뜻으로 들렸으며, 따라서 의도하진 않았어도 불가피하게 세금탈루를 부추기는 영향을 미쳤을 것이다.

결론: 선호-형성 정책으로서의 형법

형법이 양심에 늘 면밀한 주의를 기울여왔음은 형법이 징역형을 활용하고, 범죄자의 주관적 의도에 초점을 맞추며, 불법행위/범죄를 확실히 구분한다는 사실들을 통해서 잘 드러난다. 실제로, 양심이라곤 일절 없는 사이코패스들만 모여 있는 세상에서는 형법 자체가 작동할 수 없을 것이다. 결국 모든 이가 보수만 준다면 얼마든 범죄를 저지를 태세라고 하면, 그 같은 원칙이 경찰과 판사들에게도 마찬가지로 적용될 것이다. 그렇게 되면 법 집행관들까지도 너무 부패해 법률이 집행되지 못하는 사태가 벌어질 수도 있다. 경찰은 돈을 노리고 무고한 사람들을 잡아들여 없는 죄를 만들기 바쁜 한편, 범죄자들은 판사들에게 뇌물을 쥐여주고 감옥행을 피할 테니 말이다.

그런 만큼 형법이 오로지 유인책으로만 작동한다는 생각을 형법학자들이 하나같이 받아들이길 마뜩잖아 한 것도 어쩌면 당연한 일이다. 무력화, 갱생, 응징의 개념을 진지하게 받아들이는 것에 더해, 몇몇 학자는 형법이 단순히 유인책을 통해 작동할 뿐만 아니라 '표현적' 기능, 즉 사회적 신호를 보내 사람들의 행동을 변화시키는 방식으로도 작동한다고 주장한다. 이 주장은 3-요인 모델과도 잘 합치하며, 이는 곧 사회적 상황이 요구할 때 지킬 박사처럼 행동할 줄 아는 능력이 범죄자와 준법 시민을 구별해주는 핵심이라는 뜻이기도 하다. 형법이 존재하는 이유는, 지킬 박사처럼 행동하길 요구하는 상황에서도 사회적 신호를 무시하고 막무가내로 하이드 씨처럼 행동하는 사람들로 인해 발생하는 문제들을 해결하기 위해서다. 따라서 사회적 신호들에 주의를 잘 기울임으로써 우리는 형법을 활용해 사람들의 행동을 더욱 효과적으로 조정할 수도 있을 것이다.

형법의 표현적 기능에 가장 먼저 초점을 맞췄던 법학자 켄 다우-슈미트(Ken Dau-Schmidt)의 말에 따르면, "형사 처벌은, 범죄 행위 억제책을 만들려는 목적과 함께, 범죄자와 인구 전반의 선호를 형성해 개인 행동의 다양한 규범들을 널리 알리려는 목적도 갖고 있다."[53] 다시 말해, 형법은 사회적 문맥을 변화시킴으로써 **사람들이 원하는 것을 변**

화시키고, 그 과정에서 순전히 이기적이고 비이기적인 사람들의 행동을 비이기적이고 법을 잘 지키는 행동으로 뒤바꾼다.

1990년 당시 이런 생각을 담아 글을 썼을 때, 다우-슈미트는 경제학자들이 형법을 이와 같은 '선호-형성' 도구로 분석하길 꺼리는 듯한 태도에 얼마간의 유감을 표했다. 경제학자들은 "완전한 사회적 선호-형성 정책 모델에는 선호-형성 기술에 대한 구체적 설명부터 있어야 한다"[54]는 입장이었다는 것이다. 다시 말해, 실질적 제재 없이도 법이 우리의 선호를(그와 함께 우리의 행동도) 변화시킬 수 있다는 생각이 현실에서 유용하게 이용되려면, 우선 그 변화 과정이 어떻게 이루어지는지부터 정확히 알아야 한다는 이야기였다. 그런데 그로부터 시간이 흐른 오늘날에는 어떻게 하면 '선호가 형성되는지', 아니면 적어도 어떻게 하면 사회적 맥락을 활용해 사람들의 선호가 정말 바뀐 것처럼 행동하게 할 수 있는지 제법 잘 알게 된 상황이다. 이제 3-요인 모델은 형법을 더 잘 이해할 수 있게 해줄 뿐 아니라, 형법을 더욱 효과적으로 활용할 수 있도록 해준다.

결론
태양의 전차(戰車)

사람들은 저마다 이웃이 자기를 속이지 않을지 신경 쓴다.
그랬던 이들이 저마다 내가 혹시 이웃을 속이진 않나
마음 쓰기 시작하는 날이 온다. 그러면 세상만사가 순조롭다.
사람들이 몰던 시장용 수레는 이제 태양의 전차로 바뀌었다.
— 랠프 월도 에머슨(Ralph Waldo Emerson)

2008년 6월 19일, 멀끔한 얼굴의 43세 은행가 브래들리 버켄펠드 (Bradley Birkenfeld)가 플로리다주 포트로더데일의 미국 연방지방법원에 출두해 연방판사 윌리엄 즐로크(William Zloch)의 판사석 앞에 섰다. 버켄펠드는 미국 시민으로, 한창 자라날 때는 보스턴에서 살았다. 하지만 성인이 된 후로는 삶의 많은 시간을 유럽에서 보내며 스위스 은행인 UBS를 비롯해 다양한 은행에 들어가 일했다. 그러다 얼마 전 고등학교 동창회에 참석하려 미국에 잠깐 들어왔는데, 그때 로건 공항에서 연방정부 당국자들에게 체포되었다. 그렇게 해서 포트로더데일 법정에 선 그는 자신이 미국 국세청(Internal Revenue Service: IRS)을 속이고 세금탈루를 위해 공모한 죄가 있다고 인정했다.

당시 버켄펠드는 자신의 세금을 탈루해 체포된 게 아니었다. 그 보다는 UBS에서 일할 때 미국 부유층 고객에게 탈세 방법을 전문적으로 알려주는 일을 했다는 게 체포 이유였다. 법정에서 자신의 유죄 인정 관련 진술을 하며 버켄펠드는, 자신을 비롯한 다른 UBS 은행가들이 미국 고객들에게 권했던 탈루 요령들을 조목조목 나열했다. 해외 비밀계좌를 만드는 방법이며, 스위스의 안전한 금고에 숨겨둔 자금으로 고가의 시계, 보석, 예술품을 사서 쟁이는 방법, IRS 가 구매 내역을 추적하지 못하도록 스위스의 신용카드를 사용하는 방법 등을 말이다. 그러면서 유달리 거물이었던 한 고객에 관해서도 진술했는데, 오렌지 카운티의 억만장자 부동산 갑부인 이고르 올레니코프(Igor Olenicoff)를 도와 2억 달러를 해외 계좌에 은닉하고 미국 소득세 700만 달러를 내지 않게 했다는 것이었다. 이와 함께 버켄펠드는 자신이 부유층 고객을 위해 그야말로 노새처럼 일했다며, 미국에서 수표를 들고 나가 스위스와 리히텐슈타인의 계좌에 입금하는가 하면, 다이아몬드를 치약 튜브에 담아 밀반입한 일도 있다고 털어놓았다.[1]

즐로크 판사 앞에서 버켄펠드는 UBS에서 했던 일들이 불법인 줄 알았으며 불법적인 일에 손을 댔다는 사실을 그 자신도 우려했다고 고백했다. 그런데도 왜 그런 일들을 저질렀느냐고 즐로크 판사가 묻자, 버켄펠드는 나직한 목소리로 이렇게 답했다. "저는 UBS에 고용돼 일하는 사람이었으니까요. (…) 그런 일들을 해야 인센티브를 받았으니까요."[2]

성인군자와 사이코패스

여기서 우리는 버켄펠드가 고객들 탈세를 도운 일은, 1장에서 프랑코 곤살레스가 했던 결심, 즉 로스앤젤레스 길거리에서 우연히 자기 발치에 떨어진 20만3000달러의 현금다발을 원래 주인에게 돌려주기로 마음먹은 것과 완전히 대비된다고 생각하기 쉽다. 버켄펠드는 특권층의 성장 배경을 갖고 있었다. 아버지는 보스턴의 신경외과의였고, 그 자신은 뉴잉글랜드 지역의 사립대학을 나온 데다, 내로라하는 투자 은행에 취직돼 일했고, 개인 재산도 꽤 많이 모아둔 터였다. 반면 프랑코 곤살레스는 멕시코 시골 집집을 돌며 청소일을 하는 홀어머니 손에 자랐다. 곤살레스는 공식 교육을 받은 적이나 재산을 모은 적이 거의 없다고 해도 좋았고, 당시에도 중국음식점에서 접시닦이로 일하고 있었다.

이렇게만 보아서는 이 두 남자의 인성에 뭔가 근본적인 차이가 있는 게 틀림없다고 얼른 결론 내리고 싶을 것이다. 곤살레스는 도덕적이고, 선하며, 양심이 있는 사람이다. 반면 버켄펠드는 이기적이고, 원칙도 없는, 전형적인 '썩은 사과'처럼 보인다.

하지만 이런 식의 관점은 잘못일 수 있다는 게 이 책이 지금껏 입증하고자 한 내용이다. 곤살레스는 성인군자가 아니다. 마찬가지로 버켄펠드도 사이코패스가 아니다. 곤살레스가 자신이 주운 돈을 원래 주인에게 돌려주기로 한 건 확실히 칭찬받아 마땅한 일이지만, 그도 미국 이민법을 준수하는 면에서는 양심에 걸릴 게 전혀 없다고는 할 수 없었다. 그 돈을 주울 당시 곤살레스는 불법으로 미국에 들어와 체류 중이었으니 말이다. 마찬가지 맥락에서, 버켄펠드의 경우에는 그가 한 번이라도 자신의 부유층 고객을 속이려 했다는 증거는 전혀 발견되지 않았다. 다이아몬드를 치약 튜브에 숨겨서 들여왔을 때도, 사실 마음만 먹으면 그는 얼마든 그 다이아몬드를 남몰래 챙기고 어딘가에서 잃어버렸다고 주장했을 수도 있었다. 버켄펠드에겐 막대한 위험을 무릅쓰고 고객들의 세금 회피를 도울 만한 커다란 금전적 유인책이 있었지만, 자신의 고객들에게서 무언가를 훔쳐낼 때의 금적전 유인책도 그 못지않게 컸다. 하지만 버켄펠드는 그런 일들은 추호도 생각조차 하지 않았던 것으로 보인다.

우리 대부분이 그렇듯, 곤살레스와 버켄펠드 둘 모두 윤리적이고 비이기적인 행동과, 비윤리적이고 자기 이익만 챙기는 행동을 할 능력을 다 갖고 있었다. 두 남자 모두 양심을 갖고 있기는 마찬가지였고, 이 양심이 이따금—오로지 이따금씩만—남들에게 손해를 입히며 자신의 목적을 추구해서는 안 된다고 가로막은 것도 같았다. 이 책의 2부에서 우리는 인간 본성의 이 근본적 이중성을 살펴보았다. 사람들이 어떤 식으로 사회적 신호에 반응해 지킬 박사 같은 친사회적인 행동과 하이드 씨 같은 이기적인 행동 사이를 오가는지를, 아울러 이런 식의 행동 변화를 우리 자신은 인식하지 못할 때가 많다는 사실을 면밀하게 들여다봤다. 어떤 때 우리는 협동적이고, 양심적이며 배려를 잘하는 사람이다. 하지만 또 어떤 때는 그렇지가 않다.

법과 양심

지킬/하이드 증후군을 알고 그것을 제대로 이해하는 것이야말로 갖가지 규칙—여기엔 법적 규칙도 포함되나 단지 법적 규칙들만 말하는 것은 아니다—이 어떻게 인간의 행동을 조정하는지를 온전히 이해하는 관건이라는 게 이 책의 주된 주장이다. 양심이라곤 없는 사이코패스들이 모인 사회(이런 곳을 '사회'라고 부를 수 있는지 모르겠지만)가 끊임없이 제 살을 파먹지 않도록 막아줄 만큼 많은 경찰은 세상 어디에도 없다. 더욱이 그런 사회에서는 우리가 믿고 경찰 역할을 맡길 사람이 누구인지도 전혀 알 수가 없다. 시민 사회의 질서를 유지해주는 밑바탕은 다름 아닌, 지킬 박사처럼 행동하면서 갖가지 규칙들을 '내면화'할 줄 아는, 즉 외적 제재가 약하거나 아예 없어도 그 규칙들을 따를 줄 아는 우리의 집단 능력인 것이다.

이와 함께 이 책 2부에서는 하이드 씨와 지킬 박사 모드를 사람들이 무작위적으로 오가지는 않는다는 점을 살펴보았다. 이런 식의 변신은, 우리가 한데 뭉뚱그려 '사회적 맥락'이라고 부르곤 하는 갖가지의 비경제적 신호 및 변수들을 통해 일어나며, 따라서 어느 정도는 예측이 가능하다. 우리의 법도 반드시 우리의 사회적 맥락 안에서, 아울러 그 일부를 이루며 작동해야 한다. 그런 만큼 이 책 3부에서는 2부에서 만들어낸 3-요인 모델이 불법행위법, 계약법, 형법의 제 원칙들을 어떻게 더 잘 이해할 수 있도록 해주며, 아울러 그것이 우리 행동의 틀을 어떻게 더욱 효과적으로 잡아줄 수 있을지 함께 살펴보았다.

결론적으로 점점 부상 중인 친사회성 관련 학문으로부터 법조계 전문가들이 얻을 수 있는 가장 중요한 가르침을 하나 꼽으라면, 올리버 웬들 홈스가 법은 오로지 양심이 없는 나쁜 사람의 관점에서만 생각해야 한다고 했을 때 그는 사람들에게 섣부른 조언을 한 셈이었다는 것이다. 입법자는 양심을 무시하기는커녕, 양심을 잘 끌어다 쓸 수 있을 때 더욱 훌륭한 결과들을 얻을 수 있을 것이다. 이 점은 이 책이 이른바 '소극적 이타주의'라고 불렀던 비이기적이고 친사회적인 행동을 독려하는 부분에서는 특히 그러한데, 소극적 이타주의란 남들이 해를 입기 쉬운 상황을 되도록 이용하지 않으려는 윤리적 절제를 말한다. 어쩌면 우리는 걸인이 들고 있는 그릇에 지나가는 행인 모두가 5달러씩 놓아주기를 꼭 바라지는 않을 수도 있다. 하지만 적어도 걸인이 한눈을 판 사이 누군가가 그릇에서 돈을 훔쳐가는 일만은 일어나지 않기를 바란다.

이런 식의 비이기적 행동이 더 많이 일어나게 하는 데는 법도 중요한 역할을 하는데, 단순히 갖가지 유인책을 제시하는 식으로만이 아니라 해당 맥락에서 어떤 행동이 적절하고 또 기대되는지 알려주는 형태로도 그렇게 할 수 있다. 또한 법은 남들에게 친사회적 행동을 독려하는 식으로 그 역할을 할 수도 있으며, 우리의 선택이 주변 사람에게 어떤 식으로 도움과 해를 끼치는지 교육하는 식으로도 그 역할을 할 수 있다. 따라서 법을 더욱 효과적으로 이해하고 활용하기 위해서는, 단순히 물질적 유인책을 만들어내는 차원을 넘어서, 법이 행동을 변화시키는 수많은 방식을 고려하지 않으면 안 된다.

양심에 주의를 기울일 때 얻을 수 있는 보상은 단순히 법을 잘 이해하게 되는 것을 훨씬 넘어선다. 오늘날 사회들은 질서 유지와 생산성 향상이라는 목표를 위해 단순히 공식적인 법에만 의지하지 않는다. 현대 사회는 직장 내규, 종교 규칙, 윤리적 원칙을 포함해, 일명 로버트 엘릭슨이 "사회적 규범(social norm)"이라 일컫은 예의 바른 협동 행동에 관한 공동체의 '규칙' 등 법에 속하지 않는 갖가지 규칙으로 이루어진 복잡한 망에도 의지하고 있다. 입법자들과 규제감독관이 양심을 잘 끌어와 쓸 수 있는 것처럼, 고용주, 개혁가, 교육자, 시민단체 및 종교단체 지도자들도 양심의 힘을 얼마든 활용할 수 있다.

거기서 얻는 성과는 그야말로 엄청날 수 있다. 사실 대부분의 사람은 규칙을 목적 그 자체로 보지는 않는다. 우리에게 규칙이란 다 함께 잘 살아나가자는 목표를 이루는 데 필요한 하나의 방편이다. 그런데 평화롭고 풍요로운 사회를 이룩하기 위한 우리의 여정 속에서 갖가지 규칙을 가장 잘 작동하게 할 방법은 다름 아닌 규칙과 양심을 잘 접목해 둘이 함께 움직이도록 하는 데 있는 듯하다. 남의 행복을 염두에 두는 사람들이 더욱 많아질수록, 추잡한 실랑이, 손해가 큰 사고, 변호사·판사·배심원단의 시간을 잡아먹는 값비싼 소송은 점점 줄어들 것이다. 열심히, 정직하게 일하는 기업 중역과 직원이 더욱 많아질수록, 우리의 경제는 더욱 성장해나가는 한편 업계의 비리는 점점 더 줄어들 것이다. 경찰이 지켜보지 않아도 법을 지키려는 사람들이 더욱 많아질수록, 범죄가 줄어드는 것은 물론 도난경보기나 방범용 창살 같은 값비싼 범죄 방지책을 써야 할 필요는 점점 줄어들 것이다.(미국 노동부의 예측에 의하면, 2012년에는 고등학교 교사보

다 민간경호원으로 고용된 사람들 숫자가 더 많아질 거라고 한다.)**3**

역사상 최초의 정치경제학자라 할 만한 토머스 홉스는, 사회 질서를 진작하는 데 양심은 별 역할을 하지 못한다며 무시했다. 그의 지적 계보를 따르는 오늘날의 수많은 사상가도, 물질적 유인책에만 시종 초점을 맞추고 있다는 점에서, 양심을 등한시하기는 마찬가지이다. 하지만 번창하는 공동체를 이룩하려면 적절한 물질적 유인책을 넘어선 그 이상의 무언가가 필요하다는 사실이, 논리적 증거만이 아니라 경험적 증거들을 통해서도 속속 드러나고 있다. 우리에게는 양심도 꼭 필요하다.

양심과 번영

비이기적인 친사회적 행동이 우리 모두의 경제적 행복에 이바지한다는 생각은 전혀 생소한 개념만은 아니다. 1848년 존 스튜어트 밀은 이렇게 썼다. "몇몇 나라들에서는 (…) 신뢰할 만한 사람을 좀처럼 찾기 힘들다는 점이 사업을 대규모로 수행하는 데 있어 가장 심각한 장애물로 작용한다."**4** 1958년 자신이 펴낸 고전적 연구 『후진 사회의 도덕적 기반(The Moral Basis of a Backward Society)』에서 정치경제학자 에드워드 밴필드(Edward Banfield)도 비슷한 결론을 내린바, 그는 이탈리아 남부의 빈곤은 그가 "비도덕적 가족주의"라 일컬은, 직계가족 외에는 누구도 잘 신뢰하지 못하고 약속도 하지 않으려 하는 집단적 문화 성향에 그 직접적 원인이 있다고 보았다.**5**

하지만 최근에 양심과 번영 사이의 연관성은 특별한 관심을 받고 있다. 1990년대를 기점으로 다수의 경제 발전 전문가가 단순히 법적 및 경제 제도 차이만으로는 나라별 경제 번영의 정도 차이를 설명할 수 없다는 주장을 점점 강하게 펼쳐오고 있다. 협동적이고 서로를 신뢰하는 행동이 나타나는 문화 패턴 속에서는 시장 거래와 투자가 더욱 활성화되고 기회주의와 불법성은 억제돼 경제 성장을 돕는 만큼, 이런 문화 패턴 역시 법 및 경제 제도와 함께 중요한 역할을 하는 것처럼 보인다는 이야기가 등장하고 있다.6

둘 사이의 관련성을 뒷받침하는 경험적 증거들도 점점 쌓여가고 있다. 일례로, 전 세계 수십 개국에서 진행된 세계 가치관 조사(World Values Surveys)를 토대로 폴 잭(Paul Zak)과 스티븐 낵(Stephen Knack)이 진행한 흥미로운 연구를 보자. 당시 설문조사에 통상적으로 들어 있던 질문 하나가, "일반적으로 봤을 때, 당신은 대부분 사람이 신뢰할 만하다고, 즉 사람들과 거래할 때 너무 조심하지 않아도 된다고 말할 수 있습니까?"였다. 이 질문에 대한 평균적 반응은, 사람을 믿을 수 있다고 생각하는 인구가 전체의 6%에 그친 페루인부터 남들에 대한 신뢰를 표현한 이들이 61% 이상이었던 노르웨이인들에 이르기까지 천차만별이다. 잭과 낵은 설문에 들어 있는 이 '신뢰' 질문에 대한 평균 응답을 국가의 경제성장률(1인당 소득 증가를 기준으로 산정) 및 투자(국내총생산에서 투자가 차지한 비율을 기준으로 산정)와 비교해보았다. 그러자 남을 신뢰할 수 있다는 믿음은 경제성장률 및 투자 모두와 유의미한 양의 상관 관계를 갖는 것으로 입증되었다. 남들에 대한 신뢰를 표현하는 인구의 비율이 15%p 높으면 연간 경제성장률은 거의 1%p에 가까이 높은 것으로 나타났으며, 투자율은 대략 2%p 높아지는 것으로 나타났다. 심지어 이 같은 결과는 1인당 소득 및 교육 같은 인자들을 통제한 뒤에도 마찬가지인 것으로 입증되었다.[7]

이와 비슷한 결과를 보인 연구들은 이 말고도 또 있다. 예를 들어, 낵과 필립 키퍼(Philip Keefer)가 이보다 앞서 시행한 연구에 의하면, 국가 경제성장률은 각 나라별로 자신은 법을 준수한다고 평가해 보고한 응답자 수와 양의 상관관계를 보이는 것으로 밝혀졌다. 즉 경제성장률이 높은 나라일수록, 응답자들은 탈세나 정부에서 주는 복지수당 부정 수급은 '절대' 정당화될 수 없다고 대답할 확률이 더 높았다. 마찬가지 맥락에서, 법 준수 성향이 강할수록 남을 도우려는 성향도 더욱 강해진다는 사실이 낵과 키퍼의 연구를 통해 밝혀졌다. 윤리적 행동에 대한 자기 보고 결과는, 50달러와 주인의 집으로 추정되는 주소가 든 지갑을 전 세계 곳곳에 도시들에 '우연히' 떨어뜨리는 실험을 했을 때 나라별로 나타나는 차이와도 높은 상관관계를 갖는 것으로 나타났다. 현금이 안에 그대로 든 채 '분실된' 지갑이 주인에게 돌아오는 경우는 설문조사에서 응답자들이 탈세나 정부 복지수당 부정 수급은 절대 정당화될 수 없다고 응답한 나라들에서 훨씬 더 많았다.[8]

확실한 인과관계를 밝혀내는 건 늘 어려운 일이지만, 친사회적 행동과 경제성장 사이의 관련성이 두드러져 보이는 현상은 거듭 나타나고 있다. 주식 수익률 역시 남들에 대한 신뢰도가 높다고 사람들이 보고하는 나라들이 다른 곳보다 상당히 높은 것으로 나타난다.9 마찬가지 맥락에서, 유럽인들에게 타국 출신 사람들에 대한 신뢰도를 순위로 매기게 하자, 신뢰도 응답 결과는 두 나라 사이의 교역량 및 투자량과 양의 상관관계를 갖는 것으로 나타났다.10

번영과 친사회적 행동 사이의 관련성은 통계적 증거만이 아니라 논리 속에서도 찾아볼 수 있다. 이 문제에 관한 토머스 홉스의 설명을 빌려보자. 모든 인간이 각자 자신만을 위하게 되면,

> 산업은 설 자리가 없다. 왜냐하면 산업에서 어떤 결과가 맺어질지 확신할 도리가 없기 때문이다. 따라서 땅을 경작할 일도, 배를 타고 항해할 일도 없을 것이며, 바다를 통해 들여올 만한 물건을 쓸 일도 없을 것이며, 널찍하게 건물들이 들어서지도 않을 것이며, 무언가를 옮기고 치우는 데 쓰이는 도구들도, 많은 힘을 필요로 하는 만큼 있을 수 없을 것이다. 이 지구의 실상에 대한 지식도 갖출 수 없을 것이고, 시간을 유념하지도 않을 것이며, 예술도, 글자도, 사회도 없을 것이다. 그중 가장 최악은 늘 두려움에 떨며 험한 꼴로 목숨을 잃을 위험에 처한다는 것이다. 인간의 삶은 고독하고, 가난하고, 추하고, 금수처럼 잔인하고, 단명에 그칠 것이다.11

························

양심과 행복

홉스가 남긴 이 유명한 말을 통해 우리는 양심을 키울 때 얻어지는 또 다른 커다란 이점이 무엇인지 실마리를 얻을 수 있다. 양심은 단

지 더 커다란 풍요만 가져다주는 것이 아니라, 더 커다란 행복도 가져다준다. 잠시만 생각해봐도 남들의 친사회적 행동이 우리 삶의 질을 얼마나 더 나아지게 해주는지 알 수 있다. 가령 우리의 동료 시민들이 모두 양심이라곤 없는 사이코패스라면, 그들이 함부로 침해하고 강탈하지 못하도록 우리의 신변과 재산을 지키는 일에 막대한 시간과 자원을 쏟아부어야만 할 뿐 아니라 이와 함께 엄청난 스트레스와 불안도 함께 견뎌야만 한다. 집을 가지고 있다면 집을 지키려 총기류를 구비하고 사나운 개를 길러야 할 것이고, 무장 경호원을 따로 두어(믿을 만한 고용원을 찾을 수 있을지도 미지수이다) 지키지 않는 한 재산도 모을 수 없을 것이며, 몸값을 뜯어내려 아동을 납치하는 일이 기승을 부릴 것이다. 그 누구도 양심을 갖고 있지 않다면, 우리의 삶은 고독하고, 추하고, 금수처럼 잔인하고, 단명에 그칠 것이다. 거기에다 왕이나 정부도 양심이라곤 없기에 그들이 이런 삶을 다른 식으로 바꾸어주리라 믿을 수도 없을 것이다.

이렇게 생각하면, 우리의 동료 시민 대부분이 양심을 가진 것처럼 행동하는 데 감사하지 않을 수 없다. 그런데 친사회적으로 행동해야겠다는 누군가의 결심은 다른 사람만이 아니라, 그 자신도 더 행복하게 해줄지도 모른다. 자원봉사 활동만 해도 행복감과 자긍심을 비롯해 전반적인 삶의 만족도를 향상시키는 것으로 나타났다.[12] 이와 함께 연구자들은 스스로 보고한 행복감과 윤리적 행동 사이의 연관성도 발견할 수 있었는데, 소득, 나이, 교육 수준 같은 요소들을 통제한 뒤에도 마찬가지 결과를 얻을 수 있었다.[13] 심지어 우리는 여기서 생물학적 관련성까지 찾아볼 수 있다. 실험실 게임에서 다른 이와 협동할 경우 옥시토신('기분 좋아지는' 호르몬인 옥시토신은 보통 모유 수유 및 짝짓기와 연관이 있다) 수치가 올라가는 한편, 기능적 자기공명영상 스캔을 했을 때도 실험실 게임에서의 상호협동은 두뇌의 보상회로를 활성화하는 것으로 나타난다.(흥미롭게도, 피험자가 컴퓨터와의 게임에서 협동할 때는 이 보상회로가 활성화되지 않는다.)14

친사회적 행동을 독려하면 금전적 혜택도 따라오지만 심리적 면에서의 혜택도 따른다. 존 스튜어트 밀이 말했듯, "서로를 신뢰할 줄 아는 인류가 얻을 수 있는 이점은 인간 삶의 구석구석 어느 곳 하나 파고들지 않는 데가 없다. 경제적 이점은 아마 제일 사소한 부분이라 해야 할 것이다".15

물론 모든 형태의 비이기적 행동이 다 사회에 혜택을 가져다주지는 않는다는 점도 인식하는 게 중요하다. 더러는 더 큰 공동체에 손해를 끼치고 일부 하위 집단에게만 혜택을 주기 위해 비이기적 행동을 하기도 한다. 예를 들어, 어떤 갱단의 성실한 단원이 충성심과 신의에서 자기 동료 범죄자를 위하는 행동을 하다가 사회의 나머지 성원을 곤경에 빠뜨리는 일을 상상해볼 수 있을 것이다.

여기서 한발 더 나아가 친사회적 행동 증진에 우리가 사용할 수 있는 도구로 법적 제재와 양심만 있는 건 아니라는 점도 기억해야 할 필요가 있다. 복수에 대한 두려움이나 평판에 대한 염려 역시 중요한 역할을 할 수 있다. 제아무리 호모 에코노미쿠스라도 남들과 거래할 때 그 사람과 다시 만날 일이 있을 거라 예상되면, 미래에 유리하게 거래할 수 있는 기회를 잃지 않기 위해 단기적 차원의 자기 이익은 희생하려 할 것이다. 법과 양심에 더해, 평판 역시 풍요롭고 평화로운 사회를 떠받치는 세 다리 의자의 마지막 세 번째 다리라할 수 있을 것이다.

하지만 다리가 세 개인 이 의자에서 다리 하나를 빼면, 의자는더 이상 똑바로 서 있지 못한다. 마찬가지로 양심을 빼버린 채, 단지법과 평판만 갖고서 교양 있는 사회를 유지하기는 힘들어질 것이다.

퇴조하는 양심

양심이 빠지면 교양 있는 사회가 무너질 수도 있다면 점을 생각하면 현재를 살아가는 우리로서는 아주 걱정스러울 수밖에 없다. 미국 안에서 비이기적인 친사회적 행동이 점차 줄어들고 있다는 증거들이 점점 쌓여가고 있기 때문이다. 최근 몇 년 새만 해도 우리는 정치계와 경제계에서 갖가지 추문들이 도무지 끝날 것 같지 않은 기세로 불거지는 것을 볼 수 있었다. 엔론사의 거대 분식 회계 사건부터, 2000년을 목전에 두고 터진 클린턴 대통령의 르윈스키와의 성추문, 수십억 달러 규모에 이른 버니 메이도프의 폰지 투자 사기 사건, 가장 최근에는 전 일리노이주 주지사 로드 블라고예비치(Rod Blagojevich)가 공석인 상원의원직을 매직하려 한 사건까지 그야말로다양하다. 수많은 미국인들이 직관적 차원에서 우리 사회가 윤리적부패에 시달리고 있다고 차츰 느낄 수밖에 없는 상황이다. 이런 직관을 경험적 자료들이 뒷받침하고 말이다.

사회학자 로버트 퍼트넘은 대단한 영향력을 끼친 자신의 베스트셀러『나 홀로 볼링』에서 헌혈, 정치 캠페인 활동, 혹은 자선 단체 기부 같은 적극적 이타주의의 행동들이 지난 40년 동안 얼마나 줄어들었는지를 놀라울 만큼 세세한 자료로 제시하고 있다.[16] 그런가 하면 "살기 좋은 사회를 이루는 일에 기여하는 일자리"가 좋은 삶의 중요 요소라고 보는 미국인의 비율은 1975년에는 38%였던 것이 1996년에는 32%로 줄어든 한편, "돈을 많이 버는 것"을 훌륭한 삶의 중요 요소라고 보는 사람의 비율은 38%에서 63%로 늘어났다.[17]

이보다 훨씬 더 심란한 사실은, 경제활동에 꼭 필요한 현상인 소극적 이타주의(규칙을 어기거나 남을 이용하는 것을 되도록 삼가는 것) 역시 감소 추세에 있다는 점이다. 미국의 9개 주요 국립대학에 재학 중인 학생들을 대상으로 한 연구에 따르면, 1964년에서 1996년까지 중대 부정행위에 가담한 학생의 숫자가 눈에 띄게 증가한 것으로 밝혀졌다. 다른 학생 것을 그대로 베꼈다고 자기 보고한 경우가 26%에서 52%로 늘어난 한편, 커닝페이퍼를 활용한 경우는 16%에서 27%로 늘었다.[18] 데이비드 캘러헌(David Callahan)은 자신의 책『치팅 컬처: 거짓과 편법을 부추기는 문화(The Cheating Culture: Why More Americans Are Doing Wrong to Get Ahead)』에서, 고용전문회사 및 인사과 관리들의 증언에 따르면 허위 입사지원서의 비율이 현재 점점 위기 수준에 도달하고 있다는 점을 밝히고 있다. 2002년 한 대기업에서 거의 300만 건의 입사지원서를 대상으로 성장배경과 관련한 사실 확인 작업을 진행한 결과 허위 사실을 포함한 지원서가 44%에 이르는 것으로 밝혀졌다.[19] 심지어 미국인들은 지금 운전 습관까지도 갈수록 험악해지고 있다. 1979년에는 뉴욕 교외의 감시카메라가 있는 교차로의 정지 신호에서 완전히 정차하거나 혹은 정차를 위해 속도를 줄이는 운전자가 71%에 이르렀다. 하지만 1996년에는 똑같은 교차로에서 어떤 식이든 정차를 한 운전자는 단 3%에 불과했다.[20]

친사회적 행동이 줄어들고 있다는 이런 생각은, 동료 시민의 신뢰성에 대한 미국인들의 인식이 현저하게 낮아졌다는 각종 추적 조사 결과를 통해 다시 한번 뒷받침된다. 1950년대 말과 1960년대에는 동료 시민을 신뢰할 만한 사람으로 본 미국인이 55~60%에 이르렀다. 1990년대에 이르자 이 숫자는 30%대 중반에서 후반 정도까지 떨어졌다.[21]

그렇다면 이렇게 점점 더 많은 미국인들이 양심적인 지킬 박사보다는 비도덕적인 하이드 씨처럼 행동하는 건 왜일까? 일부 전문가들은 점점 커지는 빈부격차가 그 주범일 거라고 이야기한다. 빈부격차가 심해지면 친사회적 행동의 토대인(이 점에 대해서는 6장에서 함께 살펴봤다) 모두가 똑같은 내집단의 일원이라는 인식이 약해지기 때문이라는 것이다.[22] 이 생각을 뒷받침하는 증거도 몇몇 찾아볼 수 있다. 예를 들어 세계 가치관 조사에서 소득 불평등은 타인에 대한 신뢰 표현의 국가별 수준과 음의 상관관계를 갖는 것으로 나타난다.[23] 하지만 미국의 경우에는 그 시기가 이미 지난 것처럼 보인다. 로버트 퍼트넘도 지적했듯, 미국인의 친사회적 행동은 1960년대부터 이미 줄어들기 시작했는데, 1960년대면 빈부격차가 심화된 시점보다 몇십 년 전이기 때문이다.[24]

미국인의 삶에서 체계 잡힌 종교의 역할이 점점 축소되고 있다는 점은 어떨까? 공식 종교 제도에는 보통 도덕 규칙과 관련된 지시가 포함돼 있기 마련이고, 체계적인 종교와 친사회적 행동 사이에도 모종의 관련성이 있을 수 있다. 하지만 이 연관성은 확실치 않은 데다 그에 대한 이해도 빈약한 실정이다. 예를 들어 이탈리아는 단일 종교를 믿는 나라지만, 사회 자본과 대인 신뢰도가 북부와 남부 간에 엄청나게 난다.[25] 한발 더 나아가, 전 세계적으로 봐도, 노르웨이, 스웨덴, 중국, 핀란드처럼 상대적으로 비종교적인 국가들이 타인에 대한 신뢰도에서 가장 높은 점수를 기록하는 한편, 브라질, 페루, 튀르키예, 필리핀(이들 나라에서는 체계적인 종교가 사회 및 정치적으로 훨씬 더 중요한 역할을 담당한다)은 가장 낮은 점수를 기록하는 것을 볼 수 있다.[26] 아울러 미국에서 복음주의 기독교가 위세를 떨쳤을 때도 미국의 친사회적 행동 감소 추세가 느려지는 일은 일어나지 않았다.[27]

로버트 퍼트넘은 오늘날 생존해 있는 학자 중 점점 줄어드는 미국인의 친사회성을 누구보다 면밀하게 연구해온 학자로, 그는 친사회성 감소에 일조하는 또 하나의 원인을 지적한다. 바로 사람들이 여러 형태의 전자 오락거리에 더욱 의지하게 된 점이다. 전자기기 오락을 즐기면 사람들은 공공장소나 서로와 떨어져 집안에만 혼자 틀어박힌다. 이런 식의 생활은 나르시시즘, 물질주의, 질투심을 조장하게 된다.(예를 들어, 폭스 방송사의 인기 쇼프로그램인 〈아메리칸 아이돌〉이나, ABC 방송사의 〈누가 백만장자가 되고 싶은가〉 같은 프로그램을 한번 생각해 보자.) 마지막으로 전자기기를 이용한 오락은 비사회적인 행동을 그려내거나 심지어 미화하기까지 한다. 인기 비디오 게임 〈그랜드 테프트 오토〉는 게임 플레이어에게 절도, 신체상해, 살인을 저지르게 하는가 하면, 쇼타임 방송사에서 제작한 텔레비전 드라마 〈덱스터〉에서는 사이코패스인 연쇄살인범이 주인공으로 등장한다.

하지만 퍼트넘의 말에 따르면, 우리 미국인 사이에서 하이드식 행동이 점차 늘어나는 가장 큰 요인은 아무래도 그가 "세대 변화"라 이름 붙인 어떤 현상 때문인 것처럼 보인다. 여기서 세대 변화란 대공황 때 유년 시절을 보내고 제2차 세계대전의 화염 속에서 단단하게 삶이 벼려진 구세대가 점점 줄고, 그 자리를 이타주의, 적극적 시민의식, 타인에 대한 신뢰 성향이 훨씬 낮은 이후 세대들(베이비부머, X세대, 밀레니엄 세대)이 대신 메우게 된 것을 뜻한다. 퍼트넘은 책에서 쓰길, 어떤 까닭에서인지 "제2차 세계대전 이후 태어나 자란 이들은 전쟁이라는 분수령 이전에 태어나 자란 이들과는 전혀 다른 삶의 경험을 했다. 전후 세대들은 마치 반시민성 엑스선이라도 쬔 것처럼, 공동체와 잘 연결되지 못하는 성향이 시종 점점 늘어만 간다". 아울러, 증거에서도 나타나듯, 이들은 비이기적인 친사회적 방식으로 행동할 가능성도 더 낮다.[28]

제2차 세계대전을 치르며 자란 미국인 세대가 상대적으로 평화롭고 풍요로운 시절 자라난 전후 세대와는 다를 수밖에 없으리라는 점은 사실 누구나 쉽게 알 수 있다. 역사상 전무후무한 경제 및 군사 위기를 다 함께 이겨내는 과정을 겪은 만큼, 그들은 살면서 모두가 하나의 내집단에 속한다는 인식이 더욱 강했을 테고, 아울러 자기희생이 얼마나 중요한가도 더 절절히 느꼈을 것이다. 하지만 이 책을 쓰면서 조사한 과학적 및 경험적 증거에 따르면, 전후 세대 경험 중 퍼트넘이 말한 "반시민성 엑스선"에 일조한 것은 이게 전부가 아닌 것처럼 보인다. 또 한 가지의 요소는 다름 아닌, 우리의 대학, 관공서, 기업에서 합리적 이기심 모델이 점점 강한 위세를 떨치게 된 현상이다.

호모 에코노미쿠스를 강조하는 것의 위험성

사람들이 이기적이라는 가정은 애초 경제학이 탄생 때부터 품고 있던 것이었다. 적어도 홉스 시절 때부터, 경제학 사상가들은 인간 행동을 설명할 때 자기 이익을 강조했다. 이기적 행동이 흔하고 그것이 사회적 안녕에도 일조하는 질서 잡힌 시장에서는 그렇게 이기적으로 행동하는 것이 적절해 보인다. 독점, 과잉, 부족 같은 문제를 분석하는 작업에는 호모 에코노미쿠스식 접근이 더없이 좋은 도구인 것도 사실이다.

하지만 익명의 시장 바깥에서는, 합리적 이기심이라는 가정이 과연 무너지는 학교 교육, 증가하는 범죄, 열악한 의료 서비스, 정치 부패, 또는 CEO의 배임 같은 사회적 문제를 해결하는 데도 도움이 될까 의구심이 들 수밖에 없다. 이런 상황인데도 이들 정책 영역의 논의에서도 이기심이라는 가정이 여전히 지배적 위세를 떨치고 있다는 점을, 오늘날 입법자와 개혁자들이 쉼 없이 '책무성'과 '유인책'을 캐치프레이즈로 내거는 모습에서도 확인할 수 있다. 경제적 사고는 그야말로 곳곳에 스며들어 이제는 대중서까지도 일반 독자들에게 경제적 사고를 삶의 방식으로 택하라고 채근할 정도이다. 그 가장 단적인 예로는 스티븐 레빗과 스티븐 더브너가 2005년에 써낸

블록버스터급 베스트셀러 『괴짜경제학』을 들 수 있지 않을까 한다. 스티븐과 더브너에 따르면, "유인책이야말로 오늘날 삶의 주춧돌이다".[29] 아니면 역시 레빗과 더브너가 표현한 대로, "도덕이 세상은 마땅히 이렇게 돌아가야 한다는 사람들의 이상을 나타낸다면 경제학은 세상이 실제로 어떻게 **돌아가는지를** 나타낸다".[30]

이 책에 담긴 생각은 그와는 다르다. 물질적 유인책의 힘을 강조하고 양심을 등한시하면 특정 사회 문제를 해결할 수 있는 우리의 능력이 제대로 발휘되지 못할 뿐 아니라, 외려 그 문제를 더 악화시킬 수도 있다.

········

첫 번째 위험:

········

이기심을 가르치는 것은 자기실현적 예언이나 다름없다

양심을 무시할 때 생기는 첫 번째 위험을 알고자 한다면 먼저 이런 질문을 던져보는 것이 어떨까 한다. 어떤 세대 전체가, 그 세대에 속한 경제계 및 정계의 리더들도 포함해서, 사람은 원래 이기적이고 오로지 물질적 유인책에만 확실히 반응한다는 내용을 되풀이해서 배우게 된다면, 그것이 행동에 어떤 영향을 미치게 될까? 이 질문에 답하려면 더도 말고 3-요인 모델을 다시 생각해보기만 하면 된다. 비이기적인 친사회적 행동은 권위자로부터의 지시, 다른 이들이 비이기적으로 행동한다는 믿음, 누군가의 비이기적인 행위에서 다른 이들이 얻는 혜택에 대한 인식이라는 사회적 신호들을 밑바탕으로 일어나는데, 호모 에코노미쿠스 모델을 강조할 경우 이 세 가지 모두 악영향을 받게 된다.

사회적으로 명망 있는 권위자들이―교수, 정책 입안자, 각계 전문가 등―사람이란 이기적인 존재라고 거듭 말할 때, 거기에는 이기적인 행동이 늘 용인되고 심지어 적절하기도 하다는 뜻이 함축돼 있다. 때로는 그런 메시지를 노골적으로 드러내기도 한다.《파이낸셜 타임스(Financial Times)》의 한 컬럼니스트는 최근 기업 중역의 임금 인상 거부를 거세게 비난하며 이렇게 책망했다. "자본주의 경제가 돌아가기 위해서는, 돈이 적은 것보다 많은 게 더 좋다는 사실을 우리모두가 신봉해야 한다."[31] 보수 성향의 유머 작가인 P. J. 오루크(P. J. O'Rourke)는《로스앤젤레스 타임스(Los Angeles Times)》의 사설란에 대학 졸업생들에게 이런 식으로 조언하기도 했다. "이제는 학교를 벗어나 돈다발을 움켜쥘 때다." "이상주의자여선 안 된다." "정치에는 관여할 것 없다." "공평함 따위는 잊어라!"[32] 반복적으로 "합리적인 자기 이익 추구"라는 표현을 쓰는 것은 그만큼 노골적이지는 않아도 더 치명적인데, 이기적이지 않게 행동하는 사람은 비합리적이라는 뜻이 은연중에(그다지 모호하지는 않게) 함축돼 있기 때문이다.

더욱이 호모 에코노미쿠스 모델의 공식 가르침에 따르면 우리는 사람들이 일반적으로 이기적으로 행동한다고 믿어야 한다. 이런 식으로 비이기적인 행동의 역할과 중요성을 폄훼하는 방식을 통해 경제학자들은 대부분 사람이 살면서 대체로 남들에게 손해를 입히면서까지 자신의 목적 달성을 위해 애쓴다는 신호를 보내게 되는 셈이다.(경제학자 고든 털럭Gordon Tullock의 표현대로라면, "보통의 인간은 95% 정도는 이기적이다".)[33] 이런 식의 편견은 다른 이의 행동에 대한 우리의 예상에도 영향을 주는 만큼, 3-요인 모델에 따르면 호모 에코노미쿠스 모델은 남을 위해 기꺼이 희생하려는 의향을 줄어들게 하는 것은 물론, 윤리적 원칙을 지켜 남들을 이용하지 말아야겠다는 의향도 줄어들게 하리라 예상된다.

마지막으로, 3-요인 모델에서 강조하는 세 번째의 사회적 변수인, 남들이 얻는 혜택에 대한 인식은 어떨까? 경제학의 공식적인 설명이 더욱 이기적인 행동을 독려하게 되는 까닭은 경제학에서 (올리버 스톤의 1985년 영화 〈월 스트리트〉의 등장인물 고든 게코의 말처럼) "탐욕은 좋은 것"이라고 가르칠 때가 많다는 단순한 이유 때문일 것이다. 이런 가르침의 가장 유명한 사례가 애덤 스미스가 말한 시장의 보이지 않는 손 비유로, 그에 따르면 경제적 인간은 그저 자기 자신을 위해 무언가를 잘함으로써 의도치 않게 남들까지 이롭게 하는 이타주의자로 그려진다.[34] 시카고학파 법학 교수이자 지금은 연방대법관으로 재직 중인 프랭크 이스터브룩(Frank Easterbrook)도 자신의 판결문에서 탐욕을 "시장 경제를 밀고 나가는 엔진"이라고 표현한 바 있다.[35] 물론 가장 열렬한 자유시장주의 경제학자도 때론 사람들이 이기심으로 인해 비효율적인 외부 비용을 남에게 떠안게 한다는 사실은 인정한다. 하지만 이런 외부 비용에 경제학이 내놓는 표준적 해법은 정부의 규제다. 드물고, 별나며, 믿을 수 없고, 아마 존재하지도 않을 양심은 해법이 될 수 없다고 여기는 것이다. 이런 식으로 경제학은 이기심이 일반적으로 남에게 이득을 준다고 가르치며, 제대로 작동하지 않을 때 개입해야 하는 것은 옳고 그름을 판별하는 우리의 감각이 아니라 정부여야 한다고 가르친다.

결국 3-요인 모델을 토대로 생각해보면, 이기심의 힘과 우세함에 초점을 맞추면 이기적 행동 사례가 늘어나는 결과가 빚어진다는 예측이 나온다. 이 예측을 뒷받침하는 증거도 얼마쯤 찾아볼 수 있는데, 경제학 전공자들은 경제학 비전공자보다 사회적 딜레마 게임에서 덜 협조하는 것으로 잘 알려져 있다는 사실이 그렇다. 예를 들어, 한 고전적 연구의 보고에 의하면 경제학과 학생들은 사회적 딜레마 게임에서 자신이 받은 초기자금에서 내놓는 금액이 고작 24%에 그친 데 반해, 경제학과가 아닌 학생들은 49%를 내놓았다.[36] 또 다른 연구는 적어도 이런 식의 행동 차이가 경제학을 공부하는 데서 일부 비롯되는 것처럼 보인다고 결론 내리기도 했는데, 경제학 공부가 실험실 게임에서의 협동적 행동을 억누르는 듯하다는 것이었다.[37] 미국 고객들의 탈세를 돕는 일을 했던 UBS의 은행가 브래들리 버켄필드가 학부 시절 경제학을 전공했다는 사실 역시 그저 우연의 일치만은 아닐 수도 있다.

두 번째 위험: 유인책 강조는 양심을 억누른다

그런데 합리적 이기심 개념의 팽배보다도 어쩌면 호모 에코노미쿠스 모델에 지나치게 의존할 때 생기는 두 번째 결과가 미국인의 친사회적 행동을 훨씬 많이 감소시키는 요인일지 모른다. 이는 각계에서 이기심의 힘을 널리 믿게 된 결과, 개혁가, 정책 입안자, 학자, 컨설턴트, 사업체 경영자들이 인간 행동을 관리하는 데 하나같이 물질적 유인책에만 점점 더 의존하는 경향을 보이는 현상이다. 투자자들의 포트폴리오 수익률이 형편없는가? 그렇다면 경영진 보상 규칙을 바꿔 '실적에 따른 보수'를 강조하라. 미국 학생들이 표준시험 성적이 낙제를 면치 못하는가? 그렇다면 학교 예산 및 교사의 봉급을 시험 성적과 연계하라.

그런데 3-가지 모델의 예측에 따르면 물질적 유인책을 강조했다간 우리 스스로 재앙을 불러들이게 될 수도 있다. 이 문제를 제대로 이해하려면, 실제 현실에서는 오직 이득만 되는─아울러 절대 해가 되지 않는─행동을 골라 늘 거기에만 보상을 하는 유인책 시스템을 설계하기란 지극히 어려운 일이라는 사실부터 아는 게 중요하다. 학생들의 시험 점수에 따라 교사의 봉급이 정해지면, 교사는 시험 성적이 나쁜 학생들은 자신의 학급에 넣지 않거나 학생들이 시험에서 부정행위를 하게 돕는 식으로 이득을 취할 수 있다. 이와 비슷한 맥락에서, 1993년 미국 의회에서 기업 간부의 봉급이 기업 실적과 연계되도록 세법을 수정한 결과 주식 옵션 제도를 널리 채택하게 되었고 이 추세에 편승해 '인센티브'를 염두에 둔 엔론과 월드콤 중역들의 주도로 대규모 분식회계 사태가 터졌다는 이야기를 이 책 1장에서 한 바 있다. 더 최근에는, 단기 수익에 근거한 성과급제로 말미암아 베어스턴스, 리먼브라더스, 거대 보험회사 AIG의 중역들이 거래 리스크를 무리하게 떠안았다가, 자신들의 회사는 물론 미국의 경제를 거의 파산 지경까지 내몰기도 했다. 관련 사례는 여기서 그치지 않는다. UBS의 브래들리 버켄펠드도 새로운 고객을 열심히 끌어

모아야 할 '유인책'은 있었지만, 고객을 끌어들일 때는 반드시 합법적인 은행업 서비스만 제공해야 한다는 사실은 등한시했다.

많은 경우, 아마 대부분의 경우, 어떤 유인책 시스템을 만들며 비윤리적 행동에는 보상이 없게 하기란 불가능하다. 만화 〈딜버트(Dilbert)〉에서 이 문제를 적나라하게 담아낸 적이 있다. 그 만화에서 관리자가 직원에게 업무를 설명하는 자리에서 이렇게 말한다. "이것이 자네가 성취해야 할 일반 목표고, 이건 도전 목표네." 직원이 둘 사이의 차이를 묻자, 관리자가 대답한다. "일반 목표는 자네의 건강과 개인 삶을 포기해야 이룰 수 있지. 도전 목표는 건강과 개인 삶은 물론이고, 거기에 일종의 범죄 행위까지 더해야 이룰 수 있어."

하이드식 행동을 배제하는 유인책 체제를 만들기가 어렵다는 사실은 위험한 상황을 불러올 수 있다. 이 책 2부에서 3-요인 모델을 논하며 우리도 알게 되었듯, 사회적 신호는 비이기성에 너무 큰 개인 비용이 따르지 않을 때만 확실하게 비이기적인 친사회적 행동을 일으키기 때문이다. 양심은 숨 쉴 여지 없이는 작동하기 힘들다. 비윤리적 행위에 따르는 잠재적 보상이 너무 클 때는, 대부분까지는 아니라도 우리 중 많은 이가 비윤리적으로 행동하리라고 예상할 수 있다. 이 말은 우리가 비이기적인 친사회적 행동이 더 많이 일어나길 원한다면, 사람들에게 적절한 사회적 신호를 주는 것만으로는 충분치 않다는 뜻이다. 다시 말해 의도치 않게라도 '양심'의 비용이 올라가는 일이 없도록 확실히 방법을 마련해야 하는 것이다. 단도직입적으로 말하면, **사람들이 착하길 원한다면, 나쁜 사람이 되도록 유혹하지 말아야 한다.** 물질적 유인책에 대한 지나친 의존은 거의 백이면 백 유혹으로 이어지게 마련이다.

이와 함께 물질적 보상 강조는 두 번째 방식으로도 양심을 억누를 수 있다. 이 책 8장에서 함께 살펴봤듯, 사람들에게 외적 유인책에 집중하게 하면, 신뢰, 명예심, 남들의 안위에 대한 염려 같은 내적 유인책을 '밀어내는' 일이 일어난다. 그 이유는 물질적 유인책을 강조하면 권위, 동조, 공감이라는 우리에게 익숙한 세 가지 사회생활 레버가 이기심을 독려하는 방향으로 움직이기 때문이다. 예를 들어, 물질적 유인책을 통해 누군가에게 무언가를 하도록 유도하는 것은, 굳이 말로 하지 않더라도 그 일을 하는 동안에는 이기적으로 행동하는 것이 적절하고 기대되는 일이라는 신호를 전달하는 셈이다. 이는 다른 이들도 똑같은 상황에서 이기적으로 행동한다는 뜻이 될 수 있다. 마지막으로, 이기적으로 행동하는 것이 어떤 식으로든 득이 되는 게 분명하다는 뜻도 함축돼 있다. 그렇지 않다면, 왜 그런 행동에 보상을 주겠는가?

이렇듯 물질적 보상이 양심을 어떻게 억누를 수 있는가를(비윤리적으로 행동하게끔 유혹하는 식이든, 아니면 이기심이 적절하다는 신호를 주는 식이든) 일단 인지하면, 브래들리 버켄펠드가 무슨 뜻으로 연방판사에게 자신에겐 부유한 고객들이 미국의 세금을 탈루하도록 도와야 할 '인센티브(유인책)'가 있었다는 말을 했는지를 더욱 잘 이해할 수 있다. 그의 말은 단순히 탈세를 돕는 게 자신에게 개인적으로 더 이득이라 법을 어겼다는 뜻이 아니었다. 자기 이익을 챙기려 불법을 저질렀다는 이야기를 측은하게 들어줄 판사는 어디에도 없다. 그보다 버켄펠드가 하려던 말은, UBS가 고객들의 탈세를 도우면 '인센티브'를 주는 식으로 해서 그에게 법을 어겨도 좋다는 사회적 맥락을 만들어주었다는 뜻이었다.

결국 물질적 유인책을 강조하면 단순히 유인책만 변하는 것이 아닌 셈이다. 물질적 유인책을 강조하는 것은 가장 깊숙한 근본적 차원에서 사람들 자체를 변화시킨다. 사람들을 오로지 자신의 물질적 보상만 염두에 두는 존재인 것처럼 대하면, 우리는 사람들을 정말 그런 존재로 만들고 만다.

양심 키우기: 호모 에코노미쿠스를 넘어서

여러분이 이 책을 내려놓으며, '그렇다면 이제 학교와 대학들에서는 호모 에코노미쿠스 모델을 가르치면 안 되겠구나'라던가, '입법자나 고용주들은 행동을 변화시킬 때 물질적 유인책을 활용하면 안 되겠구나'라고 생각한다면, 아주 중대한 실수를 저지르는 것이다. 이 책에서 전하고자 하는 메시지는 그런 게 아니다. 그보다, 이 책이 전하려는 메시지는 호모 에코노미쿠스 모델이 사람들에게 가르쳐야 할 인간 행동의 유일한 모델이 아니라는 것이다. 비슷한 맥락에서 물질적 유인책 역시 우리가 행동 변화에 이용해야 하는 유일한 도구가 아니다. 그리고 유인책을 활용할 때는 해보다 득이 더 많이 될 수 있게끔 신중을 기해야 한다.

이제는 양심을 우리의 경제적, 사회적, 그리고 정치적 삶에 반드시 필요한 막강한 힘으로 진지하게 받아들여야 할 때가 왔다. 쌓여가는 자료를 보면, 미국인들이―수많은 다른 나라의 시민들에 비해 신뢰성, 시민 참여, 준법의식 성향이 높았던 역사를 가졌음에도―점차 비사회적으로 행동하는 일이 많아지고 있음이 드러난다. 기후변화와 지구 온난화를 경고하는 증거들이 쌓여도 목소리 큰 회의주의자들이 오랜 세월 거기에 의구심을 던진 것과 마찬가지로, '양심이 식어간다는' 증거가 속속 등장해도 회의주의자들은 그것을 의심하거나 폄훼한다. 하지만 기후변화의 경우와 마찬가지로, 미국인들이 점점 더 비사회적이고 이기적으로 변해 가고 있다는 증거가 정말 사실이라면, 이 증거를 무시하는 것은 파멸적인 결과로 이어질지도 모른다.

경제적 성장과 개인적 충족을 위한 레시피에 양심은 꼭 들어가야 할 중요 성분인 것으로 보인다. 더욱이, 앞에서도 함께 살펴봤듯, 비이기적인 친사회적 행동을 유발하는 주요 인자 중 하나는 바로 남들 역시 비이기적이고 친사회적 존재라는 인식이다. 여기서 우리가 필연적으로 도달하는 섬뜩한 결론은, 남들이 이기적으로 행동하고 있다는 인식은 결국 더 많은 이기적 행동을 유발한다는 것이다. 우리 동료 시민들이 대부분 이기적으로 행동하고 있다는 믿음이 생기는 순간, 우리 자신도 대부분 이기적으로 행동하게 되고, 그렇게 되면 나락을 향하는 소용돌이가 시작돼 풍요와 행복은 하나둘 망가질 것이다.

지금으로서는 우리 사회의 친사회성 감소가 부디 회복 불능한, 자기실현적 예언이라는 임계점에 도달한 것만은 아니기를 바라야만 할 것이다. 몇몇 전문가는 한 나라의 신뢰와 협동이 너무 형편없이 떨어지면, 경기침체와 쇠락을 면치 못한다고 예측하기도 한다. "신뢰가 일정 수준 이상으로 떨어지면, 성장의 시동도 툭 꺼진다."[38] 저축, 투자, 거래는 자취를 감추고, 이와 함께 평화와 번영도 찾아볼 수 없게 된다.

그런 만큼 양심의 힘을 제대로 이해하고 평가하는 일이 우리 모두에게 꼭 필요하다. 특히 이는 누구보다 입법자, 법 집행관, 법학과 교수들에게 중요한 일이다. 비이기적인 친사회적 행동이 더욱 많이 일어나게 하는 데는 법적 규칙들이 중요한 역할을 하기 때문이다. 단순히 유인책을 만드는 것만이 아니라, 어떤 종류의 행동이 적절하고 또 기대되는지 신호를 주는 방식으로도 법은 자기 역할을 할 수 있다. 또 우리 주변 사람들의 행동에 영향을 끼치거나, 우리 자신의 선택이 남들에게 어떤 식으로 도움과 피해를 주는지 교육시키는 방식이 될 수 있다. 법과 양심이 어떤 식으로 상호작용하는지 이해할 때의 효과는 단순히 양심을 잘 끌어와 법을 더욱 효과적으로 만드는 데 그치지 않는다. 둘의 상호작용을 잘 알면 법을 활용해 양심이 더욱 많이 살아나도록 할 수 있다.

올리버 웬델 홈스의 다음과 같은 조언을 우리가 그대로 따른다면 우리는 크나큰 실수를 하게 된다. "법에 대해 알고자 한다면 (…) 우리는 그것을 반드시 나쁜 사람의 눈으로 바라봐야 한다. 얼마간은 모호한 양심의 용인 속에서 (…) 행위의 근거를 찾는 그런 선한 사람이 아니라, 오로지 물질적 결과만 염두에 둔 채 그에 관한 지식을 밑바탕으로 이런저런 예측을 하는 나쁜 사람 말이다."[39] 그보다 우리는 홈스와 동시대를 산 대법관 루이스 브랜다이스(Louis Brandeis)의 말에 귀를 기울여야 할 것이다. 브랜다이스와 홈스는 사법 의견이 일치할 때도 많았지만, 도덕이 법 안에서 하는 역할에 대해서는 사뭇 다른 견해를 갖고 있었다. 지금까지 함께 살펴봤듯, 홈스는 법은 나쁜 사람의 관점에서 바라봐야만 한다고 생각했다. 한편 브랜다이스는 (그의 전기작가 앨피어스 토머스 메이슨의 말에 따르면) "사람을 착하게 만드는 것은 법의 기능에서 절대 작다고 할 수 없는 부분이다"라고 믿었다.[40]

과학적 증거는 홈스보다는 브랜다이스의 견해를 지지한다. 양심은 분명 존재한다. 양심은 강력한 동시에 일상 곳곳에 퍼져 있는 힘이다. 양심이 망가지면 우리 모두는 큰 손실을 입는다. 하지만 양심은 더욱 잘 키울 수 있는 것이기도 하다. 그 과정에서 중대한 역할을 하는 것이 바로 법이다.

1장

1   Hector Becerra, "Ballad of the Poor Samaritan," *Los Angeles Times*, August 2, 2002.

2   Margaret M. Blair and Lynn A. Stout, "Trust, Trustworthiness, and the Behavioral Foundations of Corporate Law," *University of Pennsylvania Law Review* 149 (2001): 1735-1810.

3   Michael Kosfeld et al., "Oxytocin Increases Trust in Humans," *Nature* 435 (2005): 673-76.

4   Ibid., table 1, fig. 3.

5   Phil Trexler, "Masked Man Waits in Line; Robs Stow Bank," *The Beacon Journal*, January 8, 2009, http://www.ohio.com. 협동과 관련한 두 번째 문제는 협동 한다고 늘 남의 안위를 염두에 둔다는 뜻은 아닐 수 있다는 것이다. 순전히 이기적인 사람도 누군가가 자신을 총으로 위협하면 협동적인 행동을 할지 모른다.

6   David Callahan, *The Cheating Culture: Why More Americans Are Doing Wrong to Get Ahead* (Orlando, FL: Harcourt, 2004).

7   Robert D. Putnam, *Bowling Alone: The Collapse and Revival of American Community* (New York: Simon & Schuster, 2000).

8   Francis Fukayama, *Trust: The Social Virtues and the Creation of Prosperity* (New York: Free Press, 1995); Stephen Knack and Philip Keefer, "Does Social Capital Have an Economic Payoff? A Cross-Country Investigation," *Quarterly Journal*

of Economics 112 (1997): 1251-88; Paul J. Zak and Stephen Knack, "Trust and Growth," *Economic Journal* 111(2001): 295-321.

9   Guido Calabresi and Douglas Melamed, "Property Rules, Liability Rules, and Inalienability: One View of the Cathedral," *Harvard Law Review* 85 (1972): 1089-1128.

2장

1   David J. Seipp, "Holmes's Path," *Boston University Law Review* 77 (June 1997): 545-46.

2   Paul A. Freund, *Oliver Wendell Holmes, vol. 3, The Justices of the United States Supreme Court 1789-1969: Their Lives and Major Opinions*, ed. L. Friedman and F. Israel (New York: Chelsea House and R. R. Bowker, 1969).

3   Steven J. Burton, ed., *"The Path of the Law" and Its Influence: The Legacy of Oliver Wendell Holmes, Jr.* (Cambridge and New York: Cambridge University Press, 2000).

4   Oliver Wendell Holmes, Jr., "The Path of the Law," *Harvard Law Review* 10, no. 8 (March 25, 1897): 460.

5   Ibid., 459, 461.

6   Ibid., 462.

7   Ibid., 461.

8   Seipp, "Holmes's Path," 519-21.

9   Holmes, "The Path of the Law," 459.

10   Thomas Hobbes, *Leviathan*, ed. C. B. MacPherson (1651; Harmondsworth, UK: Penguin Books, 1968), 54.

11   Adam Smith, *An Inquiry into the Nature and Causes of the Wealth of Nations* (1776; Chicago: Encyclopedia Britannica, 1952), 7.

12   John Stuart Mill, "On the Definition of Political Economy," in *Essays on Some Unsettled Questions of Political Economy* (1836; London: The London School of Economics and Political Science, 1948), 137.

13   Francis Y. Edgeworth, Mathematical Psychics (London: C. Kegan Paul & Co., 1881), 16, quoted in Jack Hirshleifer, "The Expanding Domain of Economics," *American Economic Review* 75, no. 6 (December 1985): 54.

14   Gary S. Becker, "Nobel Lecture: The Economic Way of Looking at Behavior,"

Journal of Political Economy 101, no. 3 (June 1993): 385–409; Hirshleifer, "The Expanding Domain of Economics," 53–68.

15   Ronald H. Coase, "The Problem of Social Cost," *Journal of Law & Economics* 3 (1960): 1; Guido Calabresi, *The Cost of Accidents: A Legal and Economic Analysis* (New Haven: Yale University Press, 1970); Richard A. Posner, *Economic Analysis of Law*, 5th ed. (New York: Aspen Law & Business, 1998).

16   Steven M. Teles, *The Rise of the Conservative Legal Movement: The Battle for Control of the Law* (Princeton, NJ and Oxford: Princeton University Press, 2008), 216.

17   Ibid., 181–82.

18   Ibid., 112–13.

19   Posner, *Economic Analysis of Law*, 3–4.

20   Steven E. Landsburg, *The Armchair Economist: Economics and Everyday Life* (New York: Free Press, 1993), 3.

21   Holmes, "The Path of the Law," 459.

22   Posner, *Economic Analysis of Law*, 5.

23   Burton, ed., "The Path of the Law" and Its Influence, 4.

24   Paul Milgrom and John Roberts, *Economics, Organization and Management* (Englewood Cliffs, NJ: Prentice Hall, 1992), 42.

25   For examples, see Becker, "The Economic Way of Looking at Behavior," 386; Posner, *Economic Analysis of Law*.

26   Harold Demsetz, "Rationality, Evolution, and Acquisitiveness," *Economic Inquiry* 34 (July 1999): 492.

27   Ibid.

28   Robert C. Ellickson, *Order Without Law: How Neighbors Settle Disputes* (Cambridge, MA: Harvard University Press, 1991), viii.

29   Ibid., 245.

30   For examples, see Robert Cooter, "Models of Morality in Law and Economics: Self-Control and Self-Improvement for the 'Bad Man' of Holmes," *Boston University Law Review* 78 (1998): 903–30; Richard H. McAdams, "The Origin, Development, and Regulation of Norms," *Michigan Law Review* 96 (1997): 338, 400; Eric A. Posner, *Law and Social Norms* (Cambridge, MA: Harvard University Press, 2000).

31   See Robert Cooter, "Expressive Law and Economics," *Journal of Legal Studies* 27 (June 1998): 585–608.

32   Lawrence E. Mitchell, "Understanding Norms," *University of Toronto Law Journal*
      49 (Spring 1999): 189.

33   Eric Posner, "Efficient Norms," in *The New Palgrave Dictionary of Economics and
      the Law*, ed. Peter Newman (New York: Stockton Press, 1998), 2:20.

34   Kenneth G. Dau-Schmidt, "Economics and Sociology: The Prospects for an
      Interdisciplinary Discourse on Law," *Wisconsin Law Review* 1997, no. 3 (1997):
      399; Ellickson, *Order Without Law*, 6-8.

35   Leda Cosmides and John Toobey, "Cognitive Adaptations for Social
      Exchange," in *The Adapted Mind: Evolutionary Psychology and the Generation of
      Culture*, ed. Jerome H. Barkow, Leda Cosmides, and John Too bey, 163-228
      (New York: Oxford University Press, 1992).

36   Steven Pinker, *The Blank Slate: The Modern Denial of Human Nature* (New York:
      Viking, 2002).

37   No Child Left Behind Act of 2001, Public Law 107-110, *U.S. Statutes at Large*
      115 (2001): 1425-2096.

38   James E. Ryan, "The Perverse Incentives of the No Child Left Behind Act,"
      New York University Law School 79 (June 2004): 937-44.

39   David N. Figlio and Lawrence Kenny, "Individual Teacher Incentives and
      Student Performance" (NBER Working Paper Series no. 12627, National Bureau
      of Economic Research, Cambridge, MA, October 2006), 1; Dale Ballou, "Pay for
      Performance in Public and Private Schools," *Economics of Education Review* 20
      (2000): 51-61; Dan Goldhaber, "Teacher Quality and Teacher Pay Structure:
      What Do We Know, and What Are the Options?" *Georgetown Public Policy
      Review* 7 (Spring 2002): 81-89.

40   Figlio and Kenny, "Individual Teacher Incentives and Student Performance," 1.

41   U.S. Department of Education, "Overview: No Child Left Behind Act Is
      Working," http://www.ed.gov/nclb/overview/importance/nclbworking.html
      (accessed November 10, 2008).

42   Ryan, "The Perverse Incentives of the No Child Left Behind Act," 961-63.

43   Figlio and Kenny, "Individual Teacher Incentives and Student Performance,"
      1-2.

44   Noel D. Campbell and Edward J. Lopez, "Paying Teachers for Advanced
      Degrees: Evidence on Student Performance from Georgia," http://ssrn.com/
      abstract=1147162 (forthcoming in Journal of Private Enterprise), 5.

45 Shaila Dewan, "Georgia Schools Inquiry Finds Signs of Cheating," *New York Times*, February 12, 2010.

46 Michael C. Jensen and William H. Meckling, "Theory of the Firm: Managerial Behavior, Agency Costs and Ownership Structure," *Journal of Financial Economics* 3, no. 4 (October 1976): 305–60.

47 For a recent example, see Lucian Bebchuk and Jesse Fried, *Pay Without Performance: The Unfulfilled Promise of Executive Compensation* (Cambridge, MA: Harvard University Press, 2004).

48 Jeffrey D. Bauman, Alan R. Palmiter, and Frank Partnoy, *Corporations Law and Policy: Materials and Problems*, 6th ed. (St. Paul, MN: Thomson West, 2007), 816–17.

49 Ibid., 817.

50 Margit Osterloh and Bruno S. Frey, "Corporate Governance for Crooks? The Case for Corporate Virtue," ZEW Working Paper no. 164, http://ssrn.com/abstract=430062, 2; Judith Samuelson and Lynn A. Stout, "Are Executives Paid Too Much?" *Wall Street Journal*, February 25, 2009.

51 See, e.g., Michael C. Jensen, Kevin J. Murphy, and Eric G. Wruck, "Remuneration: Where We've Been, How, We Got to Here, What Are the Problems, and How to Fix Them," Harvard NOM Working Paper no. 04-28; ECGI-Finance Working Paper no. 44/2004, http://ssrn.com/abstract=561305.

52 Steven D. Levitt and Stephen J. Dubner, *Freakonomics: A Rogue Economist Explores the Hidden Side of Everything* (New York: William Morrow, 2005).

53 Landsburg, *The Armchair Economist*.

54 Tim Harford, *The Undercover Economist: Exposing Why the Rich Are Rich, the Poor Are Poor, and Why You Can Never Buy a Decent Used Car* (New York: Oxford University Press, 2005).

55 David Friedman, *Hidden Order: The Economics of Everyday Life* (New York: HarperBusiness, 1996).

56 Tyler Cowan, *Discover Your Inner Economist: Use Incentives to Fall in Love, Survive Your Next Meeting, and Motivate Your Dentist* (New York: Plume, 2007).

3장

1   Benjamin Wolman, *The Sociopathic Personality* (New York: Brunner/Mazel, 1987), 42.

2   American Psychiatric Association, *Diagnostic and Statistical Manual of Mental Disorders*, 4th ed. (Washington, DC: American Psychiatric Association, 2000), 704; hereafter DSM-IV.

3   Paul Pringle and Hemmy So, "An Unlikely Friendship that Finally Unraveled," *Los Angeles Times*, August 19, 2006.

4   APA, DSM-IV, 704.

5   U.S. Census Bureau, "State & County QuickFacts: Los Angeles (city), 2006," Population, 2006 Estimate, http://quickfacts.census.gov/qfd/states/06/0644000.html; ibid., Land Area, 2000 (square miles).

6   Gabriel Kahn, "Top Cop in Los Angeles Says Cutting Crime Pays," *Wall Street Journal*, November 29-30, 2008.

7   Sylvia Nasar, *A Beautiful Mind: A Biography of john Forbes Nash, Jr., Winner of the Nobel Prize in Economics 1994* (New York: Simon & Schuster, 1998), 105.

8   David Sally, "Conversation and Cooperation in Social Dilemmas: A Meta-Analysis of Experiments from 1958 to 1992," *Rationality and Society* 7 (1995): 60.

9   Nasar, *A Beautiful Mind*, 119.

10   Sally, "Conversation and Cooperation in Social Dilemmas"; Robert H. Frank, Thomas Gilovich, and Dennis T. Regan, "Does Studying Economics Inhibit Cooperation?" *Journal of Economic Perspectives* 7 (1993): 159-71. 죄수의 딜레마 게임을 일정 순서에 따라 진행하는 형식인 이른바 '신뢰 게임'(1장에서 설명했다)에서도 비이기적 행동이 흔히 나타나기는 마찬가지이다. '투자자'는 보통 자신의 돈 일부 혹은 전부를 내어주는 식으로 '수탁자'와 협동하며, 수탁자는 보통 그보다 약간 더 많은 돈을 투자자에게 이타주의적으로 되돌려주어 그 호의에 보답한다. Paul J. Zak and Stephen Knack, "Trust and Growth," *Economic Journal* 111 (2001): 295-321.

11   Catherine Newman, "I Do. Not: Why I Won't Marry," in *The Bitch in the House: 26 Women Tell the Truth About Sex, Solitude, Work, Motherhood, and Marriage*, ed. Cathi Hanauer and Ellen Gilchrist (New York: Harper Collins, 2002), 67.

12   Donald E. Brown, *Human Universals* (Philadelphia: Temple University Press, 1991), 130-41.

13 Charles Darwin, *The Descent of Man, in Great Books of the Western World*, vol. 49, *Darwin*, ed. Robert Maynard Hutchins (London: Encyclopedia Britannica, 1952), 322.

14 Matt Ridley, *The Origins of Virtue: Human Instincts and the Evolution of Cooperation* (New York: Penguin Books, 1996), 38.

15 Percy Bysshe Shelley, *A Defense of Poetry*, ed. Albert S. Cook (Boston: Ginn and Company, 1890).

16 Leda Cosmides, "The Logic of Social Exchange: Has Natural Selection Shaped How Humans Reason? Studies with the Wason Selection Task," *Cognition* 31 (1989): 187–276.

17 Leda Cosmides and John Toobey, "Cognitive Adaptations for Social Exchange," in *The Adapted Mind: Evolutionary Psychology and the Generation of Culture*, ed. Jerome H. Barkow et al. (New York: Oxford University Press, 1992), 163–228; Robert Wright, *The Moral Animal: Evolutionary Psychology and Everyday Life* (New York: Vintage Books, 1994), 204.

18 Lee Ross and Andrew Ward, "Psychological Barriers to Dispute Resolution," *Advances in Experimental Social Psychology* 27 (1995): 279.

19 Jane J. Mansbridge, ed., *Beyond Self-Interest* (Chicago: Chicago University Press, 1990), 141.

20 Richard Dawkins, *The Selfish Gene* (New York: Oxford University Press, 1976).

21 Frank, "Does Studying Economics Inhibit Cooperation?"

22 Stephan Meier and Bruno S. Frey, "Do Business Students Make Good Citizens?" *International Journal of the Economics of Business* 11 (2004): 141–63; Donald M. McCabe et al., "Academic Dishonesty in Graduate School Business Programs: Prevalence, Causes, and Proposed Action," *Academy of Management Learning and Education* 5 (September 2006): 294–306.

23 Larissa MacFarquhar, "The Bench Burner: How Did a Judge with Such Subversive Ideas Become a Leading Influence on American Legal Opinion?" *New Yorker*, December 10, 2001.

24 David W. Barnes and Lynn A. Stout, *Law and Economics* (St. Paul, MN: West Publishing, 1992).

4장

1   예를 들어 다음을 보라. David Hirshleifer, "Investor Psychology and Asset Pricing," *Journal of Finance* 56, no. 4 (August 2001): 1533-97.

2   Amos Tversky and Daniel Kahneman, "Availability: A Heuristic for Judging Frequency and Probability," *Cognitive Psychology* 5 (1973): 207-32.

3   예를 들어 다음을 보라. Jon D. Hanson and Douglas A. Kysar, "Taking Behavioralism Seriously: The Problem of Market Manipulation," *New York University Law Review* 74 (June 1999): 630-93; Christine Jolls, Cass R. Sunstein, and Richard Thaler, "A Behavioral Approach to Law and Economics," *Stanford Law Review* 50 (1998): 1471-1550; Cass R. Sunstein, "Behavioral Analysis of Law," *University of Chicago Law Review* 64 (1997): 1175-95.

4   카너먼과 트버스키는 학자로서는 비합리성을 연구했지만, 이 둘의 개인 삶에서는 이들이 비이기적으로 살았음을 증명하는 일화들을 꽤 많이 찾아볼 수 있다. 카너먼은 2002년 노벨상 수상 당시 자신의 이야기를 하던 도중 트버스키에게 찬사를 바쳤다. Daniel Kahneman, "Autobiography," Nobel Foundation, http://nobelprize.org/nobel_prizes/economics/laureates/2002/kahneman-autobio.htm (accessed November 26, 2008). 트버스키의 삶에서는 이보다도 훨씬 극적인 비이기성의 증거들을 찾아볼 수 있다. 트버스키는 이스라엘군 복무 때 다른 병사가 폭발물에 불을 붙인 채 공포에 질려 얼어붙자 그의 목숨을 구해준 일이 있었다. 트버스키는 발을 걸어 그 병사를 넘어뜨렸고, 그 바람에 자신은 그 폭발 사고에서 중상을 입었다.

5   Russell Korobkin, "Bounded Rationality, Standard Form Contracts, and Unconscionability," *University of Chicago Law Review* 70, no. 4 (Fall, 2003): 1203-95.

6   Howard Latin, "'Good' Warnings, Bad Products, and Cognitive Limitations," *UCLA Law Review* 41 (June 1994): 1193-1295; Hanson and Kysar, "Taking Behavioralism Seriously," 630-93.

7   Jolls, Sunstein, and Thaler, "A Behavioral Approach to Law and Economics," 1539-4D.

8   Jeffrey J. Rachlinski and Forest Jourden, "Remedies and the Psychology of Ownership," *Vanderbilt Law Review* 51 (November 1998): 1541-82.

9   Cass R. Sunstein, Daniel Kahneman, and David Schkade, "Assessing Punitive Damages (With Notes on Cognition and Valuation in Law)," *Yale Law Journal* 107 (May

1998): 2071-2153.

10   Chris Guthrie, Jeffrey J. Rachlinski, and Andrew J. Wistrich, "Inside the Judicial Mind," *Cornell Law Review* 86, no. 4 (May 2001): m-830.

11   하지만 만일 게임 참가자들이 반복성 죄수의 딜레마 게임에서 단지 복수에 대한 두려움 때문에 협동하는 것이라면, 게임 참가자들이 진행될 게임의 횟수를 아는 반복성 게임에서는 협동률이 0으로 나와야 할 것이다. 그 이유는, 게임이 10회 진행될 거란 사실을 양 참가자가 모두 안다면, 10회에는 향후엔 상호주의 협동의 가능성이 없는 만큼 양쪽 모두 협동하지 않을 것이다. 그런데 10회에서 협동 가능성이 없음을 알면, 두 참가자는 모두 9회에서도 협동하지 않을 것이며, 이런 식으로 소급하면 두 참가자는 1회에서도 협동하지 않을 것이다. 반복성 죄수의 딜레마 게임에서 복수에 대한 두려움이 협동에 도움을 줄 수 있는 경우는 앞으로 몇 회나 게임이 진행될지를 게임 참가자들이 모를 때뿐이다. 랜드의 피험자들이 몇 회 게임을 할지 고지받았는가 여부는 명확하지 않다.

12   Alvin E. Roth et al., "Bargaining and Market Behavior in Jerusalem, Ljubljiana, Pittsburgh, and Tokyo: An Experimental Study," *American Economic Review* 81, no. 5 (December 1991): 1068-95; Robert L. Slonim and Alvin E. Roth, "Learning in High-Stakes Ultimatum Games: An Experiment in the Slovak Republic," *Econometrica* 66 (1998): 569-96.

13   Joseph Henrich et al., "In Search of Homo Economicus: Behavioral Experiments in 15 Small-Scale Societies," *American Economic Review* 91, no. 2 (May 2001): 73-79.

14   Joseph Henrich et al., *Foundations of Human Sociality: Ethnography and Experiments in 15 Small-Scale Societies* (Oxford and New York: Oxford University Press, 2004), 10.

15   David Sally, "Conversation and Cooperation in Social Dilemmas: A Meta-Analysis of Experiments from 1958 to 1992," *Rationality and Society* 7, no. 1 (January 1995): 58-92. 이와 마찬가지로, 독재자 게임과 최후통첩 게임에서도 금액을 올리는 것은 사람들의 행동에 약간의 영향만 미쳤을 뿐이었다. Lisa A. Cameron, "Raising the Stakes in the Ultimatum Game: Experimental Evidence from Indonesia", *Economic Inquiry* 37 (January 1999): 47-59; Jeffrey Carpenter et al., "The Effect of Stakes in Distribution Experiments," *Economics Letters* 86 (2005) : 393-98.

16   Henrich et al., "In Search of Homo Economicus."

17   Sally, "Conversation and Cooperation in Social Dilemmas," 62.

18   Robyn M. Dawes and Richard H. Thaler, "Anomalies: Cooperation," *Journal of Economic Perspectives* 2, no. 3 (Summer 1988): 187-97.

19   Colin Camerer and Richard H. Thaler, "Anomalies: Ultimatums, Dictators and Manners," *Journal of Economic Perspectives* 9, no. 2 (Spring 1995): 209-19; Martin A. Nowak, Karen M. Page, and Karl Sigmund, "Fairness Versus Reason in the Ultimatum Game," *Science* 289 (September 8, 2000): 1773-75.

20   Nowak, Page, and Sigmund, "Fairness Versus Reason in the Ultimatum Game," 1773.

21   Henrich et al., *Foundations of Human Sociality*, 13.

22   Ibid., 12.

23   이타주의 및 복수심과 함께, 사람들이 남들에게 일어나는 일을 염려하는 것처럼 행동하는 방식이 적어도 한 가지 더 있다. 사람들은 자신의 상황과 비교하느라 남들의 상황에 신경을 쓰기도 한다. 이 같은 "상대적 선호(relative preference)"에 대해서는 경제학자 로버트 프랭크가 저서에서 광범하게 다룬 바 있다. Robert H. Frank, *Luxury Fever: Money and Happiness in an Era of Excess* (New York: Free Press, 1999).

24   Henrich et al., *Foundations of Human Sociality*, 27.

25   Ibid.

26   Camerer and Thaler, "Anomalies: Ultimatums, Dictators and Manners," 216; 다음도 참조. Henrich et al., "In Search of Homo Economicus," 74-75.

27   표준적인 행동경제학에 이런 비판을 쏟는 법학자들도 몇몇 있다. 제니퍼 알렌(Jennifer Arlen)의 표현에 의하면, "법에 대한 행동경제학적 분석은 전통 경제학에 막강한 도전이기는 하나 (…) 법에 대한 행동경제학적 분석은 아직 ― 그리고 아마 절대로 그럴 일은 없을 텐데 ― 전통 법경제학을 대신할 위치에 있지 못하다. (…) 그 이유는 법에 대한 행동경제학적 분석은 그런 권고의 토대가 돼줄 만한, 일관되고, 견고하고, 활용이 쉬운 인간 행동 모델을 갖고 있지 못하기 때문이다." Jennifer Arlen, "Comment: The Future of Behavioral Economic Analysis of Law," *Vanderbilt Law Review* 51, no. 6 (November 1998): 1765-88.

5장

1 Robert Louis Stevenson, *Strange Case of Dr. Jekyll and Mr. Hyde*, ed. Katherine Linehan (1886; New York: W.W. Norton, 2003).

2 Ibid., 53.

3 Ibid., 48.

4 Kevin A. McCabe et al., "A Functional Imaging Study of Cooperation in Two-Person Reciprocal Exchange," *Proceedings of the National Academy of Sciences* 98 (2001) : 1662-73; James K. Rilling et al., "A Neural Basis for Social Cooperation," *Neuron* 35 (July 18, 2002): 395-405; Jean Decety et al., "The Neural Bases of Cognition and Competition: An fMRI Investigation," *NeuroImage* 23, no. 2 (October 2004): 744-51.

5 David Sally, "Conversation and Cooperation in Social Dilemmas: A Meta-Analysis of Experiments from 1958 to 1992," *Rationality and Society* 7, no. 1 (January 1955): 62.

6 Ernst Fehr and Klaus M. Schmidt, "The Economics of Fairness, Reciprocity and Altruism-Experimental Evidence and New Theories," in *Handbook of the Economics of Giving, Altruism, and Reciprocity*, vol. 1, *Foundations*, ed. Serge-Christophe Kolm and Jean Mercier Ythier, 659 (Amsterdam and Oxford: North-Holland/Elsevier, 2006) ; James C. Cox, "How to Identify Trust and Reciprocity," *Games and Economic Behavior* 46, no. 2 (2004): 260-81.

7 John A. List and Todd L. Cherry, "Examining the Role of Fairness in High Stakes Allocation Decisions," *Journal of Economic Behavior and Organization* 65, no. 1 (January 2008): 1.

8 Rachel Croson and Nancy Buchan, "Gender and Culture: International Experimental Evidence from Trust Games," *Gender and Economic Transactions* 89, no. 2 (May 1999): 386-91; James Andreoni and Lise Vesterlund, "Which Is the Fair Sex?: Gender Differences in Altruism," *Quarterly Journal of Economics* 116, no. 1 (February 2001): 293-312.

9 Tom W. Smith, "Altruism and Empathy in America: Trends and Correlates" (National Opinion Research Center, February 9, 2006).

10 Elizabeth Hoffman, Kevin McCabe, and Vernon L. Smith, "Social Distance and Other-Regarding Behavior in Dictator Games," *American Economic Review* 86 (June 1996): 653-54.

11 Sally, "Conversation and Cooperation in Social Dilemmas," 76, 78, 83; Bruno S. Frey and Iris Bohnet, "Identification in Democratic Society," *Journal of Socio-Economics* 26 (1997): 33.

12 Gary Charness and Matthew Rabin, "Understanding Social Preferences with Simple Tests," *Quarterly Journal of Economics* 117 (2002): 817-69.

13 Sally, "Conversation and Cooperation in Social Dilemmas," 58-92.

14 Colin Camerer and Richard H. Thaler, "Anomalies: Ultimatums, Dictators and Manners," *Journal of Economic Perspectives* 9, no. 2 (Spring 1995): 209-19; Robyn M. Dawes, "Social Dilemmas," *Annual Review of Psychology* 31 (1980): 169-93; Robyn M. Dawes, Alphons J. C. van de Kragt, and John Orbell, "Cooperation for the Benefit of Us-Not Me, or My Conscience," in *Beyond Self-Interest*, ed. Jane J. Mansbridge, 99-101 (Chicago: University of Chicago Press, 1990); Robyn M. Dawes

and Richard H. Thaler, "Anomalies: Cooperation," *Journal of Economic Perspectives* 2, no. 3 (Summer 1988): 187-97; Joseph Henrich et al., "In Search of Homo Economicus: Behavioral Experiments in 15 Small Scale Societies," *American Economic Review* 91, no. 2 (May 2001): 73-79; S. S. Komorita, C. D. Parks, and L. G. Hulbert, "Reciprocity and the Induction of Cooperation in Social Dilemmas," *Journal of Personality and Social Psychology* 62, no. 4 (1992): 607-17; Martin A. Nowak, Karen M. Page, and Karl Sigmund, "Fairness Versus Reason in the Ultimatum Game," *Science* 289 (September 8, 2000) : 1773-75; Fehrand Schmidt, "The Economics of Fairness, Reciprocity and Altruism."

15 밀그램의 유명한 실험과 관련한 더 많은 내용들을 찾아보려면 다음과 같은 저작을 참고하도록 하라. Stanley Milgram, "Behavioral Study of Obedience," *Journal of Abnormal and Social Psychology* 67 (1963): 371-378; Stanley Milgram, *Obedience to Authority: An Experimental View* (New York: Harper & Row, 1974); Thomas Blass, *The Man Who Shocked the World: The Life and Legacy of Stanley Milgram* (New York: Basic Books, 2004).

16 Blass, *The Man Who Shocked the World*.

17 Thomas Blass, "The Milgram Paradigm After 35 Years: Some Things We Now Know About Obedience to Authority," *Journal of Applied Social Psychology* 25 (1999): 955-78.

18 예를 들어 다음을 보라. David G. Myers, *Social Psychology*, 8th ed. (New York: McGraw Hill, 2005), 215-227; Shelley E. Taylor, Letitia Anne Peplau, and David

0. Sears, *Social Psychology*, 12th ed. (Upper Saddle River, NJ: Pearson Prentice Hall, 2006), 225–29.

19   Sally, "Conversation and Cooperation in Social Dilemmas," 75, 78.

20   Lee D. Ross and Andrew Ward, "Naive Realism in Everyday Life: Implications for Social Conflict and Misunderstanding," in *Values and Knowledge*, ed. Edward Reed, Elliot Turiel, and Terrance Brown, 103, 106–7 (Mahwah, NJ: Lawrence Erlbaum Associates, 1996).

21   Camerer and Thaler, "Anomalies: Ultimatums, Dictators and Manners," 213.

22   Bibb Latane and John M. Darley, "Group Inhibition of Bystander Intervention in Emergencies," *Journal of Personality and Social Psychology* 10, no. 3 (1968): 215–21.

23   앨리슨과 커가 지적했듯, "개인들은 다른 집단 성원들이 배반하리라 예상할 때보다 협동한다고 예상될 때 협동할 확률이 더 높다". Scott T. Allison and Norbert L. Kerr, "Group Correspondence Biases and the Provision of Public Goods," *Journal of Personality and Social Psychology* 66 (1994): 688. 마찬가지로, 야마기시도 "다른 성원들의 행동에 대한 예상은 사회적 딜레마 게임에서 성원들의 결정에 가장 중요한 개별 인자의 하나"라고 결론 내린 바 있다. Toshio Yamagishi, "The Structural Goal/Expectations Theory of Cooperation in Social Dilemmas," *Advances in Group Processes* 3 (1986): 51, 64–65.

24   Sally, "Conversation and Cooperation in Social Dilemmas," 78.

25   Joyce Berg, John Dickhaut, and Kevin McCabe, "Trust, Reciprocity, and Social History," *Games and Economic Behavior* 10 (1995): 122–42.

26   Ibid.; Gary Charness and Martin Dufwenberg, "Promises and Partnership," *Econometrica* 74, no. 6 (November 2006): 1579–1601.

27   See, e.g., Thomas Gautschi, "History Effects in Social Dilemma Situations," *Rationality* 11 (Society 12, no. 2 (2000): 131–62.

28   Armin Falk, Urs Fischbacher, and Simon Gachter, "Living in two Neighborhoods–Social Interactions in the Lab" (Working Paper 150, Institute for Empirical Research in Economics, November 2004).

29   Erin Krupka and Roberto Weber, "The Focusing and Informational Effects of Norms on Pro-Social Behavior," http://ftp.iza.org/dp3169.pdf (discussion paper, Institute for the Study of Labor, IZA DP 3169, August 2005).

30   사회적 추론이 중요할 수 있는 것은, 권위자가 명령한 것이 해당 상황에서의 적절한 행동 노선인지 해석할 때 남들의 행동을 보게 된다는 점 때문이다. 다

시 말해, 실험실 게임은 경제적 관점에서는 애매하지 않은 상황이지만, 사회적 관점에서는 애매한 상황일 수도 있다.

31 Robert Axelrod and William D. Hamilton, "The Evolution of Cooperation," *Science* 211 (1981): 1390-96.

32 Herbert Gintis et al., "Explaining Altruistic Behavior in Humans," *Evolution and Human Behavior* 24, no. 3 (May 2003): 153-72; Ernst Fehr and Joseph Henrich, "Is Strong Reciprocity a Maladaptation?: On the Evolutionary Foundations of Human Altruism," in *Genetic and Cultural Evolution of Cooperation*, ed. Peter Hammerstein, 55-82 (Cambridge, MA: MIT Press, 2003).

33 Dawes, van de Kragt, and Orbell, "Cooperation for the Benefit of Us," 100-101.

34 예를 들어 다음을 보라. Ernst Fehr and Herbert Gintis, "Human Motivation and Social Cooperation: Experimental and Analytical Foundations," *Annual Review of Sociology* 33 (August 2007): 45.

35 Robert D. Putnam, *Bowling Alone: The Collapse and Revival of American Community* (New York: Simon & Schuster, 2000), 135.

36 두 번째 문제가 생겨나는 것은 독재자 게임은 그 전체가, 최후통첩 게임은 2단계가 제로섬 거래라는 사실 때문이다.(독재자의 경우 자기 파트너와 더 많은 것을 나누려면 자기 몫을 그만큼 줄이지 않으면 안 되고, 최후통첩 게임에서 수용자가 제안자에게 더 많이 주려면 자신의 희생을 그만큼의 비율로 늘리지 않으면 안 된다.)

37 샐리의 메타분석을 그대로 인용하면, "이타주의적 행동 대신 철저하게 자기이익을 추구하는 선택들은 (…) 협동율을 설명하는 데 있어 중요하고 확실히 유의미하다". Sally, "Conversation and Cooperation in Social Dilemmas," 79.

38 James Andreoni and John Miller, "Giving According to CARP: An Experimental Test of the Consistency of Preferences for Altruism," *Econometrica* 70, no. 2 (March 2002): 737-53; 다음도 참조. Andreoni and Vesterlund, "Which Is the Fair Sex?" 2-3.

39 Tania Singer and Chris Frith, "The Painful Side of Empathy," *Nature Neuroscience* 8, no. 7 (2005): 845--46.

40 Eugene Linden, *The Parrot's Lament: and Other True Tales of Animal Intrigue, Intelligence, and Ingenuity* (New York: Plume, 1999), 19-20.

41 Russell M. Church, "Emotional Reactions of Rats to the Pain of Others," *Journal of Comparative and Physiological Psychology* 52 (1959): 132-34.

42 또 다른 실험에서는 조지 라이스(George Rice)와 프리스킬라 가이너(Priscilla

Gainer)가 생쥐들이 다른 생쥐를 구조할 수 있게 해보았는데, 줄에 묶인 채 공중에 매달려 있던 피해자 생쥐는 다른 생쥐가 레버를 누르면 바닥으로 떨어질 수 있었다. "구조자" 생쥐는 피해자 생쥐가 조용히 매달려 있을 때보다 낑낑거리며 몸부림칠 때 더 빨리 행동했다. George E. Rice and Priscilla Gainer, "'Altruism' in the Albino Rat," *Journal of Comparative and Physiological Psychology* 55, no. 1 (1962): 123-25.

43   Sally, "Conversation and Cooperation in Social Dilemmas," 75.

44   Shaila Dewan, "Georgia Schools Inquiry Finds Signs of Cheating," *New York Times*, February 12, 2010.

45   "Hugh Thompson Jr., 62; 'One of the Good Guys' Saved Civilians at My Lai," obituary, *Los Angeles Times*, January 7, 2006, B15.

46   Warren Buffett, "How Buffett Views Risk," *Fortune*, April 4, 1994, 33.

6장

1   Robert J. Sternberg, *Psychology* (Belmont, CA: Thompson/Wadsworth, 2004), 538-39.

2   Ibid., 373.

3   Ibid., 417. 연령이 높은 아동은 콜버그가 소위 "인습적 도덕"이라 부르는 것을 활용하는데, 이는 고연령의 아동은 옳고 그름을 당대를 지배하는 사회적 인습을 기준으로 정의하는 것과 함께 '도덕'도, 그 규칙이 좋은 것인가와는 상관없이, 사회적 규칙에 복종하는 문제로 생각한다는 뜻이다. 가장 높은 단계인 세 번째 단계에서는(콜버그가 "탈인습적 도덕"이라 명명한 단계) 자기 이익 추구나 사회적 규약이 아닌 각자 안에 내면화된 일련의 추상적 윤리 원칙들에 따라 행동이 통제된다. 콜버그는 자신의 연구를 통해 성년기 이전에 도덕 발달의 이 최고 단계에 이르는 개인은 극히 적으며, 이 단계에는 절대 이르지 못한 채 "인습적 도덕" 단계를 벗어나지 못하는 이들도 상당수에 이른다고 결론 내렸다. Ibid., 419.

4   Colin Camerer and Richard H. Thaler, "Anomalies: Ultimatums, Dictators and Manners," *Journal of Economic Perspectives* 9 (Spring 1995): 217.

5   William T. Harbaugh, Kate Krause, and Steven G. Liday, Jr., "Bargaining By Children," (working paper, Economics Department, University of Oregon, 2003): 2, 9.

6   Robert H. Frank, Thomas Gilovich, and Dennis T. Regan, "Does Studying Economics Inhibit Cooperation?" *Journal of Economic Perspectives* 7 (1993): 167-

68.

7   Matthias Sutter and Martin G. Kocher, "Age and the Development of Trust and Reciprocity," (SSRN Working Paper Series, 2003): 21.

8   John A. List, "Young, Selfish and Male: Field Evidence of Social Preferences," *Economic Journal* 114 (January 2004): 122.

9   Ibid., 133-34.

10   Linda Mealey, "The Sociobiology of Sociopathy: An Integrated Evolutionary Model," *Behavioral and Brain Sciences* 18 (1995): 524, 526.

11   Lionel Dahmer, *A Father's Story* (New York: William Morrow, 1994), 46, 75-80, 98.

12   Mealey, "The Sociobiology of Sociopathy," 530. 남성 인구에서는 소시오패스의 비율이 3~4%에 이르는 것으로 추정되는 한편 여성 인구에서는 그 비율이 불과 1%밖에 안 되는 점에 비춰볼 때, 여기서는 "형제들"이라는 표현이 무방하다고 하겠다. 다만 남자들이 여자들보다 사이코패스 진단을 받는 경우가 더 많은 이유는, 남자들이 비사회적인 충동을 공격적 행동으로 표출할 확률이 더 크기 때문이다. Ibid., 523.

13   Hanna Damasio et al., "The Return of Phineas Gage: Clues About the Brain from the Skull of a Famous Patient," *Science*, New Series 264 (May 1994): 1102; Raymond J. Dolan, "On the Neurology of Morals," *Nature Neuroscience* 2 (November 1999): 927.

14   Steven W. Anderson et al., "Impairment of Social and Moral Behavior Related to Early Damage in Human Prefrontal Cortex," *Nature Neuroscience* 2 (November 1999): 1033.

15   Charles Darwin, *The Descent of Man, 1871 in Great Books of the Western World*, vol. 49, *Darwin*, edited by Robert Maynard Hutchins (London: Encyclopedia Britannica, Inc., 1952), 321-22.

16   William D. Hamilton, "The Genetical Evolution of Social Behavior I and II," *Journal of Theoretical Biology* 7 (1964): 1-16, 17-52.

17   Richard Dawkins, *The Selfish Gene* (New York: Oxford University Press, 1976).

18   Dr. Roger Lewin, "Accidental Career," *New Scientist* 61 (August 8, 1974): 325.

19   이타주의와 유전적 관련성 사이의 느슨한 관계는, 친족 관계인 이들이 외부로의 이주가 거의 없는 집단에서 함께 살아갈 때 나타나는 것으로 보인다. 이런 집단에서는, 이론상으로는 집단의 모든 성원이 서로 상당한 유전적 관련성을 가지고 있는 만큼 이기적 유전자의 관점에서 보더라도 사람들이 집단 내의 모든 성원에게 어느 정도 이타주의를 보인다고 해도 충분히 타당할 것

이다. Steven I. Rothstein, "Reciprocal Altruism and Kin Selection Are Not Clearly Separable Phenomena," *Journal of Theoretical Biology* 87 (1980): 255-61. 이런 논리는 호모 사피엔스의 경우에 특히 타당성을 갖는데, 인간은 (대부분의 포유류와 달리) 남몰래 짝지기를 하는 성향이 뚜렷하고, 이로 말미암아 집단 내 어떤 사람이 정확히 누구와 어떤 관계인지 잘 모르는 일이 빚어지기 때문이다.

20 David A. Hyman, "Rescue Without Law: An Empirical Perspective on the Duty to Rescue," *Texas Law Review* 84 (2006): 656, 668.

21 Robert L. Trivers, "The Evolution of Reciprocal Altruism," *Quarterly Journal of Biology* 46 (1971): 35.

22 Gerald S. Wilkinson, "Food Sharing in Vampire Bats," *Scientific American* (February 1990): 76-82.

23 See Ernst Fehr and Joseph Henrich, "Is Strong Reciprocity a Maladaptation? On the Evolutionary Foundations of Human Altruism," in *Genetic and Cultural Evolution of Cooperation*, ed. Peter Hammerstein (Cambridge, MA: MIT Press f Dahlem University Press, 2003), 56, for a description of the "maladaptation" thesis.

24 Sara Kiesler, Keith Waters, and Lee Sproull, "A Prisoner's Dilemma Experiment on Cooperation with People and Human-Like Computers," *Journal of Personality and Social Psychology* 70 (1996). 왜 많은 사람이 단지 자기 종족만이 아니라 개, 고양이, 돌고래 등의 다른 종들에게까지 이타주의 성향을 보이는지도 이와 비슷한 맥락에서 설명할 수 있다.

25 Ibid.

26 Hamilton, "The Genetical Evolution of Social Behavior I and II," 1-16, 17-52.

27 Dawkins, *The Selfish Gene*, 89.

28 Robert H. Frank, "If Homo Economicus Could Choose His Own Utility Function, Would He Want One with a Conscience?" *American Economic Review* 77 (September 1987): 593-95.

29 Yudhijit Bhattacharjee, "Friendly Faces and Unusual Minds," *Science* 310 (November 4, 2005): 804.

30 Ralph Adolphs, Daniel Tranel, and Antonio R. Damasio, "The Human Amygdala in Social Judgment," *Nature* 393 (June 4, 1998): 470-71.

31 Darwin, *The Descent of Man*, 322-23.

32 John Maynard Smith, "Group Selection and Kin Selection," *Nature* 201 (March 14, 1964): 1145.

33 Elliot Sober and David Sloan Wilson, *Unto Others: The Evolution of Unselfish Behavior* (Cambridge, MA: Harvard University Press, 1998).

34 Geoffrey Miller, "Norm Enforcement in the Public Sphere: The Case of Handicapped Parking," *George Washington Law Review* 71 (2003): 895.

35 예를 들어 다음을 보라. Ernst Fehr and Simon Gachter, "Altruistic Punishment in Humans," *Nature* 415 (January 10, 2002): 137; Ernst Fehr and Urs Fischbacher, "Third-Party Punishment and Social Norms," *Evolution and Human Behavior* 25 (2004) : 63-87.

36 Joseph Henrich and Robert Boyd, "Why People Punish Defectors: Weak Conformist Strategy Can Stabilize Costly Enforcement of Norms in Cooperative Dilemmas," *Journal of Theoretical Biology* 208 (2001): 79-89; see also Robert Boyd et al., "The Evolution of Altruistic Punishment," *Proceedings of the National Academy of Sciences of the United States of America 100* (March 18, 2003): 3531-35.

37 Robert Boyd and Peter J. Richerson, "Cultural Transmission and the Evolution of Cooperative Behavior," *Human Ecology* 10 (1982): 325; Herbert Gintis, "The Hitchhiker's Guide to Altruism: Gene-Culture Coevolution and the Internalization of Norms," *Journal of Theoretical Biology* 220 (2003): 407; Peter J. Richerson and Robert Boyd, *Not By Genes Alone: How Culture Transformed Human Evolution* (Chicago: University of Chicago Press, 2005).

38 Özgür Gurerk, Bernd Irlenbusch, and Bettina Rockenbach, "The Competitive Advantage of Sanctioning Institutions," *Science* 312 (April2006): 108.

39 Arnot Zahavi, "Mate Selection: A Selection for a Handicap," *Journal of Theoretical Biology* 53 (1975): 205.

40 Eric Alden Smith, "Why Do Good Hunters Have Higher Reproductive Success?" *Human Nature* 15 (2004) : 343.

41 다음도 참조. Herbert Gintis, Eric Alden Smith, and Samuel Bowles, "Costly Signaling and Cooperation," *Journal of Theoretical Biology* 213 (2001): 103.

42 Daniel C. Dennet, *Darwin's Dangerous Idea: Evolution and the Meanings of Life* (New York: Simon & Schuster, 1995), 86.

43 Paul J. Zak, Robert Kurzban, and William T. Matzner, "The Neurobiology of Trust," *Annals of the New York Academy of Sciences* 1032 (2004): 224-26.

44 Ernst Fehr and Bettina Rockenbach, "Human Altruism: Economic, Neural, and Evolutionary Perspectives," *Current Opinion in Neurobiology* 14 (2004): 788.

45 Golnaz Tabibnia, Ajay B. Satpute, and Matthew W. Lieberman, "The Sunny Side of Fairness: Preference for Fairness Activates Reward Circuitry (and Disregarding Unfairness Activates Self-Control Circuitry)," *Psychological Science* 19 (2008): 341.

46 Marilynn B. Brewer, "In-Group Bias in the Minimal Intergroup Situation: A Cognitive-Motivational Analysis," *Psychological Bulletin* 86 (1979): 307.

47 Darwin, *The Descent of Man*, 314.

7장

1   *In Re Dale*, 199 B.R. 1014, 1017 (1995).

2   Ibid.

3   개괄적인 참조. David W. Barnes and Lynn A. Stout, *Law and Economics* (St. Paul, MN: West Publishing, 1992), 23-25.

4   개괄적인 참조. Gary T. Schwartz, "Mixed Theories of Tort Law: Affirming Both Deterrence and Corrective Justice," *Texas Law Review* 75 (1997): 1802-3.

5   Ibid.

6   Richard A. Posner, "A Theory of Negligence," *Journal of Legal Studies* 1 (1972): 31.

7   *U.S. v. Carroll Towing Co.*, 159 F.2d 169 (2d. Cir. 1947).

8   Ibid., 170-71.

9   Ibid., 173.

10 Stephen G. Gilles, "The Invisible Hand Formula," *Virginia Law Review* 80, no. 5 (August 1994): 115-16 and 116 note 4.

11 Barnes and Stout, *Law and Economics*, 165-166.

12 Harvard Medical Practice Study, *Patients, Doctors, and Lawyers: Medical Injury, Malpractice Litigation, and Patient Compensation in New York,* a report of the Harvard Medical Practice Study to the State of New York (Cambridge, MA: The President and Fellows of Harvard College, 1990).

13 Deborah R. Hensler et al., *Compensation for Accidental Injuries in the United States* (Santa Monica, CA: RAND, 1991), 175.

14 Barnes and Stout, *Law and Economics*, 106-15.

15 *West's Annotated California Civil Code*, sec. 3333.2 (West 2008).

16 Amanda Edwards, "Medical Malpractice Non-Economic Damages Caps,"

Harvard Journal on Legislation 43 (Winter 2006): 217-19.

17   *In Re Dale*, 199 B.R. 1014, 1018 (1995). 1984년 미국파산법이 개정되면서 음주운전자에게는 법적 판결에 따른 면책을 각하할 수 있게 됐다.(Bankrupcy Amendaments and Federal Judgeship Act of 1984, Pub. L., No. 98-353, sec 371, 11 U.S.C. sec. 523에 명문화된 내용 (a)(9)). 따라서 데일의 파산 신청도 종국에는 각하되었다. 물론 그렇다 데일이 애초 판결문에서 책정한 벌금을 다 지불할 수 있었다는 뜻은 아니다.

18   Gary T. Schwarz, "Reality in the Economic Analysis of Tort Law: Does Tort Law Really Deter?" *UCLA Law Review* 42, no. 2 (December 1994): 420, 434.

19   Barnes and Stout, *Law and Economics*, 175-79; Marc Galanter and David Luban, "Poetic Justice: Punitive Damages and Legal Pluralism," *American University Law Review* 42 (1993): 1404-8; Gary T. Schwarz, "Deterrence and Punishment in the Common Law of Punitive Damages: A Comment," *Southern California Law Review* 56 (1982): 141.

20   Andrea Gerlin, "A Matter of Degree," *Wall Street Journal*, September 1, 1994, A1.

21   법경제학파 학자들은 가해자가 불법행위법의 과소보상 경향을 악용할 때만 징벌적 배상이 정당화된다고 보는 경향이 있다. 예를 들면, 다음 참조. Robert D. Cooter, "Economic Analysis of Punitive Damages," *Southern California Law Review* 56 (1982): 79; A. Mitchell Polinsky and Steven Shavell, "Punitive Damages: An Economic Analysis," *Harvard Law Review* 111, no. 4 (February 1998): 874. 예를 들어, 미첼 폴린스키와 스티븐 샤벨의 의견에 따르면, 징벌적 손해배상액 산정은 고소를 한 피해자의 실제 피해 양에 고소는 안 했지만 비슷한 피해를 입었음직한 피해자 수를 곱한 값에 대략 준해야 한다. 그렇게 해서 가해자가 자신이 일으킨 피해의 양을 온전히 보상하게 해야 한다는 것이다. Polinsky and Shavell, "Punitive Damages," 874-75.

  징벌적 손해배상에 대한 이런 식의 접근은 중요한 두 가지를 잘 설명해내지 못한다. 첫째, 위의 설명대로라면 잠재적 가해자는 자신이 과실을 저질러도 실제 소송까지 갈 가능성은 별로 없다는 것을 미리 가정하고 있어야 한다. 그렇게 되면 실제 소송까지 가는 가해는 거의 전부 징벌적 손해배상의 후보가 되어야 한다. 둘째, 징벌적 손해배상이 이뤄지려면 피고가 남들의 안위는 "일절 신경 쓰지 않고" 행동했다는 사실이 법적으로 입증되어야만 한다. 만일 호모 에코노미쿠스 모델에서처럼 타인에 대한 경시를 합리적인 사람이 가질 수 있는 유일한 마음 상태로 본다면, 이런 식의 법적 사실 입증은 별 의미가 없다.

22   예를 들어 다음을 보라. W. Kip Viscusi, "Why There Is No Defense of Punitive Damages," *Georgetown Law journal* 87 (1998): 381–95.

23   Anthony J. Sebok, "Punitive Damages: From Myth to Theory," *Iowa Law Review* 92 (March 2007): 959.

24   *Exxon Shipping Co. v. Baker,* 128 S. Ct. 2605, 2626, 2633 (2008).

25   Barnes and Stout, *Law and Economics,* 122–23.

26   Schwartz, "Mixed Theories of Tort Law," 1809.

27   Gilles, "The Invisible Hand Formula," 134.

28   Ibid., 134–35.

29   Schwartz, "Mixed Theories of Tort Law," 1820.

30   이는 사과가 왜 중요한지도 설명해줄 수 있는데, 사과는 가해자가 남의 행복을 제쳐두고 이기적으로 자기 행복을 우선시한 것에 유감을 표현하는 길이 되기 때문이다. 법조계 전문가들은 불법행위 소송에서 사과가 갖는 가치를 이제 막 탐구하기 시작한 참이다. 예를 들어, 다음 참조. Erin Ann O'Hara and Douglas Yarn, "On Apology and Consilience," *Washington Law Review* 77 (October 2002) : 1121–1192; Jennifer K. Robbennolt, "Apologies and Legal Settlement," *Michigan Law Review* 102 (December 2003): 460–516. 후회와 사과는 형법에서도 나름의 역할을 수행한다.

31   Joel Bakan, *The Corporation: The Pathological Pursuit of Profit and Power* (New York: Free Press, 2004).

32   Ibid., 60.

33   Einer Elhauge, "Sacrificing Corporate Profits in the Public Interest," *New York University Law Review* 80 (June 2005): 738–47.

34   Bakan, *The Corporation,* 40–50.

35   예외에 대해선 다음을 보라. Jennifer Arlen and Reiner Kraakman, "Controlling Corporate Misconduct: An Analysis of Corporate Liability Regimes," *New York University Law Review* 72 (October 1997): 752–53.

36   *Sherman Antitrust Act,* 15 U.S.C. § 15 et seq. (2006).

37   *Racketeer Influenced and Corrupt Organizations Act,* 18 U.S.C. § 1964 et seq. (2006).

8장

1 *Joy v. Hay Group, Inc.*, 403 F. 3d 875, 876 (7th Cir. 2005).

2 Ibid.

3 Eric A. Posner, "Economic Analysis of Contract Law After Three Decades: Success or Failure?" *Yale Law Journal* 112 (2003): 829-80.

4 Adam Smith, *An Inquiry into the Nature and Causes of the Wealth of Nations* (1776: Chicago: Encyclopedia Britannica, 1952), 194.

5 Thomas Hobbes, *Leviathan*, ed. C. B. MacPherson (1651; Harmondsworth, UK: Penguin Books, 1968), 223.

6 Melvin Aron Eisenberg, "The Limits of Cognition and the Limits of Contract," *Stanford Law Review* 47 (January 1995): 213.

7 Steven Shavell, *Economic Analysis of Law* (New York: Foundation Press, 2004), 63.

8 Robert E. Scott, "A Theory of Self-Enforcing Indefinite Agreements," *Columbia Law Review* 103 (2003): 1641.

9 개괄적인 참조. Ian R. Macneil, "Relational Contract Theory: Challenges and Queries," *Northwestern University Law Review* 94 (Spring 2000): 894.

10 *Joy* 403 F. 3d at 877-78.

11 Ibid.

12 Stewart J. Schwab and Randall S. Thomas, "An Empirical Analysis of CEO Employment Contracts: What Do Top Executives Bargain For?" *Washington and Lee Law Review* 63 (Winter 2006): 240-41.

13 Scott, "A Theory of Self-Enforcing Indefinite Agreements," 1642.

14 계약법학자들이 종종 주장하는 바에 따르면, 계약 실행 중 불거지는 분쟁을 어떻게 해결할지가 계약서에 담겨 있지 않으면, 계약 당사자들은 그 문제를 법정으로 가져가 판사들에게 계약서의 '공백'을 메워 달라고 하게 된다고 한다. 즉 계약 당사자들이 불편함을 감수하고 계약서에서 진작에 그 문제를 명확히 다뤘다고 할 때 그들 자신이 어떤 식으로 협의했을지에 대한 판사의 생각에 따라 문제를 매듭지어 달라고 한다는 것이다. 판사들은 계약 당사자들 자신은 계약서에 명시하지 못한 문제해결의 이런저런 이른바 '디폴트 조항들'이 계약서에 들어 있으리라는 뜻을 은연중 비친다. 이런 식으로 계약법은 거래 실행과 함께 두 번째의 유용한 경제적 기능을 수행할 수 있다. 계약 당사자들은 법정의 함축적 조항에 의지할 수 있으면 굳이 시간과 돈을 들여 자신들 손으로 많은 사항들을 조목조목 밝힌 계약서를 만들 필요가 없는 것이다.

그러나 암묵적 조항을 제시해주는 계약법의 능력이 협상과 초안 작성 비용은 줄여주어도, 관계적 거래 실행이라는 문제는 여전히 해결하지 못한다. 이 점을 제대로 이해하려면 계약 당사자는 보통 합리적 계약을 불완전한 상태로 놔두는 경우가 많다는 사실을 인지하는 것이 중요하다. 자신들이 제안한 거래의 많은 양상이 너무 불확실하거나, 복잡하거나, 검증불가능하기 때문에 그들에게는 다른 선택의 여지가 없는 것이다. 판사는 그런 식의 불가피한 계약 구멍들에서 발생하는 논쟁을 해결할 수는 있지만, 판사가 그런 분쟁을 잘 해결할 수 있으리라고 생각할 만한 근거는 사실 전혀 없다. 계약 당사자들이 불확실성, 복잡성, 검증불가능성으로 말미암아 계약서에서 애초 그 문제를 다루지 못한 것처럼, 법정도 불확실성, 복잡성, 검증불가능성으로 인해 계약 당사자들이 어떻게 하면 분쟁의 빌미가 되는 문제를 해결할지 그 방도를 찾아내지 못하기는 마찬가지이다.

15   Eric A. Posner, "A Theory of Contract Law Under Conditions of Radical Judicial Error," *Northwestern University Law Review* 94, no. 3 (Spring 2000): 754.

16   Ibid. (원문에 강조됨)

17   Sir Walter Scott, *Ivanhoe* (1819: New York: Signet Classic, 2001).

18   Ibid., 451-56.

19   Oliver Williamson, *The Mechanisms of Governance* (New York: Oxford University Press, 1996), 116.

20   Ibid.

21   Macneil, "Relational Contract Theory: Challenges and Queries," 897.

22   Richard A. Epstein, "Contract and Trust in Corporate Law: The Case of Corporate Opportunity," *Delaware Journal of Corporate Law* 21, no. 1 (1996): 11.

23   Margaret M. Blair and Lynn A. Stout, "Trust, Trustworthiness, and the Behavioral Foundations of Corporate Law," *University of Pennsylvania Law Review* 149 (2001): 1803.

24   Barbara Hetzer, "A Binding Agreement Before You Tie the Knot?" *Business Week, March* 3, 1997, 114-15.

25   예를 들어 다음을 보라. Bruno S. Frey and Reto Jegen, "Motivation Crowding Theory: A Survey of Empirical Evidence," *Journal of Economic Surveys* 15, no. 5 (December 2001): 589-621; Bruno S. Frey and Felix OberholzerGee, "The Cost of Price Incentives: An Empirical Analysis of Motivation Crowding-Out," *American Economic Review* 87, no. 4 (September 1997): 746-55.

26   Uri Gneezy and Aldo Rustichini, "A Fine Is a Price," *Journal of Legal Studies* 29

(January 2000): 3.

27 예를 들어 다음을 보라. Cass R. Sunstein, "On the Expressive Function of
    Law," *University of Pennsylvania Law Review* 144 (May 1996): 2021–53; Erin Ann
    O'Hara, "Trustworthiness and Contract," in *Moral Markets: The Critical Role of
    Values in the Economy*, ed. Paul J. Zak (Princeton, NJ: Princeton University Press, 2008),
    173–203; but see Matthew D. Adler, "Expressive Theories of Law: A Skeptical
    Overview," *University of Pennsylvania Law Review* 148 (2000): 1363–1501.

28 O'Hara, "Trustworthiness and Contract," 186.

29 Ibid.

30 *Meinhard v. Salmon*, 164 N.E. 545, 548 (N.Y. App. 1928).

31 Blair and Stout, "Trust, Trustworthiness, and the Behavioral Foundations of
    Corporate Law," 1789–99.

32 Edward B. Rock, "Saints and Sinners: How Does Delaware Corporate Law
    Work?" *UCLA Law Review* 44 (1997): 1106.

33 Posner, "A Theory of Contract Law Under Conditions of Radical Judicial
    Error," 759.

34 Robert H. Frank, *Passions Within Reason* (New York: Norton, 1988), 5.

35 Oliver Wendell Holmes, Jr., "The Path of the Law," *Harvard Law Review* 10, no.
    8 (March 25, 1897): 462.

9장

1 Sentencing Memorandum of Defendant at 2–3, People v. DiBlasi, No.
   KA042858 (Super. Ct. Aug. 10, 1999).

2 Steven D. Levitt and Stephen J. Dubner, *Freakonomics: A Rogue Economist Explores
   the Hidden Side of Everything* (New York: William MorrowjHarperCollins, 2005), 105.

3 Gary S. Becker, "Crime and Punishment: An Economic Approach," *Journal of
   Political Economy* 76, no. 2 (1968): 195.

4 Joe Domanick, *Cruel Justice: Three Strikes and the Politics of Crime in America's Golden
   State* (Berkeley and Los Angeles: University of California Press, 2004), 3.

5 Sentencing Memorandum, 1; Families to Amend California's Three Strikes,
   "The FACTS 150: Story# 112–Robert DiBlasi," http://www.facts1.com/
   ThreeStrikes/Stories/900112 (accessed January 28, 2009).

6 John Braithwaite, *Restorative Justice and Responsive Regulation* (Oxford and New York: Oxford University Press, 2002), 124.

7 DeeDee Correll, "Sentence: An Evening with Manilow," *Los Angeles Times*, January 21, 2009.

8 James J. Stephan, *State Prison Expenditures*, 2001, Bureau of Justice Statistics Special Report NCJ 202949 (U.S. Department of Justice, Office of Justice Programs, June 2003), 3, available at http://www.ojp.usdoj.gov/bjs/pub/pdf/spe01.pdf.

9 Becker, "Crime and Punishment," 193, 196; Richard A. Posner, "An Economic Theory of the Criminal Law," *Columbia Law Review* 85, no. 6 (October 1985): 1201-1205; George J. Stigler, "The Optimum Enforcement of Laws," *Journal of Political Economy* 78, no. 3 (1970): 526-36.

10 Posner, "An Economic Theory of the Criminal Law," 1204; 또 다음도 참조. Steven Shavell, "Criminal Law and the Optimal Use of Nonmonetary Sanctions as a Deterrent," *Columbia Law Review* 85, no. 6 (October 1985): 1236.

11 예를 들어 다음을 보라. Stigler, "The Optimum Enforcement of Laws," 527.

12 Posner, "An Economic Theory of the Criminal Law," 1221.

13 Robert Cooter, "Prices and Sanctions," Columbia Law Review 84 (1984): 1523-24, 1537, 1552; Posner, "An Economic Theory of the Criminal Law," 1215.

14 Posner, "An Economic Theory of the Criminal Law," 1205, 1215.

15 Ibid., 1221.

16 Stigler, "The Optimum Enforcement of Laws," 534.

17 개괄적인 참조. Richard J. Bonnie, Anne M. Coughlin, John C. Jeffries, Jr., and Peter W. Low, *Criminal Law* (New York: Foundation Press, 2004), 2-33; Joshua Dressler, *Criminal Law* (St. Paul, MN: West Publishing, 2003), 3~; Sanford H. Kadish, Stephen J. Schulhofer, and Carol Se. Steiker, *Criminal Law and Its Processes* (New York: Aspen Publishers, 2007), 73-104; Wayne R. LaFave, *Criminal Law* (St. Paul, MN: West Publishing, 2000), 26-31.

18 Becker, "Crime and Punishment," 176.

19 Robert Louis Stevenson, *Strange Case of Dr. Jekyll and Mr. Hyde*, ed. Katherine Linehan (1886; New York: W.W. Norton, 2003), 52.

20 Ibid., 51.

21 Ibid., 56.

22 Stuart Banner, *The Death Penalty: An American History* (Cambridge, MA and London:

Harvard University Press, 2002), 76.

23 Tom R. Tyler, *Why People Obey the Law* (Princeton, NJ: Princeton University Press, 2006).

24 이와 관련한 가장 유명한 사례 하나로 1954년 오클라호마의 로버스 케이브 주립공원에서 소년 여름 캠프가 열렸을 때 진행된 실험을 들 수 있다. 연구진은 서로가 처음 보는 사이였던 캠프의 소년들을 두 집단으로 나누었다. 이 두 집단이 처음엔 서로를 상대로 공격적으로 경쟁했다가, 나중엔 서로 협동하도록 연구진이 조작하기란 어려운 일이 아니었다. Robert J. Sternberg, *Psychology* (Belmont, CA: Thompson/Wadsworth, 2004) 521.

25 Stephanos Bibos and Richard A. Bierschbach, "Integrating Remorse and Apology into Criminal Procedure," *Yale Law Journal* 114 (2004): 93-94.

26 *United States v. Beserra*, 967 F.2d 255, 256 (7th Cir. 1992).

27 흥미로운 것은, 피고의 행위에 "타인에 대한 의식적 경시"가 담겨 있으면 징벌적 손해배상 사례가 되는 데서 보듯, 불법행위법도 결과보다 의도를 중시한다는 점이다. 다시 말해, 많은 법학자가 지적해왔듯, 징벌적 손해배상은 형사상 책임과 유사한 형태의 민사상 책임이다.

28 개괄적인 참조. Peter J. Richerson and Robert Boyd, *Not By Genes Alone: How Culture Transformed Human Evolution* (Chicago: University of Chicago Press, 2005); Joseph Henrich and Robert Boyd, "On Modeling Culture and Cognition: Why Cultural Evolution Does Not Require Replication of Representatives," *Journal of Cognition and Culture* 2, no. 2 (2002): 87-112.

29 Frans de Waal, *Our Inner Ape: A Leading Primatologist Explains Why We Are Who We Are* (New York: Riverhead Books/Penguin Group (USA), 2005), 77.

30 "모든 법률이 공통으로 가지고 있는, 혹은 가져야만 하는, 일반적 목표는 공동체가 누리는 행복의 총량을 증대하는 것이다. 따라서 행복의 총량을 차감하는 경향이 있는 모든 것은, 아마도 최대한 애초부터 차단해야 할 것이다. 다시 말해 사람에게 위해를 끼치는 짓은 행하지 말아야 할 것이다. 그런데 모든 처벌은 위해에 해당한다. 모든 처벌은 그 자체로 악이다. 효용의 원칙에 근거하면, 만일 처벌이 조금이라도 인정을 받아야만 한다고 하면, 그것이 더 커다란 악을 차단한다고 약속해주는 선에서만 인정되어야 한다." Jeremy Bentham, *An Introduction to the Principles of Morals and Legislation*, ed. J. H. Burns and H.L.A. Hart (1789; London and New York: Methuen, 1982), 158.

31 Kevin M. Carlsmith, John M. Darley, and Paul H. Robinson, "Why Do We Punish?: Deterrence and Just Deserts as Motives for Punishment," *Journal of Personality and Social Psychology* 83, no. 2 (2002): 284-99.

32 Morris B. Hoffman and Timothy H. Goldsmith, "The Biological Roots of Punishment," *Ohio State Journal of Criminal Law* 1, no. 2 (Spring 2004): 630.

33 Cass R. Sunstein, "On the Expressive Function of Law," *University of Pennsylvania Law Review* 144 (May 1996): 2021-53; Kenneth G. Dau-Schmidt, "An Economic Analysis of the Criminal Law as a Preference-Shaping Policy," *Duke Law Journal* 1990, no. 1 (1990) : 1-3, 37.

34 Dan M. Kahan, "Social Influence, Social Meaning, and Deterrence," *Virginia Law Review* 83 (1997) : 363.

35 Ibid., 384.

36 Tracey L. Meares, "Norms, Legitimacy and Law Enforcement," *Oregon Law Review* 79 (2000): 403.

37 Kahan, "Social Influence, Social Meaning, and Deterrence," 353, 353 note 16.

38 James Q. Wilson and George L. Kelling, "Broken Windows: The Police and Neighborhood Safety," *Atlantic Monthly* 249, no. 3 (March 1982): 29-38.

39 Ibid., 5.

40 Bernard E. Harcourt and Jens Ludwig, "Broken Windows: New Evidence from New York City and a Five-City Social Experiment," *University of Chicago Law Review* 73 (2006): 276, 287.

41 Compare Kahan, "Social Influence, Social Meaning, and Deterrence," 368-69 with Harcourt and Ludwig, "Broken Windows," 283-87. 42. Kahan, "Social Influence, Social Meaning, and Deterrence," 356, 371; Harcourt and Ludwig, "Broken Windows," 300-310.

43 Kahan, "Social Influence, Social Meaning, and Deterrence," 379.

44 이런 생각은 범죄학자들이 "일반 억제"라고 부르는 것과 관련이 있는데, 범죄를 저지른 대가로 누군가를 처벌하면 다른 사람들이 범죄를 덜 저지르게 되는 개념을 말한다. 경제적 관점에서는 일반 억제가 왜 효과가 있는지 그 이유를 알기 어렵다. 다른 누군가가 감옥에 가는 것을 봄으로써 범죄에는 대가가 따른다는 사실을 알 수도 있으나, 합리적인 사람이라면 범죄가 처벌로 이어질 수 있다는 사실을 이미 알고 있을 것이 분명하기 때문이다. 그보다는 동조가 일반 억제의 기제를 설명하는 데 도움이 된다.

45 Jonathan M. Barnett, "The Rational Underenforcement of Vice Laws," *Rutgers Law Review* 54 (2002): 434, 475-76.

46 Ibid., 475.

47 Ibid., 478-80.

48 Marla Cone, "One Big Drug Test: Analyzing a City's Sewage Can Put a Number on Its Vices," *Los Angeles Times*, June 22, 2008.

49 Barnett, "The Rational Underenforcement of Vice Laws," 425.

50 SO. Bryan Appleyard, "Church of the Child Brides," Sunday *New York Times*, June 22, 2008, 48.

51 Robert T. Garrett, "Texas Gov. Rick Perry Defends State's Seizure of Polygamist Sect's Kids," *Dallas Morning News*, June 6, 2008.

52 Michael Falcone, "Running Mates: On Tax Policy and Patriotism," *New York Times*, September 19, 2008.

53 Dau-Schmidt, "An Economic Analysis of the Criminal Law as a Preference-Shaping Policy," 2.

54 Ibid., 15.

결론

1 Lynnley Browning, "Ex-UBS Banker Pleads Guilty to Tax Evasion," *New York Times*, June 20, 2008.

2 Evan Perez, "Guilty Pleas by Ex-Banker Likely to Aid Probe of UBS," *Wall Street Journal*, June 20, 2008.

3 Samuel Bowles and Arjun Jayadev, "Garrison America," *The Economists' Voice* (March 2007): 1.

4 John Stuart Mill, "Principles of Political Economy," in *Essays on Some Unsettled Questions of Political Economy* (London: The London School of Economics and Political Science, 1948), 69.

5 Edward C. Banfield, *The Moral Basis of a Backward Society* (Glencoe, IL: Free Press, 1958).

6 예를 들어 다음을 보라. Francis Fukayama, Trust: The Social Virtues and the *Creation of Prosperity* (New York: Free Press, 1995); Robert D. Putnam, *Making Democracy Work: Civic Traditions in Modern Italy* (Princeton, NJ: Princeton University Press, 1993); Stephen Knack and Philip Keefer, "Does Social Capital Have an Economic Payoff? A Cross-Country Investigation," *Quarterly Journal of Economics* 112 (1997): 1251.

7 Paul J. Zak and Stephen Knack, "Trust and Growth," *Economic Journal* 111

(2001): 307.

8   Knack and Keefer, "Does Social Capital Have an Economic Payoff?" 1256-57.

9   Paul J. Zak, "Trust," *Capco Journal of Financial Tranformation* 7 (2003) : 24.

10   Luigi Guiso, Paolo Sapienza, and Luigi Zingales, "Cultural Biases in Economic Exchange" (working paper No. 11005, NBER Working Paper Series, 2004).

11   Thomas Hobbes, *Leviathan*, ed. C. B. MacPherson (Harmondsworth, UK: Penguin Books, 1968), 1651.

12   Peggy A. Thoits and Lyndi N. Hewitt, "Volunteer Work and WellBeing," *Journal of Health and Social Behavior* 42 (2001): 115-31.

13   Harvey S. James and Athanasios G. Chymis, "Are Happy People Ethical People? Evidence from Northern America and Europe" (working paper, No. AEWP 2004-8, University of Missouri Agricultural Economics, July 2004), available at http://ssrn.com/abstract=570181.

14   James K. Rilling et al., "A Neural Basis for Social Cooperation," *Neuron* 35 (July 2002) : 397.

15   Mill, "Principles of Political Economy."

16   Robert D. Putnam, *Bowling Alone: The Collapse and Revival of American Community* (New York: Simon & Schuster, 2000) 39, 123, 131.

17   Ibid., 272-73.

18   Donald L. McCabe and Linda K. Trevino, "What We Know About Cheating in College: Longitudinal Trends and Recent Developments," *Change* 28 (January/February 1996): 31.

19   David Callahan, *The Cheating Culture: Why More Americans Are Doing Wrong to Get Ahead* (Orlando, FL: Harcourt, 2004), 220.

20   Putnam, *Bowling Alone*, 142.

21   Knack and Keefer, Does Social Capital Have an Economic Payoff? 1267.

22   For an example, see Callahan, *The Cheating Culture*, 63-69.

23   Zak and Knack, "Trust and Growth," 312.

24   Putnam, *Bowling Alone*, 184.

25   Putnam, *Making Democracy Work*.

26   Zak, "Trust," 18, figure 1.

27   Putnam, *Bowling Alone*, 77-78, 126.

28   Ibid., 131-33, 247-76.

29   Steven D. Levitt and Stephen J. Dubner, *Freakonomics: A Rogue Economist Explores*

the Hidden Side of Everything (New York: William MorrowfHarperCollins, 2005), 13 (강조
는 뺌).

30 Ibid., 13 (원문에 강조됨)

31 Lucy Kellaway, "Strange Kind of Capitalism that Celebrates SelfDenial,"
Financial Times, July 21, 2008.

32 P. J. O'Rourke, "Fairness, Idealism, and Other Atrocities; Commencement
Advice You're Unlikely to Hear Elsewhere," *Los Angeles Times*, May 4, 2008.

33 Robert H. Frank, Thomas Gilovich, and Dennis T. Regan, "Does Studying
Economics Inhibit Cooperation?" *Journal of Economic Perspectives* 7 (1993): 159–
71.

34 "그 자신의 이익을 추구함으로써 그는 자신이 진정 사회의 이익을 증진하겠
다는 의도를 가질 때보다 더 사회의 이익을 증진할 때가 많다." Adam Smith,
An Inquiry into the Nature and Causes of the Wealth of Nations (1776; repr., Chicago:
Encyclopedia Britannica, 1952), 194.

35 *Wilkow v. Forbes, Inc.*, 241 F. 3d 552, 557 (7th Cir. 2001).

36 Gerald Marwell and Ruth Ames, "Economists Free Ride, Does Anyone Else?
Experiments in the Provision of Public Goods, IV," *Journal of Public Economics*
15 (June 1981): 295–310.

37 Frank et al., "Does Studying Economics Inhibit Cooperation?" 171.

38 Zak and Knack, "Trust and Growth," 311.

39 Oliver Wendell Holmes, Jr., "The Path of the Law," *Harvard Law Review* 10 (March
1987): 459.

40 Alpheus Thomas Mason, *Brandeis and the Modern State* (Washington, DC: National
Home Library Foundation, 1933), 221.

참
고
문
헌

Adler, Matthew D. "Expressive Theories of Law: A Skeptical Overview." *University of Pennsylvania Law Review* 148 (2000) : 1363-1501.

Adolphs, Ralph, Daniel Tranel, and Antonio R. Damasio. "The Human Amygdala in Social Judgment." *Nature* 393 (June 4, 1998): 470-74.

Allison, Scott T., and Norbert L. Kerr. "Group Correspondence Biases and the Provision of Public Goods." *Journal of Personality and Social Psychology* 66 (1994): 688-98.

American Psychiatric Association. *Diagnostic and Statistical Manual of Mental Disorders*, 4th ed. Washington, DC: American Psychiatric Association, 2000.

Anderson, Steven W., Antoine Bechara, Hanna Damasio, Daniel Tranel, and Antonio R. Damasio. "Impairment of Social and Moral Behavior Related to Early Damage in Human Prefrontal Cortex." *Nature Neuroscience* 2 (November 1999): 1032-37.

Andreoni, James, and John Miller. "Giving According to GARP: An Experimental Test of the Consistency of Preferences for Altruism." *Econometrica* 70, no. 2 (March 2002): 737-53.

Andreoni, James, and Lise Vesterlund. "Which Is the Fair Sex?: Gender Differences in Altruism." *Quarterly Journal of Economics* 116, no. 1 (February 2001): 293-312.

Appleyard, Bryan. "Church of the Child Brides." *Sunday New York Times*, June 22, 2008.

Arlen, Jennifer. "Comment: The Future of Behavioral Economic Analysis of Law."

양심은 힘이 없다는 착각

Vanderbilt Law Review 51, no. 6 (November 1998): 1765–88.

Arlen, Jennifer, and Reiner Kraakman. "Controlling Corporate Misconduct: An Analysis of Corporate Liability Regimes." *New York University Law Review* 72 (October 1997): 752–53.

Axelrod, Robert, and William D. Hamilton. "The Evolution of Cooperation." *Science* 211 (1981): 1390–96.

Backhaus, Jurgen G. *The Elgar Companion to Law and Economics.* 2nd ed. Cheltenham, UK and Northampton, MA: Edward Elgar, 2005.

Bakan, Joel. *The Corporation: The Pathological Pursuit of Profit and Power.* New York: Free Press, 2004.

Ballou, Dale. "Pay for Performance in Public and Private Schools." *Economics of Education Review* 20 (2000): 51–61.

Banfield, Edward C. *The Moral Basis of a Backward Society.* Glencoe, IL: Free Press, 1958.

Banner, Stuart. *The Death Penalty: An American History.* Cambridge, MA and London: Harvard University Press, 2002.

Barnes, David W., and Lynn A. Stout. *Law and Economics.* St. Paul, MN: West Publishing, 1992.

Barnett, Jonathan M. "The Rational Underenforcement of Vice Laws." *Rutgers Law Review* 54 (2002): 423–86.

Bauman, Jeffrey D. Alan R. Palmiter, and Frank Partnoy. *Corporations Law and Policy: Materials and Problems.* 6th ed. St. Paul, MN: Thomson West, 2007.

Bebchuk, Lucian, and Jesse Fried. *Pay Without Performance: The Unfulfilled Promise of Executive Compensation.* Cambridge, MA: Harvard University Press, 2004.

Becerra, Hector. "Ballad of the Poor Samaritan." *Los Angeles Times.* August 2, 2002.

–––. "Honest Dishwasher: A Hero or an Idiot? Illegal Immigrant Returned $203,000." *Los Angeles Times*, August 25, 2002, A1.

Becker, Gary S. "Nobel Lecture: The Economic Way of Looking at Behavior." *Journal of Political Economy* 101, no. 3 (June 1993): 385–409.

–––. "Crime and Punishment: An Economic Approach." *Journal of Political Economy* 76, no. 2 (1968): 169–217.

Bentham, Jeremy. *An Introduction to the Principles of Morals and Legislation.* 1789. Edited by J. H. Burns and H.L.A. Hart. London and New York: Methuen, 1982.

Berg, Joyce, John Dickhaut, and Kevin McCabe. "Trust, Reciprocity, and Social History." *Games and Economic Behavior* 10 (1995): 122-42.

Bhattacharjee, Yudhijit. "Friendly Faces and Unusual Minds." *Science* 310 (November 4, 2005): 802-4.

Bibos, Stephanos, and Richard A. Bierschbach. "Integrating Remorse and Apology into Criminal Procedure." *Yale Law Journal* 114 (2004): 85-137.

Blair, Margaret M., and Lynn A. Stout. "Trust, Trustworthiness, and the Behavioral Foundations of Corporate Law." *University of Pennsylvania Law Review* 149 (2001): 1735-1810.

Blass, Thomas. *The Man Who Shocked the World: The Life and Legacy of Stanley Milgram.* New York: Basic Books, 2004.

---. "The Milgram Paradigm After 35 Years: Some Things We Now Know About Obedience to Authority." *Journal of Applied Social Psychology* 25 (1999): 955-78.

Bonnie, Richard J., Anne M. Coughlin, John C. Jeffries, Jr., and Peter W. Low. *Criminal Law.* New York: Foundation Press, 2004.

Bowles, Samuel, and Arjun Jayadev. "Garrison America." *The Economists' Voice* (March 2007): 1.

Boyd, Robert, Herbert Gintis, Samuel Bowles, and Peter J. Richerson. "The Evolution of Altruistic Punishment." *Proceedings of the National Academy of Sciences of the United States of America* 100 (March 18, 2003): 3531-35.

Boyd, Robert, and Peter J. Richerson. "Cultural Transmission and the Evolution of Cooperative Behavior." *Human Ecology* 10 (1982): 325-51.

Braithwaite, John. *Restorative justice and Responsive Regulation.* Oxford and New York: Oxford University Press, 2002.

Brewer, Marilynn B. "In-Group Bias in the Minimal Intergroup Situation: A Cognitive-Motivational Analysis." *Psychological Bulletin* 86 (1979): 307-24.

Brown, Donald E. *Human Universals.* Philadelphia: Temple University Press, 1991.

Browning, Lynnley. "Ex-UBS Banker Pleads Guilty to Tax Evasion." *New York Times,* June 20, 2008.

Buffett, Warren. "How Buffett Views Risk." Fortune, April 4, 1994, 33. Burton, Steven J., ed. *"The Path of the Law" and Its Influence: The Legacy of Oliver Wendell Holmes, Jr.* Cambridge, UK and New York: Cambridge University Press, 2000.

Calabresi, Guido. *The Cost of Accidents: A Legal and Economic Analysis.* New Haven: Yale University Press, 1970.

Calabresi, Guido, and Douglas Melamed. "Property Rules, Liability Rules, and Inalienability: One View of the Cathedral." *Harvard Law Review* 85 (1972): 1089–1128.

Callahan, David. *The Cheating Culture: Why More Americans Are Doing Wrong to Get Ahead.* Orlando, FL: Harcourt, 2004.

Camerer, Colin, and Richard H. Thaler. "Anomalies: Ultimatums, Dictators and Manners." *Journal of Economic Perspectives* 9, no. 2 (Spring 1995): 209–19.

Cameron, Lisa A. "Raising the Stakes in the Ultimatum Game: Experimental Evidence from Indonesia." *Economic Inquiry* 37 (January 1999): 47–59.

Campbell, Noel D., and Edward J. Lopez. "Paying Teachers for Advanced Degrees: Evidence on Student Performance from Georgia." Available at http://ssrn.com/abstract=1147162 (forthcoming in Journal of Private Enterprise).

Carlsmith, Kevin M., John M. Darley, and Paul H. Robinson. "Why Do We Punish?: Deterrence and Just Deserts as Motives for Punishment." *Journal of Personality and Social Psychology* 83, no. 2 (2002): 284–99.

Carpenter, Jeffrey, Eric Verhoogen, and Stephen Burks. "The Effect of Stakes in Distribution Experiments." *Economics Letters* 86 (2005): 393–98.

Charness, Gary, and Martin DufWenberg. "Promises and Partnership." *Econometrica* 74, no. 6 (November 2006) : 1579–1601.

Charness, Gary, and Matthew Rabin. "Understanding Social Preferences with Simple Tests." *Quarterly Journal of Economics* 117 (2002): 817–69.

Chartrand, Tanya L., and John A. Bargh. "The Chameleon Effect: The Perception–Behavior Link and Social Interaction." *Journal of Personality and Social Psychology* 76 (1999): 893–910.

Church, Russell M. "Emotional Reactions of Rats to the Pain of Others." *Journal of Comparative and Physiological Psychology* 52 (1959): 132–34.

Coase, Ronald H. "The Problem of Social Cost." *Journal of Law & Economics* 3 (1960): 1–44.

Cole, Daniel H., and Peter Z. Grossman. *Principles of Law and Economics.* Upper Saddle River, NJ: Pearson Prentice Hall, 2005.

Cone, Marla. "One Big Drug Test: Analyzing a City's Sewage Can Put a Number on Its Vices." *Los Angeles Times*, June 22, 2008.

Cooter, Robert. "Models of Morality in Law and Economics: Self-Control and Self-Improvement for the 'Bad Man' of Holmes." *Boston University Law Review*

78 (1998): 903-30.

---. "Expressive Law and Economics." *Journal of Legal Studies* 27 (June 1998): 585-608.

---. "Punitive Damages for Deterrence: When and How Much." *Alabama Law Review* 40, no. 3 (1989): 1143-96.

---. "Prices and Sanctions." *Columbia Law Review* 84 (1984): 1523-60.

---. "Economic Analysis of Punitive Damages." *Southern California Law Review* 56 (1982): 79.

Cooter, Robert, and Thomas Ulen. *Law and Economics*, 4th ed. Boston: Pearson Addison Wesley, 2004.

Correll, DeeDee. "Sentence: An Evening with Manilow." *Los Angeles Times.* January 21, 2009.

Cosmides, Leda. "The Logic of Social Exchange: Has Natural Selection Shaped How Humans Reason? Studies with the Watson Selection Task." *Cognition* 31 (1989): 187-276.

Cosmides, Leda, and John Toobey. "Cognitive Adaptations for Social Exchange." In *The Adapted Mind: Evolutionary Psychology and the Generation of Culture,* edited by Jerome H. Barkow, Leda Cosmides, and John Too bey, 163-228. New York: Oxford University Press, 1992.

Cowan, Tyler. *Discover Your Inner Economist: Use Incentives to Fall in Love, Survive Your Next Meeting, and Motivate Your Dentist.* New York: Dutton/ Penguin Group USA, 2007.

Cox, James C. "How to Identify Trust and Reciprocity." *Games and Economic Behavior* 4Q, no. 2 (2004): 260-81.

Croson, Rachel, and Nancy Buchan. "Gender and Culture: International Experimental Evidence from Trust Games." *Gender and Economic Transactions* 89, no. 2 (May 1999): 386-91.

Dahmer, Lionel. *A Father's Story.* New York: William Morrow & Company,1994.

Damasio, Hanna, Thomas Grabowski, Randall Frank, Albert M. Galaburda, and Antonio Damasio. "The Return of Phineas Gage: Clues About the Brain from the Skull of a Famous Patient." *Science, New Series* 264 (May 1994): 1102-5.

Darwin, Charles. *The Descent of Man. 1871. In Great Books of the Western World*, vol. 49, *Darwin*, edited by Robert Maynard Hutchins, 253-611. London: Encyclopedia Britannica, Inc., 1952.

Dau-Schmidt, Kenneth G. "Economics and Sociology: The Prospects for an Interdisciplinary Discourse on Law." *Wisconsin Law Review* 1997 (1997): 389-419.

---. "An Economic Analysis of the Criminal Law as a PreferenceShaping Policy." *Duke Law Journal* 1990, no. 1 (1990): 1-38.

Dawes, Robyn M. "Social Dilemmas." *Annual Review of Psychology* 31 (1980): 169-93.

Dawes, Robyn M., and Richard H. Thaler. "Anomalies: Cooperation." *Journal of Economic Perspectives* 2, no. 3 (Summer 1988): 187-97.

Dawes, Robyn M., Alphons J. C. van de Kragt, and John Orbell. "Cooperation for the Benefit of Us-Not Me, or My Conscience." In *Beyond Self-Interest*, edited by Jane J. Mansbridge, 97-110. Chicago: University of Chicago Press, 1990.

Dawkins, Richard. *The Selfish Gene*. New York: Oxford University Press, 1976.

Decety, Jean, Philip L. Jackson, Jessica A. Sommerville, Thierry Chaminade, and Andrew N. Meltzoff. "The Neural Bases of Cognition and Competition: An fMRI Investigation." *Neuroimage* 23, no. 2 (October 2004): 744-51.

Demsetz, Harold. "Rationality, Evolution, and Acquisitiveness." *Economic Inquiry* 34 (July 1999): 484-95.

Dennet, Daniel C. *Darwin's Dangerous Idea: Evolution and the Meanings of Life.* New York: Simon & Schuster, 1995.

De Waal, Frans. *Our Inner Ape: A Leading Primatologist Explains Why We Are Who We Are*. New York: Riverhead Books/Penguin Group (USA), 2005.

Dewan, Shaila. "Georgia Schools Inquiry Finds Signs of Cheating." *New York Times*, February 12, 2010, A16.

Dolan, Raymond J. "On the Neurology of Morals." *Nature Neuroscience* 2 (November 1999): 927-29.

Domanick, Joe. *Cruel Justice: Three Strikes and the Politics of Crime in America's Golden State*. Berkeley and Los Angeles: University of California Press, 2004.

Dressler, Joshua. *Criminal Law*. St. Paul, MN: West Publishing, 2003.

Edwards, Amanda. "Medical Malpractice Non-Economic Damages Caps." *Harvard Journal on Legislation* 43 (Winter 2006): 213-30.

Eisenberg, Melvin Aron. "The Limits of Cognition and the Limits of Contract." *Stanford Law Review* 47 (January 1995): 211-59.

Elhauge, Einer. "Sacrificing Corporate Profits in the Public Interest." *New York University Law Review* 80 (June 2005): 733-869.

Ellickson, Robert C. *Order Without Law: How Neighbors Settle Disputes*. Cambridge, MA: Harvard University Press, 1991.

Epstein, Richard A. "Contract and Trust in Corporate Law: The Case of Corporate Opportunity." *Delaware Journal of Corporate Law* 21, no. 1 (1996): 1-25.

Exxon Shipping Co. v. Baker. 128 S. Ct. 2605 (2008).

Falcone, Michael. "Running Mates: On Tax Policy and Patriotism." *New York Times, September* 19, 2008.

Falk, Armin, Urs Fischbacher, and Simon Gachter. "Living in Two Neighborhoods-Social Interactions in the Lab." Working Paper 150, Institute for Empirical Research in Economics, November 2004.

Families to Amend California's Three Strikes. "The FACTS 150: Story# 112-Robert DiBlasi." http://www.facts1.com/ThreeStrikes/Stories/900112 (accessed January 28, 2009).

Fehr, Ernst, and Urs Fischbacher. "Third-Party Punishment and Social Norms." *Evolution and Human Behavior* 25 (2004): 63-87.

Fehr, Ernst, and Simon Gachter. "Altruistic Punishment in Humans." *Nature* 415 (January 10, 2002): 137-40.

Fehr, Ernst, and Herbert Gintis. "Human Motivation and Social Cooperation: Experimental and Analytical Foundations." *Annual Review of Sociology* 33 (August 2007): 43-64.

Fehr, Ernst, and Joseph Henrich. "Is Strong Reciprocity a Maladaptation? On the Evolutionary Foundations of Human Altruism." In *Genetic and Cultural Evolution of Cooperation*, edited by Peter Hammerstein. Cambridge, MA: MIT Press 1 Dahlem University Press, 2003.

Fehr, Ernst, and Bettina Rockenbach. "Human Altruism: Economic, Neural, and Evolutionary Perspectives." *Current Opinion in Neurobiology* 14 (2004): 784-90.

Fehr, Ernst, and Klaus M. Schmidt. "The Economics of Fairness, Reciprocity and Altruism-Experimental Evidence and New Theories." In *Handbook of the Economics of Giving, Altruism, and Reciprocity*, vol. 1, *Foundations*, edited by Serge-Christophe Kolm and Jean Mercier Ythier, 615-91. Amsterdam and Oxford: North-HollandjElsevier, 2006.

Figlio, David N., and Lawrence Kenny. "Individual Teacher Incentives and Student Performance." NBER Working Paper Series no. 12627, National Bureau of Economic Research, Cambridge, MA, October 2006.

Frank, Robert H. *Luxury Fever: Money and Happiness in an Era of Excess*. New York: Free Press, 1999.

———. *Passions Within Reason*. New York: Norton, 1988.

———. "If Homo Economicus Could Choose His Own Utility Function, Would He Want One with a Conscience?" *American Economic Review* 77 (September 1987): 593-604.

Frank, Robert H., Thomas Gilovich, and Dennis T. Regan. "Does Studying Economics Inhibit Cooperation?" *Journal of Economic Perspectives* 7 (1993): 159-71.

Freund, Paul A. *Oliver Wendell Holmes*. Vol. 3, *The justices of the United States Supreme Court 1789-1969: Their Lives and Major Opinions*. Edited by L. Friedman and F. Israel. New York: R. R. Bowker Company, 1969.

Frey, Bruno S., and Iris Bohnet. "Identification in Democratic Society." *Journal of Socio-Economics* 26 (1997): 25-38.

Frey, Bruno S., and Reto Jegen. "Motivation Crowding Theory: A Survey of Empirical Evidence." *Journal of Economic Surveys* 15, no. 5 (December 2001): 589-621.

Frey, Bruno S., and Felix Oberholzer-Gee. "The Cost of Price Incentives: An Empirical Analysis of Motivation Crowding-Out." *American Economic Review* 87, no. 4 (September 1997): 746-55.

Friedman, David D. *Hidden Order: The Economics of Everyday Life*. New York: HarperBusiness, 1996.

Friedman, Milton. "The Social Responsibility of Business Is to Increase Its Profits." *New York Times*, September 13, 1979.

Fukayama, Francis. *Trust: The Social Virtues and the Creation of Prosperity*. New York: Free Press, 1995.

Galanter, Marc, and David Luban. "Poetic Justice: Punitive Damages and Legal Pluralism." *American University Law Review* 42 (1993): 1393-1463.

Garrett, Robert T. "Texas Gov. Rick Perry Defends State's Seizure of Polygamist Sect's Kids." *Dallas Morning News*. June 6, 2008.

Gautschi, Thomas. "History Effects in Social Dilemma Situations." *Rationality & Society* 12, no. 2 (2000): 131-62.

Gerlin, Andrea. "A Matter of Degree." *Wall Street Journal*, September 1, 1994, A1.

Gilles, Stephen G. "The Invisible Hand Formula." *Virginia Law Review* 80, no. 5 (August

1994): 115–54.

Gintis, Herbert. "The Hitchhiker's Guide to Altruism: Gene–Culture Coevolution and the Internalization of Norms." *Journal of Theoretical Biology* 220 (2003): 407–18.

Gintis, Herbert, Samuel Bowles, Robert Boyd, and Ernst Fehr. "Explaining Altruistic Behavior in Humans." *Evolution and Human Behavior* 24 (2003): 153–72.

Gintis, Herbert, Eric Alden Smith, and Samuel Bowles. "Costly Signaling and Cooperation." *Journal of Theoretical Biology* 213 (2001): 103–19.

Gneezy, Uri, and Aldo Rustichini. "A Fine Is a Price." *Journal of Legal Studies* 29 (January 2000): 1–17.

Goldhaber, Dan. "Teacher Quality and Teacher Pay Structure: What Do We Know, and What Are the Options?" *Georgetown Public Policy Review* 7 (Spring 2002): 81–92.

Greenfield, Kent, and Peter C. Konstant. "An Experimental Test of Fairness Under Agency and Profit–Maximization Constraints (With Notes on Implications for Corporate Governance)." *George Washington University Law Review* 71 (2003): 983–1023.

Guiso, Luigi, Paolo Sapienza, and Luigi Zingales. "Cultural Biases in Economic Exchange." Working paper No. 11005, NBER Working Paper Series, 2004.

Giirerk, bzgiir, Bernd Irlenbusch, and Bettina Rockenbach. "The Competitive Advantage of Sanctioning Institutions." *Science* 312 (April 2006): 108–11.

Guthrie, Chris, Jeffrey J. Rachlinski, and Andrew J. Wistrich. "Inside the Judicial Mind." *Cornell Law Review* 86, no. 4 (May 2001): m–830.

Hamilton, William D. "The Genetical Evolution of Social Behavior I and II." *Journal of Theoretical Biology* 7 (1964): 1–16, 17–52.

Hanson, Jon D., and Douglas A. Kysar. "Taking Behavioralism Seriously: The Problem of Market Manipulation." *New York University Law Review* 74 (June 1999): 630–749.

Harbaugh, William T., Kate Krause, and Steven G. Liday, Jr. "Bargaining By Children." Working paper, Economics Department, University of Oregon, 2003.

Harcourt, Bernard E., and Jens Ludwig. "Broken Windows: New Evidence from New York City and a Five–City Social Experiment." *University of Chicago Law Review* 73 (2006): 271–320.

Harford, Tim. *The Undercover Economist: Exposing Why the Rich Are Rich, The Poor Are Poor—and Why You Can Never Buy a Decent Used Car.* New York: Oxford University Press, 2005.

Harrison, Jeffrey L. *Law and Economics: Cases, Materials, and Behavioral Perspectives.* St. Paul, MN: Thomson/West, 2002.

Harrison, Jeffrey L., and McCabe G. Harrison. *Law and Economics in a Nutshell.* 3rd ed. St. Paul, MN: Thomson/West, 2003.

Harvard Medical Practice Study. *Patients, Doctors, and Lawyers: Medical Injury, Malpractice Litigation, and Patient Compensation in New York, a Report of the Harvard Medical Practice Study to the State of New York.* Cambridge, MA: The President and Fellows of Harvard College, 1990.

Henrich, Joseph. "Does Culture Matter in Economic Behavior? Ultimatum Game Bargaining Among the Machiguenga of the Peruvian Amazon." *American Economic Review* 90, no. 4 (September 2000): 973–79.

Henrich, Joseph, and Robert Boyd. "On Modeling Culture and Cognition: Why Cultural Evolution Does Not Require Replication of Representatives." *Journal of Cognition and Culture* 2, no. 2 (2002): 87–112.

———. "Why People Punish Defectors: Weak Conformist Strategy Can Stabilize Costly Enforcement of Norms in Cooperative Dilemmas." *Journal of Theoretical Biology* 208 (2001): 79–89.

Henrich, Joseph, Robert Boyd, Samuel Bowles, Colin Camerer, Ernst Fehr, and Herbert Gintis. *Foundations of Human Sociality: Ethnography and Experiments in 15 Small-Scale Societies.* Oxford and New York: Oxford University Press, 2004.

Henrich, Joseph, Robert Boyd, Samuel Bowles, Colin Camerer, Ernst Fehr, Herbert Gintis, and Richard McElreath. "In Search of Homo Economicus: Behavioral Experiments in 15 Small-Scale Societies." *American Economic Review* 91, no. 2 (May 2001): 73–79.

Hensler, Deborah R., Susan M. Marquis, Allan Abrahamse, Sandra H. Berry, Patricia A. Ebener, Elizabeth Lewis, Edgar Lind, Robert MacCoun, Willard G. Manning, Jeannette Rogowski, and Mary E. Vaiana. *Compensation for Accidental Injuries in the United States.* Santa Monica, CA: RAND, 1991.

Hetzer, Barbara. "A Binding Agreement Before You Tie the Knot?" *Business Week,* March 3, 1997, 114–15.

Hirshleifer, David. "Investor Psychology and Asset Pricing." *Journal of Finance* 56, no. 4 (August 2001): 1533–97.

———. "The Expanding Domain of Economics." American Economic Review 75, no. 6 (December 1985): 53–68.

Hobbes, Thomas. *Leviathan*. 1651. Edited by C. B. MacPherson. Harmondsworth, UK: Penguin Books, 1968.

Hoffman, Elizabeth, Kevin McCabe, and Vernon L. Smith. "Social Distance and Other-Regarding Behavior in Dictator Games." *American Economic Review* 86 (June 1996): 653–54.

Hoffman, Morris B., and Timothy H. Goldsmith. "The Biological Roots of Punishment." *Ohio State Journal of Criminal Law* 1, no. 2 (Spring 2004): 627–41.

Holmes, Oliver Wendell, Jr. "The Path of the Law." *Harvard Law Review* 10, no. 8 (March 25, 1897): 457–78.

Hyman, David A. "Rescue Without Law: An Empirical Perspective on the Duty to Rescue." *Texas Law Review* 84 (2006): 653–737.

James, Harvey S., and Athanasios G. Chymis. "Are Happy People Ethical People? Evidence from Northern America and Europe." Working paper, no. AEWP 2004–8, University of Missouri Agricultural Economics, July 2004. Available at http://ssrn.com/abstract=570181.

Jensen, Michael C., and William H. Meckling. "Theory of the Firm: Managerial Behavior, Agency Costs and Ownership Structure." *Journal of Financial Economics* 3, no. 4 (October 1976): 305–60.

Jensen, Michael C., Kevin J. Murphy, and Eric G. Wruck. "Remuneration: Where We've Been, How We Got to Here, What Are the Problems, and How to Fix Them." Harvard NOM Working Paper no. 04–28; ECGI-Finance Working Paper no. 44/2004. Available at http://ssrn.com/abstract=561305.

Jolls, Christine, Cass R. Sunstein, and Richard Thaler. "A Behavioral Approach to Law and Economics." *Stanford Law Review* 50 (1998): 1471–1550.

Joy v. Hay Group, Inc. 403 F.3d 875, 876 (7th Cir. 2005).

Kadish, Sanford H., Stephen J. Schulhofer, and Carol Se. Steiker. *Criminal Law and Its Processes*. New York: Aspen Publishers, 2007.

Kahan, Dan M. "Social Influence, Social Meaning, and Deterrence." *Virginia Law Review* 83 (1997): 349–95.

Kahn, Gabriel. "Top Cop in Los Angeles Says Cutting Crime Pays." *Wall Street Journal*, November 29–30, 2008.

Kahneman, Daniel. "Autobiography." Nobel Foundation. http://nobelprize.org/nobel.prizes/economics/laureates/2002/kahnemanautobio.htrnl.

Kellaway, Lucy. "Strange Kind of Capitalism that Celebrates Self-Denial." *Financial Times*, July 21, 2008.

Kiesler, Sara, Keith Waters, and Lee Sproull. "A Prisoner's Dilemma Experiment on Cooperation with People and Human-Like Computers." *Journal of Personality and Social Psychology* 70 (1996): 47-65.

Knack, Stephen, and Philip Keefer. "Does Social Capital Have an Economic Payoff? A Cross-Country Investigation." *Quarterly Journal of Economics* 112 (1997): 1251-88.

Komorita, S. S., C. D. Parks, and L. G. Hulbert. "Reciprocity and the Induction of Cooperation in Social Dilemmas." *Journal of Personality and Social Psychology* 62, no. 4 (1992): 607-17.

Korobkin, Russell. "Bounded Rationality, Standard Form Contracts, and Unconscionability." *University of Chicago Law Review* 70, no. 4 (Fall 2003): 1203-95.

Korobkin, Russell, and Thomas S. Ulen. "Law and Behavioral Science: Removing the Rationality Assumption from Law and Economics." *California Law Review* 88, no. 4 (July 2000): 1051-1144.

Kosfeld, Michael, Markus Heinrichs, Paul J. Zak, Urs Fischbacher, and Ernst Fehr. "Oxytocin Increases Trust in Humans." *Nature* 435 (2005): 673-76.

Krupka, Erin, and Roberto Weber. "The Focusing and Informational Effects of Norms on Pro-Social Behavior." Institute for the Study of Labor Discussion Paper, IZA DP 3169, August 2005. Available at http://ftp.iza.org/dp3169.pdf.

LaFave, Wayne R. *Criminal Law*. St. Paul, MN: West Publishing, 2000.

Landsburg, Steven E. *The Armchair Economist: Economics and Everyday Life*. New York: Free Press, 1993.

Latane, Bibb, and John M. Darley. "Group Inhibition of Bystander Intervention in Emergencies." *Journal of Personality and Social Psychology* 10, no. 3 (1968): 215-21.

Latin, Howard. "'Good' Warnings, Bad Products, and Cognitive Limitations." *UCLA Law Review* 41 (June 1994): 1193-1295.

Levitt, Steven D., and Stephen J. Dubner. *Freakonomics: A Rogue Economist Explores the Hidden Side of Everything*. New York: William Morrow/HarperCollins, 2005.

Lewin, Dr. Roger. "Accidental Career." *New Scientist* 61 (August 8, 1974): 322–25.

Lewit, Eugene M., Douglas Coate, and Michael Grossman. "The Effects of Government Regulation on Teenage Smoking." *Journal of Law and Economics* 24 (December 1981): 545–69.

Linden, Eugene. *The Parrot's Lament: and Other True Tales of Animal Intrigue, Intelligence, and Ingenuity.* New York: Plume, 1999.

List, John A. "Young, Selfish and Male: Field Evidence of Social Preferences." *Economic Journal* 114 (January 2004): 121–49.

List, John A., and Todd L. Cherry. "Examining the Role of Fairness in High Stakes Allocation Decisions." *Journal of Economic Behavior and Organization* 65, no. 1 (January 2008): 1–8.

Los Angeles Police Department, Information Technology Division, Management Report Unit. "Statistical Digest: 2006." http://www.lapdonline.org/assets/pdf/2006Digest.pdf.

Lykken, David Thoreson. *The Antisocial Personalities.* Hillsdale, NJ: Lawrence Erlbaum Associates, 1995.

MacFarquhar, Larissa. "The Bench Burner: How Did a Judge with Such Subversive Ideas Become a Leading Influence on American Legal Opinion?" *New Yorker*, December 10, 2001.

Macneil, Ian R. "Relational Contract Theory: Challenges and Queries." *Northwestern University Law Review* 94 (Spring 2000): 877–907.

Mansbridge, Jane J., ed. *Beyond Self-Interest.* Chicago: University of Chicago Press, 1990.

Marwell, Gerald, and Ruth Ames. "Economists Free Ride, Does Anyone Else? Experiments in the Provision of Public Goods, IV." *Journal of Public Economics* 15 (June 1981): 295–310.

Mason, Alpheus Thomas. *Brandeis and the Modern State.* Washington, DC: National Home Library Foundation, 1933.

McAdams, Richard H. "The Origin, Development, and Regulation of Norms." *Michigan Law Review* 96 (1997): 338–433.

McCabe, Donald L., Kenneth D. Butterfield, and Linda K. Trevino. "Academic Dishonesty in Graduate School Business Programs: Prevalence, Causes, and Proposed Action." *Academy of Management Learning and Education* 5 (September 2006): 294–306.

McCabe, Kevin A., Daniel House, Lee Ryan, Vernon Smith, and Ted Trouard. "A Functional Imaging Study of Cooperation in Two-Person Reciprocal Exchange." *Proceedings of the National Academy of Sciences* 98 (2001): 1662-73.

McCabe, Donald L., and Linda K. Trevino. "What We Know About Cheating in College: Longitudinal Trends and Recent Developments." *Change* 28 (January/February 1996): 31.

Mealey, Linda. "The Sociobiology of Sociopathy: An Integrated Evolutionary Model." *Behavioral and Brain Sciences* 18 (1995): 523-99.

Meares, Tracey L. "Norms, Legitimacy and Law Enforcement." *Oregon Law Review* 79 (2000): 391-415.

Meier, Stephan, and Bruno S. Frey. "Do Business Students Make Good Citizens?" *International Journal of the Economics of Business* 11 (2004): 141-63.

Milgram, Stanley. *Obedience to Authority: An Experimental View.* New York: Harper & Row, 1974.

---. "Behavioral Study of Obedience." *Journal of Abnormal and Social Psychology* 67 (1963): 371-78.

Milgrom, Paul, and John Roberts. *Economics, Organization and Management.* Englewood Cliffs, NJ: Prentice Hall, 1992.

Mill, John Stuart. "On the Definition of Political Economy." In *Essays on Some Unsettled Questions of Political Economy*, chap. V. London: The London School of Economics and Political Science, 1948.

Miller, Geoffrey P. "Norm Enforcement in the Public Sphere: The Case of Handicapped Parking." *George Washington Law Review* 71 (2003): 895-933.

Mitchell, Lawrence E. "Understanding Norms." *University of Toronto Law Journal* 49 (Spring 1999): 177-248.

Myers, David G. *Social Psychology.* 8th ed. New York: McGraw Hill, 2005.

Nasar, Syvlia. *A Beautiful Mind: A Biography of John Forbes Nash, Jr., Winner of the Nobel Prize in Economics, 1994.* New York: Simon & Schuster, 1998.

Newman, Catherine. "I Do. Not: Why I Won't Marry." In *The Bitch in the House: 26 Women Tell the Truth About Sex, Solitude, Work, Motherhood, and Marriage*, edited by Cathi Hanauer and Ellen Gilchrist, 65-72. New York: Harper Collins, 2002.

Nowak, Martin A., Karen M. Page, and Karl Sigmund. "Fairness Versus Reason in the Ultimatum Game." *Science* 289 (September 8, 2000): 1773-75.

O'Hara, Erin Ann. "Trustworthiness and Contract." In *Moral Markets: The Critical*

Role of Values in the Economy, edited by Paul J. Zak, 173–203. Princeton, NJ: Princeton University Press, 2008.

O'Hara, Erin Ann, and Douglas Yarn. "On Apology and Consilience." *Washington Law Review* 77 (October 2002): 1121–92.

O'Rourke, P. J. "Fairness, Idealism, and Other Atrocities; Commencement Advice You're Unlikely to Hear Elsewhere." *Los Angeles Times*, May 4, 2008.

Osterloh, Margit, and Bruno S. Frey. "Corporate Governance for Crooks? The Case for Corporate Virtue." ZEW Working Paper no. 164. Available at http://ssrn.com/abstract=430062.

Parisi, Francesco, and Charles Kershaw Rowley. *The Origins of Law and Economics: Essays by the Founding Fathers*. Cheltenham, UK and Northampton, MA: Edward Elgar, 2005.

Perez, Evan. "Guilty Pleas by Ex-Banker Likely to Aid Probe of UBS." *Wall Street Journal*, June 20, 2008.

Pinker, Steven. *The Blank Slate: The Modern Denial of Human Nature*. New York: Viking, 2002.

Polinksy, A. Mitchell. *An Introduction to Law and Economics*. 3rd ed. New York: Aspen Publishers, 2003.

Polinsky, A. Mitchell, and Steven Shavell. "Punitive Damages: An Economic Analysis." *Harvard Law Review* 111, no. 4 (February 1998):
869–962.

Posner, Eric A. "Economic Analysis of Contract Law After Three Decades: Success or Failure?" *Yale Law Journal* 112 (2003): 829–80.

———. *Law and Social Norms*. Cambridge, MA: Harvard University Press, 2000.

———. "A Theory of Contract Law Under Conditions of Radical Judicial Error." *Northwestern University Law Review* 94, no. 3 (Spring 2000): 749–74.

———. "Efficient Norms." In *The New Palgrave Dictionary of Economics and the Law*, edited by Peter Newman, 2:20. New York: Stockton Press, 1998.

Posner, Richard A. *Economic Analysis of Law*. 5th ed. New York: Aspen Law & Business, 1998.

——— "An Economic Theory of the Criminal Law." *Columbia Law Review* 85, no. 6 (October 1985): 1193–1231.

———. "Optimal Sentences for White-Collar Criminals." *American Criminal Law Review* 17 (1980): 409–18.

---. "A Theory of Negligence." *Journal of Legal Studies* 1 (1972): 29–96.

Pringle, Paul, and Hemmy So. "An Unlikely Friendship that Finally Unraveled." *Los Angeles Times*, August 19, 2006.

Putnam, Robert D. *Bowling Alone: The Collapse and Revival of American Community*. New York: Simon & Schuster, 2000.

---. *Making Democracy Work: Civic Traditions in Modern Italy*.

Princeton, NJ: Princeton University Press, 1993.

Rachlinski, Jeffrey J., and Forest Jourden. "Remedies and the Psychology of Ownership." *Vanderbilt Law Review* 51 (November 1998): 1541–82.

Racketeer Influenced and Corrupt Organizations Act. 18 U.S.C. § 1964 et seq. (2006).

Rice, George E., and Priscilla Gainer. "'Altruism' in the Albino Rat." *Journal of Comparative and Physiological Psychology* 55, no. 1 (1962): 123–25.

Richerson, Peter J., and Robert Boyd. *Not By Genes Alone: How Culture Transformed Human Evolution*. Chicago: University of Chicago Press, 2005.

Ridley, Matt. *The Origins of Virtue: Human Instincts and the Evolution of Cooperation*. New York: Penguin Books, 1996.

Rilling, James K., David A. Gutman, Thorsten R. Zeh, Guiseppe Pagnoni, Gregory S. Berns, and Clinton D. Kilts. "A Neural Basis for Social Cooperation." *Neuron* 35 (July 2002): 395–405.

Robbennolt, Jennifer K. "Apologies and Legal Settlement." *Michigan Law Review* 102 (December 2003): 460–516.

Rock, Edward B. "Saints and Sinners: How Does Delaware Corporate Law Work?" *UCLA Law Review* 44 (1997): 1009–1107.

Ross, Lee D., and Andrew Ward. "Naive Realism in Everyday Life: Implications for Social Conflict and Misunderstanding." In *Values and Knowledge*, edited by Edward Reed, Elliot Turiel, and Terrance Brown, 103–35. Mahwah, NJ: Lawrence Erlbaum Associates, 1996.

---. "Psychological Barriers to Dispute Resolution." *Advances in Experimental Social Psychology* 27 (1995): 255–304.

Roth, Alvin E., Vesna Prasnikar, Masahiro Okuno-Fujiwara, and Shmuel Zamir. "Bargaining and Market Behavior in Jerusalem, Ljubljiana, Pittsburgh, and Tokyo: An Experimental Study." *American Economic Review* 81, no. 5 (December 1991): 1068–95.

Rothstein, Steven I. "Reciprocal Altruism and Kin Selection Are Not Clearly

Separable Phenomena." *Journal of Theoretical Biology* 87 (1980): 255-61.

Ryan, James E. "The Perverse Incentives of the No Child Left Behind Act." *New York University Law School* 79 (June 2004): 932-89.

Sally, David. "Conversation and Cooperation in Social Dilemmas: A Meta-Analysis of Experiments from 1958 to 1992." *Rationality and Society* 7 (1995): 58-92.

Samuelson, Judith, and Lynn A. Stout. "Are Executives Paid Too Much?" *Wall Street Journal*, February 25, 2009.

Schwab, Stewart J., and Randall S. Thomas. "An Empirical Analysis of CEO Employment Contracts: What Do Top Executives Bargain For?" *Washington and Lee Law* Review 63 (Winter 2006): 2~1.

Schwarz, Gary T. "Mixed Theories of Tort Law: Affirming Both Deterrence and Corrective Justice." *Texas Law Review* 75 (1997): 1801-34.

---. "Reality in the Economic Analysis of Tort Law: Does Tort Law Really Deter?" *UCLA Law Review* 42, no. 2 (December 1994): 377-444.

---. "Deterrence and Punishment in the Common Law of Punitive Damages: A Comment." *Southern California Law Review* 56 (1982): 133-53.

Scott, Robert E. "A Theory of Self-Enforcing Indefinite Agreements." *Columbia Law Review* 103 (2003): 1641-99.

Scott, Sir Walter. *Ivanhoe*. 1819. New York: Signet Classic, 2001.

Sebok, Anthony J. "Punitive Damages: From Myth to Theory." *Iowa Law Review* 92 (March 2007): 957-1036.

Seipp, David J. "Holmes's Path." *Boston University Law Review* 77 (June 1997): 515-58.

Sentencing Memorandum of Defendant. People v. DiBlasi Docket No. KA042858. *California Superior Court*. August 10, 1999.

Shavell, Steven. *Economic Analysis of Law*. New York: Foundation Press, 2004.

---. "Criminal Law and the Optimal Use of Nonmonetary Sanctions as a Deterrent." *Columbia Law Review* 85, no. 6 (October 1985): 1232-62.

Shelley, Percy Bysshe. *A Defense of Poetry*. 1840. Edited by Albert S. Cook. Boston: Ginn and Company, 1890.

Sherman Antitrust Act. 15 U.S.C. § 15 et seq. (2006).

Singer, Tania, and Chris Frith. "The Painful Side of Empathy." *Nature Neuroscience* 8, no. 7 (2005): 845-46.

Slonim, Robert L., and Alvin E. Roth. "Learning in High-Stakes Ultimatum Games: An Experiment in the Slovak Republic." *Econometrica* 66 (1998): 569-

96.

Smith, Adam. *An Inquiry into the Nature and Causes of the Wealth of Nations.* 1776. Chicago: Encyclopedia Britannica, 1952.

Smith, Eric Alden. "Why Do Good Hunters Have Higher Reproductive Success?" *Human Nature* 15 (2004): 343–64. Smith, John Maynard. "Group Selection and Kin Selection." *Nature* 201 (March 14, 1964): 1145–47.

Smith, Tom W. "Altruism and Empathy in America: Trends and Correlates." *National Opinion Research Center*, February 9, 2006.

Sober, Elliot, and David Sloan Wilson. *Unto Others: The Evolution and Psychology of Unselfish Behavior.* Cambridge, MA: Harvard University Press, 1998.

Stephan, James J. *State Prison Expenditures, 2001.* Bureau of Justice Statistics Special Report NCJ 202949. Washington, DC: U.S. Department of Justice, Office of Justice Programs, June 2003. Available at http://www.ojp.usdoj.gov/bjs/pub/pdf/spe01.pdf.

Sternberg, Robert J. *Psychology.* Belmont, CA: Thompson/Wadsworth, 2004.

Stevenson, Robert Louis. *Strange Case of Dr. Jekyll and Mr. Hyde.* 1886. Edited by Katherine Linehan. New York: W.W. Norton, 2003.

Stigler, George J. "The Optimum Enforcement of Laws." *Journal of Political Economy* 78, no. 3 (1970): 526–36.

Sunstein, Cass R. "Behavioral Analysis of Law." *University of Chicago Law Review* 64 (1997): 1175–95.

–––. Cass R. "On the Expressive Function of Law." *University of Pennsylvania Law Review* 144 (May 1996): 2021–53.

Sunstein, Cass R., Daniel Kahneman, and David Schkade. "Assessing Punitive Damages (With Notes on Cognition and Valuation in Law)." *Yale Law Journal* 107 (May 1998): 2071–2153.

Sutter, Matthias, and Martin G. Kocher. "Age and the Development of Trust and Reciprocity." SSRN Working Paper Series, 2003.

Tabibnia, Golnaz, Ajay B. Satpute, and Matthew W. Lieberman. "The Sunny Side of Fairness: Preference for Fairness Activates Reward Circuitry (and Disregarding Unfairness Activates Self-Control Circuitry)." *Psychological Science* 19 (2008): 339–47.

Taylor, Shelley E., Letitia Anne Peplau, and David O. Sears. *Social Psychology.* 12th ed. Upper Saddle River, NJ: Pearson Prentice Hall, 2006.

Teles, Steven M. *The Rise of the Conservative Legal Movement: The Battle for Control of the*

Law. Princeton, NJ and Oxford: Princeton University Press, 2008.

Thoits, Peggy A., and Lyndi N. Hewitt. "Volunteer Work and WellBeing." *Journal of Health and Social Behavior* 42 (2001): 115–31.

Trexler, Phil. "Masked Man Waits in Line; Robs Stow Bank." *The Beacon Journal,* January 8, 2009. http://www.ohio.com/.

Trivers, Robert L. "The Evolution of Reciprocal Altruism." *Quarterly Review of Biology* 4Q (1971): 35–57.

Tversky, Amos, and Daniel Kahneman. "Availability: A Heuristic for Judging Frequency and Probability." *Cognitive Psychology* 5 (1973): 207–32.

Tyler, Tom R. *Why People Obey the Law*. Princeton, NJ: Princeton University Press, 2006.

United States Bureau of the Census. "State & County QuickFacts: Los Angeles (city), 2006" http://quickfacts.census.gov/qfd/states/06/0644000.html.

———. 2006 Statistical Abstract of the United States. Washington, DC: United States Bureau of the Census, 2006.

U.S. Department of Education. "Overview: No Child Left Behind Act Is Working." Available at http://www.ed.gov/nclb/overview/importance/nclbworking.html (accessed November 10, 2008) .

U.S. v. Beserra. 967 F.2d 255, 256 (7th Cir. 1992).

U.S. v. Birkenfeld. Case No. 08–Cr–60099, U.S. District Court, S.D. Fla., Transcript of May 13, 2008 Initial Appearance and Bond Hearing.

U.S. v. Carroll Towing Co. 159 F.2d 169 (2d. Cir. 1947).

Viscusi, W. Kip. "Why There Is No Defense of Punitive Damages." *Georgetown Law Journal* 87 (1998): 381–95.

Wilkinson, Gerald S. "Food Sharing in Vampire Bats." *Scientific American* (February 1990): 76–82.

Wilkow v. Forbes, Inc. 241 F. 3d 552, 557 (7th Cir. 2001).

Williamson, Oliver. *The Mechanisms of Governance*. New York: Oxford University Press, 1996.

Wilson, James Q., and George L. Kelling. "Broken Windows: The Police and Neighborhood Safety." *Atlantic Monthly* 249, no. 3 (March 1982): 29–38.

Wolman, Benjamin. *The Sociopathic Personality*. New York: Brunner/Mazel, 1987.

Wright, Robert. *The Moral Animal: Evolutionary Psychology and Everyday Life*. New York: Vintage Books, 1994.

Yamagishi, Toshio. "The Structural Goal/Expectations Theory of Cooperation in Social Dilemmas." *Advances in Group Processes* 3 (1986): 51–87.

Zahavi, Arnot. "Mate Selection: A Selection for a Handicap." *Journal of Theoretical Biology* 53 (1975): 205–14.

Zak, Paul J. "Trust." *Capco Journal of Financial Traniformation* 7 (2003):17–24.

Zak, Paul J., and Stephen Knack. "Trust and Growth." *Economic Journal* 111 (2001): 295–321.

Zak, Paul J., Robert Kurzban, and William T. Matzner. "The Neurobiology of Trust." *Annals of the New York Academy of Sciences* 1032 (2004): 224–27.

양심은 힘이 없다는 착각

양심을 키우는 법은 어떻게 좋은 사회를 만드는가

2023년 12월 8일 초판 1쇄 발행

지은이 린 스타우트 • **옮긴이** 왕수민
펴낸이 류지호
책임편집 김희중
편집 이기선, 김희중, 곽명진 • **디자인** 쿠담디자인
펴낸 곳 원더박스 (03169) 서울시 종로구 사직로10길 17, 301호
대표전화 02-720-1202 팩시밀리 0303-3448-1202
출판등록 제2022-000212호(2012. 6. 27.)

ISBN 979-11-92953-20-5 (03300)

- 잘못된 책은 구입하신 서점에서 바꾸어 드립니다.
- 독자 여러분의 의견과 참여를 기다립니다.
  블로그 blog.naver.com/wonderbox13, 이메일 wonderbox13@naver.com